U0731100

刘建国 著

古城 京江 南山

守望天下第一江山

SHOUWANG TIANXIA DI-YI JIANGSHAN

江苏大学出版社
JIANGSU UNIVERSITY PRESS
镇江

**图书在版编目(CIP)数据**

守望天下第一江山/古城 京江 南山/刘建国著
. 一 镇江：江苏大学出版社,2014.11
ISBN 978-7-81130-848-8

Ⅰ.①守… Ⅱ.①刘… Ⅲ.①镇江市—概况 Ⅳ.
①K925.33

中国版本图书馆 CIP 数据核字(2014)第 271292 号

**守望天下第一江山——古城·京江·南山**

著　　者/刘建国
责任编辑/米小鸽　张　瑞
出版发行/江苏大学出版社
地　　址/江苏省镇江市梦溪园巷 30 号(邮编：212003)
电　　话/0511-84446464(传真)
网　　址/http://press.ujs.edu.cn
排　　版/镇江文苑制版印刷有限责任公司
印　　刷/江苏凤凰盐城印刷有限公司
经　　销/江苏省新华书店
开　　本/718 mm×1 000 mm　1/16
印　　张/21　插页 4
字　　数/445 千字
版　　次/2014 年 11 月第 1 版　2014 年 11 月第 1 次印刷
书　　号/ISBN 978-7-81130-848-8
定　　价/60.00 元

如有印装质量问题请与本社营销部联系(电话：0511-84440882)

# 守望与责任[1]

## 代序

镇江是国家级历史文化名城,文化遗产极其丰厚。但随着城市建设的迅猛发展,古城文化遗产保护的形势越来越严峻,而尤以地下文化遗产的破坏最为严重。关于这一形势的演变和发展,概括起来有三个方面的问题需要说明和回答:

第一,古城的地下有什么。

通过 20 余年的城市考古,我们已经探知在镇江古城地下普遍埋藏着厚达 5~6 米的文化遗存,它们是历代城市遗址的层层叠加,宛如一本包罗万象的"百科全书"。其大致范围,即西拥京畿岭、西津渡,东抱花山湾、塔山桥,南达虎头山外,北临长江路一线。同时,无数的考古事实业已证明,凡是在史料中记载的古代城垣、城门、渡口、漕渠、道路、桥闸、官署、粮仓、商铺、作坊、寺观、园林等,在古城地下都有遗迹存在,堪称"名城地下的名城"。这是祖先留给我们的极其珍贵的文化宝库,也是我们镇江名城的历史根脉。

第二,古城的地下这些年发生了什么。

这些年,随着城市建设的加速,建设与文物保护之间的矛盾日见增多。2009 年,镇江发生了宋元粮仓被毁事件,镇江人仿佛从梦中惊醒。一方面,让人们知道了古城地下确实是一座文化宝库,有多少"国宝"被埋藏在下面。但另一方面,又让一些人感到害怕,地下这么多文化遗产,建设怎么搞?他们从宋元粮仓被毁事件中吸取反面教训,认为这一切都是考古惹的祸,因此,想方设法让考古程序走过场,敷衍了事;更有甚者,置《文物保护法》于不顾,避开法定的考古程序,恣意妄为。这方面的典型例子要数新建北固楼:施工前即不依法考古,施工中大开挖,致使地下历代北固楼(多景楼)遗存毁于一旦,这是一起破坏原真文化遗产的恶性事件。

过去,镇江市在制定城市总体规划时,曾经表示在外围建新城的同时,要为老城区"松绑",并将大市口从一级商贸中心逐渐变为二级中心,目的是保护老城区的古城风貌及历史文化。可是几年前,在眼前的、局部的利益驱动下,建设大潮又"杀"回了老城区,并以大面积、大开挖为新特征,宋元粮仓被毁事件就是在这样的背景下拉开的悲剧序幕。这几年,镇江"地下名城"已被蚕食了两至三成,照此下去,用不了多长时间,古城地下的文化宝库就会被掏空殆尽。

---

〔1〕 本文主要内容出自笔者于 2014 年 3 月 22 日写给时任镇江市委书记杨省世同志的信。

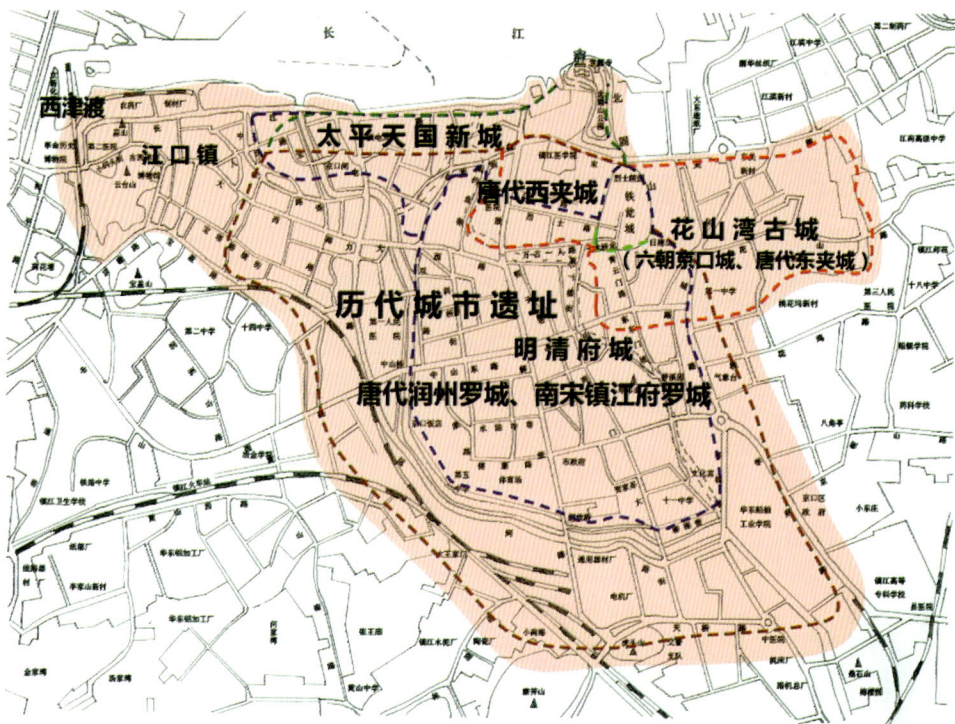

镇江历代城市遗址示意图

第三,古城的地下怎么办。

通览百座国家历史文化名城的保护工作,有的已经走在镇江的前头。借他山之石,可以攻玉。仅试举两座邻近的城市为例:

首先,是与镇江仅一江之隔的扬州。汉代以降,扬州城市不断发展,尤以唐代为盛,并且历代城址都被叠压在现代城区的下面。1996年,应扬州市的申报,国家批准公布扬州唐城遗址为全国重点文物保护单位,唐城遗址包括唐城周边约40华里、面积16平方公里的范围。这开启了我国在城市中完整保护大型古城遗址的先河。

再者,则是同处苏南地区的苏州。2012年,苏州市为了理顺苏州古城保护和太湖整体保护开发的体制机制,将地处古城区域的沧浪、平江、金阊三区合并为"姑苏区"(又称"苏州国家历史文化古城保护区"),对历史街区、文化遗存及古城风貌加以统筹保护。姑苏区面积86平方公里,其境内分布有春秋吴都——姑苏城、五代"中吴府"、宋代平江府城、明代苏州府城等古城风貌和地下遗存。这是将专业管理和行政公权结合起来的一次创举,极大地提高了文化遗产保护的权威和效力。

那么,我们与先进城市相比,最主要的差距是什么?是理念!别人将文化遗产当个宝,敬畏、热爱、重视。而我们有些人将文化遗产当"烫手山芋",讨厌、轻侮、妄为。可是，我们要想一想，老城区的大开挖，虽然使我们有了高楼大厦、地下商城，但地下文化宝库也随之被掏空了，这将会造成多么严重的后果。试想，将来的扬州和苏州可以通过考古，从地下"亮出"一个又一个古代遗迹，建成富于特色的文化景观，打造耀眼的城市"名片"，从而提升城市的品位。可是，那时镇江古城地下只有钢筋、水泥，后代将会责备：你们为什么把祖宗留下的东西全挖光了？为什么让镇江历史文化名城只剩下了一个空壳虚名？

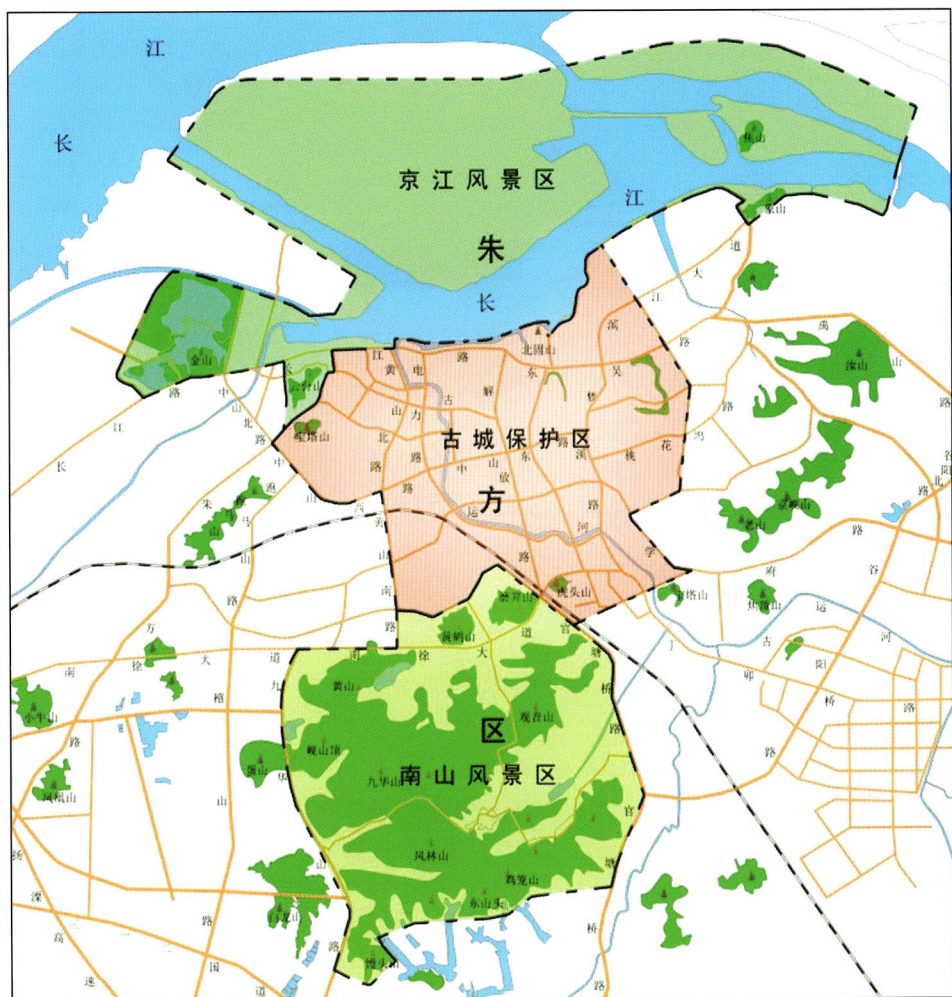

建议设立"朱方区"示意图

知耻而后勇。我们应该更新观念，完整保护古代城市遗址，可以借鉴苏州经验，结合自身实际，设立一个以保护文化和自然遗产为主的行政区——朱方区，下辖三个分区,即古城保护区、京江风景区和南山风景区。有了这样的基地,我们才有可能与扬州、苏州拼文化、比品位,给名城的未来留下可持续发展的重要资源,给后代留下取之不尽、独一无二的文化宝库。当然,此举会遇到极大的困难和挑战,只有拿出壮士断腕的决心和勇气,进行一次战略大调整,才能为保住名城的根脉建功立业。

此外,我们要制定名城文化遗产保护规划。首先需要端正思想,只有真正认识到文化遗产是名城的根脉,是城市的特色所在,是未来城市发展的独特资源,才能具有文化遗产保护的自觉性,并下决心去实现名城行政区划的战略性变革。当今城市正在进行一次大的"洗牌",这对于在地下已沉睡了成百上千年的文化遗产而言,面临的究竟是机遇还是灾难,这完全取决于当代人的抉择。因此,我们要有更远的眼光、更大的气魄来保护文化遗产,突出文化遗产在未来名城中的地位和作用。同时,在具体的保护项目上必须放弃一些眼前利益,让文化遗产的价值最大化。例如,在西津渡,考古发现半岛式的渡口遗址(包括大码头、历代官署、超岸寺以及环绕渡口的石岸遗迹),其保存之完整、内涵之丰富、历史之悠久实属罕见。但今后,古渡遗址若是被新建的高楼大厦所包围,或更有甚者将渡口遗址分割、侵占,那将是非常遗憾且又无比尴尬的,人们会批评镇江人小家子气,硬是糟蹋了这无价之宝;而反之,如果环绕三面辟出水域,将其复建成水上古渡景观,无疑将会提升镇江的文化品位,在全国亮出一款独特的旅游精品。为了更大的长远利益,我们必须放弃一些眼前利益,即舍小利而趋大利!

我们不是文化遗产的所有者,我们只是文化遗产的守望人,文化遗产需要一代一代传承下去。希望镇江人共同努力,守望好古城、京江、南山这三座文化宝库,让子子孙孙永保用!

# 目录

# 附　录

［清］周镐《山绕瓮城》

# 第一章　悠悠古城

纵观镇江城市考古，通过 20 余年的努力，考古人已经探知镇江古城地下普遍埋藏着厚达 5 ~ 6 米的文化遗存，并探明其历代城市遗址的大致范围，即西拥京畿岭、西津渡，东抱花山湾、塔山桥，南达虎头山外，北临长江路一线。同时，无数的考古事实业已证明，凡是在史料中记载的古代城垣、城门、渡口、漕渠、道路、桥闸、官署、粮仓、商铺、作坊、寺观、园林、陵墓等有关城市的遗迹，基本上都被层层叠加地保存下来。因此，笔者特意在前面三章的内容中尽可能多地引用了史料的记载，目的就是希望读者能透过文字去了解这些遗迹在地下星罗棋布的实际存在。也正是它们的存在，形成了古代城市有机、统一的文化共同体，亦堪称"名城地下的名城"。

# 第一节　古郡山城

　　古代镇江，乃东南名都，江左胜地。《南齐书》载："桑梓帝宅，江左流寓，多出膏腴。"[1] 梁武帝曾墨书赞曰："天下第一江山"。[2] 1986 年，镇江荣忝国务院颁布的国家历史文化名城之列。（图 1-1-1 *）

图 1-1-1　"天下第一江山"石刻（[清]程康庄临摹吴琚手迹，王重迁摄）

---

〔1〕［南朝］萧子显：《南齐书》卷十四，中华书局，1972 年，第 246 - 247 页。
〔2〕［清］周伯义：《北固山志》卷三"古迹"，光绪三十年（1904 年）刻本。
　＊　本书图序标识，以"图 1-1-1"为例，其第一个数字代表"章"，第二个数字代表"节"，第三个数字代表一节之内图的顺序。

镇江，先秦传为朱方之邑，汉末孙权筑京城（铁瓮城），六朝扩为京口城，其活动区域主要集中在近代镇江城区东部。隋代称润州。唐代城池有更大扩展，从内向外有子城、夹城、罗城三重城。而宋代罗城又向北扩，其外郭北临长江，南据虎头山，东抱花山湾，西达山巷一线。城市的范围更是远大于城池的围墙，例如在城西的一侧就有外贸口岸江口镇和城市门户西津渡，而在东、南两侧城外分布有密集的民居、作坊、酒肆等。尽管后来明清城池大为缩小，但城外原来属于唐宋城市的部分市井依旧、商贸繁华，并与城内设置同样的街坊组织。这表明在千余年间，镇江古代城市的范围保持着一个相对稳定的格局。

至今，我们在地面上依然可以看到不少古城的遗珍，如古代桥梁、建筑、园林、过街石塔、铁塔等，当然，它们只是明清时期镇江城市建筑中的很小一部分。那么，古代镇江城市的遗迹是否还能寻到踪迹？而对于这一问题，近些年的城市考古给予了明确的回答：在现代镇江城市的地下叠压着历代名城的遗存，它们一层层的文化地层如同城市的"年轮"，平均厚达5～6米，其分布范围几与镇江古代城市范围相当。尤为可贵的是，由于历代城市在改造或重建中都是采取平整地面、叠加建造的方式，因此每一个时期的城市地貌及建筑基础几乎都被完整地保存了下来，它们宛如一本内容浩瀚的名城百科全书，更是一座包罗万象、无比珍贵的文化宝库。虽然考古人迄今也只是通过勘探、发掘"阅读"了其中一小部分，但已有无数事实可以证明：在今天我们这座城市的地下，确实埋藏着古代各个时期完整的名城遗址。如果将考古资料与史籍志书结合起来，就可以大致勾勒和呈现出古代镇江城市的面貌和特色。

## 一、史传朱方

朱方，是镇江历史上见诸史籍最古的地名。它首见于《左传》记载：襄公二十八年（前545年），齐国左相庆封逃亡到吴国，"吴句余予之朱方，聚其族焉而居之，富于其旧"。[1]后来又引发了楚国率领中原列国联军攻打朱方，活捉并处死庆封，这便是春秋时期著名的"朱方之役"。而正是史籍中记载的这段文字，透露出镇江古老而神秘的历程。人们不禁要问：朱方的身世是什么？朱方的地望在何处？

### （一）"方"字地名活化石

朱方地名十分古老。这种带"方"字的地名，不但在当时吴国所有的地名中不见他例，即便放眼春秋列国，甚至上溯到西周时期也十分少见。历史上较为流行这种带"方"字的地名主要见于商代。在已经出土的商代甲骨文及青铜器铭文中，带"方"字的地名比比皆是，仅在与宁镇地区毗连的江淮之间，可以征考的就有徐方、虎方、林方、危方、莱方等。循以商代的语体通例，地名之"方"，亦表示国名和族名。因此，可以认为

---

〔1〕 李梦生：《左传译注》（襄公二十八年），上海古籍出版社，1977年，第852页。

朱方既是商代一个方国的名字,又是一个族系的称谓。并且,商人在卜甲中还将"方"与"夷"通用,如徐方亦称徐夷,虎方亦称虎夷,故而朱方也可称朱夷。朱方是商代方国地名保存下来的一个极其难得的"活化石"。[1]

夏、商、周时期,在宁镇地区孕育、发展着一支有着独特风貌的青铜时代文化——湖熟文化,它因 20 世纪 50 年代首先发现于江宁湖熟镇而得名。遗址主要以高出地面的台地特征分布在宁镇丘陵地区及秦淮河流域。在现今镇江市区范围即东至丹徒镇横山、北沿长江、南以十里长山和官塘桥的四明山为界,西至蒋乔五洲山,东西约 15 公里、南北约 8 公里范围内,经考古发现的湖熟文化遗址就有 20 多处,形成极为密集的聚落群。其中,典型的如丁卯桥附近的马迹山、龙脉桥南侧的龙脉团山等,它们的文化面貌以素面陶鬲、甗等炊具为主,显示出属于东夷文化的器物特征。[2]

朱方后来被吴国兼并,《史记》中亦有关于朱方的记载:"王余祭三年,齐相庆封有罪,自齐来奔吴。吴予庆封朱方之县,以为奉邑,以女妻之,富于在齐。"[3]吴王余祭,又称句余。公元前 545 年,余祭不但将朱方赐给庆封作奉邑,还将自己的女儿嫁给他,庆封家族在朱方的经营比在齐国还富有。而司马迁在此处称朱方为"朱方之县",这是春秋吴国唯一见录于史籍的县名。古代设"县"之制开始于春秋初期的一些大国,当时县的地位比郡高,所谓"克敌者上大夫受县,下大夫受郡",就反映了这一史实。许多大国为了加强中央集权,巩固边地防守力量,往往把新兼并的国土改建为县。朱方被吴国设置为"朱方之县",正可以从一个侧面反映出朱方的身世渊源。

### (二)朱方地望在何处

朱方,作为吴国西部的一座重要城邑,在春秋时期已是闻名遐迩。而关于它的地望,在史书中有不同的表述,如《汉书·地理志》,颜师古注中"丹徒"为"《春秋》云朱方也"。而汉时丹徒县治位于今镇江市东 9 公里的丹徒镇附近。若依据颜师古的注释,则朱方应是地处今丹徒镇一带。

唐代《元和郡县图志》载:"(润州)本春秋吴之朱方邑,始皇改为丹徒。汉初为荆国,刘贾所封。后汉献帝建安十四年,孙权自吴理丹徒,号曰京城。"[4]此段文字开头提及润州为"春秋吴之朱方邑",而历史上的润州治所一直在今镇江市区。而且,此段文字的结尾亦述及"孙权自吴理丹徒,号曰京城"。京城即六朝铁瓮城,位于今镇江市区北固山南峰,此处所云的丹徒即是京城,同样表示位于今镇江市区。但问题

---

〔1〕 刘建国:《宜侯夨簋与吴国关系新探》,《东南文化》,1988 年第 2 期。

〔2〕 刘建国:《浅论宁镇地区古代文化的几个问题》,《考古》,1986 年第 6 期。

〔3〕 [汉]司马迁:《史记》卷三十一"吴太伯世家",中华书局,1959 年,第 1452 页。

〔4〕 [唐]李吉甫:《元和郡县图志》卷二十五,《中国古代地理总志丛刊》,中华书局,1983 年,第 589 页。

在于文字中段的"始皇改为丹徒",则又明显是指汉丹徒故城。可见,该志书作者对于丹徒县治的位置有着汉唐不分之失误。

而在现今大港一带,考古专家曾经发现多座周代墓葬。先是20世纪50年代,大港烟墩山大墓出土宜侯夨簋。后来,在自大港至谏壁沿江一带,先后发现西周至春秋时期的大墓10余座,大多坐落于毗邻呼应的山顶之上,陪葬品中有相当数量的青铜礼器,表明其墓主身份地位较高。[1]这些发现让人推测与之时代相近的朱方城大致也应距离墓地不远。为此,考古人也曾做过大量的努力,希望能在大港沿江一带探查到古城的踪影,但至今未有收获。

**(三)史籍考古寻踪影**

朱方的地望究竟在何处?其实,史籍志书与城市考古已经给我们提供了指标性的答案。

清代地理学家顾祖禹的《读史方舆纪要》云:"京城,今府治。春秋之朱方也。"[2]而清代镇江府治于今镇江市区;京城,即三国孙权所建铁瓮城,亦位于今镇江市区北固山南峰。可知,顾祖禹考定朱方与京城、镇江府治同一所在。

元代《至顺镇江志》载:"庆封宅,在城南一里,即今朱方门之外。"[3]此处文字引用北宋润州地方志书《祥符图经》,记有庆封宅位于唐宋朱方门(今市区东门坡顶部)外一里,这从一个侧面表明春秋时期朱方城地望即今镇江市区。

上溯唐代史料,徐坚的《初学记》记载"润州,春秋之朱方"[4],明确表示朱方与唐代润州(治今镇江市区)的地理关系。再如,唐代著名诗人陆龟蒙在其《庆封宅古井行》序中写道:"按《图经》,润之城南一里,则封所居之地。询诸故老,井尚存焉。""江南戴白尽能言,此地曾为庆封宅。"[5]而陆龟蒙所据的《图经》,即唐代孙处元编撰的《润州图经》,成书距今已近1300年之久,这表明庆封宅、井遗迹在唐时尚存,润州"故老""戴白"有口皆碑。

在更早的六朝史籍中,京口多以朱方代称。如《宋书》载,刘宋时周朗在一次廷议中批评侨民制度时,曾说"其地如朱方者,不宜置州""岂吴邦而有徐邑?"[6]徐邑即南徐州,南朝时侨置于京口。

今天,在焦山上还保存着一件六朝时期的珍贵文物,这就是在书法史上被誉为"大

〔1〕 刘建国:《宜侯夨簋与吴国关系新探》,《东南文化》,1988年第2期。

〔2〕 [清]顾祖禹:《读史方舆纪要》卷二十五,中华书局,2005年,第1250页。

〔3〕 [元]俞希鲁:《至顺镇江志》卷十二,江苏古籍出版社,1990年,第91页。

〔4〕 [唐]徐坚:《初学记》卷八,中华书局,1982年,第187页。

〔5〕 [唐]陆龟蒙:《庆封古井行并序》,《全唐诗》卷六百二十一,国际文化出版公司,1994年,第2053页。

〔6〕 [南朝]沈约:《宋书》卷八十二,中华书局,1974年,第2098页。

图 1-1-2 焦山瘞鹤铭中的
"朱方"刻文

字之祖"的《瘞鹤铭》石刻。在它的铭文中,即有"壬辰岁得于华亭,甲午岁化于朱方"[1]的内容,这清楚地表明,作为瘞鹤刻石之所的焦山地属古朱方,故《瘞鹤铭》石刻无疑是朱方极具象征意义的地理坐标。(图1-1-2)

近些年来,城市考古又提供了若干新的佐证:1984年,在镇江市区中山桥改建时,于旧桥基下出土一件春秋时期的兵器铜戈。[2](图1-1-3)在1991年花山湾古城的考古中,发现东城垣夯土下有多处叠压着先秦文化堆积,并出土陶鬲、罐、盆、鼎等残件。[3]之后,2000年北固山后峰腰台考古中亦出土了周代陶鬲及大量印纹陶片。(图1-1-4)此类信息显示出镇江市区确有西周、春秋时期丰富的文化遗存。

更为直接的证据是出土的有"朱方"文字的实物。1998年在虎头山(氧气厂东侧)唐代罗城遗迹内,出土了多件"朱方乡"铭文砖。[4](图1-1-5)它的发现表示唐代并存着两个古乡建置:一是丹徒乡(在秦至六朝丹徒县治旧址所置,地望即今丹徒镇一带);二是朱方乡(先秦朱方之县废后所置)。唐时两者并存,可见它们的地望不会重叠在一处,这就排除了朱方位于丹徒镇附近的可能。

图 1-1-3  1984年,中山桥出土的春秋铜戈

图 1-1-4  2000年,北固山出土的周代陶鬲

以上关于朱方地望的资料已经充分说明,无论是六朝时期的石刻与史籍,还是唐、宋、元、明、清的地方志书,都一以贯之地传递着同样的信息:朱方的地望在今镇江市区。

---

〔1〕 刘建国、潘美云:《瘞鹤铭石刻考证》,江苏人民出版社,2006年,第20页。
〔2〕〔3〕 刘建国:《古城三部曲——镇江城市考古》,江苏人民出版社,1995年,第13页。
〔4〕 刘建国,等:《名城地下的名城——镇江城市考古纪实》,江苏人民出版社,2006年,第7页。

因此,我们有理由相信朱方是这座城市的源头,它是镇江名城历史的重要组成部分。

## 二、三国京城

汉末时期,孙权曾在长江南岸北固山建有一座城池,世谓"京城"或"京",又俗称铁瓮城。孙权以铁瓮城为控制江东、进而逐鹿中原的中心基地,它在六朝史上有着十分重要的地位。(图1-1-6)

### (一)京城与铁瓮城

京城与铁瓮城,在古代史书中多有述及:

许嵩注《建康实录》曰:"吴大帝亲自吴迁朱方,筑京城,南面、西面各开一门,即今润州城也。"[1]又如,清代《读史方舆纪要》中亦有类似记述:"京城,今府治。……建安十三年(208年),孙权徙镇于此。筑京城,周三百六十步(按:为六百三十步误),于南面、西面各开一门。"[2]以上史料点明京城的位置与唐代"润州城"乃至清代"府治"的地望重合在一起。

而京城的方位在《南史》中亦有述及,"初,京城之西有别岭入江,高数十丈,三面临水,号曰'北固'"。[3]据文意分析,文中的"别岭"即北固山,而京城位于北固山东侧,这里是将城与山区分开了。其实,京城在地理上是属于北固山的一部分,因为史料记载镇江古代州、郡、府治都在北固山上。《嘉定镇江志》:"北固山,即今府治与甘露寺是。"[4]《读史方舆纪要》亦云:"(北固山)自晋以来郡治皆据其上。"[5](图1-1-7)

古来北固山位于长江南岸,呈西北、东南走向,前后由三座峰连接而成,"一峰入城一里弱,两

图1-1-5 虎头山唐城出土的"朱方乡"铭文砖

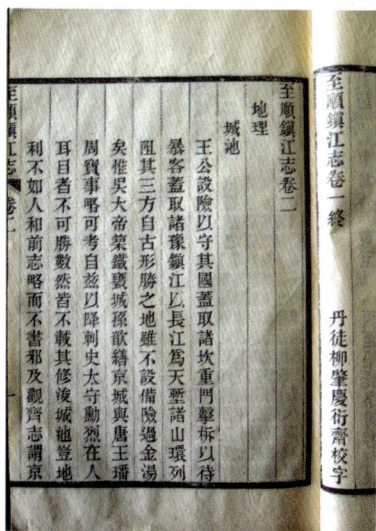

图1-1-6 《至顺镇江志》记载"铁瓮城"

---

〔1〕[唐]许嵩:《建康实录》卷一,中华书局,1986年,第11页。
〔2〕〔5〕[清]顾祖禹:《读史方舆纪要》卷二十五,中华书局,2005年,第1250-1251页。
〔3〕[唐]李延寿:《南史》卷五十一,中华书局,1975年,第1279页。
〔4〕[宋]卢宪:《嘉定镇江志》卷六"山川",丹徒朱氏金陵复刻包氏本,宣统二年(1910年)。

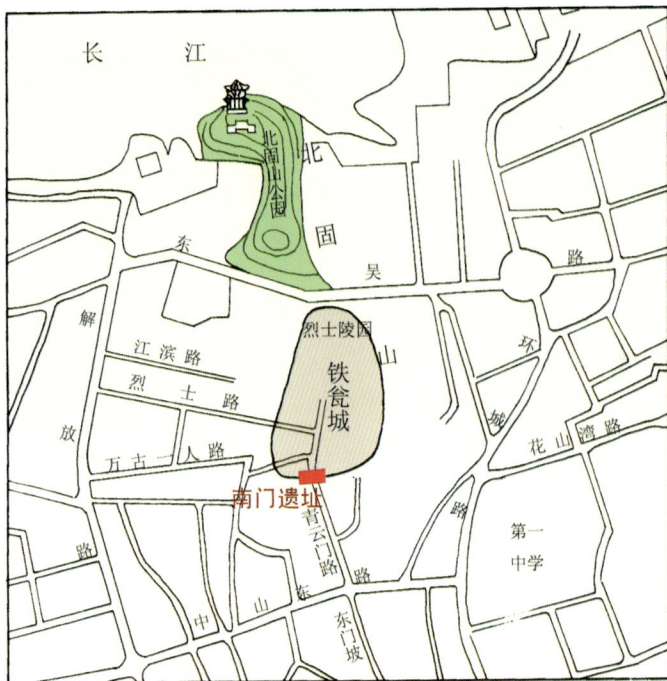

图 1-1-7　铁瓮城位置图

峰出城一里强"。[1]入城之峰为前峰,亦称南峰;出城之峰为中、后峰,后峰亦称北峰。甘露寺即耸立于后峰之巅,而府治则雄踞于前峰之上。(图 1-1-8)

图 1-1-8　北固山鸟瞰(图中:A—后峰;B—中峰;C—前峰)

---

〔1〕［清］周伯义:《北固山志》卷一"形胜",光绪三十年(1904 年)刻本。

至于铁瓮城，元《至顺镇江志》称："子城吴大帝所筑，周回六百三十步，内外固以砖，号铁瓮城。"[1] 又转引南朝《舆地志》："吴大帝孙权所筑，周回六百三十步，开南、西二门，内外皆固以砖甓。"[2] 另，《北固山志》载："铁瓮城，孙权筑。……在（北固山）正峰，前周府寺，计六百三十步。又名子城。"[3]

所谓子城，即镇江历代府治所在。因此不难看出，铁瓮城与京城之间，无论是年代、作者，还是形制、地望，都完全相同。故可以断定京城与铁瓮城实为一城，区别只是京城为正名，铁瓮城为俗名而已。

而铁瓮城的"铁瓮"二字有何喻义呢？史志上有两种解释：

一是喻其坚固。唐《（润州）图经》："古谓之铁瓮城者，谓'坚若金城汤池'之类。"[4] 另，北宋诗人梅尧臣有咏《铁瓮城》诗："堑江以为池，增山以为壁。铁瓮喻其坚，金城非所敌。"[5]

二是表其形状。宋人程大昌《演繁露》云："润州城古号'铁瓮'，人但知其取喻以坚而已。……乾道辛卯（1171 年），予过润，蔡子平置燕于江亭。亭据郡治前山绝顶。而顾子城，雉堞缘冈，湾环四合，其中州治诸廨在焉。圆深之形，正如卓瓮。"[6]

其实，如果究其"铁瓮"含意，两者应是兼而有之：既显依山而筑，无比坚固；又因环冈弯曲，形如卓瓮。可谓铁瓮之名，形实兼备，与曹魏洛阳"金墉城"确有异曲同工之妙。

### （二）考古揭秘铁瓮城

三国铁瓮城，东晋、南朝沿用，后历经沧桑，时过境迁，早在北宋时期就已经难觅踪影。王存在《登北固》诗中感叹道："晚登北固顶，俯视南徐城。废垒何茫茫，山川回纵横。"[7]

铁瓮城是否安在？由于过去人们对它的认识都只是停留在书本上，谁也没有目睹过她的容颜，因此，这成为一道难解的文化之谜。

**城垣**　时至 20 世纪 90 年代初，铁瓮城的命运终于发生了变化。那是 1991 年夏天，南京大学历史系与镇江博物馆联合组成考古队，开始探索铁瓮城的文化之旅。我们先是在西侧土岗的顶部开挖一条探沟，期待能解剖出城垣叠加的历史年轮。开局不错，我们在 1 米深之下就挖到了明代城垣夯土，2 米以下又挖到了宋代城垣夯土。大家深受鼓舞，可是，再向下挖到 4 米深处，竟然已是自然山土。面对这一结果，考古队员有些沮丧，难道所

〔1〕[元]俞希鲁：《至顺镇江志》卷二，江苏古籍出版社，1990 年，第 9 页。

〔2〕[南朝梁]顾野王：《舆地志》，转引自[元]俞希鲁《至顺镇江志》卷二，江苏古籍出版社，1990 年，第 9 页。

〔3〕周伯义：《北固山志》卷一"形胜"，光绪三十年（1904 年）刻本。

〔4〕[唐]孙处元：《润州图经》，转引自[元]俞希鲁《至顺镇江志》卷二，江苏古籍出版社，1990 年，第 9 页。

〔5〕[宋]梅尧臣：《宛陵集》卷十，《四库全书》第 1099 册，上海古籍出版社，1987 年，第 82 页。

〔6〕[宋]程大昌：《演繁露》卷十三，《丛书集成初编》，中华书局，1991 年，第 143 页。

〔7〕[宋]王存：《登北固》，转引自[宋]卢宪《嘉定镇江志》卷二"城池"，丹徒朱氏金陵复刻包氏本，宣统二年（1910 年）。

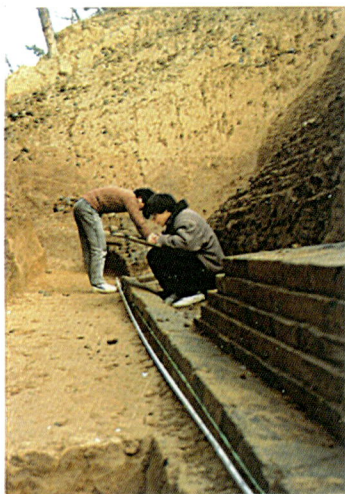

图 1-1-9　1992 年,考古发现铁瓮城
西垣夯土及包砖墙遗迹

传的三国铁瓮城只留下了宋代遗迹？正当大家郁郁寡欢的时候,在山坡上休息的人却有了意外的发现:无意间用手铲在坡面上挖出一层层坚硬的土块,并且每层都有夯窝痕迹。经鉴定,其特征为六朝夯土,原来城垣是贴附着坡面外侧夯筑。后来通过进一步的发掘,我们发现铁瓮城与一般古城有着迥然不同的构造:通常古城是平地夯筑,而铁瓮城却是利用北固山前峰(又称南峰)土山外侧坡面,稍加整削,依山贴筑夯土,外侧加砌砖墙,并形成由矮直墙加坡面墙组合的独特构造,成为既省工省料、又固若"铁瓮"的坚固城堡。(图 1-1-9)

铁瓮城经考古确认,位置在北固山前峰,城垣平面略近椭圆状,西南角稍向外凸出,并与六朝万岁楼遗址连接,南北长约 480 米,东西最宽处近 300 米。

在 1993 年以后,镇江考古人又先后探查、发掘了南垣、东垣、城内北部衙署建筑、城城外三国道路、城壕等重要遗迹。(图 1-1-10、1-1-11、1-1-12)

图 1-1-10　铁瓮城西垣六朝夯土遗迹

图 1-1-11　铁瓮城南垣早晚加筑的砖墙遗迹

**城门**　2003 年,为配合镇江市建设局修筑大西路东延道路的规划设计,考古人员对铁瓮城南垣实施考古勘探,探明南垣具体走向以及与六朝南门西部墩台对接位置,并在其南垣与城门交接处试掘一口小型探方(3 米 × 4 米),显露出三国城门遗迹的一角。

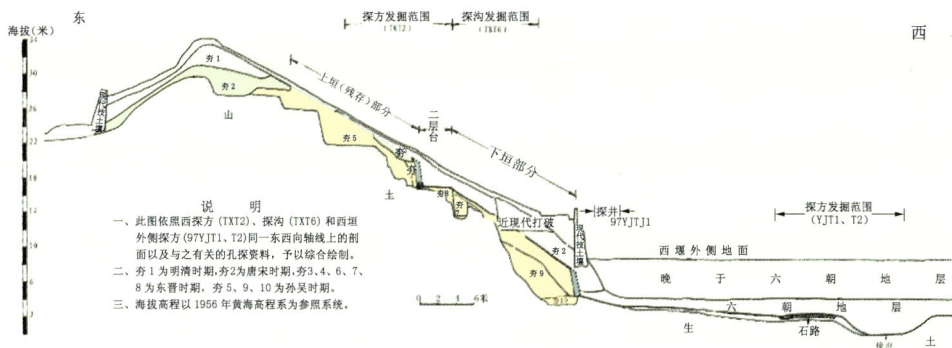

图 1-1-12　铁瓮城西垣内外剖示图

之后,考古人员又于 2004 年对南门遗址西南部位实施抢救性发掘,面积 200 平方米,并揭示出六朝南垣及南门墩台、道路等遗迹。(图 1-1-13 至 1-1-16)

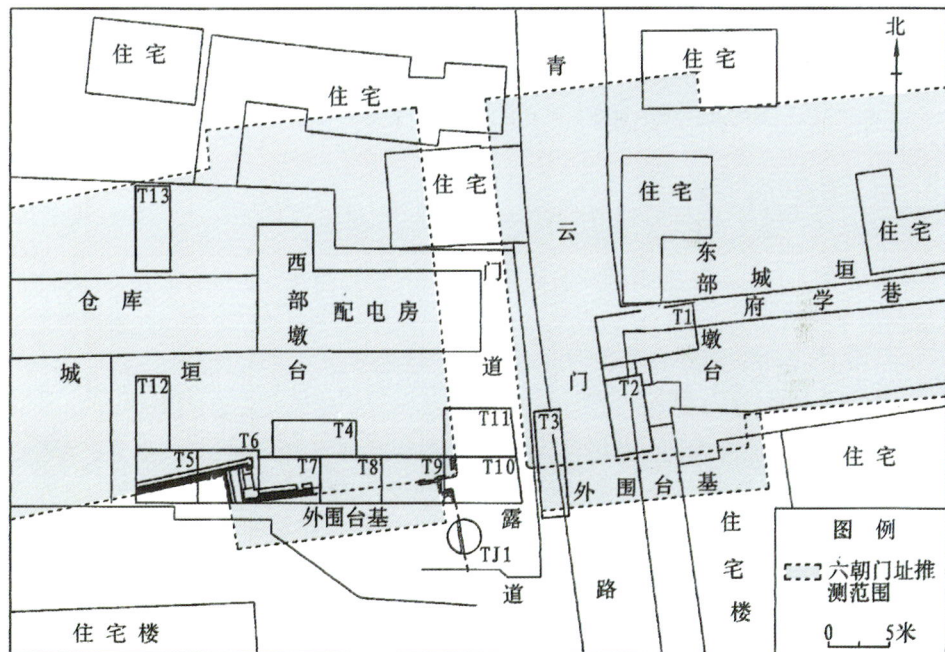

图 1-1-13　铁瓮城南门遗址平面示意图

图 1-1-15　铁瓮城出土的三国青瓷洗

图 1-1-16　铁瓮城出土的三国"富贵"文字砖

图 1-1-14　铁瓮城南门墩台遗迹

### （三）北固山与京城

铁瓮城与京城是一城二名，而史料与考古都将铁瓮城定位于北固山南峰。可是，有两个问题始终萦绕在人们心头，即：铁瓮城与北固山是什么关系？京城与北固山又是什么关系？

我们先看第一个问题。

宋《嘉定镇江志》载："北固山即今府治与甘露寺是。"[1]此志明确表示，北固山包括从府治（铁瓮城）至甘露寺（后峰）三峰全部。

清《京口山水志》则对北固山沿革有具体表述："盖山有三峰，前立郡治，后建甘露寺，中有元武殿。明万历十二年（1584年）知府吴撝谦于治后附城筑垣，又建虚台。"为抵御倭寇，"仓卒筑断北固岭，据城自守。知北固前峰本与中、后相连，今其势稍断"。[2]

《北固山志》亦云：北固山"一峰入城一里弱，两峰出城一里强。……北凭大江，高十四丈五尺，周约六里"。[3]

以上反映出古代北固山的前、中、后三峰原是一个天然的整体，呈"一"字形南北延

---

〔1〕〔宋〕卢宪：《嘉定镇江志》卷六"山川"，丹徒朱氏金陵复刻包氏本，宣统二年（1910年）。

〔2〕〔清〕杨棨：《京口山水志》卷一"北固山"，道光二十四年（1844年）刻本。

〔3〕〔清〕周伯义：《北固山志》卷一"形胜"，光绪三十年（1904年）刻本。

伸,其峰与峰之间并有长埂相连,而前峰被筑成铁瓮城。

第二个问题:既然北固山在古代是一个整体,那么孙权为何只在前(南)峰筑城呢?这就需要了解北固山的山体特征。宋代黄震分析道:"北固山纯土如粉,独其北硝石壁立,奇拔竦人,盖游观者所不见,岂北固之所以得名欤?"[1]黄震将北固山"北石南土"的地貌特征揭示了出来。

事实上,北固山中、后峰,海拔50～60米,除了顶面有土层外,其余皆石头山体。据地质学者证实,"它是火山喷发后由火山岩形成的,火山口因沿江断裂沉入了长江之中。……火山岩中的粗面岩,是构成山的主体"。[2]南侧前峰则纯属土山,为下蜀纪黄土,顶部呈缓坡状,北高南低,顶高海拔25～35米。

图 1-1-17　铁瓮城出土的三国兽面纹瓦当

了解了北固山的地理特征,就不难理解当年孙权的高超智慧:他充分利用自然条件,对于中、后峰几乎无需人工加固,四周悬崖峭壁,本身就是天然的"城堡"。他将加工、改造的重点放在前峰,而前峰位于山的南段,占地面积较大,正是符合古人尚南为上、"前朝后寝"的立治格局。但要利用土山,就必须夯筑、加固,这就是建造铁瓮城的缘由。

审视铁瓮城,它位于京城南半部,自南向北逐渐升起,最北一层地势最高,气势雄伟,此处应是朝政处所;而北固山中、后峰当是后宫苑区,以及武库、粮仓所在。2000年,在北固山后峰进行考古勘

图 1-1-18　铁瓮城出土的六朝"官"字瓦

探,曾出土了三国、六朝的建筑遗物,这表明此处与铁瓮城同是六朝人文活动频仍的区域。(图1-1-17至1-1-20)而在史料中亦见有相关记载,即东晋时期(距三国时间很短)北固山后峰仍然有府库设施的存在。《舆地志》云:"北固山有亭屋五间,蔡谟以置军实。刘牢之败,为其子敬宣所焚。"[3]这从一个侧面反映出北固山中、后峰与铁瓮城同属京城且功能互补的历史格局。

---

〔1〕　曾枣庄、刘琳主编:《全宋文》第347册,上海辞书出版社,2006年,第378－379页。

〔2〕　霍义平、高曾伟:《千古江山》,江苏人民出版社,2004年,第45页。

〔3〕　[南朝]顾野王:《舆地志》,转引自[宋]卢宪《嘉定镇江志》卷十二"宫室",丹徒朱氏金陵复刻包氏本,宣统二年(1910年)。

图 1-1-19 北固山后峰腰台考古发掘现场

图 1-1-20 北固山后峰出土的六朝绳纹砖

因此,我们有理由相信,在当年刘备赴京口活动期间,作为孙权的妹夫,自当被安排在京城内寝宫、苑区中度过蜜月。由此看来,刘备在北固山上"龙凤呈祥""绸缪恩纪"的新婚生活,以及孙刘并辔遛马、巨石试剑的传说,都因为铁瓮城的考古而复活、鲜亮起来。

### 三、六朝京口城

京城在东晋时期又称京口城,其规模有所扩大,南朝顾野王《舆地志》称:"今之城宇,多恭所制",或曰"王恭更大改创"。[1]（图 1-1-21、1-1-22）

1984 年,在镇江市区东侧花山湾开发建设工地上,考古发现一座古城遗址,后考古人员对其进行了调查、试掘,并撰写了考古报告及论述文章。[2]事隔 20 余年,依据近年来镇江城市考古积累的资料,我们对花山湾古城有了一些新的认识,并廓清了一些初始的误解,力求恢复它的历史本来面貌。[3]

---

〔1〕［南朝］顾野王:《舆地志》,转引自[元]俞希鲁《至顺镇江志》卷二,江苏古籍出版社,1990 年,第 9 页。
〔2〕 镇江博物馆:《镇江市东晋晋陵罗城的调查和试掘》,《考古》,1986 年第 5 期;刘建国:《晋陵罗城初探》,《考古》,1986 年第 5 期。
〔3〕 刘建国:《镇江市花山湾古城考古再认识》,《南京博物院集刊》第 12 辑,文物出版社,2010 年。

图 1-1-21　铁瓮城出土的南朝兽面纹瓦当

图 1-1-22　铁瓮城出土的南朝莲瓣纹瓦当

## （一）城垣范围

花山湾古城位于市区东北花山湾丘陵土山之上，城垣大部分依山加土夯筑，墙与山浑然一体。其走向随山势逶迤曲折，整体平面略呈梯形，铁瓮城被包在西北角，周长约6公里。城北距今长江岸边约0.7公里，西北距北固山北峰甘露寺约0.5公里。（图1-1-23）

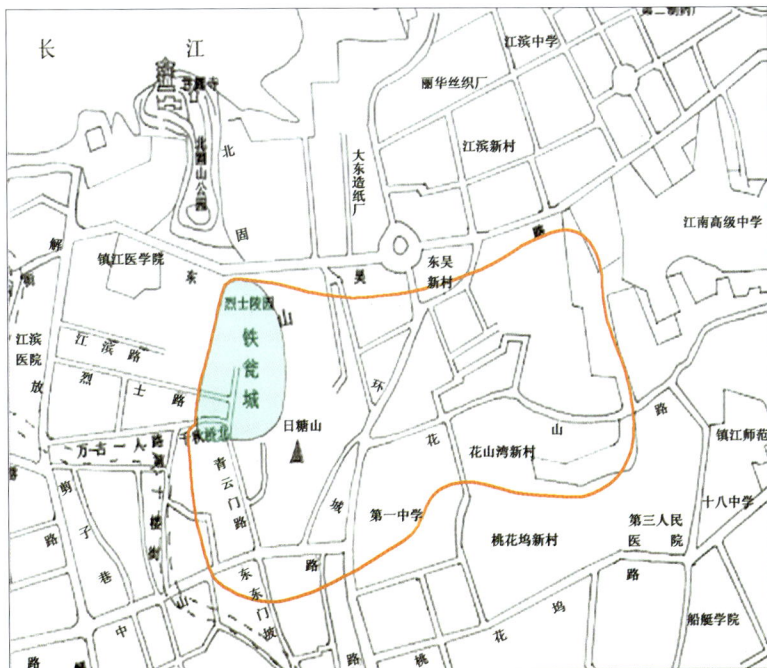

图 1-1-23　京口城平面示意图

1. 东垣

南自八旗马厂,向北穿过花山路至东吴路南侧,总长约 700 米。东垣保存基本完整,仅中段约 100 米长的城垣夯土已被建筑施工挖去。现存垣顶宽 5～10 米,高出周边地面 5～15 米,其下部多利用自然山体。另在东垣南北两端转角处,各有一馒首状土墩,高出垣顶面 3～5 米,底径约 20～30 米。城垣外侧有一条壕沟,口宽约 5～8 米,呈自南向北倾斜态势。(图 1-1-24)

图 1-1-24　花山湾古城东垣、南垣远眺

2. 北垣

自东垣北端向西转折,沿东吴路南侧土岗,经许家花园、馒头山、乌龟山,向西与北固山南峰北端相接,全长约 1400 米。保存情况以东、西两端各 200 米稍好,顶面高出北侧路面 20～25 米;其余遗迹多因建设取土,只有部分残存于地下。

3. 南垣

从东垣南端向西转折,沿龙埂(又称大山),上大学山(又称砚台山),过梦溪路,再沿笪家山(又称对山)、乌凤岭,全长约 1600 米。城垣遗迹保存较好的是在土山、岗岭部分,垣顶高出地面约5～10 米;其余部分在地面上已不见城垣踪迹。

4. 西垣

北段与铁瓮城西垣重合,南下越西南角外高地(即东晋万岁楼遗址)及南侧凤凰岭,穿过中山路,与乌凤岭西端相接,全长约 900 米。

**(二)城内地层**

城内钻探资料表明,除东北岗坡地因水土流失,文化遗存较少外,其余平地及缓坡的地下文化堆积皆比较丰富,一般厚约 3～4 米。

1984 年曾在城内花山路南侧开挖两个考古探方,编号为 T3、T4,其地层堆积情况比较一致。现以 T3 东壁为例加以介绍。

第一层,厚约 0.3～0.4 米,灰色表土,土质疏松,含明清及以后的陶瓷遗物。

第二层,厚约 1.5～1.7 米,灰黄土,质较松软,含宋代陶、瓷、砖瓦等,遗物丰富。

第三层,厚约 0.5～0.6 米,黄褐色淤土,质较硬,含少量唐代遗物。

第四层,厚约 1～1.2 米,黄灰土,土较紧密,主要含东晋及南朝遗物,如青瓷碗、罐、盘口壶、釉陶火焰边钱鼓瓷、灰陶盆、甑等残件、片,碗的口沿多见施一圈褐彩。(图 1-1-25)

1997 年,又在 T3 以东红星汽配厂工地,发掘探方 97 T1,文化地层堆积情况与 T3、

T4 基本一致。（图 1-1-26）

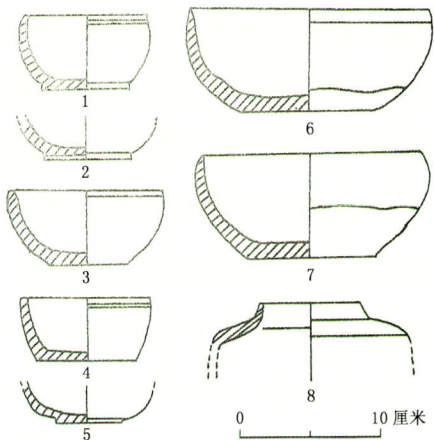

图 1-1-25　花山湾城内六朝地层出土遗物

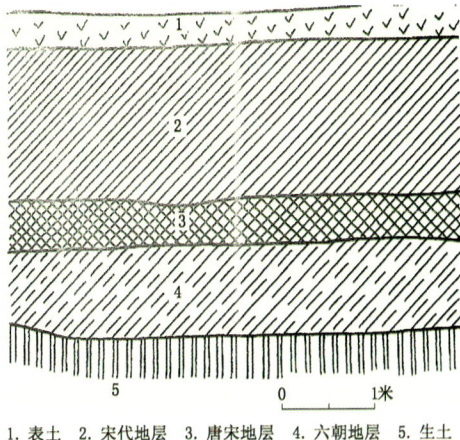

1.表土　2.宋代地层　3.唐宋地层　4.六朝地层　5.生土

图 1-1-26　花山湾城内考古探方 T3 东壁剖面图

而位于花山湾城内这三口探方相间分布,三口探方各相距 300 余米。这说明在花山湾古城内普遍存在六朝时期厚重的文化地层,且所含遗物较多,这从一个侧面反映六朝时期城内文化遗存丰富,人文活动频仍,与六朝城的格局表里相应。

**(三) 古城年代**

花山湾古城城垣遗迹的年代并不单一,它亦存在早、晚两种迹象,也就是说有六朝与唐代两个时期。

先看西垣,1998 年在铁瓮城西垣南侧凤凰岭下的一建筑工地上,发现唐代东夹城西垣夯土之下叠压着六朝城垣夯土,并在夯土地层内出土东晋时期的青瓷双耳罐等遗物。

而南垣又与南朝宋武帝刘裕居住地有着密切的关联。据《舆地志》载:丹徒宫"在城南,宋武帝微时故宅也,后筑为宫"。[1]"至陈,立寺名慈和","在寿邱山巅,宋高祖故宅也"。[2]寿丘山,位于今江苏大学梦溪校区内,而乌凤岭的位置在其以北,两者相距很近,与史志记载相符若节。

此外,过去花山湾城垣考古大都是从顶部向下进行发掘,所见大多为唐代城垣夯土及砖墙遗迹,而六朝遗迹似乎不太明显。铁瓮城的考古实践给我们以重要启示,即今后对与之毗连、同是依山加筑的花山湾古城的考古发掘,除了顶部要做解剖之外,还应该十分重视里外岗坡的整体发掘工作,如此才有可能揭示出早期花山湾古城的本来面貌。

〔1〕 [南朝]顾野王:《舆地志》,转引自[元]俞希鲁《至顺镇江志》卷十三,江苏古籍出版社,1990 年,第 11 页。

〔2〕 [元]俞希鲁:《至顺镇江志》卷九,江苏古籍出版社,1990 年,第 361 页。

### （四）古城名称

20世纪80年代在古城调查试掘时发现数量较多的护城墙砖。此一类砖多为素面，青灰色，或表面呈黑褐色，烧制温度一般较高。大小长37~38厘米，宽17~19厘米，厚5.4~7厘米为多见。而在少数砖侧面印有文字，并以阳文为多见。城砖的文字内容比较广泛，包括窑名、地名、人名、砌城、数字及其他等类。其中，还有不少城砖文字内容与城有直接关系，如"晋陵""晋陵罗城孟胜""无锡祝伦罗城砖""罗城砖"等，故原考古报告曾据此将该城定名为"晋陵罗城"。

80年代花山湾古城考古是镇江城市考古工作的首次尝试，因此在有些认识方面还比较生疏粗浅，其中对"晋陵罗城"文字砖的解读就曾出现误判的现象。将"晋陵罗城"文字砖与后来铁瓮城考古出土的六朝砖相比可见，二者虽然大小及色泽多有相似，但主要区别在于前者多为素面，后者多饰绳纹。而此类素面文字砖应是属于唐代遗物，以"晋陵罗城孟胜"砖为例："晋陵"是指唐代常州的晋陵县；罗城是指唐代润州罗城；"孟胜"是指烧砖人的姓名。当时唐代浙江西道的治所在润州（今镇江），所辖各州县都担负着修筑润州罗城烧制城砖的任务。可见，砖铭上的"晋陵"二字并不是指晋时晋陵郡，而是唐代常州晋陵县。

联系史实，此城六朝时期为"京口城"，至唐代又加筑为"东夹城"，其总的称谓还是应以"花山湾古城"为宜。[1]（图1-1-27）

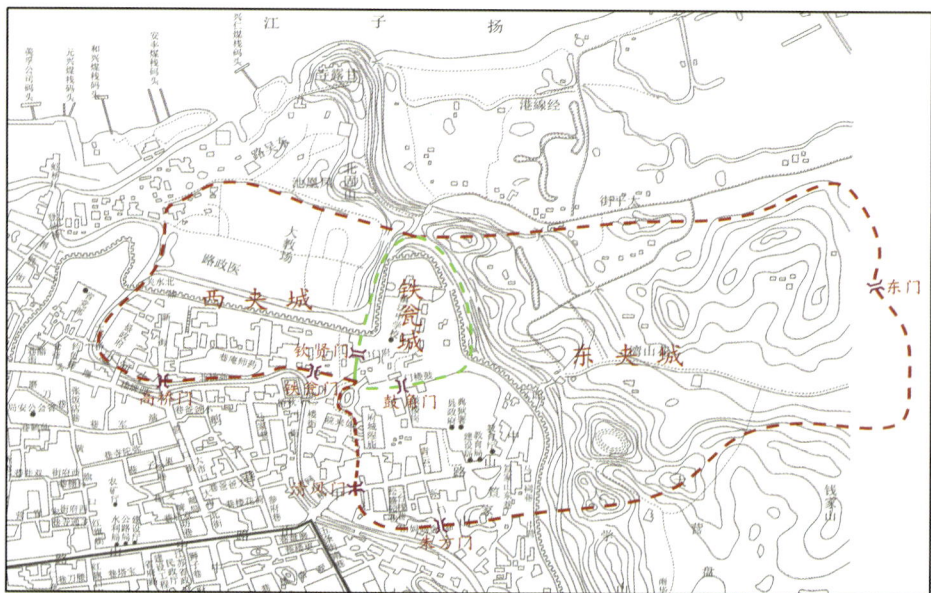

图1-1-27　唐代东、西夹城分布图

---

〔1〕　刘建国：《镇江市花山湾古城考古再认识》，《南京博物院集刊》第12辑，文物出版社，2010年。

## 四、唐宋三重城

唐代润州自内向外设有三重城——子城、夹城及罗城,宋代基本因袭未变,只是南宋时将罗城予以重修改制。

### （一）子城

唐宋子城位于北固山南峰,系利用原铁瓮城旧址予以改造、修缮。

1. 唐代子城。志书中未载有唐代修筑子城事迹。但在 2004 年铁瓮城南门考古中,发现有唐代门墩台基包砖墙、门外挡土墙、道路等遗迹。[1]城门东侧墩台包砖墙,近东西走向,平砖错缝叠砌;门外砖砌挡土墙,位于唐代城门外西侧,近南北向;门外道路叠压在六朝道路之上,路面铺垫粗砂,路基为黄土,近南北向,宽约 5 米;砖铺人行道,位于唐代道路西侧,近南北向,为残砖铺砌,人行道宽约 0.7 米。

2. 五代子城。志载,南唐润州刺史林仁肇曾对子城加以重修,并刻有《修子城石记》。[2]而在铁瓮城南门考古时,亦发现五代子城城门遗迹,如墩台包砖墙、城门外道路等叠压在唐代遗迹上方或外侧。

3. 宋代子城。宋代曾重修子城,并在原有南、西二门之外新辟东、北二门。东曰望春(后改名东海),南曰鼓角,西曰钦贤(俗称狮子门),北门名未详。南门又称谯门(建有望楼的城门),《至顺镇江志》载:"嘉定癸未(1223 年),郡守赵善湘乃补筑旧城,甃以固之。上创谯门,下严关钥。"[3]而在南门考古中,亦发现宋代城门墩台遗迹(图 1-1-28),位于唐、五代墩台遗迹的内侧。此外,还发现宋代砖路(图 1-1-29)叠压在五代道路之

图 1-1-28　宋代南门东部墩台包砖墙遗迹

图 1-1-29　宋代南门外砖路遗迹

〔1〕　镇江古城考古所、镇江博物馆:《镇江铁瓮城南门遗址发掘报告》,《考古学报》,2010 年第 4 期。
〔2〕〔3〕　[元]俞希鲁:《至顺镇江志》卷二,江苏古籍出版社,1990 年,第 9 页。

上,路面北高南低,宽约6.5米。

**（二）唐代东西夹城**

唐太和中,"浙江西道观察使王璠筑,东西夹城共长十二里有奇","高三丈一尺"[1]。夹城分东、西二城,位于铁瓮城两翼及南侧,故称夹城。中唐时建东、西夹城,主要目的是保障分布在铁瓮城东、西、南三面众多衙署的安全。

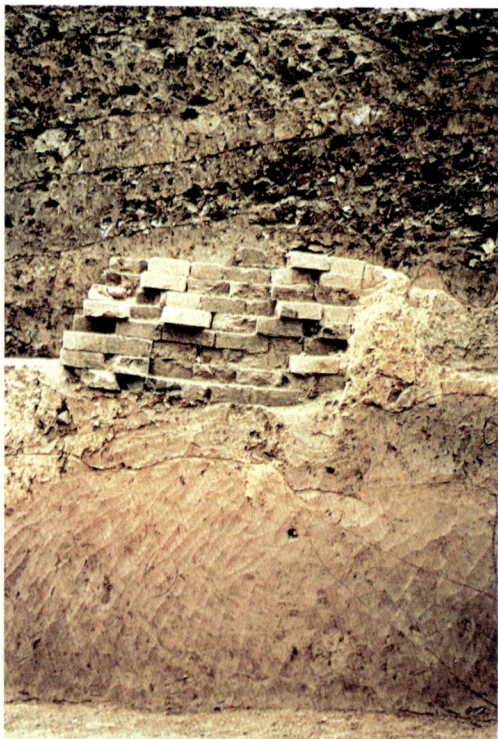

图1-1-30　唐代东夹城西垣夯土及包砖墙遗迹

1. 东夹城。位于子城(铁瓮城)东侧及南侧,其格局大致与六朝京口城旧址重合。"东夹城二门:南曰建德(后改名朱方),西曰清风。"[2]而在近些年的城市考古中,曾多次发现东夹城遗迹。

**东垣**　1991年,在东垣考古中发现有唐代城垣遗迹,城垣夯土"宽12.2米、残高2.15米,内侧有包砖墙遗迹,紧贴夯土城墙宽0.72米、残高0.75米"[3]。

**西垣**　1998年,在市区城隍庙街西、文昌宫巷南侧一建筑工地,考古发现唐代东夹城西垣夯土及包砖墙遗迹,城垣呈南北走向,大致与城隍庙街平行,形制亦与东垣遗迹相似。(图1-1-30)

**清风门**　东夹城西门。志载:"城隍忠佑庙,在清风门里,南塘之上。"[4]反之,清风门当是在城隍庙(今凤凰岭饭店内)门西侧。2003年,在中山东路与城隍庙街相交处一建筑工地上,考古发现清风门遗迹。其中,瓮城城垣,南北向,在夯土内外两侧皆砌有包砖墙,城垣宽约10米,包砖墙宽近1米;还发现主城门墩台砖墙一角以及门内道路等遗迹。(图1-1-31、1-1-32、1-1-33)

---

〔1〕　[清]杨履泰,等:《光绪丹徒县志》卷三"城",光绪五年(1879年)刻本。

〔2〕　[元]俞希鲁:《至顺镇江志》卷二,江苏古籍出版社,1990年,第9页。

〔3〕　镇江六朝唐宋考古城考古队:《江苏镇江市花山湾古城遗址1991年发掘简报》,《考古》,1999年第3期。

〔4〕　[元]俞希鲁:《至顺镇江志》卷八,江苏古籍出版社,1990年,第324页。

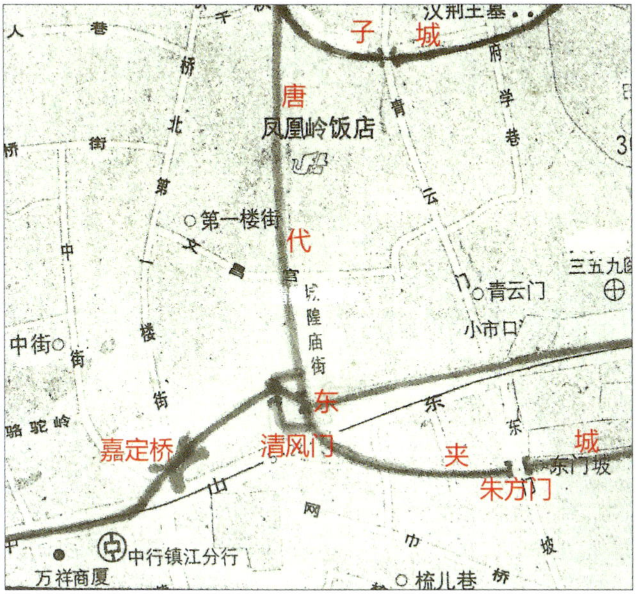

图 1-1-31　唐代清风门遗迹位置图

图 1-1-32　2003 年,唐代清风门遗迹远眺

图 1-1-33　唐代清风门瓮城西侧包砖墙遗迹

图 1-1-34　朱方门遗址地面今貌

　　**朱方门**　东夹城南门。关于其位置，志书有具体记载，《光绪丹徒县志》云："今乌凤岭上有朱方门旧迹。"[1] 乌凤岭一线为东夹城南垣遗址，东西走向，而今东门坡南段至高处即是朱方门所在。（图 1-1-34）

　　2. 西夹城。位于子城西侧。其东垣即以子城（铁瓮城）西垣为之；南垣从子城西垣南端，沿穿城运河千秋桥至高桥段内侧（今千秋桥街北侧至四牌楼北侧）；西垣则是从高桥东（今道署街西）折转北上至今会莲庵街东段北侧；北垣从子城北端沿今东吴路南向西延伸与西垣北端相接。西夹城在考古中见有两例：

　　**南垣**　2005 年，在修筑万古一人路的工地内考古发现西夹城南垣夯土及包砖墙遗

---

〔1〕　［元］俞希鲁：《至顺镇江志》卷二，江苏古籍出版社，1990 年，第 9 页。

迹。（图1-1-35）

图1-1-35　唐代西夹城南垣包砖墙遗迹(万古一人路扩建工地内)

西夹城设东、西二门，东门称千秋门(后改铁瓮门)，西门称崇化门(后改高桥门)。[1]千秋门，位于千秋桥北侧。2005年，在今第一楼街与万古一人路相交之西南角，考古探查发现唐代门墩夯土遗迹，推知此处即千秋门位置。高桥门，位于高桥以北(今四牌楼北侧)。

**(三) 唐宋罗城**

1. 唐代罗城。晚唐时润州筑有罗城，即外郭城。(图1-1-36)《资治通鉴》载，光启三年(887年)"(镇海节度周宝)筑罗城二十余里"。[2]宋《嘉定镇江志》对唐代罗城亦有具体表述："罗城，周回二十六里十七步，高九尺五寸，今颓圮。旧有一十门:东二门，北曰新开，南曰青阳;南三门，东曰德化，正南曰仁和，西曰鹤林;西二门，南曰奉天，北曰朝京;北三门，西曰来远，东曰利涉，次东曰定波。新开、来远久废。今仅存八门，东曰青阳，西曰登云、还京，南曰鹤林、仁和、通吴，北曰利涉、定波。"唐代朝京门至宋时改称还京门，奉天门改名登云门。[3]

尽管史料中关于唐代润州罗城的记载比较简略，但可喜的是近些年城市考古在这方面有所发现，因而结合史料可以对其城垣的大致走向及部分城门方位做一些考证和推测:

---

〔1〕[元]俞希鲁:《至顺镇江志》卷二，江苏古籍出版社，1990年，第10－11页。

〔2〕[宋]司马光:《资治通鉴》卷二百五十六，中华书局，1956年，第8345页。

〔3〕[宋]卢宪:《嘉定镇江志》卷二"城池"，丹徒朱氏金陵复刻包氏本，宣统二年(1910年)。

图 1-1-36　唐代润州罗城平面示意图

**北垣**　志载有三座城门，为来远门、定波门、利涉门。其中，定波门已被考古发现。1999年，在老北门一建设工地中探查到定波门遗迹，并通过发掘证明此门自唐代一直沿用至清代。而利涉门与定波门的地理关系，志书述及："北曰定波……东北曰利涉，去府治一里。"[1]表明"利涉"居东，并与府治相距一里，推测其位置当在今梦溪路与花山路相交处一带。

北垣从利涉门经定波门向西与子城东垣相接，再北上绕至子城北端，沿西夹城北垣，又从会莲庵街北侧向西延伸至中华路北段京口闸旧址附近，其间设有来远门。1998年，在会莲庵街东段北侧"新型建材"开发工地考古发现城垣夯土遗迹，呈东西走向，并且上方亦有加筑北宋夯土的迹象，此处应是唐代罗城北垣遗存。（图1-1-37、1-1-38）

---

〔1〕　[宋]卢宪：《嘉定镇江志》卷二"城池"，丹徒朱氏金陵复刻包氏本，宣统二年(1910年)。

图1-1-37 唐代罗城北垣夯土遗迹
（会莲庵街北侧工地）

图1-1-38 唐代罗城北垣夯土中出土的唐代遗物

**东垣** 北端从外国语学校（原市一中）岗地沿着大学山、气象台山，向南至梦溪广场东侧。而梦溪广场原称东门广场，为明清城的东门所在。清代志书尚有"青阳街在东门城外"的记载[1]，可以推知唐代罗城青阳门位于东门广场东侧一带。再过广场东侧折向东南（穿越今江苏科技大学校区），延伸至宝塔山下、塔山桥西侧。

**南垣** 设有三门，"东曰德化，正南曰仁和，西曰鹤林"。

德化门，位于城垣东端，即地处宝塔山下、运河东岸。1998年，在此考古发现唐宋罗城的夯土、砖墙及壕沟遗迹。（图1-1-39）故该处附近应即是唐代德化门所在，宋代改称通吴门。志载："自通吴门沿渠而入，抵朱方门，路以丈计者六百五十。"[2] 而唐代朱方门旧址

图1-1-39 唐代罗城南垣夯土遗迹（塔山桥北）

---

〔1〕 〔清〕杨履泰，等：《光绪丹徒县志》卷四"坊巷"，光绪五年（1879年）刻本。
〔2〕 〔元〕俞希鲁：《至顺镇江志》卷二，江苏古籍出版社，1990年，第44页。

图 1-1-40　南垣中段城垣考古遗迹（氧气厂内）

在今东门坡顶，由此沿古运河至宝塔山下的实际路程亦与"六百五十丈"大致相当。

南垣过运河折转向西，再沿虎头山脊西下。近些年在南垣中段有多处考古发现：1998年，在虎头山顶及东侧氧气厂厂区曾分别进行考古试掘，均发现唐宋罗城夯土遗迹，且后者出土多件"朱方乡"铭文砖。（图1-1-40）2012年，在岗子下修路时考古发现唐代仁和门的砖路及门墩夯土残迹。（图1-1-41、1-1-42、1-1-43）

南垣又从虎头山西下，延伸至鹤林寺旧址北侧（即原磷肥厂一带）。而南垣西段鹤林门的方位当与鹤林寺相近。

**西垣**　设有城门两座，即奉天门（宋时改名登云门）和朝京门（宋时改名还京门），并分别位于西南、西北两段。

西南段城垣，从鹤林寺旧址北侧折向西北，至东岳巷西侧，过中山西路再沿登云山、宝盖山至山巷底。2009年，在沪宁城际铁路镇江马家山段工地考古勘探，发现唐宋罗城

图 1-1-41　2012年，岗子下筑路工地现场

图 1-1-42　仁和门墩台包砖墙及夯土遗迹

图 1-1-43　仁和门遗址出土"上下""丹徒县"铭文砖

遗迹。[1]此段罗城设有登云门,门名源于寺名。志称,唐贞观间僧俱胝建,赐额"登云寺"。"登云寺,在登云门外。"[2]至今尚有以登云命名的路和山。登云路,"南至何家门,北至宝盖路,南北走向,长880米。南端为古登云寺"。[3]又,登云山,"山以寺得名,海拔高27米,现为半导体厂征用"。[4]该厂位于登云路中段。由此可推知唐宋登云门遗址当在登云山一带。

西北段城垣,从山巷底折转向北沿山巷东侧,过大西路沿鱼巷至中华路北段。此段城垣唐代设有朝京门。2013年,在山巷广场南侧已拆迁近十载的空地上,通过考古探查发现唐代罗城城垣,南北走向(贴近清真寺街一线);同时,发现唐代朝京门遗迹,城门设有瓮城,平面近似长方形,门的方向与大西路大致重合。(图1-1-44、1-1-45、1-1-46)

图1-1-44 唐代朝京门位置图

图1-1-45 清真寺街内打孔勘探

图1-1-46 考古探井俯视

〔1〕 镇江博物馆:《镇江唐宋罗城西垣考古勘探与发掘报告》,《印记与重塑》,江苏大学出版社,2010年,第269页。

〔2〕 [清]朱霖增纂:《乾隆镇江府志》卷二十"寺观",乾隆十五年(1750年)增刻本。

〔3〕〔4〕 镇江市地名委员会:《江苏省镇江市地名录》,1983年,第42、177页。

唐代罗城沿用至北宋后,虽然志书未见修城的记载,但事实上罗城并没有被废弃。在多处唐代罗城考古中,如唐代朝京门遗址、马家山城垣遗址、会莲庵街城垣遗址等,都发现唐代城垣夯土的上方或外侧有北宋加筑的夯土遗迹。

南宋的史料中还透露出北宋时期在罗城上加设一座城门的信息。乾道元年(1165年),镇江知府方滋曾"于利涉门城下置水窗一座,通澈大江","每遇水满,通放澳水出城,以是居民少罹水患。今相度于向西城下水窗,子城外添置闸闭断,使运河水不入子城里澳,久远为便"[1],而文中提及的"利涉门"不见于唐时罗城城门序列,并且门下水窗又北通长江,推测此门应是北宋曾孝蕴开凿通向甘露港的河道时穿过唐代罗城所设置的水门。

2. 南宋罗城。南宋罗城平面图如图 1-1-47 所示。至南宋时,唐代罗城已经年久失

图 1-1-47　南宋镇江府罗城平面示意图

---

〔1〕 曾枣庄、刘琳主编:《全宋文》第 194 册,上海辞书出版社,2006 年,第 351 页。

修、积废弗治。面对与金人对峙的严峻形势,镇江城的防守问题显得十分急迫。嘉定七年(1214 年),太守史弥坚奉旨主持了罗城的修缮和改造,对部分城段的走向加以调整,并对城门有所增减或改造,城垣大都因循唐代罗城旧址。"凡旧城之圮者,墙而塞之,因军民之便,视地势之宜新作之门七","诸军穿垣而出因之以为城门者十有一",加上唐代罗城旧门八,"凡门有二十六"。[1]嗣后,史弥坚还亲自撰有《修城记》,记述了南宋罗城修筑的始末。现结合史料及考古收获,简述南宋罗城概况。

**北垣** 其东段,即从子城北端绕城经定波门至利涉门一线,与唐城走向一致;只是北垣中、西段是此次修城的重点,史弥坚将城垣延伸至北固山中、后峰,并结合"疏甘露港,凿转般护仓壕,引水环于西北,届水之所止而立之门曰'通津';循水而东作门于北固亭之北曰'甘露',亭之南曰'跨鳌'"。[2]宋城北垣走向较之唐城北移,即从子城北端径直北上,沿北固山龙埂,至后峰再西下,再向西过北宋修筑的"新河",延伸至中华路北段大京口附近。2003 年,东吴路扩建工程施工时,在路北"龙埂"一侧考古发现南宋罗城城垣夯土以及砖砌窖藏遗迹。(图 1-1-48)而北垣城门,原有利涉门、定波门;又增设跨鳌门、甘露门及通津门,跨鳌门在北固山中、前峰之间(今东吴路上),甘露门在后峰西侧,通津门"去府治四里",应是位于唐城来远门北向延伸处。

图 1-1-48　南宋罗城夯土中
发现砖砌窖藏遗迹(北固山龙埂)

1999 年,在明代定波门瓮城内侧考古发现南宋定波门遗迹,包括门墩包石墙及砖砌城垣等。(图 1-1-49、1-1-50)

**东垣** 因循唐城走向,青阳门依旧。1996 年,在环城路(今梦溪路)东侧气象台山考古发现唐宋罗城夯土遗迹,呈南北走向。(图 1-1-51)

**南垣** 因循唐城走向,城门至元代尚存者有六,即"南曰南水、通吴、仁和、中土,四门并去府治八里","西南曰鹤林、放鹤,二门并去府治七里"。[3]其中,南水门位于通吴门西侧运河之上,中土门与仁和门隔虎头山(今南门天桥附近)而立,放鹤门位于鹤林门西南。

---

〔1〕〔2〕　[宋]卢宪:《嘉定镇江志》卷二"城池",丹徒朱氏金陵复刻包氏本,宣统二年(1910 年)。
〔3〕　[元]俞希鲁:《至顺镇江志》卷二,江苏古籍出版社,1990 年,第 8 页。

图 1-1-49　明代定波门瓮城　　　　　　图 1-1-50　宋代早晚叠加的砖砌城垣遗迹
内侧的南宋城门遗迹

　　**西垣**　与唐城走向一致。城门除登云门、还京门外,元代还存有西水门,又称水西门。此门与古代市河有关,"其一城西诸山之水汇为澳,俱在水西门外"。[1]"水西桥,在水西门。"[2]1999 年,在东岳巷西侧考古发现唐宋罗城遗迹。(图 1-1-52)而此处南侧则是大片低凹地带,正是"城西诸山"之水汇聚处,由此推测西水门当是在东岳巷南

图 1-1-51　气象台山发现唐宋罗城遗迹　　　图 1-1-52　东岳巷考古发现唐宋罗城遗迹

〔1〕[元]俞希鲁:《至顺镇江志》卷七,江苏古籍出版社,1990 年,第 282 页。
〔2〕[元]俞希鲁:《至顺镇江志》卷二,江苏古籍出版社,1990 年,第 33 页。

侧马家山村附近。

## 五、明清府城

### （一）元末和明初两次筑城

元末，农民起义风起云涌。至正十六年（1356年）朱元璋在攻占集庆（今南京）之后，随即派徐达攻下镇江。但此时张士诚亦已渡江占据平江（今苏州），并积极西进，与朱元璋争夺江南。保卫镇江就是保卫南京。为此，朱元璋于同年九月亲自来到镇江，"谒孔子庙，遣儒士告谕父老，劝农桑"。[1]次年，他正式采纳了儒生朱升的建国方略："高筑墙，广积粮，缓称王。"[2]

元末明初镇江城的修筑就是在这"高筑墙"的战略指导下予以规划实施的，前后分两个阶段，并由两位将军分别主持。

第一次筑城的主持者耿再成，字德甫，五河人，《明史》有传。他是朱元璋的老部下，曾"下集庆，以元帅守镇江，以行枢密院判官守长兴，再守扬州……洪武十年加赠泗国公，谥'武庄'"。[3]而明代李一阳《修夹城记》亦记曰："高皇帝师入建康，命泗国耿武庄守润，益树支辅，以遏东兵。武庄请因六朝旧城稍敛之。"[4]考虑到当时江南战事的急迫，加之耿再成守润的时间不长，因此推算这次筑城时间大约是在至正十六年（1356年）至十七年（1357年）之间。

第二次修城的主持者宋礼，《明史》无传。他的修城事迹亦见之于史料：《明正德丹徒县志》："洪武元年（1368年）镇江卫指挥宋礼请于朝，甃以砖石。"[5]《江南通志》亦载："明初元帅耿再成因遗址重建，指挥宋礼奉敕甃以砖石。"[6]

以上两次修筑镇江城，只有后者明确为加砌砖石，而前者是土城还是砖石城史料未予说明。但不久前的考古给出了答案：在1999年定波门瓮城考古中，曾发现两次夯筑城垣的现象，即叠压在下方的是元末的城垣夯土，表面有曾经使用过的活动面；而叠加在上方或外侧的明初夯土，则另加砌砖石。由此可以确认，元末耿再成筑的是土城，明初宋礼加修的是砖石城。

此城平面近似方形，另加上东北、西北有两处伸出的角状部分，其东为府治（即铁瓮城），西为北水关。志载城垣、城门及城隍设施："城故周围十三里，高准二丈九尺。四门、月城、北门夹城合二千八百四十余丈，女墙一千四百一十五座，内外瓮城十座，城

〔1〕 ［清］张廷玉，等：《明史》卷一，中华书局，1974年，第6页。
〔2〕 ［清］张廷玉，等：《明史》卷一三六，中华书局，1974年，第3929页。
〔3〕 ［清］张廷玉，等：《明史》卷一三三，中华书局，1974年，第3881页。
〔4〕 ［清］蒋宗海，等：《嘉庆丹徒县志》卷三"城池"，嘉庆十年（1805年）刻本。
〔5〕 ［明］杨琬，等：《正德丹徒县志》卷一"城池"，正德十六年（1521年）刻本。
〔6〕 ［清］黄之隽，等：《江南通志》卷二十，《四库全书》第507册，上海古籍出版社，1987年。

楼八座,水关、水门楼各二座,角楼二座。"[1]"城门,东门二重,曰朝阳;南门二重,曰虎踞;西门三重,曰金银;北门二重,曰定波。水关二:曰南水关、曰北水关。四门、二关,各有楼。城隍,自西门至南关,通漕河;自北水关至拖板桥,通舟楫,余但蓄水而已。"[2]

明初镇江府城建成以后,万历十二年(1584年)因防倭寇,"知府吴撝谦于府后附城筑垣,与城齐,以卫府治。二十一年(1593年)周回城垣复加高三尺,迤北附垣,增建虚台一,与北固山相对"。[3]所谓虚台,俗称十三门,"其垣依城另作小城,凸出城外,方围十五丈四尺五寸,中空如月,城直下深五丈。三面有门,甃以石,中五,左右各四,分上下两层,凡门十三"。[4]十三门实际上是封闭的门洞,亦即藏兵洞,其位置在今烈士陵园广场地下。

### (二)清代重修府城

入清代,康熙元年(1662年)镇海将军刘之源修缮府城;雍正元年(1723年)镇海将军王鈛重修,王鈛在《重修府城记》中述及,"通计力作十六万工,需赀四万有奇"。[5]而清代的重修仅是在明代城垣基础上的修补和整治,其投入就是如此之大,可想明初城垣兴建之时,其工程之浩大,所耗人力、物力之巨更是要数倍于此。

图1-1-53 胜利路侨源工地发现明代府城西垣遗迹

### (三)考古遗迹

20世纪90年代以来,在城市考古中曾多次发现明清镇江府城遗迹:1994年,在胜利路侨源工地考古发现明代府城西垣东侧面遗迹,为下石上砖结构(图1-1-53);同年,又在中山桥新世纪工地考古发现明代府城西垣剖面遗迹,呈梯形,砖砌为主(图1-1-54);1997年,在京河路工业设计院工地考古发现明代府城南垣夯土及包石墙残迹(图1-1-55)。

图1-1-54 中山桥新世纪工地发现明代府城西垣遗迹

图1-1-55 京河路工业设计院工地发现明代府城南垣遗迹

〔1〕〔3〕 [清]蒋宗海,等:《嘉庆丹徒县志》卷三"城池",嘉庆十年(1805年)刻本。
〔2〕 [明]杨琬,等:《正德丹徒县志》卷一"城池",正德十六年(1521年)刻本。
〔4〕〔5〕 [清]杨履泰,等:《光绪丹徒县志》卷三"城",光绪五年(1879年)刻本。

而在明清府城考古中有一重大收获，即发现并揭示了明代定波门及其瓮城遗迹。考古迹象显示，明初定波门系利用南宋定波门旧址，在其上方和外侧予以加筑。此次考古发现的明代遗存，包括瓮城石垣、垣外平台、护城河、门外砖石拱桥（北门桥）（图1-1-56、1-1-57）以及主城门、垣结合处等。

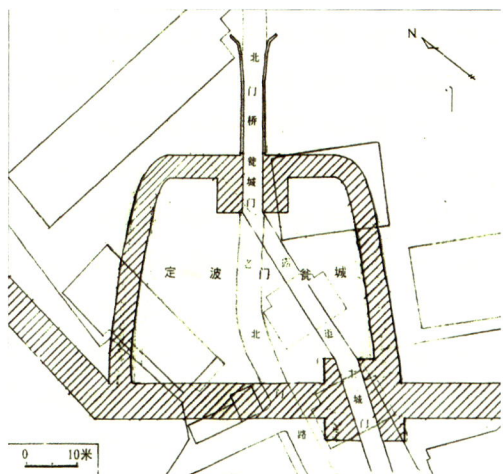

图1-1-56　明代定波门瓮城平面示意图

图1-1-57　明代定波门瓮城石垣及城外平台遗迹

镇江明初筑城有一个很大的特点，即主要为砖石结构，下石上砖。下部石垣一般都有4～5米高，5～6米宽，估算整个所用石材当在数十万立方米左右。石材来源一方面是在周边山上采凿，但在数量和时间上远远不能满足筑城的需要，因而，另一方面则是将原有城区的一些建筑石件、居民石物甚至石像、石碑等都取来使用。

## 六、太平天国新城

### （一）太平军筑新城

咸丰三年（1853年）二月十四日，太平军攻克南京，随即派林凤祥、李开芳、罗大纲、吴如孝率军2万余人进攻镇江、扬州，二月二十日占领镇江。洪秀全命罗大纲与吴如孝守镇江。后罗大纲调离，"镇江、瓜洲等处水陆军务遂命如孝督理"。1857年12月27日，镇江城被清军和春、张国梁等部攻破，吴如孝撤出镇江城。[1] 太平军占领镇江前后长达五年之久。

初时，太平军镇江守将殿左五检点罗大纲奉命建造一座新城，以弥补明清府城之不足。"明代就故址修建镇江城，周围十三里，附郭瓦子、北固二山，都兀立城外。登山俯

---

〔1〕　罗尔纲：《太平天国史稿》卷二十四，中华书局，1991年。

瞰，城垣反出其下，城中人烟井灶，历历可数。加以沧桑递变，临江一带，涨成平陆，城依旧而江愈远，从前凭以为险固的全失其势。故鸦片战争之役，英军架大炮北固山上，一击而府署堕坏，遂陷全城。太平天国既克镇江，见其受敌，乃北依江边，西傍运河而东南，环筑新城，仍与内城毘连，瓦子、北固二山，围筑其中，长六里有奇，建炮台六座，俨然以山为城，长江、运河为池。南则屏蔽大城，北则俯瞰击敌水师，最得形势。"[1]

新城的走向，"自西门桥口起，沿运河至江口，由江口至北固山下，又自北固第一峰沿龙埂至十三门城下止，计三面，共长一千一百七十九丈九尺九寸，计六里有二百步"。[2]

新城滨江原有横桥门、得胜门。后来，为了百姓渡江、渡河和取水方便，又陆续开了16个门，连前共18个门：南角湾门、东角湾门、京口驿门、盛家巷门、袁公义渡门、钱家码头门、浮桥门、盐店巷门、李家渡口门、通津门（以上滨运河）；姚一湾门、小营盘门、道家巷门、横桥门、得胜门、新城闸水门、甘露门（以上滨江）；中埂门（北固山龙埂上）。[3]

**（二）考古遗迹**

2003年，在东吴路拓宽工地考古发现太平天国新城中埂门及城垣遗迹。其中，残存北侧门墩砖石包墙东壁剖面，宽约1米，残高约2米。（图1-1-58）另外发现沿着龙埂东侧的石垣遗迹，块石叠砌，宽约1米，残高约2～3米。（图1-1-59）

图 1-1-58　太平天国新城中埂门砖石墙遗迹

图 1-1-59　考古清理后的太平天国新城石垣遗迹（北固山龙埂）

---

〔1〕　罗尔纲：《太平天国史》卷三十五，中华书局，1991年，第1408页。

〔2〕　[清]杨履泰，等：《光绪丹徒县志》卷三"城"，光绪五年（1879年）刻本。

〔3〕　镇江市地名委员会：《江苏省镇江市地名录》（内部资料），1983年，第219页。

此外，2010年在运河边黄花亭古街中，曾发现太平天国新城石垣遗迹，南北向，残高约1米，探方内显露部分长约10米，叠压在明清京口驿遗存之上。

新城遗迹在地上、地下多有发现：姚一湾小营盘，残存一段新城城墙，残高约2米，长50余米，与近旁清军水师标统署旧址合起来被列为市级文保单位。[1]（图1-1-60）

图1-1-60　市区小营盘地上的太平天国新城遗迹

---

〔1〕 镇江市文物管理委员会：《镇江文物事业 1984—1992》附件1（内部资料），1993年。

# 第二节　水绕京口

古代镇江是一座山水城市,城内城外,绿水环绕,既有人工开凿的穿城运河,又有来自城外的涓涓山溪,它们互为呼应,相拥而行,分分合合,归向长江。

## 一、六朝河道

六朝时期,通向今镇江市区的主要有丹徒水道,又称徒阳运河,南起云阳(今丹阳),北由丹徒入江,这是江南运河开凿前的通江河道。[1]

徒儿浦,是丹徒水道早期入江口,位于丹徒故城(今丹徒镇附近)一侧。据载,"徒儿浦,在丹徒。秦始皇将徒人(即赭衣囚徒)过此,因名"。[2]秦汉丹徒县城是一座滨江、河口城市,运河是其形成和发展的主要因素之一。

而京口(今镇江市区)是丹徒水道第二处入江口,志载其开凿与秦始皇有关。《京口记》:"秦王(秦始皇)东观,亲见形势,云此有天子气,使赭衣徒凿湖中长岗使断,因改名丹徒。今水北注江也。"[3]《南徐州记》云:"秦始皇凿处在故县西北六里,丹徒京岘东南。"[4]《建康实录》:"秦始皇三十七年(前210年),东渡江,使赭衣三千凿朱方京岘山东南垄,因名丹徒。"[5]京岘山在今丹徒镇西北,可知秦时所凿水道已是另辟西北方向的入江口,即京口。

丹徒水道入江口的西迁,推想有两个原因:一是丹徒故城位于当年长江入海口,江口宽阔,舟行多险,迁至京口可以避险;二是入江口西迁,可以缩短与江北邗沟的距离,改善江南入淮航线。

西移后的丹徒水道流入今镇江城区,而据史料及考古线索推知应有京口润浦和北固西河两条河道。(图1-2-1)

### (一)京口润浦

京口水道,应是镇江城区范围内人工开凿最早的河段。其入江河段究竟在哪里?史志给我们提供了重要信息:

《元和郡县图志》:"城东有润浦口,(润州)因以为名","城前浦口即是京口"。[6]

---

〔1〕　张立主编:《镇江交通史》,人民交通出版社,1989年,第5页。

〔2〕　[宋]叶庭珪:《海录碎事》卷三下,《文渊阁四库全书》(电子版),上海人民出版社,1999年。

〔3〕　[南朝]刘桢:《京口记》,转引自[唐]徐坚《初学记》卷七,中华书局,1962年,第141页。

〔4〕　[南朝]山谦之:《南徐州记》,转引自[清]杨棨《京口山水志》卷五,道光二十四年(1844年)刻本。

〔5〕　[唐]许嵩:《建康实录》卷一,中华书局,1986年,第11页。

〔6〕　[唐]李吉甫:《元和郡县图志》卷二十五,《中国古代地理总志丛刊》,中华书局,1983年,第590页。

图 1-2-1 六朝京口城区水系示意图

《唐书音训》:"京口,在润州城东北甘露寺侧。"[1]

《太平寰宇记》:"隋开皇十五年(595年),罢延陵镇……置润州于镇城,盖取州东润浦以立名。"[2]

《至顺镇江志》:"润浦,城东一里,亦曰润港。隋置润州,以此浦得名。"[3]

《读史方舆纪要》:"润浦,城东一里,亦曰东浦,北通大江。隋以此名州。"[4]

而六朝时期通向京口的河道,明显是穿过花山湾古城(京口城)南、北城垣。河道穿过京口城亦见史载,如:"武沈之子遵与希聚众于海滨,略渔人船,夜入京口城。"[5]以船入城,证明京口城必通水道。

此段河的南端即穿过今梦溪广场,南经丁卯桥附近东折,与江南运河相接,并且此处在东晋初年已设有丁卯埭。东晋建武元年(317年),"晋元帝子,车骑将军裒镇广陵,运粮京口,为水涸奏请立埭,丁卯(317年)制可,因此得名"。[6]又,《京口山水志》云:"丁卯港,在城南三里,即晋所立丁卯埭。"[7]所谓立埭,即是在河中筑拦水土坝,如此可以保留上流用水,船舶需拖拽过埭顶继续航行。丁卯埭后废。

以上史料表明,这条隋以前就存在的"北通大江"的润浦,位于唐、宋润州城东一里,并且与京口为同一条入江河道,可证润浦即是京口。而在20世纪50年代的地图上,北固山东侧的环城路(今梦溪路)一线标有"古河道遗迹"。这段"古河道"为南北走向,其位置与唐宋子城东垣相距约一里,正与志书所载润浦的方位相合。

**(二)北固西河**

六朝京口运河,除了北固山东侧的润浦以外,还有一条流经千秋桥下,从北固山西侧入江的河道。

宋《嘉定镇江志》载:"千秋桥在府治之西,晋王恭作万岁楼于城上,其下有桥,故以千秋名。"[8]此段史料显示,千秋桥在东晋之前就已经存在,只是王恭建万岁楼时改桥名为"千秋"。可见,千秋桥下的河道年代十分久远。

而考古也给予有力的佐证:1997年,在千秋桥之南侧,即中山路与网巾桥巷西相交处润房工地,考古发现唐宋河床的下面还叠压着六朝河床遗迹,表明这里是千秋桥六朝河道的南延部分。(图1-2-2)

〔1〕 [宋]窦苹:《唐书音训》,转引自[清]杨棨《京口山水志》卷九,道光二十四年(1844年)刻本。

〔2〕 [宋]乐史:《太平寰宇记》卷八十九,中华书局,2007年,第1757页。

〔3〕 [元]俞希鲁:《至顺镇江志》卷七,江苏古籍出版社,1990年,第292页。

〔4〕 [清]顾祖禹:《读史方舆纪要》卷二十五,中华书局,2005年,第1256页。

〔5〕 [唐]房玄龄,等:《晋书》卷七十三,中华书局,1974年,第1930页。

〔6〕 [南朝]顾野王:《舆地志》,转引自[宋]卢宪《嘉定镇江志》卷六"山川",丹徒朱氏金陵复刻包氏本,宣统二年(1910年)。

〔7〕 [清]杨棨:《京口山水志》卷十"丹徒诸水",道光二十四年(1844年)刻本。

〔8〕 [宋]卢宪:《嘉定镇江志》卷二,丹徒朱氏金陵复刻包氏本,宣统二年(1910年)。

图 1-2-2 历代河岸地层（第 13 层为六朝时期）

上述六朝时期京口的两条河道，一条流经北固山东侧，一条流经北固山西侧。为了叙述方便，可称前者为北固东河（即润浦），而称后者为北固西河（即千秋桥下水）。

## 二、唐宋漕渠

漕渠，即南北大运河，是古代运送南方物资供应首都的专设河道。润州是漕渠江南段（江南运河）的入江口，亦是漕运的重要枢纽，在我国漕运史上有着举足轻重的地位。

### （一）穿城运河

隋大业六年（610 年），"（隋炀帝）救穿江南河，自京口至余杭，八百余里，广十余丈，使可通龙舟，并置驿宫、草顿，欲东巡会稽"。[1] 由此，润州（京口）也就成了扼守江南运河咽喉的重要城市，并且其水运辐射到了黄河、海河流域，"自扬、益、湘南至交、广、闽中等州，公家运漕，私人商旅，舳舻相继"。[2] 由此，润州水运的畅滞，在统一的封建国家中开始具有全国性的影响。

南宋史弥坚曾如此评论："京口当南北之要冲，控长江之下流，自六飞驻跸吴会，国赋所贡，军须所供，聘介所往来，与夫蛮商蜀贾荆湖闽广江淮之舟，凑江津入漕渠而径至行在所，甚便利也。"[3] 文中所谓"六飞驻跸吴会"及"行在所"，都是指南宋都城临安（杭州），而镇江则是南宋首都的"大门"。（图 1-2-3）

〔1〕 ［宋］司马光：《资治通鉴》卷一百八十一，中华书局，1956 年，第 5652 页。
〔2〕 ［唐］李吉甫：《元和郡县图志》卷五，《中国地理总志丛刊》，中华书局，1983 年，第 137 页。
〔3〕 ［宋］史弥坚：《浚渠记》，转引自［宋］卢宪《嘉定镇江志》卷六"山川"，丹徒朱氏金陵复刻包氏本，宣统二年（1910 年）。

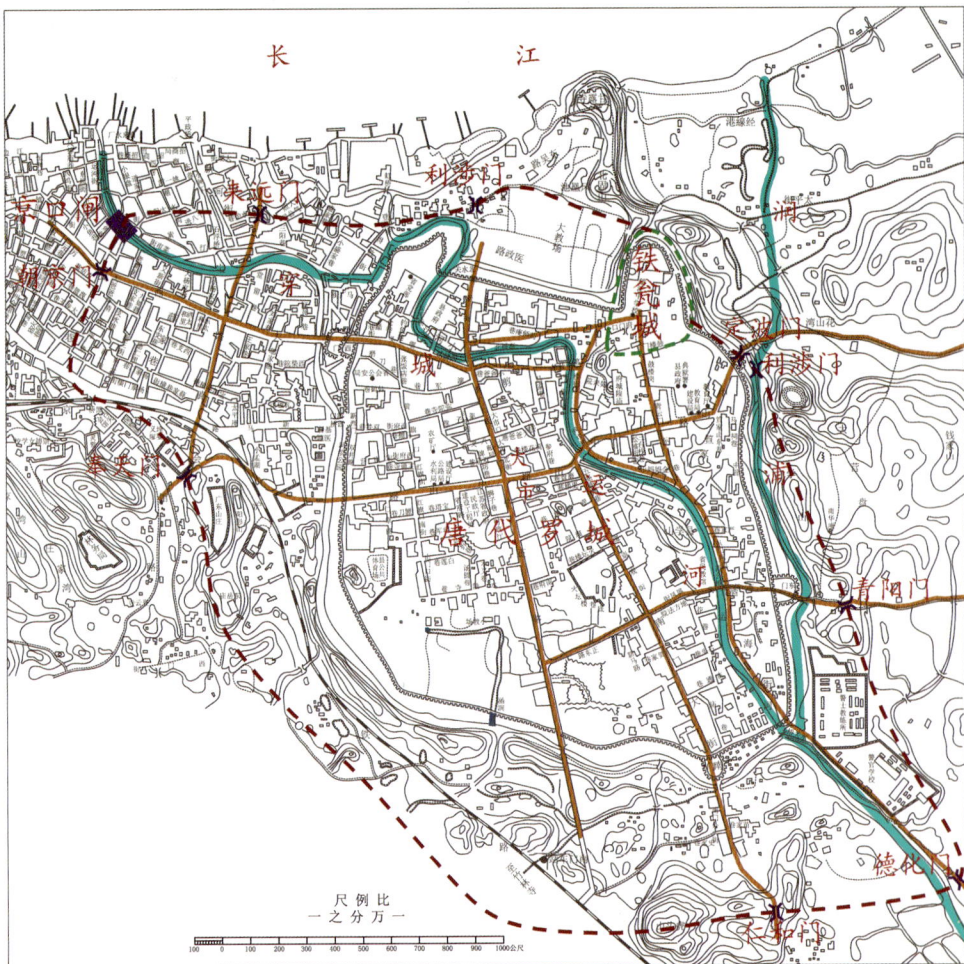

图 1-2-3　唐代润州城区水道、陆路示意图

　　漕渠至润州(镇江)穿城而过,以达于江口。"盖渠自江口行九里而达于城之南门,民居商肆夹渠而列。"由于"先是齐民,濒渠而居,侵冒临跨,日月滋甚"[1],因而唐宋时期,官府在整治城内运河上不敢懈怠、颇费力气。其中,记述较为翔实的是嘉定癸酉年(1213 年)十一月的一次修浚:"自江口至南水门共长一千八百六十九丈,约总用浚渠修闸三十七万六千五百九十二工。乃先履宽僻之地,计地面积土之广狭,以分浚渠节段之短长,计积土背渠之远近,以约日役工数之多寡。""越四月庚戌,

---

　　[1]　[宋]李埴:《浚渠记》,转引自[宋]卢宪《嘉定镇江志》卷六"山川",丹徒朱氏金陵复刻包氏本,宣统二年(1910 年)。

通渠底绩阔至十余丈,深至一丈余,闸之圮蠹者,选材石更葺之。自是巨防屹立,海潮登应则次第启闭,出纳浮江之舟。拍岸洪流,畅无留碍。扬枻维楫,舟人叹呼。"[1]

为了保证航运的畅通和镇江的繁荣,运河塞而浚,浚而塞,周而复始,坚持不懈。1997年,在古运河南水桥东侧北岸考古探方中,其东壁显露出宋代运河河岸及河床的剖面,并且在宋代运河岸下还叠压着早期黑色河床土。新河床叠压着旧河床,层层叠叠,先民修缮运河的艰辛历历在目,令人叹为观止。(图1-2-4)

图 1-2-4 1997 年,南水桥东侧运河河岸考古现场

追寻唐宋穿城运河流经城区的路线,可以古代河上设置的桥梁为线索:自南向北为南水门—长桥—范公桥(清风桥)—嘉定桥(网巾桥)—千秋桥—渌水桥(高桥)—程公桥—拖板桥—京口闸—江口。其河道的走向在城区内呈弯弯曲曲的大 S 形,这是为了减缓河水的走泄速度,即谚语所称"三弯抵一闸"。

**(二)入江港口**

镇江六朝城区范围较小,并主要分布于铁瓮城附近及其城之东、南、西南区域。其时,西部地区(今解放北路以西、大西路以北)的大部分区域还是滩涂、湿地。及至隋唐城区开始向西扩展、开发,其江南运河入江口也被设置到城之西北,称为京口港。

唐时,随着城市的西扩及京口港的开辟,北固西河已被废弃;而北固东河还在使用,

---

〔1〕 [宋]史弥坚:《浚渠记》,转引自[宋]卢宪《嘉定镇江志》卷六"山川",丹徒朱氏金陵复刻包氏本,宣统二年(1910年)。

因为唐代润州罗城即在此河（润浦）上设有利涉门。及至北宋，因河运繁忙，又先后开辟新港、甘露港；入南宋后，在京口港与甘露港之间建有国家大型转般仓，因其转般任务的繁重和紧迫，又曾疏浚海鲜河和开凿鳝鱼港。

**京口港** 盛唐之前，"润州本与扬子桥对，瓜洲乃江中一洲耳"[1]，且行政隶属于江南润州。后来江中瓜洲不断扩大，竟与北岸相连。自隋以前扬子镇尚临江，"至唐时，江滨始积沙二十五里"。[2]漕运船只，"至瓜步沙尾，迂回六十里，船绕瓜步，多为风涛之所漂损"。[3]开元二十六年（738年），润州刺史齐澣奉命主持开挖瓜洲至扬子镇长二十五里的伊娄渠，漕路"由京口埭，治伊娄渠以达扬子，岁无覆舟，减运钱数十万。又立伊娄埭"。[4]（图1-2-5）

图1-2-5 《旧唐书》"齐澣传"节录

京口埭设于京口港内，取代原先设置的京口闸。志载，"京口闸，在城西北京口港口，距江一里许，莫究其所始。唐撤闸置堰"。[5]堰即埭，类似堤坝设施。所谓撤闸置堰，表明在齐澣筑堰之前，原先已设闸。闸与堰各有利弊：闸便于通航，但易泄漏渠水，并引入泥沙抬高河床；堰利于蓄水，但不便行船。

北宋初淳化元年（990年），"废润州之京口、吕城，常州之望亭、奔牛四堰"。[6]而后，当是在北宋熙宁之前，在京口港已设有复合式堰、闸设施。对此，当年日本僧人成寻在日记中有着具体的描述：

熙宁五年（1072年）"九月十日辰时至京口堰驻船，依湖干不越堰，宿"。"十一日，天晴，申时以牛十四头，左右各七越堰，以堰使命令上陆见越船，最以稀有也。""十二日，天晴，卯时出船，过一里，出水门向扬子江，广大如海。"[7]从日记中可以看出，京口堰在水门（京口闸）里侧，两者相距约一里，越堰是以14头牛绞车过船，入江则是等候潮水

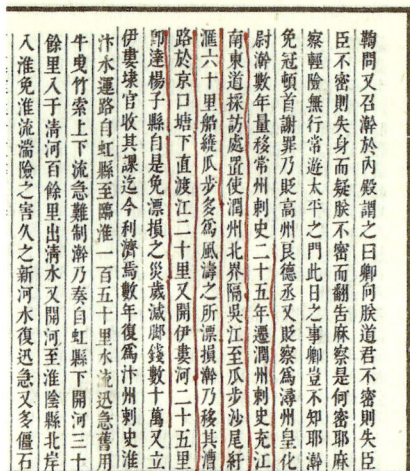

---

〔1〕［宋］蔡宽夫：《蔡宽夫诗话》，转引自［宋］王象之《舆地纪胜》卷三十七，清道光岑氏刊本。

〔2〕［清］吴耆德，等：《嘉庆瓜洲志》卷首，瓜洲于树滋凝晖堂本，民国十二年（1923年）。

〔3〕［后晋］刘昫，等：《旧唐书》卷一百九十（中），中华书局，1975年，第5038页。

〔4〕［宋］欧阳修、宋祁：《新唐书》卷一百二十八，中华书局，1975年，第4470页。

〔5〕［元］俞希鲁：《至顺镇江志》卷二，江苏古籍出版社，1990年，第50页。

〔6〕［宋］卢宪：《嘉定镇江志》卷六"山川"，丹徒朱氏金陵复刻包氏本，宣统二年（1910年）。

〔7〕（日）成寻：《参天台五台山记》卷三，早稻田大学图书馆钞本，文化十年（1813年）。

开闸通过水门驶出。(图 1-2-6)

之后,曾孝蕴又主持建造京口澳闸,"元符二年(1099年)九月,润州京口、常州奔牛澳闸毕工"。[1]及至南宋,史弥坚又在"嘉定中更葺",全面予以修复。[2]不久,澳闸废置。"宝祐六年(1258 年)二月,淮东总领兼知镇江府事赵与訔重建(京口闸)。"[3]南宋末年,京口闸废。

元代,镇江路达鲁花赤(蒙古人所任路的最高长官)明里达失奏请:"京口旧闸久废,江皋一里皆成淤塞。闸东又作土埂,以蓄河水,江潮虽涨,阻隔不通。莫若开掘淤沙,撤去土埂,仍于港置闸,以时启闭为便。""天历二年(1329 年)兴工复置,民甚便之。"[4]

图 1-2-6　日本僧人成寻
《参天台五台山记》书影

**新河新港**　北宋时期,在京口港东侧又另外开凿一条河道,史称新河。志载,北宋"天圣七年(1029 年)五月,两浙转运使言:润州新河毕工。(朝廷)降诏奖之"。[5]该河南北走向,长约里许,南端与穿城运河连接,北首入江口亦称新港。

新河迄今尚存,即市区古运河北段,入江口处设有平政桥,在原小京口闸旧址南侧新建一座水闸,亦称京口闸。

**甘露西港**　甘露西港的开设,应是顺应北宋后期漕运发展的需要,并与曾孝蕴建澳闸系统有关。其时,除了兴建京口港澳闸以外,又将运河引至北固山西侧入江,形成甘露西港。

在南宋嘉定年间,史弥坚又扩大了甘露西港的规模。"舔甘露港,以注之江;复建二闸,以时启闭。餫艘灌输,军械转致。入出取道,实为径易。"[6]

另,南宋黄震(1213—1280 年)在任提领镇江转般仓分司期间,曾奏请疏浚甘露港。他在《申提刑司乞浚甘露港状》中写道:"(北固山)石之下为田,田之外为港。自利涉门外,绕土城而西,入仓约二里,可容米舟二十万石。"[7]此处述及的漕运船只,在入甘露港后,再从利涉门外绕过土城(唐罗城)北垣,向西行二里至转般仓。显然,黄震所言之甘露港,在漕运转般中扮演了重要的角色。

**甘露东港**　唐代继续利用六朝遗留的北固东河(润浦),并且修筑罗城时还建有跨

〔1〕[宋]赵雄,等:《四朝国史志》,转引自[宋]卢宪《嘉定镇江志》卷六"山川",丹徒朱氏金陵复刻包氏本,宣统二年(1910 年)。

〔2〕〔3〕〔4〕[元]俞希鲁:《至顺镇江志》卷二,江苏古籍出版社,1990 年,第 50 页。

〔5〕[宋]卢宪:《嘉定镇江志》卷六"山川",丹徒朱氏金陵复刻包氏本,宣统二年(1910 年)。

〔6〕[宋]李埴:《浚渠记》,转引自[宋]卢宪《嘉定镇江志》卷六"山川",丹徒朱氏金陵复刻包氏本,宣统二年(1910 年)。

〔7〕曾枣庄、刘琳主编:《全宋文》第 347 册,上海辞书出版社,2006 年,第 379 页。

河而立的水门——利涉门，表明该段河道的入江口（甘露东港）仍然有通航功能。但此河道在宋代鲜有航运、疏浚的记载；所谓南宋乾道八年（1172年），"守臣殿撰宋赋自利涉门之北浚至江岸"[1]的一次疏浚，是另指北宋通向甘露西港河道上新造的一座水门，亦称利涉门，时人遂将原来通向甘露东港的利涉门改称"东利涉门"。[2]

**鳝鱼港** 《至顺镇江志》载："鳝鱼港，在通津门外。"[3]而通津门是南宋筑罗城时，"凿转般护仓壕，引水环于西北，届水之所止而立之门，曰通津"。[4]故鳝鱼港当是在转般仓西北。

南宋黄震在《乞浚甘露港状》中曾述及鳝鱼港的状况：其时"鳝鱼港尤浅，亦江西纲乘大汛潮隐舟此地，隔塘搬米"。[5]文中之"塘"系指港池，志载所谓"鳝鱼坝，在城西北鳝鱼港上"[6]，即筑坝蓄水，便于米船转般作业。

**海鲜河** 《京口山水志》记曰："海鲜河在甘露寺西。宋嘉定八年（1215年）郡守史弥坚浚，以泊防江之舟。"[7]而海鲜河的存在应更早，《宋史·陈居仁传》："镇江大旱，又移居仁为守镇江……因饥民治古海鲜界港，为石砭丹徒上，蓄泄以时，以通漕运。"[8]

而在黄震的《乞浚甘露港状》中亦有述及："海鲜河其浅，见系江西纲作坝，截大汛潮以剥米。"[9]所谓截大汛潮，即大汛时潮水越过坝头蓄于坝内，待漕船抵达坝边，再通过小船短驳入仓。

**（三）澳闸系统**

宋代先后两次建设京口澳闸：一是北宋曾孝蕴创建京口澳闸，二是南宋史弥坚修建京口澳闸。（图1-2-7）

1. 北宋京口澳闸系统

元符年间，曾孝蕴"建言扬之瓜洲、润之京口、常之奔牛宜易堰为闸，以便漕运、商贾。役成，公私便之"。"元符二年（1099年）九月，润州京口、常州奔牛澳闸毕工……相度立启闭日限之法。"[10]曾孝蕴所创建的京口澳闸系统，是由两个相互配合的子系统组成，即以京口港为主、甘露港为辅的两条出入江水道体系。（图1-2-8）

---

〔1〕［宋］卢宪：《嘉定镇江志》卷六"山川"，丹徒朱氏金陵复刻包氏本，宣统二年（1910年）。

〔2〕《嘉定镇江志》有东利涉门："梁广寺……建在东利涉门外。"又"灵建院……建在东利涉门里"。《至顺镇江志》亦有"灵建寺，在东利涉门里，僧绍辉建金坛废寺额谒之"。

〔3〕［元］俞希鲁：《至顺镇江志》卷七，江苏古籍出版社，1990年，第291页。

〔4〕［宋］卢宪：《嘉定镇江志》卷二"城池"，丹徒朱氏金陵复刻包氏本，宣统二年（1910年）。

〔5〕〔9〕 曾枣庄、刘琳主编：《全宋文》第347册，上海辞书出版社，2006年，第378页。

〔6〕［元］俞希鲁：《至顺镇江志》卷二，江苏古籍出版社，1990年，第49页。

〔7〕［清］杨棨：《京口山水志》卷十"丹徒诸水"，道光二十四年（1844年）刻本。

〔8〕［元］脱脱，等：《宋史》卷四百六"陈居仁传"，中华书局，1977年，第12274页。

〔10〕［宋］赵雄，等：《四朝国史志》，转引自［宋］卢宪《嘉定镇江志》卷六"山川"，丹徒朱氏金陵复刻包氏本，宣统二年（1910年）。

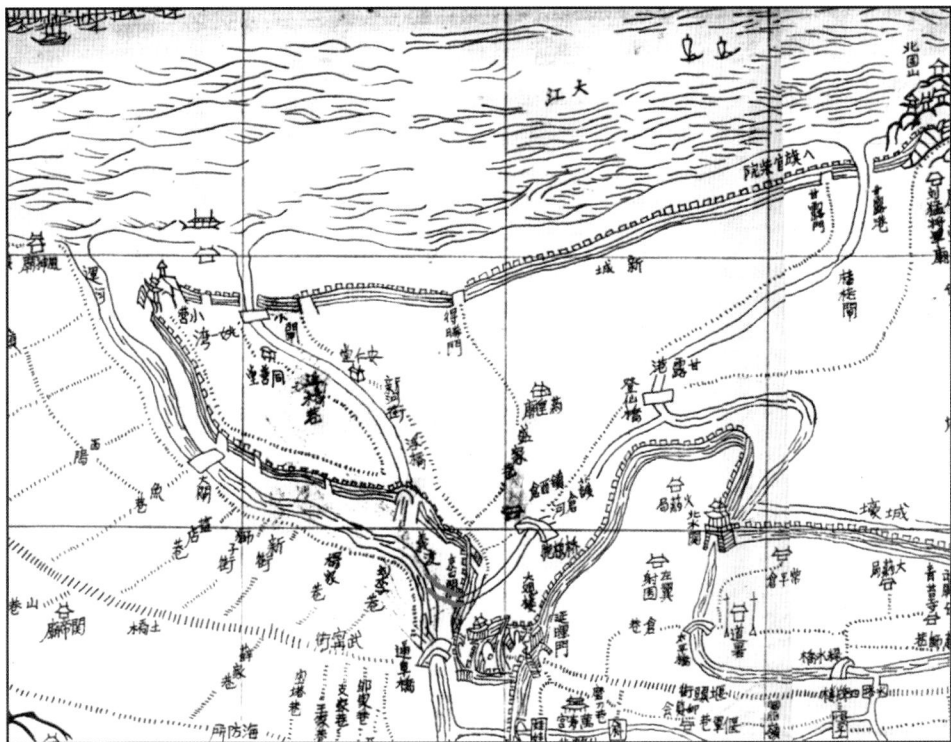

图 1-2-7　清代尚存两宋运河入江口水系遗迹示意图(截自《光绪丹徒县志》"新城图")

### 京口港澳闸

京口港内建有五闸,宋人对其布局有着具象的表述:"京口闸距江里许;又南为腰闸;又东为下、中、上三闸:下闸在转般仓东,中闸在大军北仓后,上闸在程公桥团楼北。"[1]而在近几年的城市考古中,先后发现拖板桥、转般仓及京口闸遗迹,这为研究京口港澳闸的布局提供了重要的地理坐标。如果再结合史料记载,则可以大致推测五闸的方位及其相互间的距离:

京口闸,"在城西北京口港口,距江一里远(今中华路鱼巷口)"。[2]而考古发现的京口闸与拖板桥遗址之间的距离实测约为 830 米。

腰闸,"在京口闸东南……至转般仓前拖板桥,长一百九十丈,河面阔十丈"。[3]可知,腰闸至拖板桥距离约合 600 米,故推算京口闸与腰闸之间的距离约为 230 米。

下闸,"程公下坝东",至转般仓东南墙角"七十九丈五尺,河面阔九丈"。[4]即转般

---

〔1〕［宋］史弥坚:《浚渠记》,转引自［宋］卢宪《嘉定镇江志》卷六"山川",丹徒朱氏金陵复刻包氏本,宣统二年(1910 年)。

〔2〕〔3〕〔4〕［元］俞希鲁《至顺镇江志》卷二,江苏古籍出版社,1990 年,第 50、51 — 52、52 页。

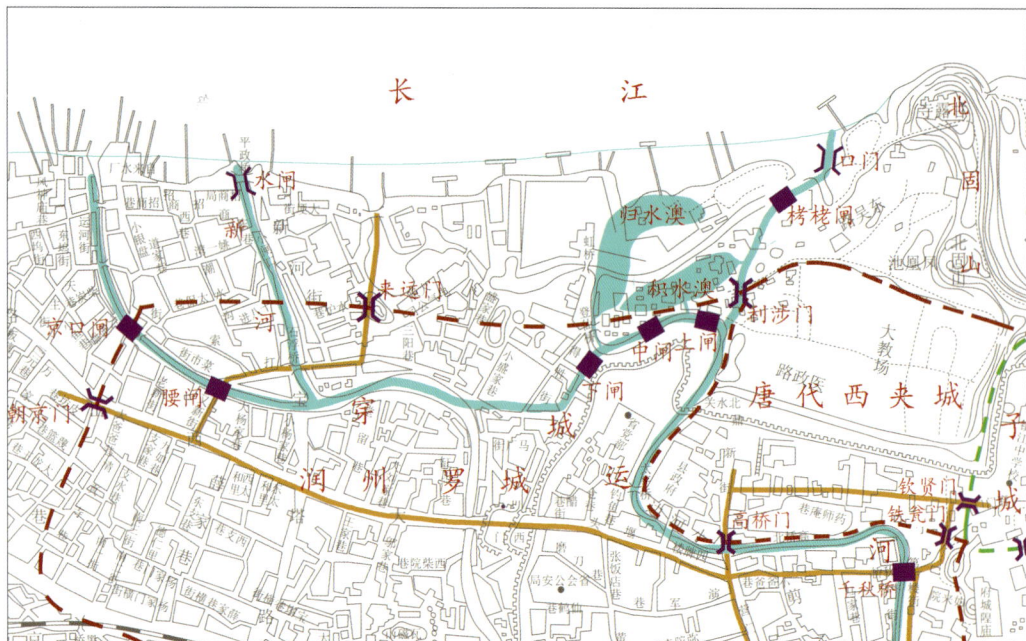

图 1-2-8 北宋入江港口示意图

仓东南墙角至下闸长约 250 米, 河面宽约 29 米; 若是加上仓东南墙角至拖板桥长约 50～60 米, 可推知下闸与腰闸之间的距离约为 910 米。

中闸, 在元代 "香糯仓(即南宋大军北仓), 后废", "中闸至上闸, 长三十九丈, 河面阔二十七丈"。[1] 中闸至上闸长约 123 米, 河面宽约 86 米。

上闸, "在程公桥团楼北"。[2] "程公桥, 在上闸南。"[3]

虽然程公桥的位置已不知, 但仍可以从两个方面探知上闸的方位:

一是史料表明, 上闸与程公桥在河道上存在南北相邻的关系, 而在中闸以东不远处运河折转南下, 上闸与程公桥只有在此折转处存在南北相邻的可能。

二是在折转前的南北向河道北端, 曾孝蕴又另引运河北上, 通向甘露港, 因而上闸只能设置在分叉处的西向拐点上。

以此位置测算, 上闸至下闸的距离约为 260 米, 减去上闸至中闸长三十九丈(约 123 米), 推算中闸与下闸的距离约为 130 米。而京口闸至上闸的总长度近 1400 米, 其间相连贯的五闸之间则形成四个闸室: 上闸与中闸间为第一闸室, 中闸与下闸间为第二闸室, 下闸与腰闸间为第三闸室, 腰闸与京口闸间为第四闸室。

此外, 在下闸与上闸之间北侧开挖有两个水澳, 即归水澳和积水澳, "积水在东, 归

---

〔1〕〔2〕〔3〕 〔元〕俞希鲁《至顺镇江志》卷二, 江苏古籍出版社, 1990 年, 第 52、53 页。

水在北,皆有闸焉"。[1]"归水澳,长二百丈,水面宽狭不等,广至五十丈,狭亦不下十丈,深丈有五尺。"[2]积水澳面积略小,地势稍高,保持有较高水位,负责向闸内供水;归水澳接受闸内排水,并在需要时车水补充积水澳;两澳都设有小闸,通过管道与上、下闸之间的闸室通连。

漕船上行由河入江,并以江水位稍低的时间为节点,其通过京口港的流程、状况大致如下:

第一闸室:上闸与中闸之间,长约123米,宽约86米。通行前,先引积水澳水,使室内水位与运河水持平;然后打开上闸,放船进入;再关上闸,为降低水位,放水流入归水澳(但一次降水深度有限,室内须保持船只通行的水深),至水位与二室持平。而一室兼有引航道功能,若是与二室相比,虽然长度近似,但宽度却是三倍,则能让一批入内的船只分三次通过二室,由此可以确保闸外运河的正常通航。

第二闸室:中闸与下闸之间,长约130米,宽约30米。缓缓开启中闸,让一室水从门下流入二室,待持平后大开闸门,放船入室,再关中闸。

第三闸室:下闸与腰闸之间,长约910米,如果连同与之相通的长约500米的新河,便共有长约1400米的闸室河道。当船只已进入二室时,则开启下闸闸门,让水从门下流入三室,待两室水位持平,大开闸门,放船入室,关下闸。澳闸的规划者为何将此室设计得如此之长呢?其主要原因是为了满足通航、供水、储水及泊船的四重需要。由于三室面积较大,既可以保障多次向四室供水,又能够在江水高潮位时引潮蓄水,还可以在风大浪高之时成为避风泊船之所。

第四闸室:腰闸与京口闸之间,长约230米。开启腰闸闸门,使内外水相通、持平,然后大开闸门,放船入室,关闭腰闸;开启潮闸闸门,使内外水相通,与江水持平,再大开闸门,放船入江。

反之,船只由江入河,则采取相反的工作顺序逆向操作。

**甘露港澳闸**

曾孝蕴所建的京口港澳闸系统,主要应是保障漕运实船的上行通航,至于下行的漕运空船则不大可能由此做逆向通过。因为,那样不但会极大地降低漕运的效率,而且会加重运河水的泄漏、损耗。那么,曾孝蕴所规划新建的另一条航道究竟在何处?笔者推断,当是甘露港澳闸。所据史料如下:

一是《宋会要》:"乾道元年(1165年)正月十七日,知镇江府方滋言:'体访子城居民水患,只缘近来栲栳闸城下放水道通澈里澳,当时务蓄水灌栲栳闸,免泄运水。今里

〔1〕[宋]史弥坚:《浚归水澳记》,转引自[宋]卢宪《嘉定镇江志》卷六"山川",丹徒朱氏金陵复刻包氏本,宣统二年(1910年)。

〔2〕[清]杨履泰,等:《光绪丹徒县志》卷十一"河渠",光绪五年(1879年)刻本。

澳形势低下,放水不入。事既无益,每咤水涨入城,反为民患。又体访古西夹城里教场城下有水澳池一处,停蓄子城内水;向北有古沟一所,于利涉门城下置水窗一座,通澈大江。每遇水满,通放澳水出城,以是居民少罹水患,今相度于向西城下水窗,子城外添置闸闭断,使运河水不入子城里澳,久远为便。'从之。"[1]

此则史料内涵丰富,其中涉及栲栳闸、利涉门及古沟等多个重要地理元素。

栲栳闸。方滋追溯旧时"务蓄水灌栲栳闸,免泄运水",说明栲栳闸是立于运(河)水之上,且建闸年代远在乾道之前。

利涉门。分析其位置,当在唐代罗城北垣近西夹城西北角处,南近唐宋运河急弯处。但此门不是唐代的利涉门(因为唐代利涉门在定波门东侧,后宋代一度改称"东利涉门"),而是唐以后单独破城开河设立的一座水门。

古沟。西夹城北"有古沟一所",夹城西澳池水经利涉门下水窗,沿古沟"通澈大江",表明此古沟当是南宋之前的一条入江水道。

二是《嘉定镇江志》:"(乾道)八年(1172年),守臣殿撰宋赈自利涉门之北浚至江岸。郡倅陶之真有记。"[2]

这条史料明确表示,乾道年间重修了自利涉门北向直通甘露港的入江水道。

由此可以大致勾勒出当年甘露港澳闸系统布置的概貌:自运河急弯处北向开凿河道,穿过旧唐代罗城,设立利涉门;又向东北方向延伸,再向北折转,其转弯处设置栲栳闸;至北固山西侧入江,在江口设口门。实际上此水道拥有三座水闸,即利涉门、栲栳闸及口门,并形成两个过船闸室。而在利涉门与栲栳闸之间的河段还向西开渠与积水澳相通,引澳水调节闸内水位。

自此,在江南运河入江口建成澳闸系统,包括主辅两个部分,即京口港澳闸和甘露港澳闸。上行的漕运船由运河通过京口港澳闸,入江北上;而下行的船只过江,通过甘露港澳闸入河南下。北宋曾孝蕴创立的京口澳闸系统,不但在技术层面上有着繁复、精准的要求,而且在管理、运行上亦制定有极其严格的规定。但是,不久之后由于朝廷的腐败及官员的枉法,京口澳闸系统逐渐废弛。

2. 南宋京口澳闸

如果说北宋时期,江南运河入江口作为漕运北上的"中继站",主要任务是便利通航的话,那么南宋时期,都城迁至杭州,漕运的格局发生大的变化,入江港口肩负着转运和通航的双重任务。

南宋伊始,宋金对峙于两淮,镇江成为军事后勤基地,设立总领所,统领前线的钱、

---

〔1〕 曾枣庄、刘琳主编:《全宋文》第194册,上海辞书出版社,2006年,第351页。

〔2〕 [宋]蔡佑:《蔡佑杂记》,转引自[宋]卢宪《嘉定镇江志》卷六"山川",丹徒朱氏金陵复刻包氏本,宣统二年(1910年)。

粮及军备供应。绍兴七年（1137年），又"以昔之置于泗、真者置京口"。[1]即将北宋朝廷设在泗州、真州的国家粮仓迁到镇江，称转般仓，"前临潮河，后枕大江"，"诸路纲至，即令卸纳"。[2]

南宋时期，镇江段运河及入江口曾有过多次疏浚，如：绍兴二十九年（1159年），因"自临安至镇江，河水浅涩，留滞纲运"，诏令"守臣修堰闸"；乾道六年（1170年），"守臣秘阁蔡洸自丹阳之南浚至夹冈"；乾道八年（1172年），"守臣殿撰宋贶自利涉门之北浚至江岸"；淳熙二年（1175年），"守臣阁学张津自京口闸以北浚至江口"。[3]但之后不久，"视渠湮塞且尽，斗门不开，公私之舟，望吾州（镇江）跬步不进，率由江阴五泻而去"。[4]

嘉定七年（1214年），镇江守臣史弥坚奉诏主持京口漕渠的疏浚，修复澳闸。在规划时，有人认为应该"复古"，指全盘复原北宋曾孝蕴的澳闸设施；而史弥坚则提出"变古"的主张，即顺应当下的实际，"既复之，又旁通而曲畅之，使无遗利焉"。[5]史弥坚所规划修建的澳闸及转运系统，大致包括京口港五闸、归水澳、转般仓、甘露港、海鲜河等。（图1-2-9）

**修缮京口港五闸**　史弥坚记述："沿渠而闸者五，首曰京口闸，次曰腰闸，又其次曰下、中、上闸。海潮登应，则视时节次第启闭，以出纳浮江之舟。腰闸久废，余四闸岁久木朽石泐，择美材密石而更葺之。"[6]

**修扩归水澳**　北宋有归水澳和积水澳，而史弥坚则着重修扩归水澳。他记述其中的原因："积水（澳）为居民抵冒，胶固盘错，未易遽得，独归水（澳）堤防略存。私念复一澳固足为渠利，然澳之西南则转般仓，其东北则甘露港，引而环之仓垣，因以护仓。受者在渠，给者在壕，以便夫纲运之出纳。""始为归水之澳者，其积特二百丈，而余之西引者亦二百丈，其东引者百二十丈，又益之以新潭。合而计，殆三归水之积矣。"[7]虽然积水澳未能恢复，但史弥坚将归水澳面积扩大了三倍，且功能多元化，集济渠、护仓、通江于一体。

〔1〕　曾枣庄、刘琳主编：《全宋文》第348册，上海辞书出版社，2006年，第256页。

〔2〕　[元]俞希鲁：《至顺镇江志》卷十三，江苏古籍出版社，1990年，第542页。

〔3〕　[宋]蔡佑：《蔡佑杂记》，转引自[宋]卢宪《嘉定镇江志》卷六"山川"，丹徒朱氏金陵复刻包氏本，宣统二年（1910年）。

〔4〕〔7〕　[宋]史弥坚：《浚归水澳记》，转引自[宋]卢宪《嘉定镇江志》卷六"山川"，丹徒朱氏金陵复刻包氏本，宣统二年（1910年）。

〔5〕　[宋]史弥坚：《浚渠记》，转引自[宋]卢宪《嘉定镇江志》卷六"山川"，丹徒朱氏金陵复刻包氏本，宣统二年（1910年）。

〔6〕　[宋]史弥坚：《浚渠记》，[元]俞希鲁《至顺镇江志》卷二，江苏古籍出版社，1990年，第51页。

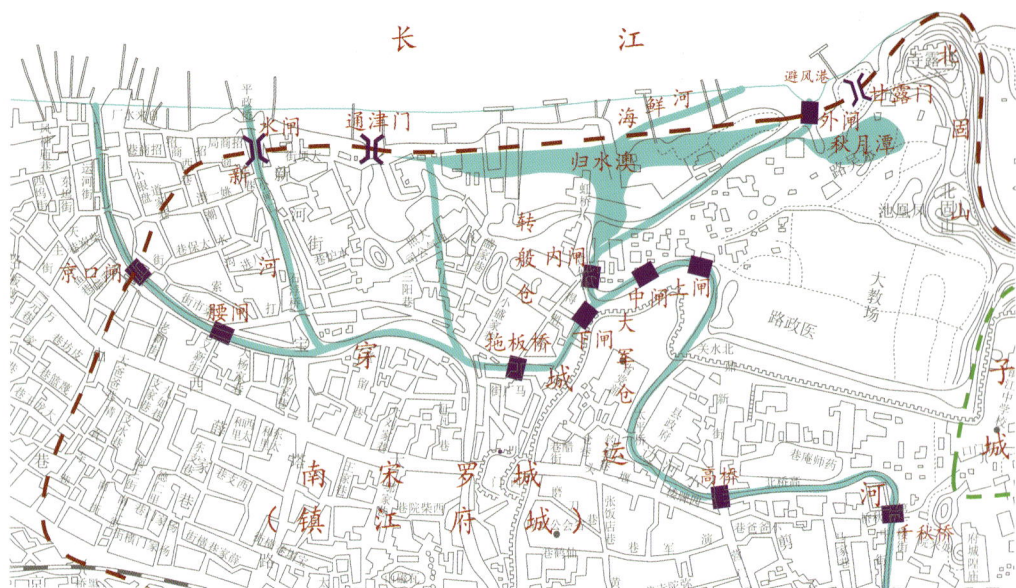

图 1-2-9　南宋京口澳闸系统示意图

**扩建转般仓**　转般仓是南宋朝廷为供应江淮前线而设置的大型粮仓,自淳熙五年(1178 年)创立,至开禧初"增为五十四廒,约储米六十余万石"。[1]而史弥坚"念滨江积贮,最为利济,要须储蓄百万,以便转输。仓后隙地,尚可展拓。新开归水澳去仓密迩,就运澳土积成廒基,力省功倍,乃以借廒增澳利害谂乎朝。奉旨增盖廒宇二十座,以乙亥五月庚申鸠工,八月甲午竣事"。[2]史弥坚通过开挖澳土,扩大仓基,将粮仓增至七十四廒,可储米百万石,极大地增强了储存和转运的功能。

**改建甘露港**　史弥坚在修复甘露港的过程中,考虑到实际情况的变化而对布局有所调整。首先,入江河道不再依上闸之东的北上旧迹,而是移至下闸以东,再转向东北一线入江。如此,一是为了靠近归水澳及转般仓,便于取给水及转运航行;二是为了避让已"为居民抵冒,胶固盘错"的积水澳旧址。甘露港的复建,包括内外闸、秋月潭及避风港等,史弥坚对此皆有陈述:"其达于甘露港者,则为上下二闸,候潮登否,以益纳上流之舟。且虑二闸之间不足以容多舟也,视北固之址有陂泽,则又通之为秋月之潭,以藏舟焉。其下闸之外,则浚补八十丈,客舟浮江乘,以舣泊,以避夫风涛之害。"[3]其中,上闸又

---

〔1〕〔2〕　[元]俞希鲁:《至顺镇江志》卷十三,江苏古籍出版社,1990 年,第 542 页。

〔3〕　[宋]史弥坚:《浚归水澳记》,转引自[宋]卢宪《嘉定镇江志》卷六"山川",丹徒朱氏金陵复刻包氏本,宣统二年(1910 年)。

称内闸,志载"史弥坚置,后改建登仙桥"。[1] 故此桥位置当为南宋甘露港河道的重要坐标。(图 1-2-10)

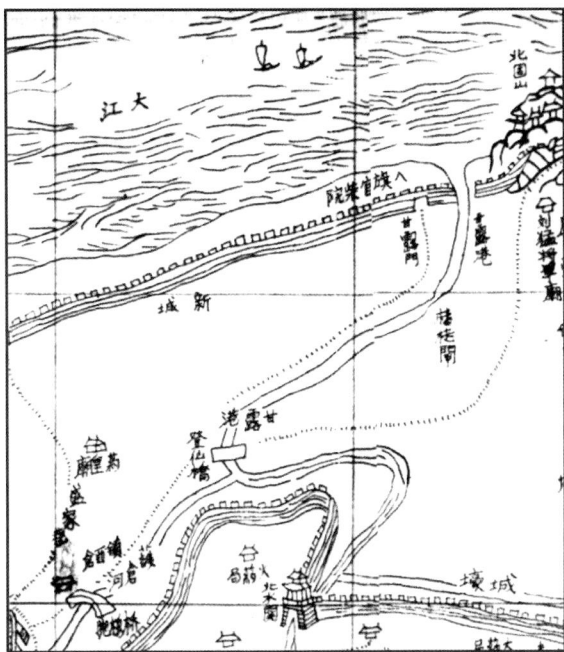

图 1-2-10　南宋甘露港参照图(截自《光绪丹徒县志》之"新城图")

由此,可以勾勒出当时甘露港澳闸系统的大概情况:在甘露港内建上下两闸;其间西侧引归水澳之水,并置闸以调节控制;东侧有水旁通北固山下秋月潭,作为停泊藏舟之所;而在下闸之外疏浚长达一百八十丈的水域,既利通航,又可避风涛之害;并在罗城跨港处设有水门(甘露门),通向大江。

宋代京口港及甘露港的澳闸系统,以其完善的规划设计、工程设施以及严格的管理,达到了引潮行运、蓄积潮水、水量循环利用等综合性工程效益,奠定了其在我国船闸发展史上的重要地位,并且是我国水利工程技术在 13 世纪之前即领先世界的明证。

**(四)堰闸码头**

唐宋时期,运河沿线除了上述澳闸以外,还设有堤岸、堰坝、水闸等水利设施。

**四牌楼古堰**　唐宋运河,穿城而过,商肆店铺,夹河排列,宛如一幅《清明上河图》。但一旦洪水暴发,水害顷刻影响城市的安危。古时镇江驻军中有一支特设的军种叫"堰军",它们的首要任务就是筑坝修堰、保卫漕渠。元代志书即记有"堰巷""堰军巷"

---

〔1〕　〔清〕杨履泰,等:《光绪丹徒县志》卷四"关津",光绪五年(1879 年)刻本。

（后被讹称"演军巷"）[1]。堰军巷位于今四牌楼南侧，其管理机构称"监堰"，宋初《祥符图经》记载，"监堰在州西南二里"[2]，其方位当与堰军巷接近。

市区大西路原为五条相互串联的街道，即堰头街、小门口、老西门桥、西门大桥、银山门。其中，堰头街属最东边的一段，主要在现今四牌楼一带，因北侧有古代漕渠的堰堤而得名。

1993年秋，在解放北路拓宽工程的四牌楼段地下，发现古堰堤遗迹，系用黄土夯筑，呈东西走向。堰身高出宋代地面约1.5米，宽近20米。夯土南侧砌有石墙。在古堰堤遗迹的南边还发现有漕渠斜坡状河床遗迹。（图1-2-11）

1997年，又在今四牌楼北侧一建筑工地考古发现唐代堰头夯土遗迹，同时还出土有铁臿（挖土工具）、铁刀等，从一个侧面反映了堰军的劳作、活动。（图1-2-12）

图1-2-11　四牌楼宋代
堰堤包石墙遗迹

图1-2-12　四牌楼堰头考古出土的唐代铁臿

**程公上、下坝**　南宋末期，京口港和甘露港复闸废置之后，"咸淳六年（1270年），郡守赵潜以启闸泄渠水不便，故改二坝。上坝则自甘露港车江船入漕渠，下坝则车漕渠之舟出京口港"。[3]

**程公下坝**　在京口港上，位于下闸之西。"度自京口港口，至程公下坝，长二里一百四十步，旧河面阔六丈，底阔二丈五尺。"[4]漕渠来船则从下坝翻越入京口港，然后出江。

**程公上坝**　在甘露港内闸（上闸）以南。过江南下之船进甘露港翻越上坝入漕渠。

**减水闸**　"在程公上坝以东、下坝以西，上为石桥。"闸柱上有石刻："咸淳六年，岁

---

〔1〕〔3〕〔4〕　[元]俞希鲁：《至顺镇江志》卷二，江苏古籍出版社，1990年，第16、49页。

〔2〕　[宋]史弥坚：《浚归水澳记》，转引自[宋]卢宪《嘉定镇江志》卷六"山川"，丹徒朱氏金陵复刻包氏本，宣统二年（1910年）。

在庚午七月二十六日,长沙赵潜立。"元代已废。[1]

**码头驳岸**　镇江古运河两岸,历代修建有石砌的驳岸和码头。1998 年,在南水桥以东河段的疏浚工地上,考古清理出石砌堤岸及码头遗迹,再现了宋代运河岸畔风貌。(图 1-2-13、1-2-14)

图 1-2-13　宋代运河石砌河岸早晚两期(里层和外层)
遗迹(今南水桥东侧)

图 1-2-14　宋代运河石砌河岸及
码头遗迹(今南水桥东侧)

### (五)漕渠桥梁

史载宋元时期跨漕渠的桥梁共有八座,自北而南为:

**拖板桥**　在南宋大军仓前(今拖板桥巷东段),旧名浮桥。元代天历二年(1329 年)废,至顺二年(1331 年)重建。[2]明代改名镇西桥,正统中侍郎周忱重建,清康熙初耆民高拱斗重修。[3]民国时期桥废,湮没于地下。2010 年,在宋元粮仓考古中发现元代拖板桥遗迹。(图 1-2-15)经考证,拖板桥是宋代转般仓特设的门桥,专为仓务

图 1-2-15　2009 年,拖板桥考古现场

---

〔1〕〔2〕　[元]俞希鲁:《至顺镇江志》卷二,江苏古籍出版社,1990 年,第 52、31 页。
〔3〕　[清]杨履泰,等:《光绪丹徒县志》卷四"关津",光绪五年(1879 年)刻本。

所用,平时则将桥板抽回。元代以降,粮仓范围缩小,此桥遂开放为民众所用。

**程公桥** 在上闸南,宋嘉定前已废。[1]

**渌水桥** 俗称高桥,在千秋桥西(今四牌楼北侧),唐以来有之。杜牧诗《润州二首》中写道:"青苔寺里无鸟迹,渌水桥边多酒楼。"[2]宋乾道庚寅(1170年),郡守蔡洸重建,仍用旧名。明洪武初重修,曾改名鼎新桥。[3]清末、民国湮没地下。

**千秋桥** 位于千秋桥街东端。此桥甚古,"晋王恭作万岁楼于城上,其下有桥,故以千秋名"。宋嘉定甲戌(1214年),"待制史弥坚既浚漕渠,横木阻舟,抉之则圮。夏五月重建"。[4]明清两代亦多次重修,20世纪50年代拆除。(图1-2-16)

**嘉定桥** 在千秋桥之南(今中山路五条街口)。旧名利民桥。宋淳熙间"郡守钱良臣重建,甃以砖,覆以亭,邑人呼为钱公桥。嘉定初,郡人复甃以石,易名嘉定桥。清康熙初邑人高拱斗重修,俗称网巾桥。"[5]民国年间修筑中山路,拆除桥面,桥体湮没地下。1999年,在中山东路五条街菜场工地考古发现宋代嘉定桥遗迹。(图1-2-17)所揭示的遗迹为桥之东北一角,分上下两层:下层砖结构,为淳熙间所造;上层加砌石墙及夯土,为嘉定初重修。

图1-2-16 千秋桥遗址今貌(位置:千秋桥街东端)

图1-2-17 1999年,宋代嘉定桥东侧引桥考古遗迹俯视(右侧砖铺桥面;中为水沟;左侧店铺基址)

[1] [元]俞希鲁:《至顺镇江志》卷二,江苏古籍出版社,1990年,第31页。
[2] [唐]杜牧:《润州二首》,《全唐诗》卷五百二十二,国际文化出版公司,1994年。
[3][5] [清]杨履泰,等:《光绪丹徒县志》卷四"关津",光绪五年(1879年)刻本。
[4] [宋]卢宪:《嘉定镇江志》卷二"桥梁",丹徒朱氏金陵复刻包氏本,宣统二年(1910年)。

**范公桥** 原名清风桥,在嘉定桥南(今正东路东段)。北宋景祐年间郡守范仲淹重建,后俗称范公桥。南宋嘉泰、开禧间,郡守辛弃疾复"甃以石"。清咸丰年间战乱,桥石、桥栏俱被拆毁。[1]民国时期修筑正东路,残桥被覆盖于路下。1998年,在正东路拓宽扩建时考古发现宋代范公桥遗迹。桥址长40余米,位于酒海街口与下河头口之间。所揭示的遗迹包括桥体南侧加砌的石壁、夯土、桥拱块石拱脚、桥东端坡式礓磋等。(图1-2-18、1-2-19)嗣后,在正东路桥址南侧立碑以资纪念。

图1-2-18 1998年,范公桥考古现场

图1-2-19 范公桥考古遗迹

**长桥** 在清风桥之南(今酒海街南端西侧),宋嘉定乙亥(1215年)秋重建。清代已废。[2]

**通济桥** 元代志书记载:"通济桥,在南水门上。延祐三年(1316年),守臣太平因水门旧址创建。""镇江据南北要冲,其南三门:左曰通吴,右曰仁和,而水门居其中。"[3]依据考古发现,唐宋罗城通吴门在今塔山桥西,而南水门则在其南侧漕渠之上。清代《光绪丹徒县志》以为"通济桥即今为南水关"[4],实为误会,是将宋代南水门与明清南水关混为一谈,其实两者相去甚远。

---

〔1〕〔4〕 [清]杨履泰,等:《光绪丹徒县志》卷四"关津",光绪五年(1879年)刻本。
〔2〕 [宋]卢宪:《嘉定镇江志》卷二"桥梁",丹徒朱氏金陵复刻包氏本,宣统二年(1910年)。
〔3〕 [元]俞希鲁:《至顺镇江志》卷二,江苏古籍出版社,1990年,第30页。

### 三、明清运河

#### （一）变身关河

明初建镇江府城，其城圈范围缩至唐代罗城东北部分，周长为 13 华里，是唐城的二分之一。明初府城的北垣和南垣，两头跨越原先的穿城运河，并分别设置水门，称北水关和南水关，两关之间的河道"计长千二百丈"。此段河流虽然仍沿用唐宋穿城运河旧道，但其功能已主要是为城区市民服务，即"贯城之内外，民间薪米所需，悉藉此以资转运"，且名称亦改称关河。[1]

明清时期，关河曾多次疏浚。其中，清乾隆二十八年（1763 年）一次疏浚后，丹徒县令贵中孚作有《重浚关河记》曰：此次工程是民间出资，由"士民秦圣旦等以公捐疏浚"，"不逾月而大工告竣，计由运河入南水关，直抵北水关，出甘露港以达江者凡一千余丈；又自登仙闸西行入运河者凡八百余丈。一律深通，舟楫四达"。记中还写道："当粮艘拥挤之际，则由江达河重载又得以间道，取济其便利之处。"[2] 说明关河在必要时还能为漕运解困，当然这属于比较特殊的情况。关河直至民国前后被逐渐废弃、湮塞，但至今原来河边一线的街巷尚有存者，如自南向北有酒海街、梦溪园巷、网巾桥、第一楼街、千秋桥街、道署街、北水关等。

#### （二）转城运河

明初运河改道，绕至府城外侧，河段亦称转城运河。它北端连接大、小京口河段，然后沿府城西、南两侧，即依今石浮桥—黄花亭—老西门桥—新西门桥—中山桥—解放桥—虎踞桥一线，至南水桥与原穿城运河南段相接。明清转城运河与唐宋运河当是两条不同的河段。（图 1-2-20）

所谓唐宋漕渠，史志记载明确。元代《至顺镇江志》在"桥梁"部分，依次介绍渌水桥、通济桥、程公桥、拖板桥的历史沿革，其后并作小结："以上八桥皆跨漕渠。"[3]（《志》中缺失千秋桥、嘉定桥、范公桥及长桥四桥。）此外，史料中还见有千秋桥例证，即"是桥贯横木于底，以捍桥址。嘉定甲戌（1214 年），待制史弥坚既浚漕渠，横木阻舟，抉之则圮。夏五月重建"。[4] 以上说明，拖板桥至通济桥的河道确系漕渠之水。而明初建府城，南北城垣跨越漕渠处设水关，而南、北水关之间原漕渠河段则改称关河。

北水关，即北水门，"起丽谯于上"，今遗址所在地亦称"北水关"。1999 年，在北水关江奎住宅工地上考古发现明代北水关城垣、水闸等遗迹。（图 1-2-21）

---

〔1〕〔2〕［清］杨履泰，等：《光绪丹徒县志》卷十一"河渠"，光绪五年（1879 年）刻本。
〔3〕［元］俞希鲁：《至顺镇江志》卷二，江苏古籍出版社，1990 年，第 30－31 页。
〔4〕［宋］卢宪：《嘉定镇江志》卷二"桥梁"，丹徒朱氏金陵复刻包氏本，宣统二年（1910 年）。

图 1-2-20　镇江唐宋与明清城垣、运河比较示意图

　　明初新建府城及护城河。志载天顺中，"复凿社稷坛西隙地，以通壕堑，达于漕河"。[1]即将城西护城河与北侧大、小京口河段相连接，形成新的绕城运河段，并与府城西、南侧的护城河合二为一。

　　而大致在明清转城运河一线的方向，在元代志书中记载的则是源自城西诸水和南郊真珠泉的两条市河的踪迹，并且在河上设有十余座桥梁，如圆通桥、龚家桥、三拆桥、

---

〔1〕　［清］杨履泰，等：《光绪丹徒县志》卷十一"河渠"，光绪五年（1879 年）刻本。

师姑桥、水西桥、小围桥、大围桥等，皆注明是"跨市河"。[1]而这些桥梁在入明之后，多已不复存在，当是与明初修筑护城河以及加筑转城运河有关。

可见，直至至顺年间，市河、漕渠仍然保持原有格局，泾渭分明。因此可以推断，所谓穿城漕渠易名为关河以及在转城运河上建桥梁，都应是元代以后的事情。

图 1-2-21　1999 年，考古揭示明代北水关水闸遗迹

### （三）入江港口

镇江在宋代所形成的多港格局，一直保持到明清时期，其间仍有修浚的记载，如永乐间，"复浚镇江京口、新港及甘露三港，以达于江"。又，天顺元年（1457 年）转漕官、尚宝少卿凌信亦奏请疏通镇江新河（又称镇江府里河），"帝以为然……且浚奔牛、新港之淤"，"粮艘从镇江里河为便"。[2]

清代志书记载："甘露港在云山坊，通城内河（关河），出便益桥（今南水桥）运河。""明万历初尤通凤凰池，春夏船泊石壁下。今渐淤矣。"[3]表明甘露港直至清末才退出历史舞台。

### （四）堰闸桥梁

**京口闸**　明初修闸。建文中，刘辰出知镇江府，时"京口闸废……辰修故闸，公私皆便"。[4]"明天顺己卯（1459 年）因浚漕河作闸一，每岁以时启闭。弘治辛亥（1491年）都御史侣钟复修。"[5]而清代修闸，未见志书记载。

2012 年，在鱼巷口对面、中华路东侧一开发工地，考古发现两宋至明清京口闸遗迹，揭示出清代京口闸东半部。其闸体内为层层夯实的夯土，夯土外是以块石包砌的闸墙。闸的结构由闸身、闸口、迎水、雁翅、分水、裹头几部分组成；南端见有闸门槽口及闸桥，北端则有石级码头；闸底则是在密集的木桩上平铺块石。闸南北总长约 54 米，底宽约 9.6 米，闸墙高 6.25 米。而在清代闸里侧或下部还发现明代石闸夯土及墙基，反映出清代闸是依明代闸加修而成的，所以明清闸的结构、大小相似。另在明清闸里侧又发现两宋时期的京口闸闸体夯土及外包木桩板墙等遗迹。至于最里侧的唐代夯土遗迹是

〔1〕[元]俞希鲁：《至顺镇江志》卷二，江苏古籍出版社，1990 年，第 31 – 33 页。

〔2〕[清]张廷玉，等：《明史》卷八十六，中华书局，1974 年，第 2104 – 2015 页。

〔3〕[清]杨履泰，等：《光绪丹徒县志》卷十一"河渠"，光绪五年（1879 年）刻本。

〔4〕[清]张廷玉，等：《明史》卷一百五十，中华书局，1974 年，第 4166 页。

〔5〕[清]杨履泰，等：《光绪丹徒县志》卷四"关津"，光绪五年（1879 年）刻本。

属于唐时的堎体还是闸体,有
待今后的考古予以证实。(图
1-2-22)

**小闸** 设置于新河之上,
称小京口闸或小闸,而称之西
侧京口闸为大京口闸或大闸。
《光绪丹徒县志》记载:"小闸
在新河,康熙元年(1662 年)
重建。今在新城下。"[1] 所谓
在新城下,是指太平天国新城
依小闸跨新河而过。

图 1-2-22 2012 年,考古揭示的清代京口闸东部闸体遗迹

**新闸** 在南水关外,明"天顺己卯(1459 年)浚漕河作闸,以杀水势"。[2] 清代后期废。

**老人闸** 一名南闸,在虎踞门外。清末尚存,后废。[3]

**南水关石闸** 为明清镇江府城南水关前的一座桥闸,在清代地图上称"便易桥"。[4]
1998 年,在南水桥污水截流工程工地上考古发现南水关石闸遗迹,闸内宽约 6 米,高约
3 米,长约 11 米。(图 1-2-23、1-2-24、1-2-25)原便易桥即是跨闸而立。

图 1-2-23 南水关石闸遗迹远眺

图 1-2-24 南水关石闸闸槽

---

〔1〕〔2〕〔3〕 [清]杨履泰,等:《光绪丹徒县志》卷四"关津",光绪五年(1879 年)刻本。
〔4〕 [清]蒋宗海,等:《嘉庆丹徒县志》卷首"方舆总图",嘉庆十年(1805 年)刻本。

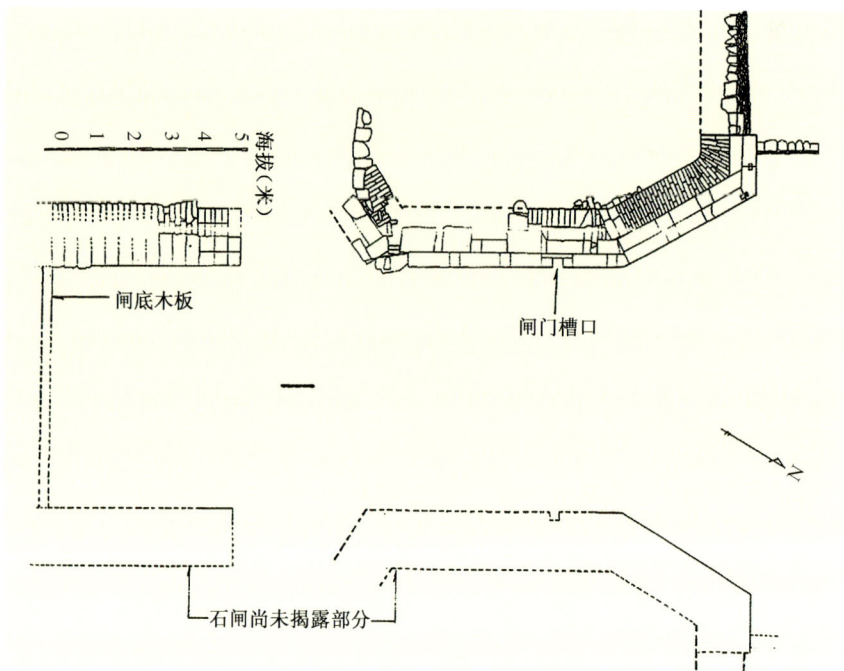

海拔（米）

闸底木板

闸门槽口

石闸尚未揭露部分

图1-2-25　南水关石闸遗迹平、剖面图

**通阜桥**　位于明清府城金银门（西门）口，在今大西路上，跨运河而立。"旧为板桥，因系冲道，明万历时易以石桥。"[1]俗称老西门桥。近代重建。（图1-2-26）

**虎踞桥**　位于明清府城虎踞门口即今南门大街上，跨运河而立。"明万历丙子（1576年）知府张纯易之以木，民大不便。后，知府苏兆民易以石，更名泰运桥。"[2]俗称南门桥。（图1-2-27）

图1-2-26　西门桥今貌

图1-2-27　虎踞桥外景

[1][2]　[清]杨履泰，等：《光绪丹徒县志》卷四"关津"，光绪五年（1879年）刻本。

## 四、城区市河

古代镇江城区的河流,除了穿城运河(后来变身为关河)之外,还流淌着多条市河。以格局的变化来划分,主要分宋元和明清两大时期。

### (一) 宋元时期

志载,宋元时期城内有三条市河,它们有的源自城外冈峦,入城与漕渠交相呼应,交织成网,环绕如带。

#### 1. 市河一

市河一源自城西诸山。"城西诸山之水汇为澳,合永安寺圣井泉,由水西门经塘坤山后,至关门桥、小围桥,达京口港,以入于江。"[1]

所谓城西诸山之水,是指李家大山(唐代墓志称此山为"阿育王山")、润州山、太古山、阳彭山等山水,会同永安寺圣井泉流为澳。"永安寺,在登云门外,请城南废寺额建于此,门外有圣井泉。"[2]再经水西门,绕至唐颓山(又名唐碻山,今称小山)西侧,经关门桥(今中山桥西侧)、小围桥(今西门桥西北侧)流入漕渠,从京口港入江。

市河一之桥梁,自南向北河上设置有七座。[3]

**水西桥** 在宋代罗城水西门(今东岳巷南侧)。

**圆通桥** 在唐碻山后(今中山桥吴家门南侧),旧名土桥。元代灵济寺僧重建。

**龚家桥** 在圆通桥北博马务巷(今中山桥吴家门附近)。

**关门桥** 在宋代罗城登云门里,在登云门与西坊门之间。而在清代地图中,见转城运河西侧有一支河,上标"关门桥"字样,其大致位置在今中山西路原铁路道口附近。[4]

**三拆桥** 在关门桥北,又名洪济桥。元代灵济寺僧重建。

**师姑桥** 在三折桥西北。

**小围桥** 在大围桥西(今西门桥附近)。

#### 2. 市河二

市河二源自南山真珠泉。"发源真珠泉,由鹤林门经西园桥,过道人桥分流,右折者,经社坛桥,至右军寨,与澳水合;左折者,经皇祐桥、染皂桥、嘉泰桥、怀德桥、斜桥、大围桥,达京口港,以入于江。"[5](图1-2-28)

---

〔1〕〔5〕 [元]俞希鲁:《至顺镇江志》卷七,江苏古籍出版社,1990年,第282页。

〔2〕 [元]俞希鲁:《至顺镇江志》卷九,江苏古籍出版社,1990年,第375－376页。

〔3〕 有关市河桥梁资料,除另行加注者外,皆引自《至顺镇江志》卷二"桥梁"和《光绪丹徒县志》卷四"关津"。

〔4〕 [清]蒋宗海,等:《嘉庆丹徒县志》卷首"方舆总图",嘉庆十年(1805年)刻本。

图 1-2-28　珍珠湖远眺（珍珠泉旧址改建）

真珠泉位于招隐寺西北一里山下，受之西南诸山水。这条由真珠泉汇合北流的市河，穿越罗城鹤林门旁涵洞，经西园桥至道人桥分流：一是右折向西，经社坛桥，至右军寨（位于水西门里）入澳，与市河一合流；一是左折北向，经皇祐桥、染皂桥、嘉泰桥，向北与漕渠相接处设置水碇桥，以石碇相隔，接漕渠溢水，再折转向西，又经怀德桥、斜桥、大围桥，流入漕渠。

　　市河二之桥梁，河上设置有十三座。

　　**西园桥**　在宋代罗城放鹤门里（今磨笄山南侧），因近韩世忠修筑的西园，故名。

　　**道人桥**　在宋代丹徒县治西（今健康路东段）。旧名七狮桥，上刻有石狻猊七只，故名；而又因桥下有石翁仲二，若道士状，因此俗称道人桥。

　　**社坛桥**　在光孝观西（今山门口街南段），因近社稷坛，故名。后社稷坛迁移，而桥名未改。乾道庚寅（1170年），郡守蔡洸改名新观桥。

　　**皇祐桥**　又名黄祐桥，位于市南坊（今解放南路与健康路交汇口北侧）。因建于北宋皇祐年间，故名。

　　**染皂桥**　在市南旌孝坊（今观音桥巷内），上有亭。宋景定中郡民重建；后因附近有观音楼，又名观音桥。

　　**韩大娘桥**　在染皂桥北、嘉泰桥南。

　　**嘉泰桥**　在观音桥北（今中山东路剪子巷口）。宋嘉泰年间造，故名；是桥位于中市，又名中市桥，俗称针子桥。清末、民国湮没地下。1984年，在中山东路开挖下水道工程时重现该桥遗迹，桥为石拱结构，桥面距现今地面约2米深，其遗迹仍被保存于地下。

　　**张公桥**　在嘉泰桥北，旧名汤家桥。

　　**柏家桥**　在张公桥北，即清代剪子巷内小桥，侧有《道光元年（1821年）通沟碑记》。

　　**水碇桥**　在怀德桥东北（今千秋桥街西端），接漕渠溢水。（图1-2-29）

　　**怀德桥**　在渌水桥南（今大西路与解放北路交叉口南侧），市河水至此西折。

　　**斜桥**　在怀德桥西（今斜桥街与仙鹤巷相交处），斜桥街即以桥起名。（图1-2-30）

　　**大围桥**　在乾元万寿宫北（今西门桥附近）。乾元万寿宫旧址位于今仙鹤巷西段北侧。

图 1-2-29　水砬桥旧址今貌（位置：千秋桥街西端）

图 1-2-30　斜桥遗址今貌（位置：斜桥街与仙鹤巷交叉路口）

### 3. 市河三

市河三源自清风桥侧漕渠之溢水。"自漕渠上的清风桥南侧，由折桥受漕渠之溢水，经石砬桥，至朝真桥，与皇祐桥水合，蜿蜒入江。"[1]

这条市河发端于清风桥南侧折桥，受漕渠溢满之水。向西经坝子桥、石砬桥、朝真桥，再折转向北汇入市河二左折之水，经皇祐桥北上。

市河三之桥梁，河上设置有四座。

**折桥**　在清风桥（范公桥）南侧（今下河头中段石头巷口一带）。是桥"受漕水折旋而入"。

**坝子桥**　在石砬桥东（今石头巷中段），旧名坝子头，"里人创桥，甃以砖石"。

**石砬桥**　在元妙坊口（今南门大街与石头巷相交处），旧有砬，受漕河之水。

**朝真桥**　在皇祐桥东南（今正东路原市政府门口），以近东观，故名。

综观宋元时期的三条市河，它们既自成体系，又与漕渠有着密切关系。有两处与漕渠相接但不相通：一是折桥西侧的石砬桥，一是渌水桥南的水砬桥，两桥都是市河之桥，以桥下石砬与漕渠相隔，只是接受漕渠溢满之水，予以疏导，以免水患街衢。而另外，又有两处与漕渠直接通连：一是市河一从小围桥北，二是市河二从大围桥北，分别流入漕渠，会合入江。

### （二）明清时期

明初市河发生了较大变化，即由于明代护城河及转城运河的修筑，使原来源自城西诸山之水的市河一不再从大围桥、小围桥一带入江，而是改为径直流入转城运河了。而原本源自南郊真珠泉的市河二则被分隔成南北两段：府城外的南段之水被截流入转城运河，北段由城下流水洞（位于小教场南）入城，"自皇祐桥以下为城内市河"，再由娃娃桥外城下流水洞（位于府城西城门左）出城，又流入转城运河。原来城内市河与漕渠的

---

〔1〕　[元]俞希鲁：《至顺镇江志》卷七，江苏古籍出版社，1990 年，第 282 页。

关系只是对象换为关河,其基本格局仍然保持未变。

市河至清末已多处淤塞,尤其是经过道(光)咸(丰)战火之后,"毁屋颓垣,积壅更甚,河与各桥俱仅存其名矣"。[1]

**(三) 城区其他桥梁**

古代镇江还有许多桥梁,它们散布在城市的多个角落。下面择其富于历史、人文价值或个性特点的桥梁,略加介绍。

1. 因人名桥

除了前述范公桥(纪念范仲淹)、程公桥(纪念南宋太守程覃[2])之外,还见有洗马桥、苏公桥、林太师桥等。

**洗马桥** 在还京门外江口镇(今迎江路一带),唐太子洗马陈翌建,故名。后废。

**苏公桥** 在范公桥东南,桥名为纪念宋代大诗人苏东坡。后废。

**林太师桥** 在苏公桥南。林仁肇庙在桥东,因名。桥名为纪念南唐润州刺史林仁肇。后废。

2. 因园名桥

因近名园而称其桥,如梦溪桥、西园桥等。

**梦溪桥** 在朱方门外(今梦溪园巷内)。水源自沈括梦溪园内梦溪入漕渠,故名。南宋嘉泰中,郡守辛弃疾重修。清末、民国湮没地下。

**西园桥** 在放鹤门里,黄鹤山西。因近宋代名将韩世忠所创西园,故名。后废。

3. 因门名桥

古代城区有靠近城门或坊、寨门的桥梁,并以门名称之。如前述已有虎踞桥(因虎踞门)、水西桥(因水西门),还见有通吴桥、北门桥、东门桥、双寨门桥等。

图1-2-31 明代府城北门外北门桥考古遗迹

**通吴桥** 在长桥东南,罗城通吴门内,故名。后废。

**北门桥** 在明清府城定波门口,跨城壕。定波门又称北门,故名。1998年,在老北门金通工地考古发现明代北门桥遗迹。(图1-2-31)

**东门桥** 在明清府城朝阳门外护城河上。朝阳门俗称东门,故名。清末、民初湮没地下。

**双寨门桥** 在通吴桥东南,水源

---

〔1〕 [清]杨履泰,等:《光绪丹徒县志》卷十一"河渠",光绪五年(1879年)刻本。

〔2〕 [元]俞希鲁:《至顺镇江志》卷十五,江苏古籍出版社,1990年,第595页。

发自京岘山。桥近双寨门,故名。后废。

4. 城周桥梁

在唐宋罗城周边地带,环布着不少水上桥梁,如城南丁卯桥、东鸿鹤桥、西鸿鹤桥,城西柳溪桥、朝真桥、程道桥等。

**丁卯桥**　在城南丁卯港,即晋所立丁卯埭。唐许浑别业在其侧,许浑有诗集《丁卯集》。明代杨一清亦有别业在丁卯桥。此桥清代重修。20世纪80年代因防洪拆去一半;90年代又因筑路拆去另一半。(图1-2-32)

**东鸿鹤桥**　在唐宋罗城仁和门外,为古代出城通向南方的要津。俗呼孩儿桥,因石栏作孩儿状,故名。其桥下之水源自西南诸山,绕城南东行,上流还并立有西鸿鹤桥。该桥因近代道路改向而被废弃,并被圈入民宅之中。1998年,考古调查发现此桥,其宋代石拱圈及桥额仍保存完整。桥额镌刻"新造红鹤桥""宝庆叁年(1227年)□月吉日"。经南宋重修的东鸿鹤桥,距今已有近800年历史,为现今镇江市区地上可见之最古桥梁。(图1-2-33、1-2-34、1-2-35)

图1-2-32　丁卯桥旧貌(清代重建)

图1-2-33　宋代孩儿桥外景

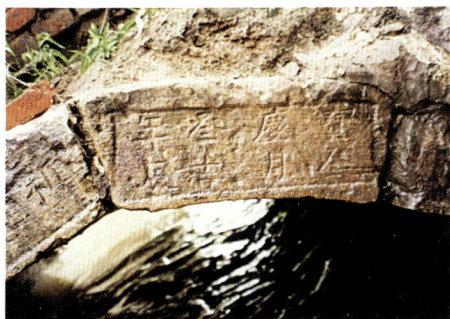

图1-2-34　宋代孩儿桥"宝庆叁年"刻石

**西鸿鹤桥**　在放鹤门外,位于东鸿鹤桥西侧上流。后废。

**柳溪桥**　在城西平等寺前(今正平山下)。后废。

**朝真桥**　在鹤林门外(原磷肥厂旧址附近)。后废。

**程道桥**　在登云门外。后废。

此外,还有桥梁以市、澳、观、庙以及城垣为名称的,如:

**菜市桥**　在市南坊(今大市口南侧),旧菜市所在,故名。后废。

图 1-2-35　宋代孩儿桥桥埂石兽

**乌盆澳桥**　在嘉定桥（网巾桥）东,清代城隍庙大门外照壁下。乌盆澳位于乌凤岭东北,为城东一积水处。清末、民国湮没地下。

**光孝桥**　在报恩光孝观前,即七狮桥南（今市政府旧址内）,故名。后废。

**郡庙仙桥**　宋淳熙元年（1174 年）造,在郡庙（镇江府城隍庙）前,故名。后废。

**西城桥**　在府治西,跨子城西垣上,故名。宋嘉定十五年（1222 年）郡守赵善湘建,北通郡治（府衙）,南通饷台（总领所）,郡守、总领往来其上,行人往来其下。后废。

# 第三节　街衢市井

镇江古代城市的市井格局,包括路网分布、坊隅设置、大市小市、百业作坊以及江口之镇、城中旗营等内容,由此所形成的完整"拼图",显示出了这座历史名城的特色及传承。

## 一、街衢道路

### （一）六朝干道

六朝京口城区的街衢道路,首推两条主要干道,它们当是与三国铁瓮城同步修筑,堪称古城早期东西、南北的两条主轴。

一条是南北向道路。从铁瓮城南门出发,向南沿今青云门、东门坡一线,再依运河里岸向东直至吕城、丹阳。此外,还分叉跨过运河,翻越南山,通向南境。

另一条是东西向道路。起自铁瓮城西门,出门分两叉:一是向西沿运河北侧,再跨河至今四牌楼;二是转向南越过千秋桥,又向西至四牌楼会合。会合后,沿今大西路一直向西。

当然,京口六朝时期还有其他的道路,但以上两条道路起着骨干作用。今后六朝道路的考古,将是城市考古的重点项目之一,这是探查六朝京口城市格局的重要线索。

### （二）唐代道路

唐代润州城市的干道路网与唐代三重城的城门设置有着密切的关系,城门是道路的节点,道路是城门的延伸。

中国古代城市级别界定的重要标志之一,是视其城垣的大小和城门的多少。台湾著名的文化地理学家陈正祥曾有权威论断:他将古代的城从城周 5 里至 50 里分为五个等级。[1] 第一梯队为少数名都,如北京城、南京城等;而唐代润州城周长 26 里,属城周 25 里以上的"第二梯队",比属第三级的古代省会城市还高出一个级别。此外,城门的数量亦与城的规模有关,古代县城通常只有四个城门,重要的古都则有十余座城门,而镇江唐代罗城城门数量有十座,几与名都不相上下。

唐代润州罗城,"周回二十六里十七步,高九尺五寸,今颓圮。旧有一十门:东二门,北曰新开,南曰青阳;南三门,东曰德化,正南曰仁和,西曰鹤林;西二门,南曰奉天,北曰朝京;北三门,西曰来远,东曰利涉,次东曰定波"。[2] 而后来朝京门改称还京门,奉天门改称登云门,德化门改称通吴门。

---

〔1〕　陈正祥:《中国文化地理》第三篇"中国的城",三联书店,1983 年,第 73 页。

〔2〕　[宋]卢宪:《嘉定镇江志》卷二"城池",丹徒朱氏金陵复刻包氏本,宣统二年(1910 年)。

城门是通向城内外道路的重要节点。唐代润州除罗城城门以外,还有东夹城的建德门(朱方门)和清风门,西夹城的千秋门(铁瓮门)和崇化门(高桥门),以及子城(铁瓮城)的南门(鼓角门)和西门(钦贤门),总共有16座城门(内利涉门为水门)。(图1-3-1)

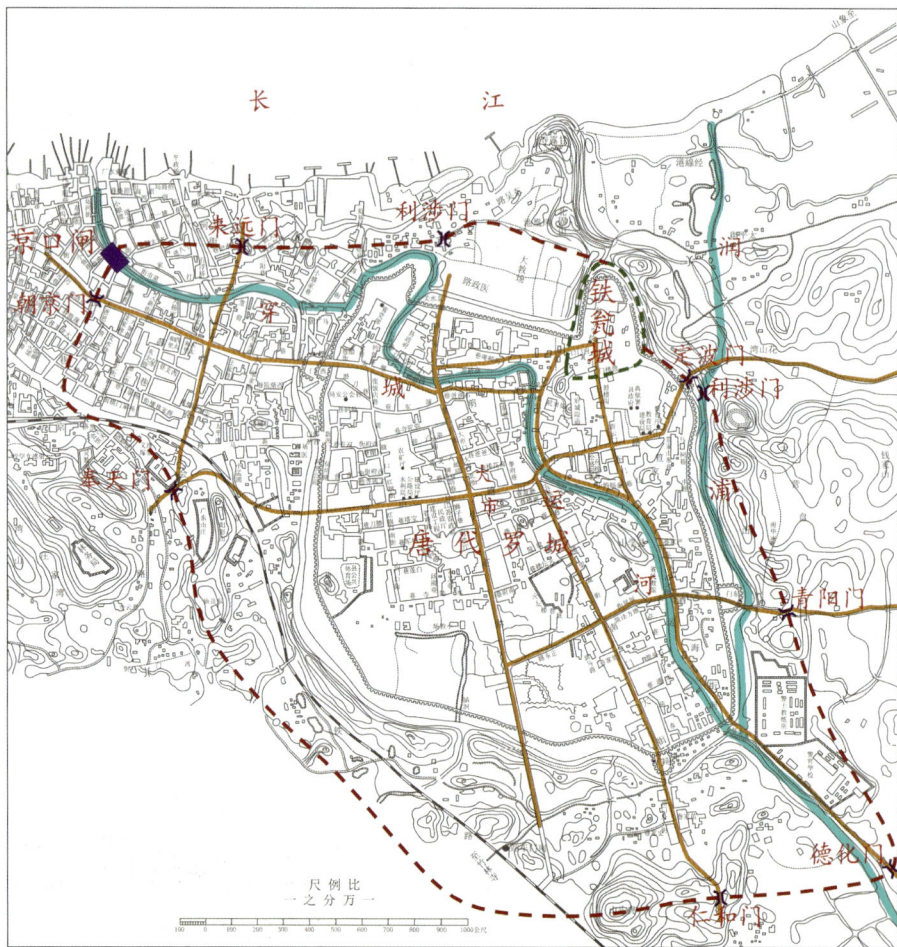

图 1-3-1　唐代城区道路示意图

城区道路纵横设置,而依据城门的分布推知,其干道在东西和南北方向各有三条。

1. 东西方向

第一条(简称"横一"):出子城(铁瓮城)西门,分两条支道:一条向西沿运河北侧夹城墙里(今万古一人路),过西夹城西垣崇化门(高桥门);另一条出子城西门折向南,过西夹城南垣千秋门(铁瓮门),越千秋桥,再折向西沿运河南侧(今千秋桥街),至崇化门外与第一条支道会合。两条支道会合后一直向西沿今大西路一线,穿过罗城朝京门(位于今大西路与山巷交汇处)。

第二条(简称"横二"):从罗城北垣定波门外出通焦山、东码头,门内道路向西南至小市(今青云门路口);又,罗城东垣新开门(位于今花山湾路口附近),门外向东入东夹城东部,门内道路向南拐至小市,与前者合二为一;又向西出东夹城西门(清风门,今城隍庙街口),过中市(今五条街)、大市(今大市口),至唐颓山北侧转向西北,出奉天门(即登云门,今登云路南段),通向西南地区。

第三条(简称"横三"):从罗城东垣青阳门(今梦溪广场东侧)外出,向东通大港、大路以及坤城、丹阳;门内道路向西沿今正东路一线,过范公桥、七狮桥。

2. 南北方向

第一条(简称"纵一"):循六朝干道,出子城(铁瓮城)南门,向南过东夹城建德门(即朱方门,今东门坡顶),再沿运河向东穿过罗城德化门(即通吴门,位于今塔山桥附近),一直通向吕城、丹阳。

第二条(简称"纵二"):出子城(铁瓮城)西门,向南过西夹城南垣千秋门(即铁瓮门,今千秋桥北侧),沿今第一楼街、五条街、南门大街及南门外大街一线,出罗城南垣仁和门(今岗子下北端),再过东鸿鹤桥(俗称孩儿桥)通向南方。

第三条(简称"纵三"):出西夹城西垣崇化门,折转向南,沿今解放路一线,过大市,越皇祐桥,再转向西南出鹤林门,通向南郊三大寺(鹤林寺、竹林寺及招隐寺)。

唐代润州城区的纵横路网,交叉形成多处十字街,如小市口(横二与纵一相交)、中市口(横二与纵二相交)、大市口(横二与纵三相交)、崇化门口(今四牌楼,横一与纵三相交)以及皇祐桥口(横三与纵三相交)等。这种自六朝以来渐渐形成的格局,对后世的影响特别大,一直到今天,大都仍是繁华的十字路口。

**下水道及涵洞**

唐代及其之前的城市道路都为土路,路旁多设有下水道、明沟。近些年镇江城市考古,亦发现多处唐代干道一侧的木构下水道,其构造基本相似,即在沟槽两壁打桩、钉板,形成木构槽式下水道,宽约0.9米,深约1米。其考古发现的地点主要是在中山路和解放路的改建工程之中。

1984年,在中山路拓宽工地的山门口街与斜桥街之间开挖的工程沟内,深约4米处发现唐代木构下水道遗迹,东西走向(图1-3-2);另发现有分支木构下水道通向山门口街内。此外,在大市口路段中心还发现唐代东西、南北木构下水道相互交叉的遗迹。(图1-3-3)

1992年,在解放北路拓宽工地万古一人巷口路段,亦发现唐代木构下水道遗迹,东西走向,下水道北侧为黄土夯筑的道路(即横一干道)。(图1-3-4)

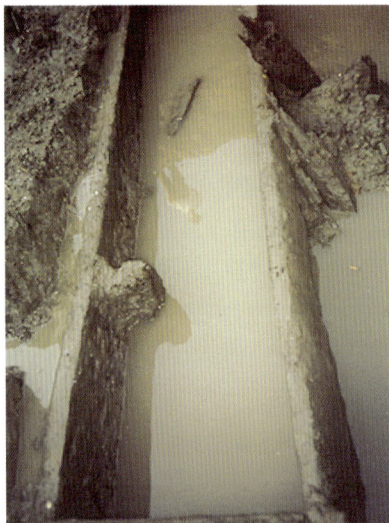

图1-3-2　唐代木构下水道遗迹(中山路工地)　　　图1-3-3　大市口发现唐代木构下水道遗迹

　　1994年,在解放北路工商银行工地,考古又发现唐代木构下水道遗迹,东西走向,下水道南侧为夯筑道路。另外,在下水道木桩下还叠压着废弃的小船,可见下水道的基础是被填埋了的河岸一线。(图1-3-5)此路是横一干道运河南侧路段。

图1-3-4　万古一人巷口下水道及道路遗迹　　　　　图1-3-5　千秋桥街口
　　　　　　　　　　　　　　　　　　　　　　　　　唐代下水道遗迹

　　而涵洞则是下水道穿越城垣的设施,这在城市考古中亦有发现。1999年,考古在中山东路铺设高压电缆工程沟内(位于城隍庙街口),揭示出东夹城西垣下的砖砌涵洞遗迹。涵洞底部以两层枕木横竖铺垫,枕木两端面上各砌砖墙,墙上起圈两重。涵洞内宽及高均约2米,可以容四人并排行走,其规模之宏大,尽显唐代润州城市建设的气魄。
(图1-3-6、1-3-7、1-3-8)

图1-3-6　1999年,唐代涵洞考古现场

图1-3-7　唐代涵洞遗迹

图1-3-8　涵洞内枕木及墙上"官"字砖

### (三)宋元道路

南宋城市干道基本承袭唐代三横三纵的格局,进一步做了拓展和改善,与城门的增设有着密切的关系。

南宋史弥坚修筑罗城,其城门包括唐代旧门、新设城门,再加上因方便各处驻军出入而开设的多座简易城门,一共有20余座。至元代,"今所存者仍有十二:东曰青阳,南曰南水、通吴、仁和、中土,西曰登云,北曰定波,西南曰鹤林、放鹤,西北曰还京,东北曰利涉、通津。"[1]至南宋,唐代罗城"新开、来远二门久废",其余通吴(德化)、仁和、登云(奉天)、定波、青阳、还京(朝京)、利涉、鹤林8座仍被保留,而与之相连接的唐代道路依然沿用。

南宋新设或完善的道路主要与中土门、放鹤门、西坊门等城门有关:

一是南垣新设中土门,它位于仁和门与放鹤门之间,亦地处虎头山与磨笄山相交的山谷地带。从此门外出,可以直通镇江南境;对内则开通唐代纵三干道的径直路线,即从皇祐桥直接向南,经由中土门出城。

二是西南新设放鹤门,位于鹤林门东,由此门增设一条与城内干道连接的道路。

南宋罗城西垣还有一座城门,称西坊门,南邻水西门,北侧有关门桥。志载,"关门桥,在登云门里,旧又有西坊门,今废。是桥介二门间"。[2]此门外向西正对"古西门街",《嘉庆丹徒县志》地图上标示为"旧西门街"[3];门内向东当是通连皇祐桥,这是宋代完善了唐代横三干道的出城路线。(图1-3-9)

而城区干道之外,更多的是街、巷。宋代《嘉定镇江志》载有:"其巷名,则有吴司马巷,有顾著作巷,有车尚书宅巷,刘太尉宅巷,与所谓刁家、丰家、焦家、葛家、洪家、严家、车家、步家,皆随姓氏称之。其余则有隆巷、长巷、夹道巷、递铺巷、上河下河巷、大井小井巷、南瓦子巷、北瓦子巷、石砫桥巷。以至城隍、火袄则因祠庙,清风、东海则因城门,榷务、税务则因务,教场、船场则因场,燕醑则因楼,萧闲则因堂。或因僧寺,或因军营。又有因居人所鬻之物,猥以为名,凡八十余处。"[4]镇江宋时有巷无街,而后来元代的街则多是从宋代巷中分离而来。

元代镇江开始出现街名,并多以宋代巷中规模稍大、商店较多者名之,志书记载元时"街七:五条街、十字街、上河街、下河街、税务街、屏风街、新街"。[5]

**五条街** 名称今存,指现今南门大街、梳儿巷、网巾桥巷、中街、第一楼街等五街汇聚的路段,即今中山东路中段地带。

**十字街** 今名四牌楼,即现今解放路与大西路交汇口。"清改称四牌楼,相传过去每逢出会、官府出巡,四面扎有牌楼,以此得名。"[6]

**上河街** 今名梳儿巷。宋代称上河巷,元以后称上河街,位于范公桥至网巾桥之间穿城运河西岸,故名。"清代巷内多设织布机坊,因织机上有部件'梳栉',后改名梳儿巷。"[7]

**下河街** 今名下河头。宋代称下河巷,元以后称下河街,亦称下河头,地处范公桥

〔1〕〔2〕〔5〕 俞希鲁:《至顺镇江志》卷二,江苏古籍出版社,1990年,第8、33、16页。
〔3〕 [清]蒋宗海,等:《嘉庆丹徒县志》卷首"县治图"及"县治坊巷图",嘉庆十年(1805年)刻本。
〔4〕 [宋]卢宪:《嘉定镇江志》卷二"城池",丹徒朱氏金陵复刻包氏本,宣统二年(1910年)。
〔6〕〔7〕 镇江市地名委员会、镇江市民政局:《镇江市标准地名实用手册》,西安地图出版社,1998年,第166页。

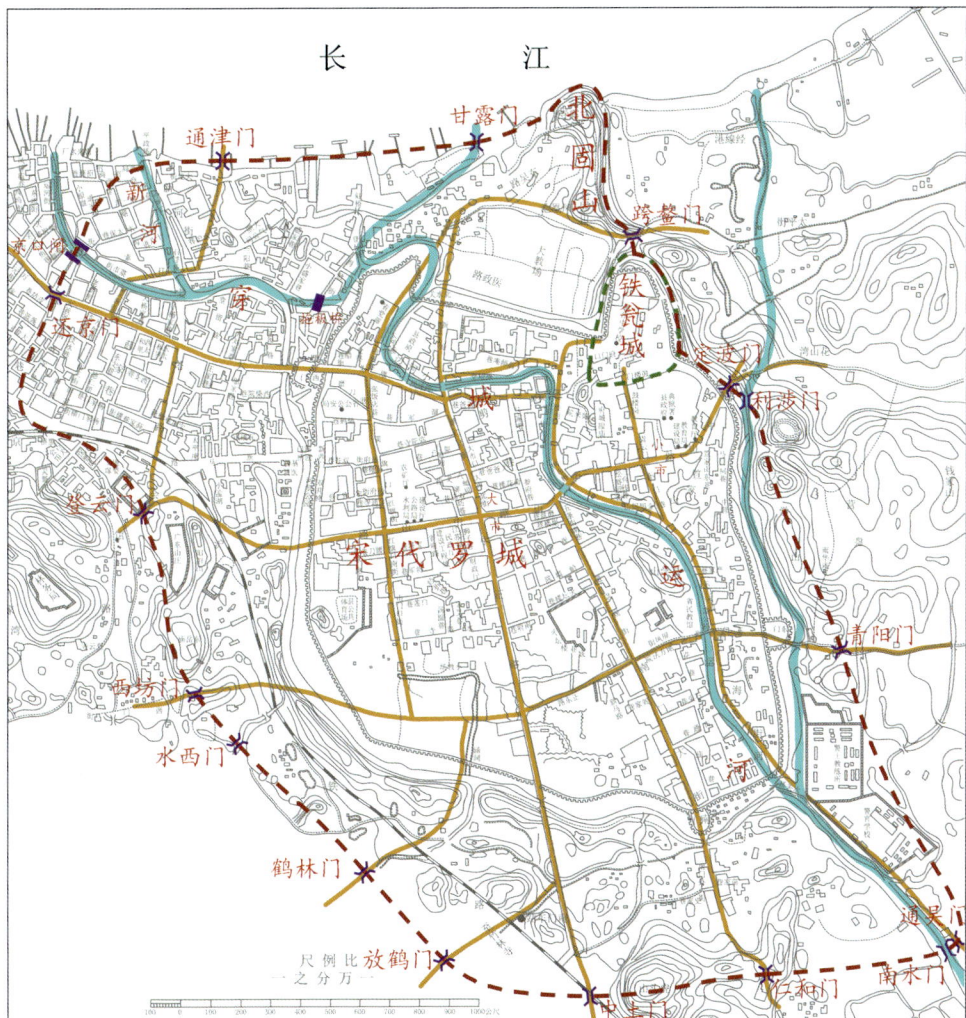

图 1-3-9　南宋城区道路示意图

至南水桥之间穿城运河西岸。

**税务街**　今名千秋桥街。因宋代在此街设有"都商税务"（方位"在丹阳馆南"[1]，元代在都商税务旧址改设"在城务"[2]，故以税务为名。近代改名千秋桥街。

**屏风街**　今名正东路。在清代地图上，范公桥以西路段仍见标示"屏风街"字样[3]，近代改名正东路。

---

[1][2]　[元]俞希鲁：《至顺镇江志》卷十三，江苏古籍出版社，1990 年，第 552 页。
[3]　[清]蒋宗海，等：《嘉庆丹徒县志》卷首"县治坊巷图"，嘉庆十年（1805 年）刻本。

**新街**　今仍名新街。在清代地图上,大西路与运河(今中华路)之间标示"新街"字样。[1]

元代的巷,志载有82条:"章尚书巷、雷太尉巷、刘巡检巷、滕八郎巷、张四娘巷、黑哥哥巷、袁郎巷、殷织纱巷、周豆粉巷、乌马儿巷、汤家巷、封家巷、王家巷、姚家巷、南寺巷、保福寺巷、延庆寺巷、弥陀寺巷、静明寺巷、东观巷、西观巷、真武道堂巷、万寿宫巷、□□庙巷、白马庙巷、城隍庙巷、五圣庙巷、双庙巷、清和楼巷、清风楼巷、荷花楼巷、正赐库巷、三重门巷、糯米仓巷、旧县衙巷、木场巷、新瓦子巷、针子桥巷、柏家桥巷、道人桥巷、花园巷、西花园巷、豆园巷、东草巷、西草巷、东山草巷、槐树巷、竹竿巷、小竹竿巷、馒头巷、汤团巷、果子巷、泥巷、水巷、石灰巷、堰巷、堰军巷、石头巷、市河巷、臭河子巷、乌盆澳巷、冠子巷、斗笠巷、腰带巷、木杓巷、布袋巷、芦箕巷、琉璃巷、香饼子巷、磨刀巷、杀猪巷、博马务巷、鸡鹅巷、大马巷、小马巷、狮子巷、双井巷、井子巷、文昌巷、洪街巷、八摺巷、千石墟巷。"[2]其实,应还不止于此,如宋代的长巷、夹道巷等在元代依旧使用。

以上80余条巷子,大多已经失传,尚有少部分一直传承至今,具体如下:

巷口通向大西路:有王家巷(因北宋丞相王存住此,故名)、磨刀巷、糯米仓巷(今名仓巷,因元代设有香糯仓,故名)、花园巷(今名曹家巷);

巷口通解放路:有堰军巷(今演军巷)、弥陀寺巷、果子巷、柏家桥巷(今名大爸爸巷)、文昌巷(今名水陆寺巷);

巷口通中山路:有双庙巷(今牌坊巷)、荷花楼巷、城隍庙巷(今名城隍庙街)、乌盆澳巷(今网巾桥);

巷口通双井路:有万寿宫巷(今仙鹤巷)、双井巷(今西府街)、井子巷(今宋官营);

巷口通南门大街的有石头巷;

巷口通仁章路的有腰带巷(今腰刀巷)。

另外,有些巷子近代已改属为路的段落:如竹竿巷(今中山西路中山桥以东路段)、东观巷及西观巷(今正东路西段)、琉璃巷(后名刘李巷,今电力路北段)。

还有一些巷子可以推知其大概方位,如延庆寺巷(在寿丘山下,宋代山上有延庆寺)、旧县衙巷(今正东路原市政府旧址内,宋代曾为丹徒县衙所在,故名)、针子桥巷(针子桥即嘉泰桥,位于旧时大市与五条街之间市河上)、道人桥巷(道人桥地处今解放路与正东路交汇口附近)等。

而唐、宋、元时期的城区道路,在考古中亦多有发现:

1997年在中山东路润房工地,考古发现宋元砖铺道路及早期路基遗迹。它们应是属于唐宋城内横二干道东段。(图1-3-10)

〔1〕〔清〕杨履泰,等:《光绪丹徒县志》卷首"新城图",光绪五年(1879年)刻本。

〔2〕〔元〕俞希鲁:《至顺镇江志》卷二,江苏古籍出版社,1990年,第16页。

图1-3-10　1997年,中山东路润房工地发现
宋元砖路及早期路基遗迹

图1-3-11　2003年,清风门内唐宋道路剖面遗迹

2003年,在东夹城清风门考古中,清理出门外宋代砖路遗迹,分主道和便道,道路宽阔;从剖面的上下可以看出,历代道路有多次叠加,从唐代土路到宋代砖铺,清晰可见。(图1-3-11)

2005年,在万古路扩建工地东端,考古发现西夹城内唐宋道路遗迹,南北向,多层道路叠压,路旁设有水沟。此路属于唐宋城内横二道北段(今第一楼街一线)。(图1-3-12)

1997年,在南水桥南侧丹房工地,考古发现宋元时期穿城运河石砌堤岸及道路遗迹,形制壮观,保存完整。(图1-3-13)

图1-3-12　唐代城内横二道北段遗迹(今第一楼街北段)

图1-3-13　1997年,运河路考古探方内发现宋元堤岸及石路遗迹

### (四)明清街巷

明初建造府城,其规模较之唐宋罗城大为缩小,只是在唐宋干道上设东、西、南、北四门。东门(朝阳门)位于唐宋青阳门内干道上,南门(虎踞门)位于唐宋仁和门内干道上,西门(金银门)位于唐宋还京门内干道上,北门(定波门)则与唐宋定波门重

叠。因为只有四座城门,这就将原来唐宋大城区三纵三横的路网人为地割断,致使明代府城内外的干道出现许多丁字形路,给城市交通带来一定的不便。

明清时期之街、巷,较前朝多有增设。其中以街而言,除原有七街之外,城内外增加有 20 余处,具体如图 1-3-14 所示。

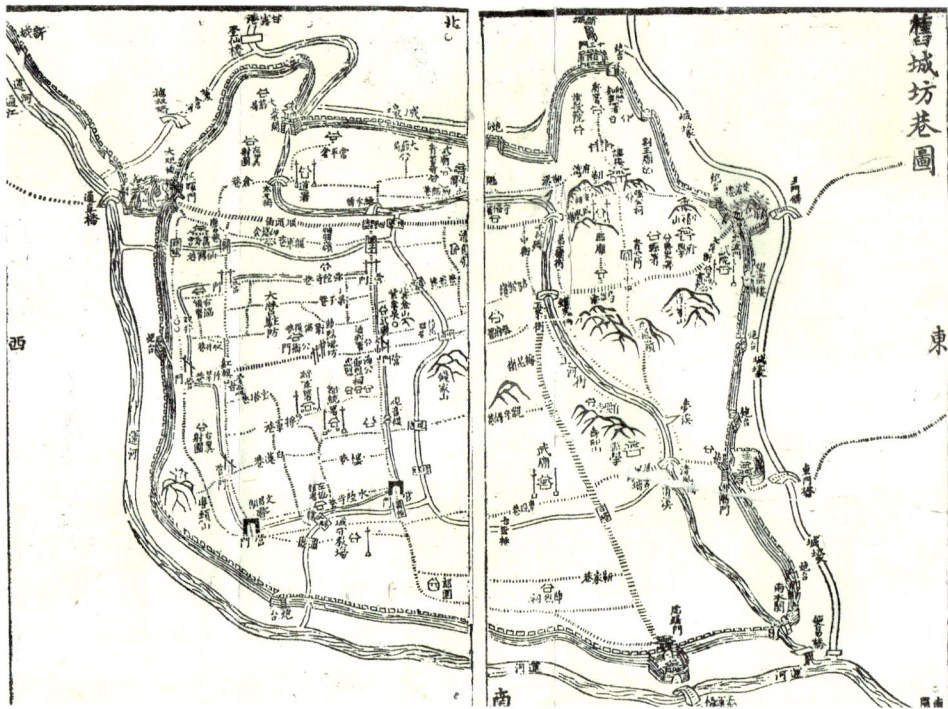

图 1-3-14 《光绪丹徒县志》之"旧城坊巷图"

城内:凤凰街(又称凤凰坡,沿子城西南角,近代废)、中街、堰头街(今大西路东段)、酒海街、南门大街、公廨门街(今大八叉巷,近清代公廨门,故名)、七星街(今老北门)、东门街(今正东路东段)、红旗口街(今斜桥街南段)、黄旗口街(今斜桥街北段)、蓝旗街(今山门口街南段)、东府街(今健康路)、西府街。

城外:打索街、太平街、西门大街(今大西路西段)、武宁街(今大西路东段)、西门街(今黄山东路)、新河街、狮子街、西坞街、小街,以上为城西;九里街、青阳街(今学府路西段),以上为城东;南岗子街(今南门外大街),以上为城南。

明清巷子又增至100余条,连同近30条新、旧街,共同形成近现代镇江城区街巷的基本格局。

## 二、城区坊制

早期古代城市是由封闭式的里(坊)和市组成的,但"自晚唐以后逐渐破坏,经唐末五代的战乱,坊市制终于被打破"。北宋时,逐渐形成以"厢统坊(隅)"新的城市制度。

镇江唐代及以前城区的里(坊)制度,史志未录。据志载,宋代设厢与坊(隅),并以厢统坊(隅);元代城区设置录事司,统管坊(隅);而明清则是在城内外统一置坊。

### (一)宋代厢坊

宋《嘉定镇江志》称:"城内有七坊,曰崇德,曰践教,曰静宁,曰化隆,曰还仁,曰临津,曰太平,皆仍故号。"[1]而元《至顺镇江志》亦追记前朝之事,"宋分为左右厢官以任郡事,旧志弗载,其详不可得闻。中为七隅,归附后亦颇仍旧"。"每隅设坊官、坊司,皆老胥、旧吏为之"。[2]

可知,宋代镇江城内的"隅"与"坊"同义,并可以互通;同时还见设有"左右厢官",负责城区的居民管理,只是两厢的分管范围未见有具体交代。

志书中还另见城内设置五厢的记载:南宋嘉定年间,"初,厢无巡铺官、无军巡,待制史弥坚谓:滨江为郡,军民错处,戢奸弭暴,宜不若是疏。乃于五厢、江口镇,创置巡铺二十八所,以二十八宿为记,铺各厢军二名,专充巡徼"。[3]

下面,对五厢及巡铺的史料略加分析:

1. 东西厢五铺:第一铺在小市东,第二铺在后军寨门前,第三铺在甘露寺井亭,第四铺在登仙桥,第五铺在土牢巷口。

小市东,今中山东路东端;后军寨,其驻地之一东海门,即子城(铁瓮城)东门(原称望春,后改东海)[4],门前即是铁瓮城东侧;甘露寺井亭,今北固山后峰;登仙桥,今会莲庵街与虹桥街相交处;土牢巷,巷址失传。以上,一、二两铺地处铁瓮城以东,而三、四、五铺位于铁瓮城西侧。由此可以看出,东西厢的范围大致涵盖铁瓮城东西两侧地带。

2. 左北厢五铺:第一铺在千秋桥,第二铺在张公桥,第三铺在嘉定桥,第四铺在朱方门外,第五铺在长桥。

千秋桥,在今千秋桥街东端;张公桥,在今剪子巷内;嘉定桥,又称网巾桥,在今第一楼街与中山东路相交处;朱方门外,在今梦溪园巷内;长桥,在清风桥(范公桥)南,今南水桥北侧。东北厢的范围大致包括穿城运河之千秋桥至长桥河段两侧。

3. 左南厢五铺:第一铺在染造桥,第二铺在游奕军(寨)前,第三铺在中山酒库北,第四铺在屏风巷,第五铺在草巷内。

〔1〕 [宋]卢宪:《嘉定镇江志》卷二"坊巷",丹徒朱氏金陵复刻包氏本,宣统二年(1910年)。

〔2〕〔4〕 [元]俞希鲁:《至顺镇江志》卷二,江苏古籍出版社,1990年,第12,9页。

〔3〕 [宋]卢宪:《嘉定镇江志》卷十"兵防",丹徒朱氏金陵复刻包氏本,宣统二年(1910年)。

染造桥,在今观音桥巷;游奕军(寨),在光孝观,位于七狮桥前,即今正东路西段南侧;中山酒库,在今南水桥西侧;屏风巷,后称屏风街,今正东路东段;草巷,今南门大街内。此厢的范围大致涵盖今解放路南段以东与左北厢之相邻地带。

4. 右南厢五铺:第一铺在张师娘巷,第二铺在道人桥,第三铺在西花园前,第四铺在右军小寨前,第五铺在东岳庙前。

张师娘巷,又称张四娘巷,巷址失传;道人桥,又称七狮桥,在今正东路与健康路交叉口北侧;西花园,又称西园,"在放鹤门内,韩靳王(韩世忠)故园"[1];右军小寨,在罗城西门里;东岳庙,在今东岳巷内。此厢范围大致涵盖今解放路南段以西及大西路以南的宋代城内地域。

5. 右北厢五铺:第一铺在邓家宅前,第二铺在栲栳闸前,第三铺在转般仓前,第四铺在剥马务巷,第五铺在木场巷。

邓家宅,宅址失传;栲栳闸,在旧州教场(今江滨医院内)之西南;转般仓前,即今拖板桥南;剥马务巷(原称博马务巷),巷内有龚家桥,此桥位于第一条市河中段,推测巷址约在今小孟湖一带;木场巷,巷址失传。此厢范围大致涵盖今解放北路东侧(江滨医院)及西侧宋代城内地域。

宋代五厢中,前三厢地处城内东部,后两厢地处城内西部。而古代地理方位左为东,右为西。因此可以看出,所谓"宋分为左右厢官以任郡事"的两厢,其左厢范围与前三厢等同,而右厢范围则与后两厢一致。

厢与坊隅的关系:厢为府设管理城区的机构,相当于近代"区"的性质;而城内坊隅则属于社区性质,亦有管理人员,"每隅设坊官、坊司,皆老胥、旧吏为之",负责坊内差役、治安等事宜。

### (二) 江口镇

江口镇,位于罗城西侧,濒临长江。江口镇宋时即拥有六千多居民,并且居民户籍属于在城户籍。此镇虽然地处城外,但事实上已是古代镇江城市的有机组成部分。

南宋时,它与城内五厢一同设有巡铺,即"江口镇三铺:第一铺在西比较酒务前,第二铺在潮闸前,第三铺在墅土山"。[2]其三铺的地理位置:西比较酒务(又称比较西务),在洗马桥西,洗马桥在还京门外(今山巷广场西侧);潮闸,又称京口闸,而闸前即今中华路鱼巷以西;墅土山,今云台山。镇上有名楼两座,"江山楼,又名柳溪楼,在平等寺前(今正屏山附近);江月楼,在镇市"。另有酒库,曰"江口库,在京口闸西"。[3]由此可知,江口镇的范围大致包括今大西路西段、迎江路以及云台山南北两侧。

---

〔1〕 [明]杨瑓,等:《正德丹徒县志》卷四"居第",正德十六年(1521年)刻本。

〔2〕 [宋]卢宪:《嘉定镇江志》卷十"兵防",丹徒朱氏金陵复刻包氏本,宣统二年(1910年)。

〔3〕 [元]俞希鲁:《至顺镇江志》卷十三,江苏古籍出版社,1990年,第551页。

宋代江口镇亦是海运口岸,海上贸易船经常抵达此处。江口镇还设有专门的税务机构"江口务"。当时海舟中以"广容船并海南番船转海至镇江府买卖至多"。[1]政府设在镇江的榷货务也进行"舶品"交易。甚至镇江的一些米商还违反禁令,"广收米斛,贩入诸番,每一海舟所容,不下一二千斛,或南或北,利获数倍"。[2]因此,镇江宋时的海外贸易可谓已经达到相当规模。

宋时在江口镇还专门设有税务,机构为江口税官厅。其时,"都商、税官、文武两厅,与夫酒官、作院官、排岸及五厢官皆无官舍,惟江口税官兼本镇烟火公事,有厅"。[3]江口镇口岸还多有外贸海船停靠,"若月内海舟到岸,所收之钱亦多"。[4]镇江府的税收,如嘉定中,总"税钱二十万六千二百九十八贯,其中,都商税务七万四千九百四十九贯,江口(税务)一十三万一千三百四十九贯"。[5]可见,仅江口税务一处就远远超过在城及诸县、镇税收的总和。

关于江口镇,1993年初曾在人民街的危旧房改造片区内开挖过考古探井,探知其文化堆积厚达4米,下层出土有五代至北宋的陶瓷遗物。这与历史上江口镇的形成和建设若合符节。江口镇的码头、街道、商店、名楼以及船场等遗迹,都是今后镇江城市考古有待探查的重要内容。

**(三)元代坊隅**

宋代城内设厢与坊,以厢统坊;至元代则改设录事司统管城区,"国朝驭繁以简,惟上郡得置录事司分治,城之民隶焉"。"镇江介南北要冲,会府剧司,必此焉立"[6],并取消厢级建制,元初保留宋时七隅(崇德隅、践教隅、静宁隅、化隆隅、还仁隅、临津隅、太平隅),下设二十八坊,形成录事司—隅—坊的上下三级关系。

城内外共设有坊三十。[7]

1. 城内二十八坊

**紫金坊**　在嘉泰桥(位于今中山东路万祥商厦门口)西,以紫金泉得名。

**丛桂坊**　在皇祐桥(今解放南路与健康路交汇处北侧)北,以兄弟登科为名。

**阜民坊**　在税务街(今千秋桥街),以商贾所聚得名。

**置邮坊**　在高桥(位于今四牌楼北侧)东,以路通馆驿得名。

**仁和坊**　在嘉定桥(位于今中山路五条街口)南,路通仁和门因名。

**元妙坊**　在石砝桥(位于今南门大街石头巷口)北,以观得名。

〔1〕 [清]徐松:《宋会要辑稿》食货五十,中华书局,1957年,第5662页。

〔2〕 [清]徐松:《宋会要辑稿》食货三八,中华书局,1957年,第5488页。

〔3〕[6〕 [元]俞希鲁:《至顺镇江志》卷十三,江苏古籍出版社,1990年,第530、536页。

〔4〕 [宋]陈均,等:《咸淳镇江志》,转引自[元]俞希鲁《至顺镇江志》卷六,江苏古籍出版社,1990年。

〔5〕 [元]俞希鲁:《至顺镇江志》卷六,江苏古籍出版社,1990年,第254页。

〔7〕 [元]俞希鲁:《至顺镇江志》卷二,江苏古籍出版社,1990年,第13-15页。

**制锦坊** 在石砝桥南,以旧县治(宋代丹徒县治)得名。

**福寿坊** 在长桥(位于今酒海街)西,以因胜寺(位于府治之南三里)都道场故名。

**万宝坊** 在长桥北,以米市得名。

**锦绣坊** 在府治南。

**文明坊** 在府治南,以郡庠(府学)得名。

**进贤坊** 在府治南,以贡院(古代乡试、会试的考场)得名。

**清风坊** 在府治南,以旧清风门得名。

**千秋坊** 在府治西南,因桥得名。

**甘棠坊** 在范公桥西,民怀公之德因名。

**忠佑坊** 在嘉定桥东,以城隍庙得名。

**市东坊** 路通嘉泰桥。

**市南坊** 路通菜市桥(桥在市南坊)。

**市西坊** 路通关桥(桥在今中山桥西)。

**市北坊** 路通渌水桥(即高桥,今四牌楼北侧)。

**旌孝坊** 在冠子巷(巷址失传),以居民有孝者得名。此坊为宋郡守许堪立,许堪在任时间为淳祐三年至六年(1243—1246年)。

**孝感坊** 在大市北,以居民有孝者得名。宋郡守赵与訔立,赵与訔在任时间为宝祐四年至六年(1256—1258年)。

**至孝坊** 在高桥北,以居民有孝者得名。元至元间立。

**会通坊** 在上河街口,以水陆之会故名。若依照坊的排列顺序,此坊位置已属城内西部,故应与城东嘉定桥旁之"上河街"无涉,推测有可能为"上河边"之误,即今大西路以北古运河东岸。

**鹤林坊** 在竹竿巷(今山门口街)口,路通鹤林门因名。

**积善坊** 在竹竿巷北(今斜桥街一带)。

**通市坊** 在高桥南,路通大市故名。

**通津坊** 在高桥西,路通西津故名。

通过对以上城内二十八坊史料的梳理,可知旌孝坊、孝感坊及至孝坊三坊为嘉定之后所设,而其余二十五坊则是与南宋城内所设置的二十五巡铺有对应关系。

2. 城外二坊一街

**江口坊** 在还京门外(今山巷一线西侧),以近西津得名。

**俪孝坊** 在洗马桥西北(今云台山东北侧),以夫妇俱有孝得名,宋郡守印应飞立。志载,洗马桥"在还京门外江口镇"。[1]以上两坊应属于江口镇区域。

---

〔1〕 [元]俞希鲁:《至顺镇江志》卷二,江苏古籍出版社,1990年,第35页。

**九里街** 在定波门外,近石公渡(由定波门至石公渡九里)。

元初所沿袭的宋代七隅,其建制后来发生较大变化,志载此中演变的过程:宋代城"中为七隅,归附后亦颇仍旧。比年以来,差调烦重,岁事不登,逃亡消乏,户数减少。故七隅并而为五,由五而四,四而二。日销月铄,凋弊可想"。[1]其大致过程为:"至治元年(1321年)十一月,耆老建言:差设隅正,循行岁久,科差繁重,逃移规避,隅分人户多有不等。议以还仁、静宁并作一隅,止设四隅。后经二十二年,至至顺二年(1331年)九月,官司又为化隆、太平、还仁三隅,地僻民贫,别无堪充隅正之家,乃以化隆并崇德,太平并还仁,号崇化、还太两隅。"[2]而在废置的隅中包括临津隅等,其地理位置靠近西津,地处城内西部地带;后来合并的崇化、还太两隅,当是位于罗城东部地区。

过去,我们面对明初兴建镇江府城的事迹,往往会提出这样的疑问:为什么主持者要将城区建得如此之小,周长只有唐宋罗城的一半?而在接触到元代史料后便有所感悟,原来这在相当程度上是受到元末城市居住区实际规模的影响。

**(四)明清坊置**

明初镇江城池变小了,但随着经济的恢复和发展,其具有城市性质的居住区逐渐向城外扩展,又重新达到唐宋时期城市的规模。

明代置坊十九,其中城内十二,城外七;[3]清代置坊二十四,其中城内十四,城外十。[4]

1. 城内坊置

明代城内十二坊,即仁和坊、黄祐坊、善济坊、仁安坊、宝城坊、怀德坊、市西坊、儒林坊、治安坊、忠佑坊、文昌坊、白马坊。以此对照元代坊名大都不一样,只有三个相同,即仁和坊、市西坊和忠佑坊。

清代城内十四坊,与明代相比:去掉原有的市西坊,另增加三坊,即将仁和坊、黄祐坊及善济坊皆一分为二,名为仁和一坊、仁和二坊、黄祐一坊、黄祐二坊、善济一坊和善济二坊。坊名在清代《嘉庆丹徒县志》的地图上均有标示[5](图1-3-15),再结合清末编印《镇江城内乡土地理志》中的区划内容[6](图1-3-16),综合予以介绍:

**忠佑坊** 因城隍庙得名,北起府湾(府署大门外),南至梦溪(今梦溪园巷),西抵永安桥(即千秋桥),沿第一楼街与治安坊为界,东抵府署东。坊内有公廨、鼓楼岗、北门、小市、府学、中营、乌凤岭等处属之。

**治安坊** 北起府署西公廨(道署、守备署,今道署街),东抵第一楼街,南至五条街,

---

〔1〕〔2〕 [元]俞希鲁:《至顺镇江志》卷二,江苏古籍出版社,1990年,第13、14页。

〔3〕 [明]杨琬,等:《正德丹徒县志》卷一"坊市",正德十六年(1521年)刻本。

〔4〕 [清]杨履泰,等:《光绪丹徒县志》卷四"坊巷",光绪五年(1879年)刻本。

〔5〕 [清]蒋宗海,等:《嘉庆丹徒县志》卷首"县治坊巷图",嘉庆十年(1805年)刻本。

〔6〕 佚名:《镇江城内乡土地理志》,宣统二年(1910年)刻本。

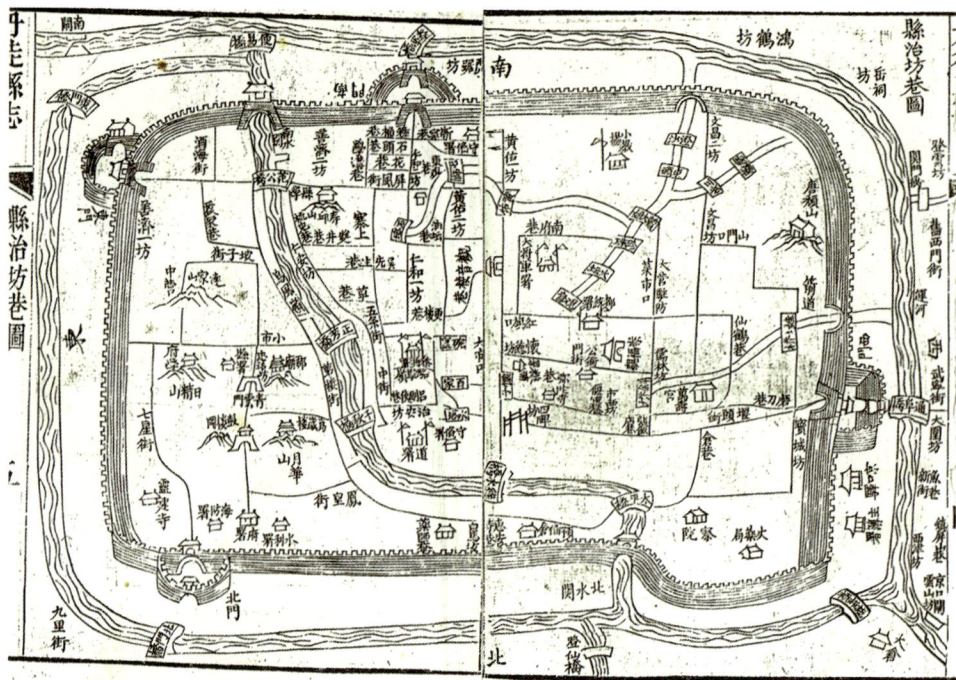

图 1-3-15 《嘉庆丹徒县志》之"县治坊巷图"

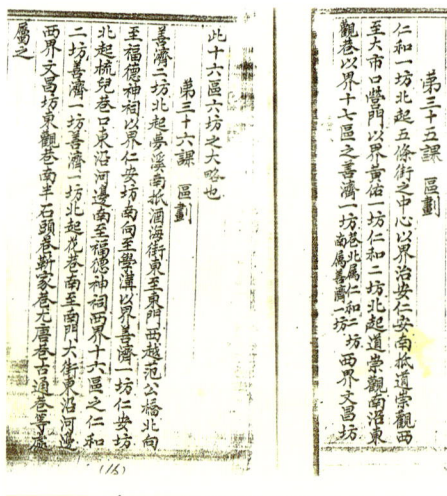

图 1-3-16 《镇江城内乡土地理志》书影

西以骆驼岭、剪子巷为界。坊内有钞库街（今千秋桥街）、中街及第一楼街西半等处属之。

**善济一坊** 北起梦溪，南抵酒海街，东至东门，西至关河东岸。

**善济二坊** 北起屏风街（今正东路东段），南至府城南门，东沿关河西岸，西至学沟巷。

**仁安坊** 北起梳儿巷口，东沿关河边，南至屏风街，西至南门大街。

**仁和一坊** 北起五条街（今中山东路），南抵道崇观前（今正东路东段），东沿南门大街与仁安坊为界，西与大市口旗营相接（今解放路南段）。

**仁和二坊** 北起道崇观，南至府城南门，东沿学沟巷与善济二坊为界，西与黄祐一坊相接（今解放路南段）。

**黄祐一坊**　地处旗营南侧,东与仁和二坊相接,南沿城垣,西与文昌坊相接。

**黄祐二坊**　东、北分别与仁和二坊、仁和一坊相接,南至东观巷,西抵旗营。

**文昌坊**　城内西南隅,环旗营西南外侧(沿今健康路与仁章路一线)。

**怀德坊**　东起大爸爸巷口与治安坊接界,西抵弥陀寺巷中,南至荷花楼巷。

**儒林坊**　西起城根,东至四牌楼,南至旗营营门,北至大街(今大西路)。坊内有磨刀巷、仙鹤巷、斜桥、张饭店巷、堰军巷等处属之。

**宝城坊**　西、北抵城垣,东至道署(今道署街),南至仓巷口(今大西路)。坊内有北水关、太平桥、耿家巷等处属之。

**白马坊**　北抵城垣,南至关河,东接府署、凤凰街,西与宝城坊为邻。

2. 城外坊置

明代在城外设有七坊,即大围坊、云山坊、西津坊、虎踞坊、登云坊、岳祠坊、鸿鹤坊。

清代增至十坊,为大围坊、大云坊、小云坊、银山坊、西津坊、簸湾坊、岳祠坊、虎踞坊、鸿鹤坊、大一都。其中,大围、大云、小云、银山、西津、簸湾、岳祠七坊在城西;虎踞、鸿鹤二坊在城南;大一都在城北。而清代城外之坊较之明代有所变化:一是增加大一都;二是取消云山坊,分成大云坊、小云坊及银山坊三坊;三是取消登云坊,改为簸湾坊,范围较之前有所扩大。

清代志书对于城内诸坊位置有图标示,但对于城外之坊只见方向性示意。唯有清末恒瑞于光绪乙巳年(1905年)测绘的《镇江城西银山、西津二坊等形势全图》等一组地图中,保存有城外大围坊、小云坊、大云坊、银山坊、西津坊、虎踞坊、鸿鹤坊、大一都以及镇江租界等珍贵地理资料。[1]从中获知,府城外北部包括北固山以西,登仙桥以东地域为大一都;府城西门外至云台山下,包括南至宝盖山,北至江边,有大围坊、小云坊、大云坊、银山坊,而西津坊的范围更是绕过云台山北,直至运粮河边;簸湾坊与西津坊毗邻,岳祠坊在簸湾坊东南;虎踞坊位于府城南门(虎踞门)外、古运河北侧,南至虎头山,东至宝塔山下(今塔山桥西北);鸿鹤坊,南起鸿鹤桥,北至运河边。(图1-3-17)

综观明清时期镇江城内、外坊(都)的整体范围,大致与唐宋润州(镇江)城市居住区的规模相当,抑或更大一些。这就表明,尽管历代城池的范围有大有小,甚至天灾人祸也会造成短暂的衰落,但是千余年间这座城市总的体量依然保持着稳定的格局和较高的水准。

---

〔1〕［清〕恒瑞:《镇江城西银山、西津二坊等形势全图》等一组地图,测绘于光绪乙巳年(1905年),图上标明作者为"地理教员",该组地图现存于镇江博物馆。

图 1-3-17 镇江清代城西三坊分布图

## 三、大市小市

市是古代城市的商贸中心。镇江城区设市历史悠久,晋唐时期即先后设有小市和大市。

### (一)六朝小市

六朝京口城在东晋王恭时有"更大改创"[1],即从铁瓮城向东、向南两面扩建,其中亦有市的设置。史料中亦见有京口城内设市的线索:南朝梁代"邵陵携王纶……武帝第六子也……普通五年(524 年),以西郎中将权摄南徐州事。在州轻险躁虐,喜怒不恒,车服僭拟,肆行非法。遨游市里,杂于厮隶。尝问卖鲴者曰:'刺史何如?'对者言其躁虐。纶怒,令吞鲴以死"。[2]此段史料虽是对萧纶骄横残暴的描写,但却载明了六朝京口城内设置的史实。

而镇江小市,位于青云门与中山东路交会处,即六朝铁瓮城南门之外。20 世纪 90 年代,考古曾发现六朝时期有关市的线索。1993 年,在青云路口东北侧的群盛大厦工

---

〔1〕 [元]俞希鲁:《至顺镇江志》卷二,江苏古籍出版社,1990 年,第 9 页。
〔2〕 [唐]李延寿:《南史》卷五十三"萧纶传",中华书局,1975 年,第 1322 页。

地进行抢救性考古发掘,布了一个探方和一口探井,发掘面积近 80 平方米。探方内的文化堆积厚达 6 米,分 10 个层次。其中第⑧、⑨、⑩层为南朝文化堆积;在第⑨层发现一段南朝夯土墙遗迹,呈东西走向,底宽 3.5 米,上宽 3 米,探方内显现的夯土墙长 9.5 米,残高约 0.9~1.1 米。墙垣土质坚硬,系用黄土与灰褐土掺杂,经人工夯打而成,夯层厚约 6~8 厘米,夯窝直径 5~7 厘米,深 0.2~2.2 厘米。夯土中还夹有青瓷片及碎砖、瓦块,年代属六朝。(图 1-3-18)地层中还出土有南朝青瓷莲花纹盘、泥质黑陶双耳罐等生活用品。

审视这一夯土墙的规模,其明显小于城垣的大小(六朝城墙的宽度一般都在 10 米以上),但又大于住宅一类的墙基(六朝房屋墙基大都在 1 米上下)。而在城市之中修筑如此规模的夯墙,应可能为坊、市围墙一类。

我国早期的市为封闭式的格局,"市区作方形或长方形,四面有围墙,每面中间设门,称为'市门',中间有十字街连通四面市门"。[1] 而京口城内市的布局也应与之相仿。这次发现的六朝夯土墙,正位于京口子城(铁瓮城)南门外约 200 米处的十字路口,并且与历史上"小市"的位置相重合。两者相互对应,可以证实此处确是六朝市的所在。(图 1-3-19)

图 1-3-18　1994 年,小市口考古探方内西壁剖面

图 1-3-19　南朝泥质黑陶双耳罐(青云门口)

汉、六朝时期的坊、市围墙迄今未见有考古实例,而稍晚的隋唐长安城考古中有所发现。长安城内有东西两市,"平面均呈长方形,四周有版筑夯土墙,每个市的面积各占两坊之地","市的北、东两面围墙的基址宽 4 米许"。[2] 青云门口夯土墙的大小与洛阳隋唐坊墙的特点相类似,而这一带古称小市,该夯土墙可能即是南朝京口小市的

---

〔1〕 杨宽:《中国古代都城制度史》,上海人民出版社,2006 年,第 242 页。

〔2〕 《中国大百科全书·考古学卷》,中国大百科全书出版社,1986 年,第 498 页。

围墙。

## （二）千年大市

今镇江城区中心大市口，古称"大市"。史料及考古均予以证实，大市的历史十分悠久，千余年来历久不衰。

唐代润州已有大市。在《唐语林》中即有一则关于大市的纪闻："宝历中，亳州云出圣水，服之愈宿疾，亦无一差者。自洛以来及江西数十郡，人争施金货、衣服以饮焉，获利千万，人转相惑。李德裕在浙西，命于大市集人，置釜取其水，于市司取猪肉五斤煮，云：'若圣水也，肉当如故。'逡巡熟烂。自此人心稍定，妖者寻而败露。"[1]李德裕通过在大市煮肉的实证，揭穿了所谓亳州"圣水"的骗人鬼话。同时，此事亦使润州大市闻名于世。

无独有偶，史籍中还见有唐代路随任润州知市令的记载：路随原为润州参军，性格刚直不阿，被当时的润州刺史李锜"欲困辱之，使知市事。随怡然坐市中，一不介意，不以为屈"。[2]李锜在润州任上的时间为贞元十五年至元和二年（799—807 年）。当年路随所坐"市中"的地方，即是润州大市。[3]后来，路随官至丞相兼润州刺史、镇海军节度使、浙江西道观察使[4]，又重返润州，这种带有戏剧性的变化在历史上传为佳话。

知市事，即市令。唐朝规定："中都督府、上州皆有市令一人，从九品上，掌市廛交易，通判市事。"[5]唐时润州属上州[6]，故设有市令。但由于市令官微阶小，在志书中几乎不见著录，而能够见有路随一例，实属极为难得。

至于唐代润州大市的范围及商店布局，尚缺乏史料记载，而考古则提供了唐代大市周边环境的一些线索。1994 年，大市口西北角建设镇江商业城，考古探方内发现一处唐代房基，内有多口砖砌灶坑遗迹，口径 1.1 米，深约 0.7 米；灶坑一侧设有台阶式烟道，火膛内壁为红烧土，坑内还残留着草木灰烬。另在灶旁还发现一口灰坑，坑内出有数十件青釉和酱釉瓷碗，造型大都为敞口、斜腹、平底，底外还附着一圈凸起的烧制支钉。这批同一型式且多未经使用的粗制大碗，似为一座餐饮店遗址。此外，还出土唐代青瓷菩萨头像、酱釉瓷执壶等佛教供奉及生活器皿。（图 1-3-20 至 1-3-23）

---

〔1〕 ［宋］王谠著，周勋初校证：《唐语林校证》卷一"政事上"，中华书局，1997 年，第 71 页。

〔2〕〔4〕 ［后晋］刘昫，等：《旧唐书》卷一百五十九，中华书局，1975 年，第 4191 页。

〔3〕 ［宋］卢宪：《嘉定镇江志》卷十四"唐润州刺史"，丹徒朱氏金陵复刻包氏本，宣统二年（1910 年）。

〔5〕 ［宋］卢宪：《嘉定镇江志》卷十六"唐别驾、长史、司马以下"，丹徒朱氏金陵复刻包氏本，宣统二年（1910 年）。

〔6〕 ［唐］李吉甫：《元和郡县图志》卷二十五，《中国地理总志丛刊》，中华书局，1983 年，第 589 页。

图 1-3-20　1994 年,大市口商业城工地考古现场

图 1-3-21　大市口考古发现唐代灶台遗迹

图 1-3-22　大市口出土唐代菩萨头像

图 1-3-23　大市口出土唐代船式银锭

　　1984 年,中山路拓宽工程施工中,从大市口向西开挖埋设下水管道的工程沟。工程沟宽、深皆 4 米,在沟壁上可以看到自下而上叠加着唐、宋、元、明、清的文化地层。其中,4 米深处为唐代地层,曾发现多处水井及灶台、烧坑遗迹,并且出土唐代铜九曲杯、船式银锭、石人像以及大批精美的唐代青瓷及彩瓷器皿,如越窑瓷执壶、长沙窑鸟荷三足盘、双系彩瓷罐、壶、水盂、多足砚、瓷碗、茶碾等,这从一个侧面反映出唐代大市曾有过繁荣景象。(图 1-3-24、1-3-25)

　　及至宋代,大市则更加繁荣、壮观。这可以从出土的两方石碑中窥见一斑:1931 年,在镇江大市口建造中山塔时,曾出土宋初淳化三年(992 年)两方碑刻,即《朱方新砌十字市街碑》(图 1-3-26)和《润州砌大市砖街碑》(图 1-3-27),出土时对合在一起。碑皆系青石质地,方形,边长约 57 厘米,厚约 10 厘米。(为叙述方便,两碑合称《大市淳化碑》。)

　　以上二碑就内容而言,前者的刻文记述修路事迹,后者则镌以集资者名录,它们其实是一座立碑的碑面和碑阴。但因为需要埋在地下,出于保护石面刻文的考虑,便仿效墓志的格式分刻为二石,再使之对合放置。

图 1-3-24　大市口出土唐代石人像

图 1-3-25　大市口出土唐代长沙窑鸟荷三足盆

图 1-3-26　大市口出土《朱方新砌十字市街碑》

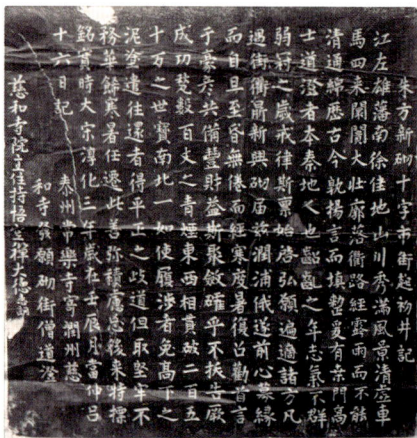

图 1-3-27　大市口出土《润州砌大市砖街碑》

　　此外，如果对照两碑的文字，还会发现一个超常的现象，即它们的题名并不一致：一处题为"朱方新砌十字市街"，另一处题为"润州砌大市砖街"，两者看似不同，其实所指内容一样。《读史方舆纪要》记曰：镇江府，"丹徒县，附郭。本（春秋）吴之朱方邑"，"开皇十五年（595 年），置润州，以州东润浦为名"。[1]朱方和润州同是镇江的古域名。至于大市与十字街，则是同一地点的不同表达，前者是指大市场地，后者是指周边地形，但都是指同一地理位置。因此，两碑的题名可谓是虽有异但实相同。

　　而《大市淳化碑》记录了我国古代城市道路设施改革的一次范例。古代城市及至唐代，城区道路仍然是以土路为主。有学者考证隋唐五代的道路："隋唐五代的陆上道

――――――――――

〔1〕　［清］顾祖禹：《读史方舆纪要》卷二十五，中华书局，2005 年，第 1250 页。

路,除去宫中有砖道外,其他多为土路,一下雨就成了泥路。道路太泥泞时,简直不能行走,以至朝廷常常放假三日,免去百官上朝的苦处。好一点的路,是在土路上铺上沙子,称'沙堤'。唐朝制度,凡拜相时要从被拜相者的家里用沙铺一条路,以示尊崇。"[1]

这种现象在宋初开始发生变化,《大市淳化碑》则历史性地记载了润州城中发生这一变化的过程:早先城中是"廓落衢路,经淫雨而不能清通;绵历古今,孰扬言而堪整",但通过道澄的倡导和劝募,集资二百五十万钱,并率众在大市十字街"甃数百丈之青烟,东西相贯,南北一如。使履涉者免高下之泥途,遣往还者得平正之歧道"。这堪称是一次历史性创举,极大地改善了润州城市交通条件和景观面貌。

此次修路的策划、主持者是僧人道澄,道澄本秦地(今甘肃天水一带)人。碑文述及,道澄"龆齿之年,志气不群。弱冠之岁,戒律斯禀"。即是说道澄少年之时就志向不凡,二十岁便在佛门受戒,后来成为泰州常乐寺僧人。其间立下宏愿:"遍适诸方,凡遇街衢,鼎新兴砌。"他的愿望就是要到各个城市去,将原来街衢的土路改砌成砖街,方便行人交通,改善城区环境,并且自号"发愿砌街僧"。他在润州时,寄居于慈和寺。慈和寺为润州名刹,"在寿邱山巅,宋高祖(刘裕)故宅也。至陈,立寺名慈和"。[2]

而将城市中的土路改为砖街,其关键是要得到民众的响应,并能够募集必需的资金。为此,道澄不畏艰难,"自旦至昏无倦,而经寒度暑,复召劝首,言于豪彦,共备丰财,益斯聚敛,确乎不拔,告厥成功"。即每天从早到晚,不知疲倦;又从寒天一直到酷暑,坚持劝募。而在这一过程中,先是邀请适合者担任劝募的会首,又结缘社会上的贤达人士,并且还得到慈和寺院主住持悟空、禅宗大德惠朗等鼎力支持。之后,经过反复动员、劝说,吸引众人参加,广为募集资金,慷慨捐钱者达一百六十余人,共募得二百五十万钱(二千五百贯)。之后,正式开工新砌大市十字砖街,东南西北共计数百丈之遥。应该说,道澄当是北宋初期城市街衢道路变革中的领先人物,他的事迹也因《大市淳化碑》的出土而传于后世。

民国年间,大市口除了出土《大市淳化碑》以外,1915年又曾出土崇宁砖。清末民国镇江籍史学家陈庆年在其《横山乡人类稿》(图1-3-28)

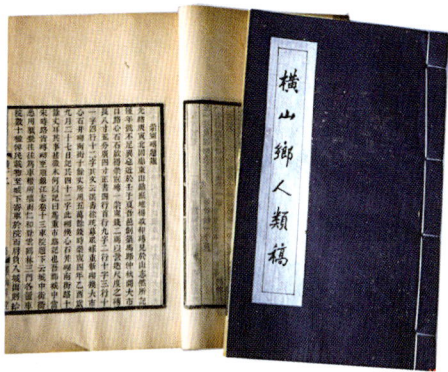

图1-3-28 崇宁砖史料(陈庆年:《横山乡人类稿》)

〔1〕 李斌城,等:《隋唐五代社会生活史》,中国社会科学出版社,1998年,第152页。
〔2〕 [元]俞希鲁:《至顺镇江志》卷九,江苏古籍出版社,1990年,第361页。

中记载:1915年夏,镇江创筑马路,"仲秋开大市口路心石,石启得北宋崇宁刻文砖一、崇宁钱二。砖长八寸五分,广四寸,正书四行,首行九字,二行十字,三行十一字,四行十二字,共四十二字"。刻文砖的文字为:"洪寿、徐琯募众缘,重新砌换大市心石,并砌南街十余丈。所用五万余钱。时崇宁四年乙酉(1105年)岁九月二十七日记。"[1](为了叙述方便,将此刻文砖简称为"崇宁砖"。)记载了北宋崇宁年间市民洪寿、徐琯二人,向民间募得五万余钱,"重新砌换大市心石,并砌南街十余丈"。他们用以修缮的工程包括两部分:一是"砌换大市心石",是指将大市街心(十字街交会处的方形地块)的石块重新铺砌;二是"砌南街十余丈",即是将南街的一段重新铺砌砖块。

自淳化年间新砌大市砖街以后,砖街的维护和修缮就成了一项经常性的任务,而时隔百余年洪寿、徐琯的修建,只是其中的一例而已。从中可以推知,北宋时期大市十字街道路的维修事宜,多是由民间人士采取募缘的方式,予以针对性的修补、更新。

### (三)大市古井

古代,市与井密切相关。"古人未有市,若朝聚井汲水,便将货物于井边货卖,故言市井也。"[2]"古者相聚汲水,有物便卖,因成市,故云市井。"[3]而在商业繁华的大市,饮水、用水也是士民、商贾所必需。

大市有名井,称紫金泉。"紫金山,正当市心,四旁民居。旧来犹隐隐见山脚,今不复存。而其泉固在,即严氏家井,形制甚古。"[4]该井流传保存至今,近年在解放北路拓宽时被妥为保护,并立碑为志。

而大市一带,还有其他古井。1994年,在大市口国际饭店工地南区,发现一口古井,出土文物500余件,在我国古井考古中实属罕见。

此井始筑于宋代,为弧形子母榫砖围砌而成,口径约0.8米,深有10米余。尤为少见的是井内的文化堆积厚达9米,绝大部分属遗落物,日积月累,虽长期未加淘理,但因陶瓷器物间隙起天然过滤作用,故其使用年代历北宋、南宋、元、明几代共六七百年而不衰,这也是一大奇迹。(图1-3-29)

图1-3-29　1996年在大市口发现的宋代水井遗迹

---

〔1〕 陈庆年:《横山乡人类稿》卷十二,镇江横山草堂刊本,民国二十三年(1934年)。
〔2〕 [汉]司马迁:《史记》卷三十,中华书局,1959年,第1418页。
〔3〕 [汉]司马迁:《史记》卷八十六,中华书局,1959年,第2524页。
〔4〕 [元]俞希鲁:《至顺镇江志》卷九,江苏古籍出版社,1990年,第307页。

井内出土的宋代文物,主要有汲水器、瓷器及杂件等三大类:

该井所出的宋代汲水器可谓是洋洋大观,共有200多件,以汲水陶罐为大宗,亦见木制吊桶。陶罐形式多样,有大有小,有双系、四系和无系,有小口突肩失底式、翻唇短颈长腹式、高身短流执壶式、敞口折肩直腹式……真是集宋代汲水器之大全。(图1-3-30)如此众多的汲水器无声地告诉人们这座古井昔日的繁忙和无数的故事。

井内出土的瓷器,多生活实用器皿,如碗、碟、盘、壶、茶盏等,大都完整,均是各式名窑产品,有景德镇的影青、定窑的白瓷、吉州窑的彩绘、建窑的兔毫盏、龙泉窑的梅子青等,真是琳琅满目、美不胜收。(图1-3-31)此外,还出有一件龙凤二年(1356年)铁权(即秤砣),是

图 1-3-30　大市口水井出土宋代汲水罐

元末农民起义军韩林儿部队占领镇江时,为平准市场所铸造的衡器,弥足珍贵。

图 1-3-31　大市口水井出土南宋龙泉窑双鱼纹碗

图 1-3-32　大市口水井出土宋代陶塑水神像

尤为可贵的是还在井底两侧壁龛内出土两尊井神坐像,为无釉紫胎陶塑,观其形态笑容可掬、栩栩如生。《白虎通·五祀》中说,"五祀者,谓之门、户、井、灶、土"。井神为五种"家神"之一。民间祭祀井神多在井面上供奉,而此井则由掘井人在井底两侧设龛供神,这在我国水井考古史上是一次新的发现。(图1-3-32)

水井虽小,但以其特殊的方式保存了一大批生活文物,生动形象地反映了润州城内市井文化的一角。

## 四、百业作坊

古代镇江商业繁荣,催生了手工业的蓬勃发展。下面试举其中比较突出且具特色的行业,如纺织业、金银器业、制镜业、琉璃业、造酒业、冶铸业、造船业、铸钱业、泥塑业、印染业、砖瓦业等,而且大都在城市考古中发现其遗迹和遗物。

### (一)纺织业

唐宋时期,润州的纺织业颇为发达,其织品亦是向皇室土贡的重要特产之一。

史料见有多处记载。《新唐书》:"(润州)土贡:衫罗、水纹、方纹、鱼口、绣叶、花纹等绫,火麻布……"[1]《元和郡县图志》:"开元贡:杂药、纹绫。赋:丝、绊布。"[2]《资治通鉴》:兴元元年(784年),"(镇海节度使)韩滉欲遣使献绫罗四十石诣在行"。[3]上述有唐一代的土贡织品所列种类颇为丰富:罗类有衫罗,绫类有水纹绫、鱼口绣叶花纹绫,布类有火麻布及赋丝等。

而在李德裕给敬宗的奏本中,亦曾记述了润州织品的一些具体状况和特征,如:"绫、纱等物,犹是本州所出","又诏索盘条缭绫千匹","且立鹅天马,盘条掷豹,文彩怪丽,惟乘舆当御"。[4]李德裕在润州前后为官三任,对润州情况了如指掌,他所提及"诏令"的织品,纹饰之怪丽,织工之精细,皆属唐代纺织品中的上品。

在唐代甘露寺塔基出土文物中,有两方李德裕撰书的刻石,上面记述以锦绣褥包裹金棺、银椁的内容:一是瘗藏禅众寺舍利的石函上,刻有"李德裕奉施金棺一、银椁一、锦绣褥九重"的文字;一是瘗藏长干寺舍利的石函上,刻有"李德裕敬造石塔,石函一、金棺一、银椁一、绣褥共十重"的文字。[5]一为十层,一为九层,当时的锦绣褥无疑都应是润州当地的织品。(图1-3-33)

到了宋代,镇江纺织业又有较大的发展,产品的数量更多,品种亦有创新。

宋代镇江的上等织物多为贡品。《太平寰宇记》载:"(润州)贡方纹绫、水波绫、罗锦绢。"[6]宋时镇江织品还多有创新,如神宗年间,王严叟在奏章里曾举出上贡的织品"继增而创起者"四例,有"定州之花绫、祁州之花绝","婺州之细花罗、润州之大花团"。[7]

1960年,甘露寺铁塔塔基考古中曾发现镇江宋代织品的实物。其丝织品的品类较多,有罗、绢、绫、锦、丝绵、绉、穿罗等。其时,润州还设有专门管理织务的机构,原称织

〔1〕[宋]欧阳修、宋祁:《新唐书》卷四十一,中华书局,1957年,第1056页。
〔2〕[唐]李吉甫:《元和郡县图志》卷二十五,《中国古代地理总志丛刊》,中华书局,1983年,第590页。
〔3〕[宋]司马光:《资治通鉴》卷二百三十一,中华书局,1956年,第7428页。
〔4〕[宋]欧阳修、宋祁:《新唐书》卷一百八十,中华书局,1975年,第5328页。
〔5〕江苏省文物工作队镇江分队,等:《江苏镇江甘露寺铁塔塔基发掘记》,《考古》,1961年第6期。
〔6〕[宋]乐史:《太平寰宇记》卷八十九,中华书局,2007年,第1758页。
〔7〕[宋]卢宪:《嘉定镇江志》卷五"赋税",丹徒朱氏金陵复刻包氏本,宣统二年(1910年)。

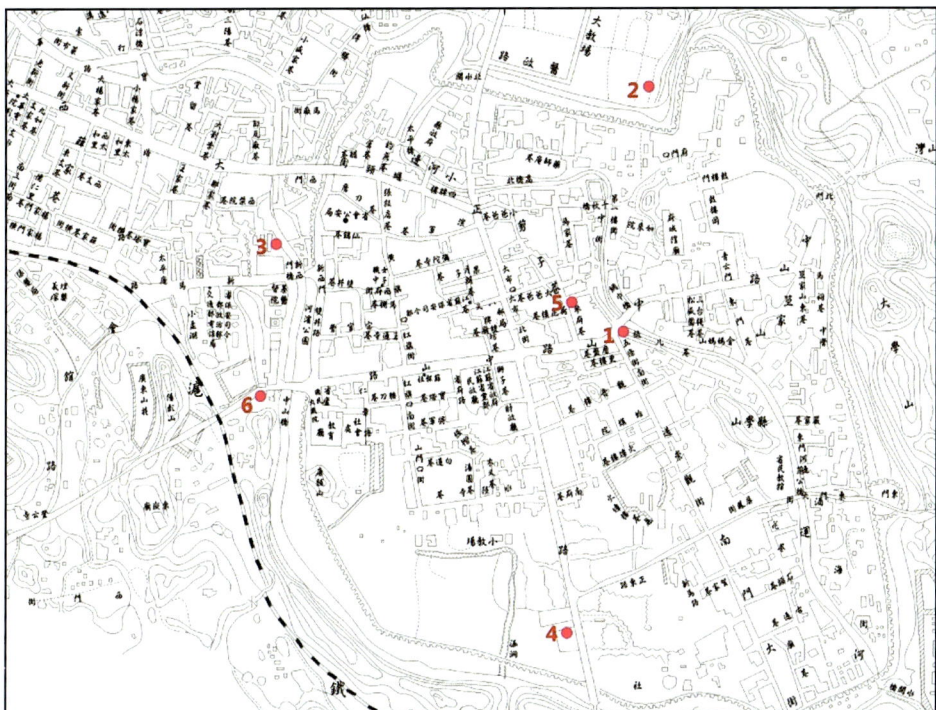

图 1-3-33　古城手工业作坊考古示意图
1. 六朝船场遗址　2. 南朝铸钱遗址　3. 宋代冶铜遗迹
4. 宋代琉璃炼址　5. 宋元泥塑作坊遗址　6. 元代染业作坊遗址

罗务,后改贡罗务,设在唐塝山(又称唐颓山,今京口饭店内)下。"(务官)有提督、监拘、榷官三员,及有曹司、库子、织络、作头等吏。其工食各有定额;其丝以两、匹计,各有定数。圣节,绫罗三百二十匹,其大礼年分,添造进罗五十匹。"[1]

　　明清时期,镇江纺织业仍然有着相当大的规模,尤其是清代后期进入全盛时代,有织机数千台。产品主要有线绉、绫绸、塔夫绸及缣丝等,统称"江绸",被列为贡品,除销行两湖、北五省、东三省外,还远及朝鲜、日本,年值三百万两。[2]镇江丝绸加工业集中地之一在棒槌营,此巷东至梦溪路,西至南门大街,长约 200 余米,当年有着数十家丝绸加工作坊,民国年间陆续倒闭。[3](图 1-3-34)

〔1〕　[元]俞希鲁:《至顺镇江志》卷十三,江苏古籍出版社,1990 年,第 552 页。
〔2〕　贾子彝:《江苏省会辑要》,镇江江南印书馆,1936 年,第 176 页。
〔3〕　镇江市地名委员会:《江苏省镇江市地名录》,1983 年,第 24 页。

图 1-3-34　棒槌营今貌

## （二）金银器业

唐宋时期，润州的金银制造业堪为南方的代表，表现出高超的工艺水平，并成为皇室"宣索"金银器的重要地区之一。

志书记载，李德裕做润州刺史时，敬宗曾先后两次诏浙西上金银妆具。这在李德裕的奏章中有所陈述："去二月中奉宣令进盝子，计用银九千四百余两……昨又奉宣旨，令进妆具二十件，计用银一万三千两，金一百三十两。"[1] 由此可见其时润州金银器制造业的规模和水平。

也就在李德裕做润州刺史期间，他曾主持甘露寺东塔的兴建，并在塔基内分两次安放以金棺、银椁盛装的舍利。第一次是长庆四年（824 年），将上元县（今南京）长干寺旧塔基下出土的 21 粒舍利，分出 11 粒移至润州北固山后峰，建石塔瘗藏；第二次是太和三年（829 年）又将上元县禅众寺塔基出土的舍利分一部分，改瘗藏于北固山甘露寺塔内。而 1960 年，考古出土了这批珍贵的金银器：其中，有长干寺及禅众寺两组收藏舍利的银椁、金棺、小金棺；还有宋代的银函、银盒、银牌等。[2] 塔基出土的金银器，应是集中润州当地超高技艺的匠人所制作，其造型和纹饰极为精美。（图 1-3-35）

图 1-3-35　塔基出土唐代金棺、银椁

此外，1982 年还在丁卯桥附近出土唐代银器窖藏，银器主要装在一硕大的银质酒瓮内，另有大银盒两只以及盆、钗等堆置于银瓮的西侧。

该窖藏出土的银器有瓮、盒、盆、碟、盘、碗、杯、执壶、瓶、锅、箸、匕、勺、托子、龟负"玉烛"、酒令筹、熏炉、镯、钗等，共计 950 余件，重约 55 公斤。其中除镯、钗等装饰品外，其余几乎皆为宴饮酒具，且大多数器物的底部或圈足上刻有遒劲的楷体"力士"二字。这批银器作为成套设置的大型酒宴用具，又都刻有"力士"铭文，因此可以统称为

---

〔1〕 ［后晋］刘昫，等：《旧唐书》卷一百七十四"李德裕传"，中华书局，1975 年，第 4512 页。
〔2〕 丹徒县文教局、镇江博物馆：《江苏丹徒丁卯桥出土唐代银器窖藏》，《文物》，1982 年第 11 期。

"力士银酒具"。它们包括盛酒具、食具、餐具、炊具、盒具、行令具及熏香具等几类。（图1-3-36）

行酒令具，有龟负"玉烛"一件，造型奇特，宛如龟背上竖一支金色的蜡烛。筒下为四面展开的莲瓣，筒身正面刻"论语玉烛"四字，旁刻龙凤各一。该器内盛放银涂金酒令筹，共50枚。其文字上半段为《论语》语录，内容多与饮酒对象有着某种联系；下半段是规定相关人士饮酒的要求和分量。例如："后生可畏，少年处五分"，"君子不重则不咸，劝官高处十分"，"乘肥马，衣轻裘，衣服鲜好处十分"，"唯酒无量不及乱，大户十分"，"己所不欲，勿施于人，放"，"四海之内皆为兄弟，任劝十分"。令筹中所涉及的饮酒对象有25种人之多，规定饮酒有"自饮（酌）""劝饮""处""放"四种。而"处"即是罚，至今使用的所谓"处分"一词，原来就源出于唐人饮酒行令。（图1-3-37）

图1-3-36　丁卯桥出土唐代银器（部分）

图1-3-37　丁卯桥出土唐代银酒令筹

丁卯桥出土的唐代银器种类繁多，制作精湛，并因大都刻有"力士"铭文，当是属于一种大型成套的"力士"系列酒具，它们代表了润州金银器制造的最高水平。

**（三）制镜业**

古代镇江的铜镜制造业历史悠久，从三国孙吴至唐宋以降，源远流长，闻名于世。

三国京口制作的铜镜在远隔重洋的日本被发现。前些年在日本出土两枚铭文铜镜，一枚为景初三年（239年）镜，一枚为正始元年（240年）镜。（图1-3-38）镜背铸有浮雕式的东王公、西王母、伯牙弹琴、黄帝等神像及侍神像，间有龙、虎等兽纹。它们出自日本岛根县神原神社古坟，前者铸有一圈铭文："景初三年（239年），陈是作镜，自有经述，本是京师……"

图1-3-38　日本出土正始元年铜镜

后者亦铸有一圈铭文："正始元年，陈是作镜，自有经述，本是州师……"经中国考古研究所王仲殊研究员考证，这两枚铜镜"不是中国的魏镜，也不是中国的吴镜，而是东渡的吴的工匠在日本所作"。[1]

铭文中的"陈是"，即陈氏，在东吴各式镜中"以是为氏"的铭文较多见。那么，铭文中的"京"究竟是指哪里呢？陈寿《三国志》中所引孙吴的诏令和奏疏等文书里，吴只称武昌和建业为都，而不称京都或京师。此时称"京"的一般专指古城镇江，建安十三年至十六年（208—211 年）孙权在此建都，《三国志·吴志》记载此处多称"京"或"京城"。因此，陈是自称"本是京师"，应即是三国京城（京口）的制镜匠师。[2]

但作为京城（镇江）镜师陈氏一支，因某种原因"绝地亡出"，抵达日本，并且在日本继续制镜。而陈是东渡日本所作铭文镜，考古发现的还有三枚正始元年（240 年）镜，皆自铭"陈是作镜"。陈是作为古城镇江的杰出代表，早在 1700 余年前就把吴国先进的制镜工艺带到日本，这在中日文化交流史上也是一段佳话。

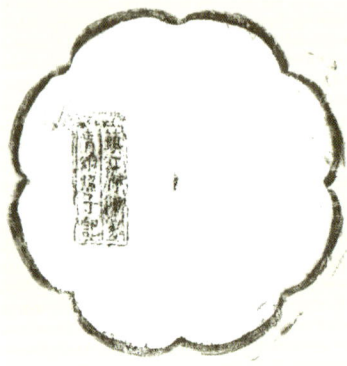

图 1-3-39　宋代镇江铭文镜之一

及至宋代，镇江制镜业仍具规模，仅从考古发现的一部分字号铭文镜中可以得知，城内制镜作坊有多处，有的还是数百年的老字号，并拥有一批制镜名师。考古出土的镇江字号铭文镜共有五面，镜面有四方委角形、方形、八出或六出葵瓣形等，背面戳印铭文，主要有"润州原本陈家青铜照子"铭文镜、"润州徐家六叔第二等青铜照"铭文镜、"镇江府陈家青铜照子记"铭文镜、"镇江府陈家青铜照子记"铭文镜、"镇江府水军酒库前石家照子"铭文镜等。[3]（图 1-3-39）

"陈家"是镇江的老字号，在所出五面镇江产纪名号铭文镜中即占三面，其北宋时期生产的一面还标有"元本陈家"字样，反映"陈家镜"渊源之久远。此"陈家"应可能即是三国时期京城（京口）匠师陈是（氏）的后裔，所以才敢于亮出"元本陈家"的牌子。

此外，出土铭文镜中还记有几处制镜铺，有一面"石家"镜上标明地址在"镇江府水军酒库前"。而宋时镇江水军所立军寨有三处，即"洗马桥一，西津西仓门一，金鸡岭（今京几岭）一"。[4]可知，水军军寨主要集中在南宋罗城西侧，其酒库及"石家"制镜铺当同在江口镇上。而其余镜铺大多设在城内，其数量当不止出土铜镜上所标明的

〔1〕〔2〕　王仲殊：《景初三年镜和正始元年镜的铭文考释》，《考古》，1984 年第 12 期。
〔3〕　刘建国：《古城三部曲——镇江城市考古》，江苏古籍出版社，1995 年，第 236 - 238 页。
〔4〕　[宋]卢宪：《嘉定镇江志》卷十"兵防"，丹徒朱氏金陵复刻包氏本，宣统二年（1910 年）。

几家。

**（四）琉璃业**

宋时镇江有"琉璃巷"，即"因居人所鬻之物，猥以为名"[1]，表明此巷为专营琉璃制品的市场。

史载，两浙有正月元宵节放灯风俗，并"以琉璃灯为贵"。苏东坡的《元日过丹阳，明日立春，寄鲁元翰》诗云："西湖弄水犹应早，北寺观灯欲及辰。"王文诰注："北寺在润州，上元最盛。"[2]北寺可能即是青苔寺，该寺位居城市北首，又距渌水桥闹市区不远，元宵灯节中当以持琉璃灯者为贵，争相观赏。

而甘露寺塔基考古，又提供了润州制造琉璃的重要线索：宋人许天锡在所施盛放佛骨的银函刻文中记述，这一佛骨是医生刘永徒从印度带回来，准备率领润州富绅、大姓若干家，一同建造一座"琉璃宝塔"瘗藏佛骨，但遗憾的是"不幸大缘未就而刘生卒"，佛骨被许天锡求得，仅以银函藏之。[3]这一段史实证明润州不但能制作琉璃，而且可以建造琉璃宝塔一类的精美高档产品。

在镇江城市考古中，亦发现琉璃制作的遗迹、遗物。1995年，在解放路南段大地开发工地，考古发现一处宋代琉璃炼址，出土炼炉残迹及琉璃象棋子、发簪等遗物。（图 1-3-40）

图 1-3-40　出土宋代琉璃棋子及发簪

**（五）造酒业**

镇江的酿酒业古来十分发达，闻名于世。"晋桓温云：'北府酒可饮。'谢元度曾莅此

---

〔1〕　[宋]卢宪：《嘉定镇江志》卷二"坊巷"，丹徒朱氏金陵复刻包氏本，宣统二年（1910 年）。

〔2〕　[清]王文诰辑注：《苏轼诗集》卷十一，中华书局，1982 年，第 535 页。

〔3〕　江苏省文物工作队镇江分队，等：《江苏镇江甘露寺铁塔塔基发掘记》，《考古》，1961 年第 6 期。

镇，与亲旧书称：'京口酒美可饮。'""京口出酒，号曰'京清'，埒于曲阿。"[1]

及至宋代，镇江更是盛产名酒，其所录者即有十余种之多。其中，有的酒是以堂得名，如锦波、清心、坐啸、介寿、燕凯、百礼、共军、爱山；有的酒是以地得名，如京口（镇江六朝古名）、还京（以南宋城西北"还京门"名）、秦潭（宋时称放生池）、浮玉（金山别名）、第一江山（北固山吴琚书石刻"天下第一江山"）；有的酒则以泉得名，如真珠（真珠泉，在招隐山东南）、中泠（中泠泉，即天下第一泉，在金山附近江中）、不老等。[2]而在各式酒中，又以"第一江山"酒最为名贵，它"不酤于市，但充馈送之用"，是当时社交的高档礼品。[3]

宋时镇江城内外酒店林立，称谓有酒库、酒务、酒楼，多集酿造、储存及销售于一体。由于"酤利浸增"，因此各方争相经营，"库、务、楼、店，各有所隶，曰本府也，总所也，戎司也，皆彩旗红旆，妓女数十，设法卖酒，笙歌之声，彻乎昼夜"。[4]

见载于镇江城内的酒库、楼即有：

**酒库** 户部赡军库，在竹竿巷西（今山门口街里）；甲仗库，在丹徒县（衙）东（今千秋桥街附近）；中库，在长桥之北（今南门桥一带）；西库，在果子巷内；西上库，在渌水桥之西（今四牌楼西侧）；江口库，在江口镇；寄椿库，在府治西（铁瓮城西侧）；八仙库，在大围桥之东（今西门桥附近）；眉寿库，在县桥南香饼子巷口（今正东路西段南侧），有楼曰"多关"；中山库，亦在县桥南（今正东路西段南侧）；双望库，在仁和门里（今南门外大街一带）。此外，还有劝士上酒库、劝士下酒库、公使钱库、户部大军库等。[5]

**酒楼** 喜雨楼，在嘉定桥东（今第一楼街内），嘉定甲戌（1214年）郡守史弥坚建；总春楼，在紫金坊西（今大市口西）；川楼，在杏花村北，又名酒海（今酒海街内）；高阳楼，在石砣桥北（今南门大街南段）；赏心楼，在嘉泰桥西（今大市口东）；燕喜楼，在社坛桥南（今火坛楼巷内）；荷花楼，在张公桥西（今荷花楼巷）；三登楼，又名环翠楼，在紫金坊口（今大市口附近）；八角楼，在小围桥西（今电力路北段一带）；丰美楼，又名东库，在嘉泰桥东（今五条街一带）；清和楼，在刁家巷内（巷址失传）；清风楼，在渌水桥南（今四牌楼南）；双会楼，在市西坊（今大市口西侧）。[6]

宋时，酒务为掌酒税之官，管理榷酒之事。《政和四年（1114年）诏》："酒务官二员者分两务，三员者复增其一。"[7]镇江为都酒务、比较东务和比较西务。前两处相近，和道冲观相对（道冲观在石砣桥北，今南门大街南段一带）；后一处在还京门外洗马桥西（今迎江路附近）。[8]

---

〔1〕〔2〕 [元]俞希鲁：《至顺镇江志》卷四，江苏古籍出版社，1990年，第117页。

〔3〕〔4〕〔5〕〔6〕 [元]俞希鲁：《至顺镇江志》卷十三，江苏古籍出版社，1990年，第552、549、549－551、512－513页。

〔7〕 [元]脱脱，等：《宋史》卷一百八十五，中华书局，1977年，第4519页。

〔8〕 [宋]卢宪：《嘉定镇江志》卷十二"务"，丹徒朱氏金陵复刻包氏本，宣统二年（1910年）。

考古亦多次出土与宋时镇江酒业有关的文物:出土有"镇江府水军酒库"铭文铜镜,其酒库又名江口库,位于江口镇。另,在学沟巷与酒海街之间的一处开发工地,考古人员于宋代文化地层中出土大量的陶瓶堆积,这极可能与"酒海"(又名川楼)遗迹有关。(图1-3-41)而1997年,在小市口东侧标准件厂工地,出土一件朱书"花露"石灰封坛盖,原坛当是酒坛,"花露"则是酒名,这又为宋代镇江名酒榜增添了新的品牌。(图1-3-42)

图 1-3-41　酒海街出土宋代釉陶罐

图 1-3-42　小市口出土"花露"酒坛盖

清代志书记载,当时镇江造酒主要见有黄、黑两种,"今土人以江水造酒,黄者为'百花',黑者为'墨露'"。[1]清末,"以朱恒顺造者为最良,宣统二年(1910年)列入南洋劝业会获奖银牌"。[2]朱恒顺,即镇江恒顺酱醋厂创始人,他所开创的恒顺品牌历百余年至今不衰,成为镇江老字号的一面旗帜。

**(六)冶铸业**

镇江的炼铁业,宋代亦负盛名。志载物产中,"铁器,作温器、烧器等物,以锡镀之,其色如银,而耐久可用,他郡称之"。其实例则见有甘露寺铁塔及高资出土的钢刀,皆是宋代铁器制品中的佼佼者。

甘露寺铁塔,曾在较长时间内被误传为唐代铸造,如清代志书称,"铁浮屠,唐李德裕造"。[3]1960年的塔基考古才使之真相大白:原来唐代李德裕所建为石塔,后废为平地。北宋熙宁二年(1069年),甘露寺扩建施工掘土时,发现了唐代李德裕所建石塔的塔基,并出土了唐代金棺、银椁及舍利等文物。熙宁九年(1076年),甘露寺住持应夫

---

〔1〕　[清]蒋宗海,等:《嘉庆丹徒县志》卷十"物产",嘉庆十年(1805年)。

〔2〕　高观昌,等:《续丹徒县志》卷五"物产",民国十九年(1930年)刻本。

〔3〕　[清]杨履泰,等:《光绪丹徒县志》卷六"寺观",光绪五年(1879年)刻本。

募缘，由丹徒焦巽出资二百余万，"遂乃择良匠，冶黑金(铁)为浮图九级，即其故址而藏焉"。[1]（图 1-3-43）

图 1-3-43　甘露寺铁塔外貌

图 1-3-44　1995 年，宋代冶铜遗址
考古现场(丹阳码头)

宋代所铸铁塔原为九级，现只存须弥座及一、二两级为宋时原物(上面三、四两级为明代补铸)。塔的平面作八角形，下面须弥座铸浮雕式云水、莲瓣、二龙等纹饰；上面两层塔身，各有八面四门，铸有佛像、菩萨像和斗拱等，层层之间还有腰檐和飞檐。另在第三层的一面铸有文字："勾当塔主僧守严，知客僧洪永、藏主僧应荣、首座僧□守、直岁僧守□、典座僧□中、维那僧惠平、监院僧□□、住持传法沙门应夫。"塔之须弥座即

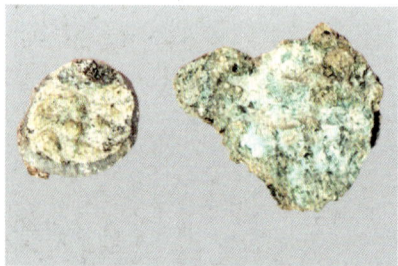

图 1-3-45　宋代冶铜遗址出土
铜液积块(丹阳码头)

高约 1.63 米，底径约 3 米。如此庞大的铸件，其复杂的铸造工艺和九级浮图的吊装，都表现出润州冶铸业"良匠"的超群技艺。

另外，镇江是古代著名的产铜地，炼铜铸器为古城重要的行业之一。1995 年，在市区丹阳码头京京开发工地考古发现一处冶铜遗迹(图 1-3-44)，并出土有冶炼炉壁残块、铜液积块及炼渣等遗物(图 1-3-45)。

---

〔1〕　江苏省文物工作队镇江分队，等：《江苏镇江甘露寺铁塔塔基发掘记》，《考古》，1961 年第 6 期。

## （七）造船业

镇江位于长江、古运河交汇处,水上交通十分发达,其造船业历史悠久,源远流长。而近些年城市考古亦有重要收获,曾发现晋、唐两代船的实物和遗迹。

### 1. 六朝船业

1994 年,在网巾桥西侧,即中山东路与南门大街交叉口西南角的诚和开发工地,考古发现两条东晋时期的木船遗迹。1 号船被压在工地坑壁水泥防护桩下面(图 1-3-46、1-3-47);对 2 号船位进行发掘,探方内的文化地层共有 12 层,其中第 1 至 6 层为近现代、明清、宋至唐各时期的文化堆积,厚达 4 米左右;第 7 至 12 层厚约 2 米,属南朝至东晋文化堆积,含沙质,土色灰褐,有较多木作加工后遗留下来的木屑、木片以及大片被剥落的树皮、板材等,并且地势由西向东呈倾斜状,似为河滩地带。1 号船与 2 号船皆处于东

图 1-3-46　1 号船被压在水泥防护桩下面

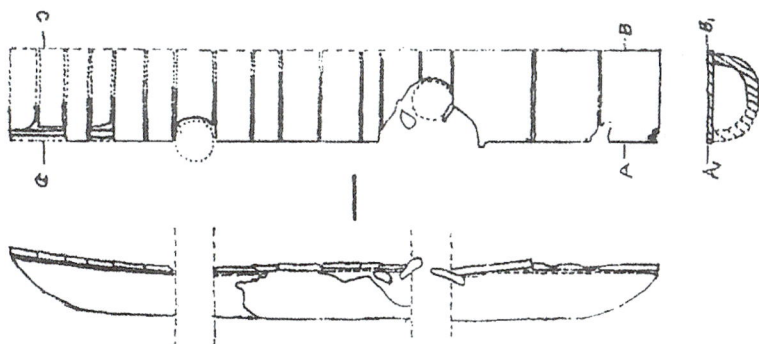

图 1-3-47　1 号船平、剖面图

晋地层，两者相距约 8 米。1 号船，长约 7 米，尾宽 1 米，船深 0.3 米，船体系整木剜成，不设隔仓，船面盖以木板，整体略呈长条形。2 号船，造型与 1 号船相似，只是前端左右设两根木桩，桩间置板，固定船头，表明 2 号船尚在建造之中。

多种迹象表明，这里应是一处修造船的工场。而且，其东晋文化堆积有着相当大的范围，1992 年在其东侧华都商城工地考古（图 1-3-48、1-3-49），地下亦对应叠压有相似的东晋地层，同样有厚实的木材加工下脚料堆积；同时，还出土有数量较多的木作工具（图 1-3-50），如铁刀、凿、锯等，另出土有木制长方条形的木刮，上面也嵌附着油灰，可证

图 1-3-48　1992 年，华都商城工地考古现场

图 1-3-49　考古人员
在华都商城工地

图 1-3-50　华都商城工地出土木作工具（东晋）

这是调制、抹嵌油灰的工具。凡此种种，都表明网巾桥附近毗连的东晋地层，应是依傍运河岸边所设置的修造船工场遗址。

2. 唐代造船业

润州是唐代全国造船业基地之一。史载，贞观二十一年（647年）八月，"敕宋州刺史王波利等发江南十二州工人造大船数百艘"。十二州是：宣（宣城）、润（镇江）、常（常州）、苏（苏州）、湖（湖州）、杭（杭州）、越（绍兴）、台（临海）、婺（金华）、括（丽水，即处州）、江（九江）、洪（南昌）。[1] 润州即是承担造船任务的十二州之一。

史志亦见有造楼船、战舰的记载：唐德宗时，建中二年（781年），韩滉迁润州刺史兼镇海军节度使，时李希烈反，为加强战备，"造楼船战舰三十余艘，以舟师五千人由海门扬威武，至申浦而还"。[2] 海门即镇江焦山东旁水中松、寥二山；申浦，又名申港，在今江苏江阴市西。

1994年，在市区千秋桥街口工商银行大厦工地上，考古发现一条唐代木船，出自4米深的河床淤泥层中。木船保存较为完整，长6.75米、宽6.4米、深0.7米，系独木剜成，无隔仓，船面部分铺设面板，尾佚。如果连同尾部，推测全船应长约8米。（图1-3-51）该船的出土地点在古代南北向的一条市河之中，北接著名的穿城运河，西北距运河上的渌水桥仅数十米远。这一带是润州市区繁华的地段之一。

市区发现的晋、唐独木船，应是古代镇江市河中短途驳运、人货并载的一种便捷式交通工具。它们穿梭于水网纵横的京口（润州）城内，成为一道独特的风景。

3. 宋代镇江造船业

南宋嘉定十五年（1222年），镇江知府赵善湘

图 1-3-51　唐代木船遗迹

"教浮水军五百人……又置多桨船五百艘，无问风势逆顺，捷疾如飞，赤鸟、白鹞二大舟每舟可载二千人"。[3] 一次能制造500艘船，可见镇江造船业的规模之大。

同时，造船业又带动了相关产业，如缆索、桐油、铁钉、木材加工等行业的兴盛。至今，城西江边的东坞街、西坞街、打索街等街巷，即是唐宋以降船坞及缆索制作业的遗传

〔1〕 ［宋］司马光：《资治通鉴》卷一百九十八，中华书局，1956年，第6249页。
〔2〕 ［后晋］刘昫，等：《旧唐书》卷一百二十九，中华书局，1975年，第3601页。
〔3〕 ［元］俞希鲁：《至顺镇江志》卷二十一，江苏古籍出版社，1990年，第874页。

标志。

## （八）铸钱业

镇江在古代曾是国家铸钱的基地之一，史料记载唐、元两代皆设有铸炉。《新唐书》称："（开元）二十六年（738 年）宣、润等州初置钱监。""诏出铜所在置监，铸'开元通宝'钱。"天宝十一载（752 年），"天下炉九十九：扬、润、宣、鄂、蔚皆十……"[1]唐时润州所铸"开元通宝"钱流行全国，其钱背多铸有"润"字，这在传世及出土的唐代钱币中比较常见。另，志载元至大三年（1310 年），镇江"置炉七，在府治浙西道院"。[2]虽然浙西道院的具体内容不见载录，但其位置当不出府治（铁瓮城）及其周边范围。

而考古则有新的重大收获，即发现一处南朝铸钱遗迹，这就将镇江铸钱史提早了数百年。1997 年，在医政路金田开发工地考古探方内，揭示出萧梁铸钱泥范废弃堆积，其位置东距铁瓮城西垣仅 30 余米。[3]此处地表下叠压有 1 至 9 层文化堆积，从近现代直至汉、三国。其中，第 8 层为南朝后期地层，其地形东高西低，东部为一砖瓦建筑残迹，西侧为低凹地带，覆盖着厚达 1 米以上大量铸钱泥范残片、红烧土、木炭，以及少量溶铜炉壁残块、陶瓷等，器物年代具齐梁特征。又用"洛阳铲"钻探后得知，该铸钱遗址系由东侧作坊房屋和西侧范片堆积两部分组成。（图 1-3-52）

图 1-3-52　1997 年，南朝铸钱遗址考古现场（医政路金田工地）

---

〔1〕　[宋]欧阳修、宋祁：《新唐书》卷五十四，中华书局，1975 年，第 1386 页。
〔2〕　[清]朱霖增纂：《乾隆镇江府志》卷十六"公署"，乾隆十五年（1750 年）增刻本。
〔3〕　镇江古城考古所：《镇江市萧梁铸钱遗迹发掘简报》，《中国钱币》，1999 年第 3 期。

所发现的铸钱泥范残件,包括有轮郭的"五铢"泥范和无轮郭的"五铢"泥范两种。前者直径 24~25 毫米,钱体稍厚;后者直径 20~22 毫米,钱体稍薄。其泥范为子范叠叠的合片,范片一般厚约 5~6 毫米,范面经复原为正方形,平面布置 4 个范钱,中心设圆形浇注口,与四方范钱以注槽相通。泥范经烘炉焙烧,再注入铜液成型,而要取出范内铜钱必须先击碎泥范,故范片堆积中难得见到完整泥范。(图 1-3-53、1-3-54、1-3-55)

图 1-3-53 出土公式女钱泥范(医政路金田工地)

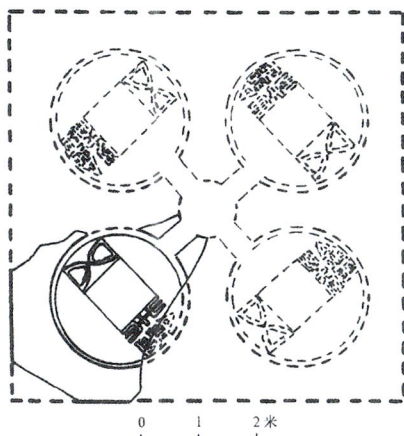

图 1-3-54 南朝梁五铢泥范平面图

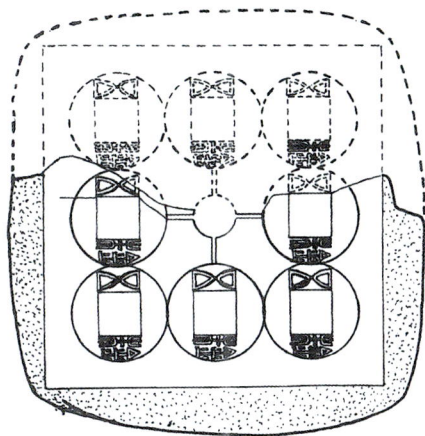

图 1-3-55 南朝公式女钱泥范平面图

此次考古证实了《隋书》关于梁五铢和公式女钱的记载。《隋书》称:"(梁)武帝乃铸钱,肉好周郭,文曰'五铢',重如其文。而又别铸,除其肉郭,谓之'女钱'。二品并行。"[1]这次两种范钱的出土,提供了梁武帝货币改革的实证,"即将两种成倍差价的大小钱同时铸行,这在梁代之前是未见先例的"。"同时,梁武帝对改革事项抓得认真、细致,仅以公式女钱形制设计和工艺改良为例,不但注重钱币铸造的质量,还改进工艺,单元范面的范钱由 4 枚增至 8 枚,极大地提高了钱币的产量,尽可能满足流通领域的需要。"[2]

这次发现的铸钱泥范遗迹,距离铁瓮城西垣仅 30 余米,而其时城内为南徐州治所,铸

〔1〕 [唐]魏徵,等:《隋书》卷二十四,中华书局,1982 年,第 689 页。
〔2〕 刘建国:《论梁五铢与公式女钱——从镇江萧梁铸钱遗址的发现谈起》,《中国钱币》,1999 年第 2 期。

钱作坊与衙城近在咫尺。无论究其生产规模，还是作坊的地理位置，都表明此处确是一处萧梁时期官铸钱遗址。再结合史料，可以确证自南朝至元代，在铁瓮城及其附近一直是官设"制币厂"的所在，它在我国钱币制造史上留下了不可磨灭的一页。

### （九）泥塑业

宋代镇江泥塑艺术品的制作和销售流行甚广，主要产品为民俗活动中的吉祥物。

1980年，五条街小学在北邻骆驼岭处建房，出土多件陶制人像及陶瓶、杯、球、瓷碗、铜钱等遗物；后来还从中修复出完整的五件"泥孩儿"，这在我国宋代考古中尚属首见。[1]其中，两童作摔跤状，另外三个似乎分别是"裁判员""啦啦队"和袖手旁观者，泥孩儿神态各异、栩栩如生、充满稚气。这些捏塑群童，透视比例关系准确，衣纹线条简练真实，神态形象逼真生动，技艺之精湛，手法之高超，令人叫绝。（图1-3-56）

图1-3-56　1980年，五条街小学出土一组泥孩儿

而出土的泥孩儿背面下侧多戳印有制作者的名字，楷书阴文，如"吴郡包成祖""平江包成祖""平江孙荣"等。苏州在宋徽宗政和二年（1113年）升为平江府，吴郡乃是苏州旧称。镇江出土的宋代泥孩儿，制作者是苏州包成祖及孙荣等匠师，由此可推断他们应是当时的名工巧匠。

十余年之后，即1996年，又在五条街小学北邻骆驼岭处兴建大市口变电所，通过考古发掘，不但出土有泥孩儿相关遗物，还清理出"前店后作"的坊店遗迹。店铺朝西临街（今剪子巷），古代街前为南北向的一条市河；后面为作坊，出土有砖砌工作台以及多件调色陶瓶（内残存颜料）、泥塑半成品、烧制的次品、文字印模等。而烧制品中除了泥孩儿之外，还有侧卧仕女像、戴方冠行人像、胡人像、各式泥塑头像及泥塑陶楼等，甚至出土有工匠娱乐用的骨制牌九，展现了泥塑坊店的多个侧面。而作坊偏北的骆驼岭，经探查几乎都由宋代泥塑废品、木炭灰所堆积而成。（图1-3-57、1-3-58、1-3-59）

图1-3-57　1997年，五条街小学出土泥塑卧女像

---

〔1〕　刘兴：《镇江市区出土的宋代苏州陶捏像》，《文物》，1981年第3期。

图 1-3-58　1997 年,大市口变电所(原五条街小学)考古现场

图 1-3-59　2000 年,德国曼海姆市博物馆馆长观赏出土泥孩儿

　　镇江除了代销或加工苏州等地的泥塑商品之外,考古中还发现宋代本地制作的泥塑的模具及作品。比较典型的是在市区解放北路四牌楼段的宋代地层里,出土有圆饼内凹状的"迷宫图""牧童骑牛"等用来翻制儿童玩物的阴文泥质红陶模具,同时,还出土了一批宗教题材的狮子、宝塔、飞天像等泥塑品。此外,大市口宋井壁龛里出土的井神像更是大件的泥塑作品,具有较高的艺术水平。这反映出宋时镇江的泥塑业生产、加工和销售都十分活跃,其表现题材已远远超越泥孩儿的范围,有着更加宽广的市场。

### (十)印染业

　　古代城市居民的衣物织品,往往需要印染加工,故印染业成为城市传统行业之一,且公、私并存。官方管理机构为织染局,宋代镇江"织染局在仁和坊,即旧都统司衙(今正东

路西段北侧）。屋凡百十有五楹，至元十八年(1281年)改置"。[1]（图1-3-60、1-3-61）

图1-3-60　1995年，市区吴家门元代染业作坊考古遗迹鸟瞰

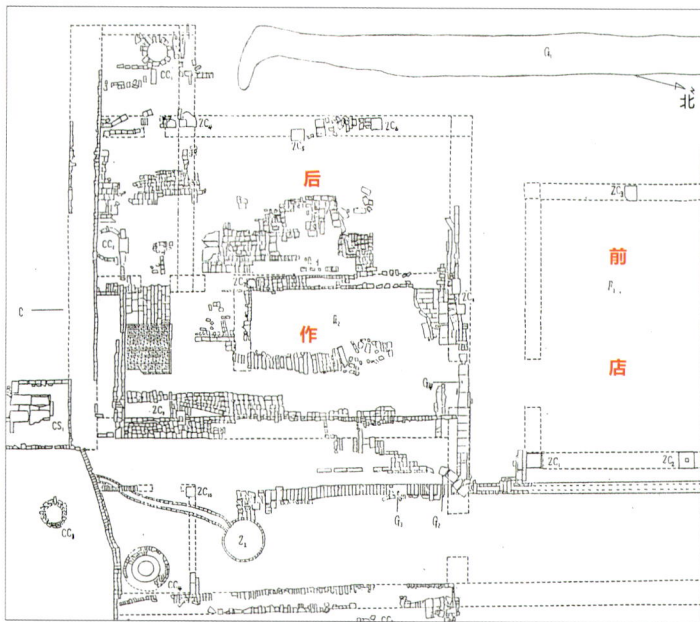

图1-3-61　吴家门元代染业作坊遗迹平面示意图

〔1〕　[元]俞希鲁：《至顺镇江志》卷十三，江苏古籍出版社，1990年，第563页。

镇江历代志书很少记载市井中的店铺、作坊,印染业亦然。但民国十一年(1922年)编印的《镇江指南》中有所述及:"镇埠染业,可略分为本染、洋染两种。营业极形复杂,有专染绸货者,有专染布货者,更有专染丝经者,其营业范围稍大者则首推潘合兴、合兴隆、汪义盛等次之。"[1]所谓洋染,当是清末镇江通商后引进的。在此之前,古代染色用的染料,大都以天然矿物或植物染料为主。

而这方面,在城市考古中有一令人惊喜的收获,即1995年于市区吴家门发现一处元代染业坊店遗迹。此次考古发掘面积为400平方米,清理出主体建筑为北、南两座房基。前者平面呈方形,地面平整,东西面阔8米,南北进深在探方内的部分为5.2米,其北段伸向探方北侧;后者平面呈刀把形,地面南端略高,东西宽14米,南北进深11米。两者之间相隔1米,并相对设门通行。

在南面房基内发现一口"独眼灶"遗迹,砖砌,由灶膛、烟道及排水道三部分组成。灶膛口径1.2米。此外,还有水槽及平台、储藏坑等遗迹。

图1-3-62 出土元代青白釉瓷罐
(吴家门考古工地)

这次发现的吴家门元代建筑,为南北前后两进,属于典型的"前店后作"坊店格局。而南面的灶间内,只设有唯一的"独眼灶",且规模较大,并设有专门的排水沟,加上砖石水槽、石板台面以及多口储藏坑,都显示出此处极有可能属于染业坊店。此店面向北,门前即是宋元时期通向西门的大街(竹竿巷)。(图1-3-62、1-3-63)

图1-3-63 省内外专家考察吴家门考古遗迹

**(十一)砖瓦业**

砖和瓦,是古代城市建筑的主要建材。但在元代以前,建筑墙体常见以土夯筑,只是宫殿、官署、寺观及城门等重要建筑才施以高档瓦材(瓦当),其基础及少数部位砌有砖墙;而宋代以后,砖墙开始取代夯土墙,并逐渐普及到寻常人家。

镇江城市考古普遍出土有砖瓦遗物,其年代从汉、三国直至明清,大都是由本地制

---

〔1〕 朱子瑾、朱子西:《镇江指南》,民国十一年(1922年)印,第119页。

作。以下重点介绍六朝、唐、宋三个时期：

**1. 六朝砖瓦**

**砖** 包括文字砖和纹饰砖两类。以铁瓮城出土遗物为代表：文字砖，见有"大吉宜子孙"和"富贵"两种，年代属汉、三国。（图1-3-64）另，见有东晋"七枚"字砖，长37厘米、宽18厘米、厚7厘米，出自铁瓮城南门遗址。（图1-3-65）纹饰砖，见有重圈纹、菱形纹、对角填线纹及钱币纹等，年代属汉末、三国。

图1-3-64 铁瓮城出土
"富贵"文字砖（汉、三国）

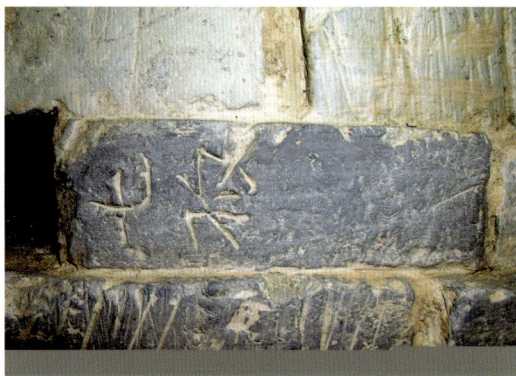

图1-3-65 铁瓮城出土"七枚"文字砖（东晋）

**瓦** 分筒瓦和板瓦两种。以铁瓮城南门遗址出土的标本为例：筒瓦，剖面呈半圆弧形，长35.4厘米、宽15.2厘米、厚1.2厘米；板瓦，剖面呈扁弧形，长34.9厘米、宽22～28厘米、厚1.3～1.7厘米。瓦，又分纹饰瓦和文字瓦：纹饰瓦，种类繁多，面、里皆有纹饰，常见有布纹、绳纹、叶脉纹、篾纹、人面纹、菱形纹、种子纹、钱纹等。而到南朝时期，瓦的纹饰逐渐被素面所取代。文字瓦大多出自铁瓮城南门遗址的南朝地层中，并均为板瓦，素面、布纹里。文字皆戳印在瓦的正面，内容见有"官""官窑""官瓦"等。（图1-3-66）

**瓦当** 主要用于宫殿、官署、寺观等高档建筑，并与筒瓦配套。用法是屋顶以板瓦卧式（内里朝上）叠铺，再跨行以筒瓦俯式（瓦面朝上）相盖成垄，其最下方筒瓦连接瓦当。瓦当既可挡水，又是装饰。

图 1-3-66 铁瓮城南门出土筒瓦（南朝）

六朝瓦当纹饰，主要有云纹、兽面纹及莲花纹三种。（图 1-3-67）

图 1-3-67 铁瓮城出土莲瓣纹瓦当（南朝）

镇江出土的早期兽面纹瓦当有着指标性意义，它象征着孙吴的政治野心，同时代表了当时的艺术特色。"因为三国时期，曹魏在许多方面仍是承袭汉制，折射在瓦当艺术上则是较长时期一直沿用汉代的云纹题材，未见有新的突破。而江南孙吴则是凭借新兴的经济实力，追求更加宏大的政治抱负，思想文化十分活跃，艺术上亦敢于创新。兽面纹瓦当便应运而生，一枝独秀。其图像更近于人面化，威武、粗犷，从中似乎可以透露出孙吴开创霸业的一种自信和追求。"[1]

---

〔1〕 刘建国、潘美云：《论六朝瓦当》，《考古》，2005 年第 3 期。

## 2. 唐代砖瓦

**砖** 多为素面,亦见有模印文字。在铁瓮城南门唐、五代城砖中,皆为本地官窑制品,文字见有"官窑""官记""官三""上""宅窑""润州"等。砖的规格,一般长37～38.5厘米、宽17.5～18.5厘米、厚6.6～7.5厘米。

**瓦** 多为素面、布纹里,亦有面饰浅细绳纹者。而在铁瓮城南门遗址中,出土有唐、五代文字瓦,印文见有"官""官瓦""官瓦记""供宅用""大"等字。而"官""官瓦"的文字内容与所出南朝瓦完全相同,并且数量较多。印文有阳文和阴文两式,字体亦有楷体、行体、草体以及简化异体字等。(图1-3-68)

图1-3-68 南门大街四院工地出土
兽面纹瓦当(隋末唐初)

## 3. 宋代砖瓦

**砖** 在镇江宋代城垣、官署、桥梁、道路等考古中,亦曾出土不少文字砖,多为阳文,如"府城砖""修城砖""丹徒县""镇江水军""镇江前军烧"等。砖的规格,一般为长37.8～38.4厘米、宽17.4～18厘米、厚5.8～7.5厘米。(图1-3-69)

**瓦** 有板瓦、筒瓦,多为素面、布纹里。亦有瓦当,常见兽面纹、莲瓣纹。(图1-3-70)

图1-3-69 正东路范公桥遗址出土
宋代"镇江中军"印文砖

图1-3-70 铁瓮城出土宋代兽面纹瓦当

## 4. 润州官窑

镇江出土的"官"字砖瓦,皆属于官窑产品,那么它们又统一归属于何种组织呢?其实,这个问题在出土的"官"字砖文字内容中就有着明确的答案,即称之为"润州官窑"。

（图 1-3-71）润州官窑又分瓦窑和砖窑两个部分，其中，瓦窑的数量相对较少，因为建筑中瓦的需求体量显然少于砖类。而砖窑的情况则有所不同，从文字中显示出有多座窑场：如"官上""上"，应是代表砖窑中的上窑，理当还有下窑的存在；"官窑三""官三""二"，应是表示窑的编号，说明有一号窑、二号窑、三号窑等之分；另外，还见有"宅窑"，可能是专为建造舍烧砖的窑场。[1]

图 1-3-71　定波门宋代罗城上的
"润州官窑"文字砖

　　润州官窑的砖瓦，无论是文字内容，还是印文形制，皆自成特点，且源远流长，历经数百年之久。所见标记官窑始自南朝，当时应是称为"南徐州官窑"；唐代改置润州，则命名为"润州官窑"，为"官"字砖瓦的鼎盛时期；北宋还保持着旧有的传统。政和三年（1113 年）润州升镇江府，自此以州命名的"润州官窑"已不复存在。但改置后的镇江府依然承袭官窑制度，设有镇江府官窑。其产品实物见之于扬州宋大城考古：在扬州南宋瓮城内墙上发现一批镇江府烧制的城砖，砖上文字有"镇江府""镇江府官砖""镇江府　后军官砖""镇江府官砖　窑户李五"等。[2]而从这批文字砖中可以看出，南宋镇江府官窑也出现了一些新的举措，如利用军队（"后军"）及民间窑户（"窑户李五"）为官府烧制，但仍然标示出官窑身份。

## 五、城中旗营

　　小时候常听老人念叨一句谚语："大市口，没人走；五条街，挤不开。"可是，作为古代繁华的大市口，怎么会有"没人走"的时候？这句谚语原来与清代的"城中之城"有关。

　　所谓"城中之城"，是指驻防在镇江的八旗军营。如果翻阅清代《光绪丹徒县志》，就会在"旧城坊巷图"上发现：原来清代的大市口被圈入军营的范围，这座军营规模很大，北抵大西路，西沿双井路，南至健康路，东越解放路，周长约"四里又三百四十步"，占镇江府城内约 1/4 面积，坐落在"文昌、儒林、黄祐、怀德等坊"[3]，这就是堪称清代镇江的"城中之城"——八旗军营。（图 1-3-72）

---

〔1〕　刘建国：《镇江铁瓮城出土"官"字砖瓦探析》，《东南文化》，2013 年第 6 期。
〔2〕　扬州城考古队：《扬州宋大城西门发掘报告》，《考古学报》，1999 年第 4 期。
〔3〕　[清]杨履泰，等：《光绪丹徒县志》卷二十"兵制"，光绪五年（1879 年）刻本。

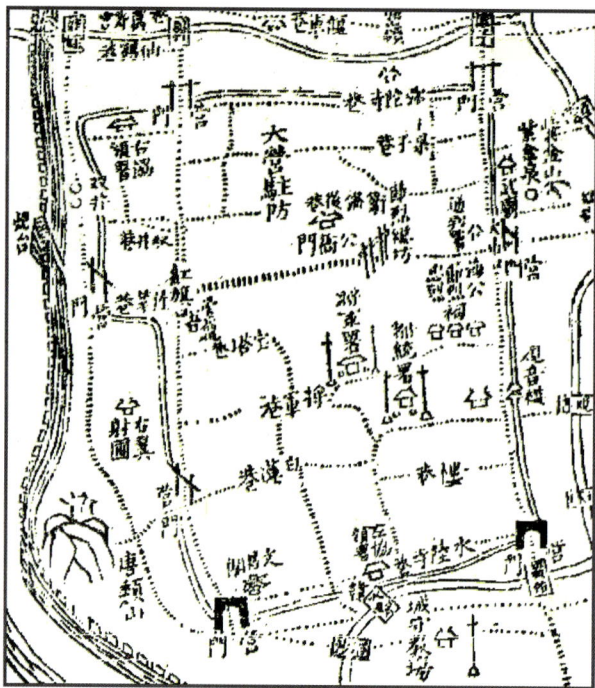

图 1-3-72　镇江清代旗营示意图（截自光绪"旧城坊巷图"）

## （一）顺治驻军

八旗,是清代特有的一种兵制,同时也是一种社会组织形式。清朝入关前,努尔哈赤初定兵制,每三百人设为"牛录",由牛录额真(汉译"佐领")管领。每五佐领设一参领,五参领设一都统,每都统辖兵 7500 人,为一旗。原设正黄、正白、正红、正蓝四旗,后增设镶黄、镶白、镶红、镶蓝四旗,合为八旗。皇太极时,又将降附的蒙古人和汉人编为"八旗蒙古"和"八旗汉军",简称"蒙八旗"和"汉八旗"。入关后,八旗兵成为清朝统治的重要军事支柱,主要分北京八旗和全国驻防八旗两部分,前者拱卫首都,后者分驻全国 11 个省的 20 座城市,京口就是其中之一。顺治十六年(1659 年),"设京口驻防镇海将军一,副都统二,协领、参领、防御、佐领、骁骑校有差"。[1]

京口驻防开始于顺治十二年(1655 年),朝廷为防止郑成功军队北上,派镇海大将军石廷柱统率汉八旗官兵驻防京口,屯营北固山下。又,顺治十六年(1659 年),郑成功兵陷镇江,后退走,朝廷遂派镇海大将军刘之源统汉八旗官兵驻镇江,"城内圈西南文昌、儒林、黄祐、怀德等坊居民房屋,分派八旗屯驻"。[2]

---

〔1〕 赵尔巽,等:《清史稿》卷一百三十,中华书局,1976 年,第 3869 页。
〔2〕 [清]春元:《京口八旗志》卷上,光绪五年(1879 年)本。

## (二) 乾隆换防

及至乾隆二十八年(1763 年),朝廷"裁汰汉军",改由原驻江宁(南京)蒙古八旗"拨六七甲兵一千六百九十二名驻防京口,以掌印副都统领之"。营区所属官署有 1800 间,公所 650 间,后房 4147 间,连同左、右翼教场,占地面积近千亩。[1]至今,镇江城内仍然遗留有不少八旗驻军的地名遗子,如将军巷(巷内有将军行辕)、西府街(街内设有八旗右协领署,俗称西府)、红旗口(镶红旗营区门口)等。

京口旗营不单是军事驻防所在,亦是镇江蒙古族、满族少数民族的聚居地。因为,自乾隆年间,蒙八旗换防镇江以后,它还包括大量的官兵家庭成员,凡八旗成员统称"旗人",他们受着独立于府、县的行政管辖。据《京口八旗志》记载,京口八旗除了 1600 余名官兵之外,还有"男妇老幼共九千余口",其中大半为蒙古族人,少数为满族人。[2]辛亥革命以后,京口八旗已不复存在,但其后裔不少仍然居住在旗营旧地街巷之中。

## (三) 光荣战史

而京口八旗兵在中国近代史上曾经书写过光荣的一页。他们在鸦片战争镇江保卫战中英勇奋战,可歌可泣。

1842 年 7 月,英军船舰入江到达镇江水面,士兵有 12000 多人。而守卫的清军只有 4000 余人,虽然力量悬殊,清兵仍然誓死抵抗,从焦山、金山一直打到西津渡,后来在府城西门进行激战。西门守军在城楼上与敌人展开争夺战。后来城被攻破,但守军誓不投敌,在城内小教场、高桥、范公桥等地又进行激烈巷战,仅在高桥就毙伤英军官兵 40 多人,侵华英军总司令也险被火绳枪击毙。

当侵略者进攻到旗营的时候,立即遭到旗兵的炮击。扼守营门口的士兵开枪打死不少敌人。在敌军闯入都统署衙后,在海龄的带领下,旗营官兵进行殊死的战斗,用抬炮、鸟枪歼敌无数。最后时刻,海龄率全家自焚,为国殉难。而旗营内的所有成员视死如归,无一人投降。事后,侵略军利洛在其《英军在华作战末期记事》一文中也承认"不论是汉兵或满兵都表现得非常勇敢,很令我们钦佩……从他们的行动可以看出,虽然打到最后一个人,也还是不肯屈服"。[3]

京口旗营,这座清代镇江的"城中之城",历时 230 余年,占地近千亩,成为当时镇江城内一圈特殊的禁区;这里又是蒙古族、满族的聚居地,成为镇江民族文化交流、融合的重要平台;同时,旗营更是抵抗侵略者的浴血战场,也是以海龄为代表的八旗官兵为国殉难的所在。旗营,它是历史文化名城中的独特遗产,应该在镇江留下它们的印记和遗迹。

---

〔1〕〔2〕 [清]春元:《京口八旗志》卷上,光绪五年(1879 年)本。
〔3〕 (英)利洛:《英军在华作战末期记事》,邦本网,2011 年 7 月 25 日。

# 第四节　建筑遗址

建筑是城市的主要载体。每个时期的城市，除了城垣城门、水网桥闸、街衢市井之外，还有官署公廨、官民学校、居址名园、楼堂亭台、寺观庙祠等建筑设施，它们合在一起构成了每一个时期城市的内涵和全貌。

## 一、官署公廨

古代镇江，自汉末建安十三年（208 年）孙权在此设立车骑将军府始，之后相继设有东晋徐州治所、南朝南徐州治、唐代润州暨浙江西道、镇海军节度使驻地、宋代州、府及总领所、都统司，明清府治、道署，绵延千年，史迹斑斓。

### （一）六朝府寺

汉末、六朝，京口先后设有车骑将军府、徐州州治以及南徐州治等重要府寺（官署），它们均设置于铁瓮城内。

#### 1. 车骑将军府

孙权将政权中心从吴（今苏州）迁至京口的时间，据《建康实录》载，为汉末建安十三年（208 年），"权始自吴迁于京口而镇之"。[1]此时孙氏政权已占据江东，正图谋更大的发展，孙权虽然尚未正式称王、立国，但俨然已是三分天下的诸侯之一。其时摇摇欲坠的汉朝廷为了拉拢关系，颁给孙权"车骑将军"的身份。《三国志》在《胡综传》中曾写道："权为车骑将军，都京，召综还，为书部，与是仪、徐详俱典军国密事。"[2]所谓"都京"，即是以京口为都城，可见孙权的车骑将军府在一定程度上已具备准宫城的性质。

依照古代宫城的礼制规范，朝政区与寝苑区是分开的，即所谓的"前朝后寝"。对比三国同时期曹操建都的邺城即是如此：在宫城区内，前面是文昌殿，殿后为后宫区，殿西北为铜雀苑，所谓铜雀三台所在，同时还有武库、粮仓等。[3]以此审视铁瓮城，我们可以看到它位于北固山南峰，地势自南向北逐渐升起，最北一层地势最高，气势雄伟（今烈士陵园所在），此处应是朝政办公处所。

而北固山中、后峰当是后宫苑区，设有武库、粮仓等。这方面在史料及考古中亦见有几则线索。如，《南史》记曰："（北固山），蔡谟起楼其上，以置军实。是后崩坏。"[4]

---

〔1〕　[唐]许嵩：《建康实录》卷一，中华书局，1986 年，第 11 页。

〔2〕　[西晋]陈寿：《三国志》卷六十二，中华书局，1959 年，第 1413 页。

〔3〕　徐光冀：《曹魏邺城的平面复原研究》，中国社会科学院考古研究所编《中国考古学论丛》，科学出版社，1995 年。

〔4〕　[唐]李延寿：《南史》卷五十一，中华书局，1975 年，第 1279 页。

《元和郡县图志》记曰："蔡谟、谢安作镇,并于山上作府库,储军实。"[1]蔡谟、谢安虽然是东晋时人,但时距孙吴较近,仓储设施应是有所继承。而考古发现亦能提供相关的信息,即 2000 年在北固山后峰探掘时,曾出土三国、六朝的建筑遗物。这从一个侧面反映北固山中、后峰与铁瓮城同属京城且功能互补。

1997 年,在烈士陵园迁墓时曾实施抢救性考古:陵园位于铁瓮城内北半部,自大门而上为四级台地,最高第四级平台(原墓区)海拔高约 32 米,与第一级平台水平距离最大约 60 米,落差约 8 米。1997 年,在第四级平台试掘小探方,发现六朝建筑(F8)的夯土台基遗迹,外护砖墙。其地面铺砖,砖长 48 厘米,宽 24 厘米,厚 8 厘米,饰粗深绳纹,显示出早于六朝的特征。又经洛阳铲探,探知 F8 东西约 30 米,南北约 15 米,应是一座规模较大的建筑遗迹,且位居第四级平台中轴线上。虽然此次考古只是揭开了铁瓮城官署遗址的一角,但我们已依稀感受到当年孙权将军府的规模和气势。(图 1-4-1)

图 1-4-1  1997 年,镇江市人大领导视察考古现场(烈士陵园工地)

2. 徐、兖州治

西晋末年永嘉之乱,元帝渡江之后,"幽、冀、青、并、兖州及徐州之淮北流民,相率过江淮……并侨立郡县以司牧之"。[2]在京口侨置徐州、兖州,统侨郡南东海、南琅邪、南东平、南兰陵、临淮、淮陵、南彭城、南沛、南清河、南下邳、南东莞、南平昌、南济阴、南濮阳、南太平、南泰山、南济阳、南鲁等郡。[3]

东晋初期,只有如周颛在元帝初被"召为扬威将军、兖州刺史"[4],时兖州寄居京口。又,祖逖"避地淮泗,达泗口,元帝遂用为徐州刺史……居丹徒之京口"。[5]但其时间都较为短暂,且两州又以寄居江北者为多。

而这一情况的变化是从郗鉴开始。史学家田余庆认为:"京口重镇的形成,发端在

〔1〕 [唐]李吉甫:《元和郡县图志》卷二十五,《中国古代地理总志丛刊》,中华书局,1983 年,第 591 页。
〔2〕〔3〕 [南朝]沈约:《宋书》卷三十五,中华书局,1974 年,第 1038 页。
〔4〕 [唐]房玄龄,等:《晋书》卷六十九,中华书局,1974 年,第 1850 页。
〔5〕 [唐]房玄龄,等:《晋书》卷六十二,中华书局,1974 年,第 1694 页。

郗鉴。"[1]

郗鉴(269—339年),是东晋历史上一位传奇式人物。他在平定苏峻叛乱中,"坚守京口",控制三吴,起到了拱卫京师的重大作用。咸和六年(331年),刘征作乱,"(郗)鉴遂城京口……率众讨平之"。[2]他又在京口创建以侨民为主的"北府兵",成为其报国安民、建功立业的依靠力量。

郗鉴于咸和三年(329年)从广陵(今扬州)移师京口,直至咸康五年(339年)去世,官任徐、兖州刺史,甚至拜司空,加侍中,但始终都没有离开京口,一直驻守、定居在此长达十一年之久。由于郗鉴的经营,京口已经成为管控及联系三吴、平衡和遏制上游军事以及稳定东晋政局的重要因素。

后来,不但徐州刺史历镇京口,就连兖州亦常治于此。据《嘉定镇江志》记载,先后有郗鉴、范汪、桓温、褚裒、郗昙、庾希、郗愔、刁彝、王坦之、谢元、王恭、桓修、刘道怜及刘义符等,都是以"徐兖二州刺史镇京口",而且多有将军身份,另加授"都督徐兖青扬州之晋陵吴国诸军事"等要职,显示其行政和军事的双重格局。[3]

州:置刺史、别驾、治中从事、诸曹从事等员。又有主簿、门亭长、录事、记室书佐、诸曹佐、守从事、武猛从事等。凡吏四十一人,卒二十人。徐州又置淮海,凉州置河津,诸州各置都水从事各一人。

将军:东晋时期徐、兖州刺史多领将军职,如郗鉴为车骑将军、刁彝及王坦之为北中郎将、桓冲为车骑将军、王蕴为左将军、谢元为冠军将军、王恭为平北将军、桓修为右将军、刘裕为镇军将军等,以上将军皆"位从公";更有甚者,郗鉴和刘道怜还进位"司空",位列"三公"。而东晋制度,位从公加兵者,增置司马一人,从事中郎二人,主簿、记室督各一人,舍人四人,兵铠、士曹、营军、刺奸、帐下都督,外都督,令史各一人。司马给吏卒如长史,从事中郎给侍二人,主簿、记室督各给侍一人。[4]

可以想见,两州及将军等衙署都安置在京口铁瓮城内外,其相关人员和机构会是多么庞大。志载,东晋时期有两任刺史曾先后重修州城:一是东晋初期郗鉴"城京口",一是东晋后期王恭"更大改创"。而在2004年的铁瓮城南门遗址考古中,发现了两次重修的城垣遗迹。(图1-4-2)

3. 南徐州治

南朝刘宋,"武帝永初二年(421年),加徐州曰南徐,而淮北但曰徐。文帝元嘉八年(431年),更以江北为南兖州,江南为南徐州,治京口,割扬州之晋陵、兖州之九

〔1〕 田余庆:《东晋门阀政治》,北京大学出版社,1996年,第74页。
〔2〕 [唐]房玄龄,等:《晋书》卷六十七,中华书局,1974年,第1800页。
〔3〕 [宋]卢宪:《嘉定镇江志》卷十三"刺守",丹徒朱氏金陵复刻包氏本,宣统二年(1910年)。
〔4〕 [唐]房玄龄,等:《晋书》卷二十四,中华书局,1974年,第745页。

郡侨在江南者属焉,故南徐州备有徐、兖、幽、冀、青、并、扬七州郡邑。领郡十七,县六十三,户七万二千四百七十二,口四十二万六百四十"。[1]

南朝的南徐州与东晋的侨置徐州相比,有着较大的区别:

东晋的侨置徐州,是寄治在扬州境内,其下辖郡县拥有实土的很少,志书上只见有南琅琊、南东海等少数实例,而南兰陵等大多数侨郡、县都不拥有实土,其侨民大都散居于原江南旧县境内。

图1-4-2 铁瓮城南门三个时期的城垣
(Ⅰ—孙吴时期;Ⅱ—东晋前期;Ⅲ—东晋后期)

而南朝的南徐州,自元嘉八年(431年)以后在拥有实土和郡县数量上都有了大的变化:一是"割扬州之晋陵",将原属于扬州的晋陵郡改属南徐州,而晋陵郡的八个属县(丹徒、武进、晋陵、曲阿、延陵、南沙、暨阳、无锡)全为实土;又割"兖州之九郡侨在江南者属焉",合并了原侨置在江南的兖州属郡;不久,于大明七年(463年)及泰始四年(468年)分别割江南吴郡和义兴郡属南徐州。南徐州在刘宋一百余州中,人口位居第二,仅次于包括首都建康(今南京)在内的扬州,其实力和地位都有很大的提高。

宋高祖(刘裕)曾立下遗诏:"京口要地,去都邑密迩,自非宗室近戚,不得居之。"[2]而纵观整个南朝时期(宋、齐、梁、陈),在任的南徐州刺史有75名,其中皇室成员就有54名,加上齐、梁、陈三位开国皇帝(萧道成、萧衍、陈霸先)均在前朝任南徐州刺史,一共57名,占大多数,余则也是时任重臣。[3]刺史还多带将军、使持节、都督军事等职衔。因此,南徐州的官署设置较为庞大、繁复,既有州署,又有王府、将军署,还加有"使持节""都督"等特殊待遇所涉及的人员。

至于南徐州治的具体情况,史载阙如,但历史上却有一位重量级名人与之有关,他即是天文学家、数学家祖冲之。祖冲之(429—500年),"稽古,有机思,宋孝武使直华林学省,赐宅宇车服。解褐南徐州迎从事,公府参军。宋元嘉中用何承天所制历,比古十一家为密。冲之以为尚疏,乃更造新法"。[4]祖冲之任南徐州从事、公府参军,并在此期间创造新的纪年方法,编制《大明历》,首次引用岁差对历法进行重大改

---

〔1〕 [南朝]沈约:《宋书》卷三十五,中华书局,1974年,第1038页。
〔2〕 [宋]卢宪:《嘉定镇江志》卷三"攻守形势",丹徒朱氏金陵复刻包氏本,宣统二年(1910年)。
〔3〕 关于南朝时期南徐州刺史的数字,系据《嘉定镇江志》卷十三所载刺史名录统计。
〔4〕 [唐]李延寿:《南史》卷七十二,中华书局,1975年,第1773页。

革。而这许多科学研究都是在京口州衙中完成的，他的事迹为南徐州治增添了异彩。中国邮政于 1955 年 8 月 25 日发行了"数学家祖冲之"纪念邮票，纪念这位中国古代卓越的科学家。（图 1-4-3）

图 1-4-3　纪念祖冲之的邮票

### （二）唐代官署

唐代设润州、浙江西道、镇海军，衙署多集中于子城（兴建于铁瓮城旧址）及其附近。

1. 州、道、军衙署

**润州**　隋开皇十五年（595 年），"置润州，城东有润浦口，因以为名。管县六：丹徒，丹阳，金坛，延陵，上元，句容"。[1] 而据盛唐开元二十八年（740 年）统计，润州有户十万二千三十三，口六十六万二千七百六。而当时整个长江流域，超过 10 万户的州仅为少数几个，至于苏州（7 万多户）、扬州（7 万多户）、杭州（8 万多户）等都在 10 万户以下。[2]

**浙江西道**　由于润州地处江南运河咽喉，"安史之乱"后朝廷对漕运的依赖日益增强，润州的地位越发重要。自景云中（710—711 年）润州刺史韦铣始，润州刺史多兼江南东道按察使或采访使。建中二年（781 年），以韩滉合浙江东西二道观察置节度，治润州。贞元三年（787 年）分浙江东西道为三，浙西治润州。浙江西道，下辖润州、常州、苏州、杭州、湖州、睦州，县三十七。直至唐末景福二年（893 年），"以钱镠为镇海军节度、浙江西道观察处置等使，乃移镇海军额于杭州"。[3] 浙江西道治于润州的时间，前后长达 140 余年。

**镇海军**　唐代地方藩镇军名，统领称节度使。建中三年（782 年），"以浙江东西观察使、苏州刺史韩滉为润州刺史、浙江东西节度使，名其军曰'镇海'"。[4] 后军区以浙江西道为域，统其润、苏、常、湖、杭、睦六州，即今浙江北部及江苏江以南镇江以东之地。光化元年（898 年）钱镠为镇海节度，移镇海军于杭州。[5]

唐代衙署多集中在北固山南峰上下，所谓"自晋以来，郡治皆据其上"。[6] 其州、道、军的主要衙署都集中于子城之内。志载，在子城之巅有卫公堂，"唐李德裕为观察

---

〔1〕　[唐]李吉甫：《元和郡县图志》卷二十五，《中国古代地理总志丛刊》，中华书局，1983 年，第 591 页。

〔2〕　[宋]欧阳修、宋祁：《新唐书》卷四十一，中华书局，1975 年，第 1056 – 1059 页。

〔3〕　[后晋]刘昫，等：《旧唐书》卷二十上"昭宗纪"，中华书局，1975 年，第 750 页。

〔4〕　[宋]司马光：《资治通鉴》卷二百二十七"建中三年"，中华书局，1956 年，第 7301 页。

〔5〕　[宋]欧阳修：《新五代史》卷六十七"钱镠传"，中华书局，1974 年，第 838 页。

〔6〕　[清]顾祖禹：《读史方舆纪要》卷二十五"镇江府"，中华书局，2005 年，第 1251 页。

使时所建,后人因其封爵名之"。[1]（图1-4-4）

图1-4-4　考古揭示唐代官署
遗迹(烈士陵园工地)

图1-4-5　1997年,铁瓮城西侧
唐代官署内花砖水沟遗迹

　　此外,还有官署设在子城之外。1997年,在铁瓮城西侧金田开发工地,考古发现唐、宋、元三代叠加的官署遗迹,与城垣仅有50米距离。其中以唐代建筑尤为突出,出土有夯土台基砖墙、砖砌台阶及花纹方砖铺砌的排水沟等。（图1-4-5）此处位置与宋代通判北厅方位相合,亦可能即是唐代通判的所在。由此推及,志载子城周边其他宋代官署,其前身大多应是唐代官舍旧址。

　　2. 唐代官邸

　　史志中,可以寻得关于润州刺史李德裕州宅的一些线索。如志称,北固山甘露寺为"唐李德裕割地以辟其址"。[2]又,"李德裕观察浙西时,施州宅后地,增拓其基宇"。[3]而《北固山志》则点明其时李德裕的官宅位置,"在南峰后,即今城外中峰"。[4]

　　2005年,考古队曾在中峰东段进行过勘探,发现地下有唐代大型屋基砖面遗迹。

---

〔1〕　［清］杨履泰,等:《光绪丹徒县志》卷十五"宫室",光绪五年(1879年)刻本。
〔2〕　［元］俞希鲁:《至顺镇江志》卷九,江苏古籍出版社,1990年,第359页。
〔3〕　［清］朱霖增纂:《乾隆镇江府志》卷二十"寺观",乾隆十五年(1750年)增刻本。
〔4〕　［清］周伯义:《北固山志》卷二"建置",光绪三十年(1904年)刻本。

（图1-4-6、1-4-7）由此可证,北固山中峰确是唐时润州官舍之所,甚至可以上溯到六朝时期的官宅、寝居。

图1-4-6　北固山中峰外景

图1-4-7　考古发现唐代官邸屋基遗迹(北固山中峰腰台)

### (三) 宋代官署

宋代,润州属浙西路。开宝元年(968年)改镇海军为镇江军,郡守称"知润州军州事"。政和三年(1113年),升润州为镇江府。下辖四县:丹徒、丹阳、金坛及延陵。自熙宁五年(1072年)延陵废为镇,下辖为三县。宋代润州(镇江)官署,下文分北宋和南宋两个时期述及。

1. 北宋时期

**州治**　在子城,"始者因山为基,自谯门而升,逾数百级"。宋皇祐中,郡守张升重建;后宣和辛丑(1121年),虞奕"又拓而大之"。[1]

**镇江军**　开宝八年(975年),"改润州镇海军为镇江军"。[2]

**州属官署**　润州《祥符图经》记述有北宋初期州治以外的官舍十二处:通判,在州衙西偏;推官,在州衙南门外西偏;州院、司理院,并在州衙南门外;兵马监押,在州衙西南;监清酒、同监清酒、监茶税、同监税、监织罗务,并州衙西门外;监堰,在州西南二里;回车院,在西北一里。[3]

2. 南宋时期

因皇室南迁,偏安杭州,宋、金对峙于江淮,镇江的地位尤显突出,并成为南宋军事、后勤、转运的中心之一。故衙署设置除府署外,还设有都统司和总领所等机构。(图1-4-8)

---

〔1〕　[元]俞希鲁:《至顺镇江志》卷十三,江苏古籍出版社,1990年,第525页。

〔2〕　[宋]李焘:《续资治通鉴长编》卷十六,中华书局,1979年。

〔3〕　[宋]卢宪:《嘉定镇江志》卷十二"公廨",丹徒朱氏金陵复刻包氏本,宣统二年(1910年)。

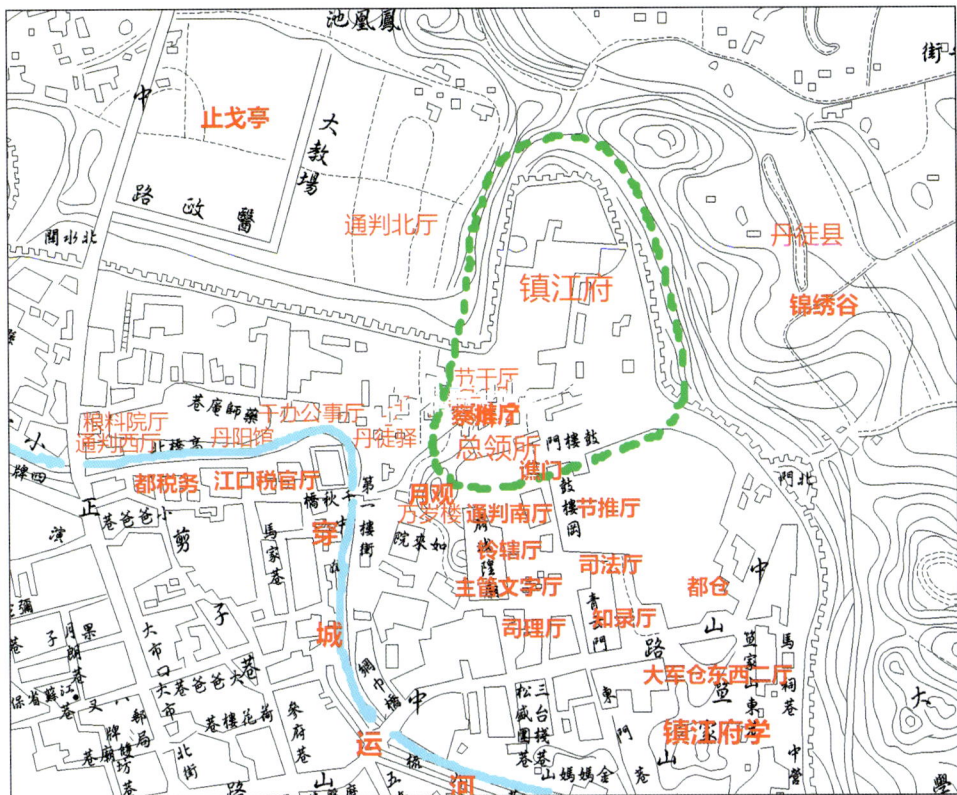

图 1-4-8　南宋镇江官署(部分)方位示意图

**镇江府、镇江军**　在子城内。子城最南端为谯楼(即铁瓮城南门旧址),为郡守李谟于绍兴丙辰(1136 年)建,楼的匾额有"镇江军"三个大字。谯门外两边有"宣诏""颁春"二亭。进入谯门为一条南北向大道,直抵府门前,并有一条道路西通子城西门(即六朝铁瓮城西门)。府门南向,正对南北大道;次为仪门(始创于绍兴郡守胡世将)。中为设厅,即府大堂,绍兴中郡守胡世将建。推官厅在堂之西,经历司在堂之东,东西两庑为吏舍,两旁设井亭二。中立戒石亭,立有宋仁宗颁布的《戒石铭》:"尔俸尔禄,民膏民脂,下民易虐,上天难欺。"另,有高闲阁(旧曰读书楼)在堂之后;近民轩,绍熙中郡守马大同建,在堂之东;绝顶有楼,题曰望海。还有架阁库二:一在高闲阁之东,一在仪门之西;公厨,在东庑之外。[1]

**府治便厅**　旧称铃阁,后呼东厅,在北固山东(今绿竹巷南段一带),屋凡八十一楹。宋绍兴间郡守李谟创建,有时雨堂、仁寿堂等。签厅,众官会集之所,在便厅东

---

〔1〕〔宋〕卢宪:《嘉定镇江志》卷十二"公廨",丹徒朱氏金陵复刻包氏本,宣统二年(1910 年)。

南隅。此处与府署之间联系,可通过子城东门(东海门)上下。[1]

**锦绣谷**　府署园亭,游憩之所。在府治东北夹城内,原丹徒县治旧址(今绿竹巷北段附近)。谷中为堂三:一额"江山如画",一额"京江福地",一额"乐春堂"。又有竹庄、苍寒、撷英、阆芳、麦坡、浸碧、占春、春意八亭,皆即景命名。尤胜者:振衣亭,在谷东北,嘉定癸未(1223年)赵善湘建;万象亭,在谷西北,亦赵善湘建;阆风台,在谷之西。[2]"锦绣谷"之名取自苏东坡"东风吹开锦绣谷"。

**总领所**　全称淮东总领所,具体负责淮东战区的钱粮供应。在子城内西南,有堂六:曰"锦",宋嘉定十四年(1221年)总领岳珂建;曰"宽廉",初名供军堂,隆兴二年(1164年)总领洪适建;曰"爱山",淳熙二年(1175年)总领钱良臣建;曰"绀书",淳熙八年(1181年)总领宇文子震建;曰"仁本",淳熙九年(1182年)总领余晦建;曰"嘉儒",景定五年(1264年)总领陆景思建。楼三:曰"得江",洪适建,仍自为记;曰"怡",在锦堂上,岳珂建;曰"飞云",余晦建,在西城角。斋二:曰"应",岳珂建;曰"书画船",陆景思建。轩一,曰"清风",岳珂建。亭九:曰"花信",洪适建;曰"仁",乾道九年(1173年)总领曾逮建;曰"小蓬莱"、曰"山春"、曰"杏",并宇文子震建;曰"一笑",嘉泰三年(1203年)总领梁季珌建;曰"楼台云水",嘉定九年(1216年)总领宋钧建,旧名"表里江山";曰"雄快",初曰"垫",王埜改名"书扁";曰"最佳处",王埜建。其园一,曰"政足",在前街(今第一楼街)东,岳珂改旧金判厅为之。园中为游憩之所,有海岳堂、碧玉堂、至山亭、小华洞、烂柯台、升泉、梯云磴、信斋、民监、垂榻、待月廊、怀陟、舞雪、坦亭、东巢、窒庵、凉台、燠馆、翠春、射堂凡二十所,每所岳珂自赋一词,以纪其胜。[3]

**都统司**　镇江都统司是南宋几大军区之一,长官为都统制。绍兴十一年(1141年),"中护军(原张俊所部)改为镇江府驻扎御前诸军,称镇江都统司"。[4]乾道六年(1170年),"镇江军马……并作六军(前、右、中、左、后、水军)。本路屯驻,额管四万七千人"。[5]衙署设在县桥之南(今南门大街以西、原市政府一带)。旧志称其"土木雄壮,甲于江左"。元代改为织染局。[6]

其他衙署:主要有镇江府通判、税务等厅、监,以及丹徒县治及下属厅、司等。[7]

**通判**　古监郡之职。宋代乾德元年(963年)始置,诸州通判大藩或置两员,以京朝

〔1〕　[宋]卢宪:《嘉定镇江志》卷十二"公廨",丹徒朱氏金陵复刻包氏本,宣统二年(1910年)。
〔2〕　[清]朱霖增纂:《乾隆镇江府志》卷十六"公署",乾隆十五年(1750年)增刻本。
〔3〕〔6〕　[元]俞希鲁:《至顺镇江志》卷十三,江苏古籍出版社,1990年,第532、533页。
〔4〕　白寿彝主编:《中国通史》第11册,上海人民出版社,1999年,第901页。
〔5〕　[宋]卢宪:《嘉定镇江志》卷十"兵防",丹徒朱氏金陵复刻包氏本,宣统二年(1910年)。
〔7〕　凡"其他衙署"中的资料未见注者,皆引自《嘉定镇江志》卷十二"公廨"及《至顺镇江志》卷十三"公廨"。

官充。绍兴后,镇江府设有南、北、西三厅:

通判南厅 在谯门外之西。堂曰"存心",开禧中林中建。斋二,曰"玉笈",乾道中陆游建;曰"微之显",宝祐二年(1254年)杨公燮建。亭六:曰"输香",曰"凌云"(并陆游建);曰"紫烟",开禧中潘友文建;曰"繁阴",嘉定中李涣建;曰"山意",曰"四时佳兴",并杨公燮建。此厅与北宋"推官(署)在州衙南门外西偏"位置重合,当是承袭其旧址。元代废,因其基址建有三皇殿。1996年,在铁瓮城南门外西侧(原塑料二厂厂区内),考古发现宋代官衙建筑遗迹,证实了此处确是北宋推官署及南宋通判南厅之所在;从出土唐代及南朝"官"字瓦等遗物,推测其官署设置可以上溯到六朝时期。(图1-4-9)

图1-4-9 1996年,铁瓮城南侧考古发现宋代官署砖砌水沟遗迹

通判北厅 在府治之西。堂四:曰"公辅",初名化廉,后景定二年(1261年)赵时畢重建;曰"光霁",庆元二年(1196年)钱仲彪建;曰"秀野",卫玠建;曰"省堂"。亭,曰"富览",钱仲彪建。1997年,在铁瓮城西侧金田开发工地发现唐、宋、元三代相互叠加的衙署遗迹。其位置与北宋"通判在州衙西偏"及南宋"通判北厅在府治之西"相重合,并据此推测其下所叠压的唐代官署遗迹亦是州或道的通判所在。

通判西厅 在丹阳馆之西(今千秋桥街西段北侧)。有堂曰"城山","颇明敞,可为延宾之所,后有一石尤奇"。

**其余各厅** 察推厅,在高桥北子城(西夹城)内。初,在狮子门(铁瓮城西门)里,与总领所花园相邻。"因总领余晦建仁本堂,遂迁于此。"节推厅,在谯楼南,"初在西城桥之西南,与察推厅相对,后迁于此"。知录厅,在小市北(今中山东路以北、青云门路以东)。司理厅,与知录厅相对。节干厅,在狮子门内,此厅始为签幕厅治之地;淳熙中移入府治,更为司户厅;嘉定癸未郡守赵善湘重建,后辟为节制司。钤辖厅,在谯楼之南。司法厅,与钤辖厅相对。粮料院厅,在渌水桥北子城(西夹城)内东向。主管文字厅,在城隍庙之东。干办公事厅,在萧闲堂之西(今五条街小学内)。添差辟阙厅,在水碓桥(今千秋桥街西段北侧)。大军仓官厅二,初,一在府学后,一在教场北,后废;南宋总领岳珂于府学后(今东门坡北段东侧)创建东西二厅,其旁建堂曰"咏初"。

**税务** 有在城务,即旧都税务,在丹阳馆南漕渠上(今千秋桥街西段北侧)。江口税官厅,在都税务之西。

**仓** 有转般仓、大军仓、都仓等。

**转般仓** 属总领所管辖,在大围桥西北(即拖板桥北侧),前临漕河,后枕大江。"绍兴七年(1137年),运司向子谭奏请设立。淳熙五年(1178年)新之,开禧初增为五十四廒,至嘉定甲戌(1214年)增至七十四廒,可储米近百万石。"南宋建都临安(今杭州),镇江的转输地位更显重要,此仓既要向两淮大军提供粮饷,又要为首都临安中转漕粮。2009年,在双井路"如意江南"片区建设工地考古发现宋代转般仓遗迹,并通过勘探确认有八座仓基遗址。粮仓分布在以拖板桥为起点的北向道路两侧,南北长约200米,东西宽逾200米,总面积在4万平方米以上。其仓屋台基皆是整体夯筑而成,四周

图1-4-10 2009年,双井路片区考古发现宋代粮仓遗迹

砌以台基砖墙。如,以2号仓为例:平面呈长方形,进深29.5米,面阔约110米。仓基南侧有廊,进深4.3米;仓房进深25.2米,周边用砖围砌仓墙,墙宽约1.3~1.7米。(图1-4-10)

**户部大军仓** 隶属朝廷户部,交由总领所管辖,有南、西、北三仓:

**大军南仓** 在范公桥东。

**大军西仓** 在江津。

**大军北仓** 在子城西,拖板桥以南,与转般仓隔河相对。2010年,在双井路"如意江南"片区建设工地转般仓遗址南侧,考古发现宋代大军北仓遗迹。发掘面积2200平方米,发现宋代早晚两个时期的仓廒基址。在考古探方内,揭示早期房址为南北两进,上面叠加的晚期房址为四合式偏西三座。而早晚房址的方向,均与拖板桥北侧转般仓房址基本一致。(图1-4-11)

**都仓** 镇江府下辖粮仓,

图1-4-11 2010年,宋代大军仓北考古遗迹外景

在府治之东南,即学宫故址。旧廒八;嘉定六年(1213年),史弥坚增创仓宇,共修建有十二廒,屋六十间。

**驿传府馆** 驿置之设,使四方万里宾至如归。"兹郡乃当孔道,送往迎来,辙相结而舻相衔也。"驿、馆主要有通吴驿、丹徒驿和丹阳馆。

**通吴驿** 在府治南三里,创始于唐。宋乾道中,蔡洸重建,旧名向吴亭。唐陆龟蒙诗"秋来频上向吴亭",杜牧诗"向吴亭东千里秋"。

**丹徒驿** 宋置,与丹阳馆相近。"旧呼西行衙,后为添差倅厅。"

**丹阳馆** 又称丹阳驿(因唐宋润州亦称丹阳郡,故名),在千秋桥之西。宋绍兴十四年(1144年),郡守郑滋建。"南为中门,东西列二馆,皆南向,北临漕渠为亭,以便登降,馆舍共一百九楹。使客之驰驿而至者,则西馆处焉;其乘舟而至者,则东馆处焉。马厩在西馆之西,凡四十五楹,马八十匹;船三十只,以'天地元黄宇宙洪荒日月盈昃辰宿列张寒来暑往秋收冬藏闰余成岁律吕为号',以备迎送。"

**院** 有都作院、居养院、车院等。

**都作院** 在府治谯楼之东,专造军器,设监官一员,隶节制司。

**居养院** 在利涉门里长巷北,屋凡百有六间。居养院,始于唐之悲田、福田院,宋元符元年(1098年)诏:"鳏、寡、孤独、贫乏不能自存者以官屋居之,月给米豆,疾病者仍给医药。"五年始赐名"居养"。旧有三所,嘉熙三年(1239年)郡守吴潜于府治之西创建,合三所为一,易名"广惠"。

**车院** 宋时城中街衢悉用砖砌,往往为车辙所坏,而仁和、登云、鹤林三门俱无水路,乡村之民必以鹿车(独轮车)任重,故于三门各置车院数十楹。规定:"凡是乡民载物至城下,须将车寄居于院内,其货物则肩负入城;而出城时,再取车回去。"按《祥符图经》记载,宋初润州已有回车院官厅,当是负责管理车院事宜。车院有三:仁和门车院,在仁和门外,位于东鸿鹤桥(即南门外孩儿桥)南;登云门车院,在登云门外,位于程道桥西(今登云路南);鹤林门车院,在鹤林门外,位于朝真桥南(今鹤林寺遗址北侧)。

**丹徒县治** 唐时,治所不详。宋代,初在府治东北夹城内(即铁瓮城东侧)。后徙置石砝桥南制锦坊内(今南门大街以西、原市政府一带)。前为二亭:一曰"颁诏",嘉定辛未(1211年)赵善湘建;一曰"晓谕",景定三年(1262年)方烈建。西有园圃,有亭曰"紫香",有堂曰"清安",并载方烈建。另,县丞厅在县治之西,主簿厅在县治之东,尉司在仁和门外。

综观以上宋代衙署群,其分布略呈"一中三翼"布局:以子城(铁瓮城)为中心,设置府署和总领所;东翼有府治东厅、签厅、旧丹徒县治及锦绣谷等,方位在今梦溪路与铁瓮城东垣之间;南翼有通判南厅、节推厅、知录厅、司理厅、主管文字厅、司法厅、钤辖厅等,分布在今中山东路与铁瓮城南垣之间;西翼有通判北厅、西厅、节干厅、粮料院厅、干办公事厅、添差辟阙厅、在城务、江口税官厅、丹徒驿及丹阳馆等,大致分布在穿城运河的高桥至嘉定桥(今四牌楼至五条街)一线与铁瓮城西垣之间。在考古中发现许多官署建筑遗迹存在早晚多层叠加的迹象,加之历史上唐代浙江西道和六朝南徐州对于衙署规模、数量又有较大需求,故可以推测宋代衙署的"一中三翼"布置应基本承袭唐、六朝官署群的大致格局。

### (四)元代官署

镇江元代改府为路,属浙西道,设有镇江路总管府、通政院、江南浙西道肃政廉访司分司、镇守镇江上万户府、镇抚所等。

**总管府** 在子城内北区,多袭宋代府制。府门,其匾额为"镇江路总管府"。中为承宣堂,至大辛亥(1311年)达鲁花赤阔里吉思暨僚佐重建,即旧设厅基也。高闲阁在堂之后,延祐戊午(1318年)总管李汝楫重建。

**江南浙西道肃政廉访司分司** 即宋时府治便厅旧址。先是至元二十九年(1292年)为通政院,大德七年(1303年)院革,改立肃政廉访司分司,其堂匾额曰"肃政"。堂后有池,直池中为行道。池之北为仁寿堂。

**镇守镇江上万户府** 在总管府治西南月观下,旧总领所小花山(即政足园)。至元十二年(1275年)改创屋凡七十七间,堂曰"慎威",东西两庑为吏舍。

**镇抚所** 上万户府属署,在千秋桥东放生池上,即旧南山亭,郡县军官待班之所,至元二十四年(1287年)改置。岁久颓圮,至治元年(1321年)镇抚诺怀重建,堂曰"清远",中堂三间,翼以东西两庑,旁置队屋凡三十楹。

**司狱司** 在府治南谯门之西,即宋时司理院,至元十二年(1275年)改置府牢。其前为司狱厅事,屋凡三十三楹。

**录事司** 元代所设,负责治理城之民事。在府治西,即宋代通判北厅旧址。至元三十一年(1294年)达鲁花赤火你赤、录事吴景晦等鼎建。屋凡四十三楹,南向为堂,东西为吏舍。堂之左为别署,典史治之。直堂为屏,屏之外为台门,门之西为架阁库。至顺元年(1330年)达鲁花赤燕山萨都剌(即元代著名诗人),书立堂之匾额曰"善教"。

**常平仓** 在府治。润之有仓自南朝齐始,"齐永明中,天下米谷布帛贱,上欲拟常平仓市,积为储。六年(488年)下诏:……南徐州二百万,各于郡分所市籴"。南宋绍兴以后置仓于都仓之北,入元后废,至元十九年(1282年)复置,至大二年(1309年)奉诏起盖仓廒。

**大军仓** 即旧转般仓,至元十二年(1275年)改置,以受本路官民租粮。2009年,在双井路"如意江南"片区建设工地考古中亦发现一座元代大军仓基址遗迹,叠压在南宋基址之上。考古迹象反映,元代大军仓的仓数及规模远较宋代转般仓为小。

**香糯仓** 即旧大军北仓,至元十二年(1275年)改置,以受本路及常州路上供香糯。

**行用交钞库** 在怀德桥西南,即宋时清风楼酒务(今四牌楼解放路西侧),有屋九间。至元十二年(1275年)改立平准行用交钞库。

**永丰库** 在府治南,即旧总领所政足园,有屋十三间。至元十二年(1275年)改置。

**织染局**　在仁和坊,即旧都统司衙,有屋百十有五楹,至元十八年(1281年)改置。

**杂造局**　在织染局之东,即旧都统宅,屋凡七十七楹,至元十三年(1276年)改置。

**惠民药局**　在丹阳馆,与税务相对,即旧大军库,屋凡九间,大德三年(1299年)改置。

**递运站**　为驿传而设,在还仁隅白马庙巷之西。至元三十年(1293年)建屋五楹,船二十只(以"地黄荒辰张冬致巨阙珠夜光鳞推位咸通戎大官小官"为号),车二十五辆。

**养济院**　仍宋代旧址,入元后改院名"居养"为"养济"。

**丹徒县治**　在府治西南谯门内,即南宋总领所旧址。延祐三年(1316年),达鲁花赤秃鲁弥实帖木儿、尹张希贤等鼎建,屋凡三十五楹。南向为堂,堂之东为典史幕。东西庑为吏舍,中立戒石亭,亭之外为台门。

**尉司**　旧在仁和门外,元代迁于京口闸西。岁久摧圮,至顺元年(1330年)八月尉张立本重建。

**丹徒县养济院**　在长桥西(今酒海街西侧)。皇庆元年(1312年),改宋时中山酒务置之,有屋八十五间。

**（五）明清衙署**

明代镇江府,直隶南京(后称南直隶),下辖丹徒、丹阳及金坛三县;清代属江南布政司,辖县依旧。明清两代镇江衙署的建制和布局大多相似,下面分别述之。[1]

1. 明代衙署

**镇江府署**　明洪武初,郡守杨遵依宋元旧址创建。仪门外为前门,门上有楼;门外有屋两楹,以覆版榜。又,外百步许为丽谯(谯楼)。府中为宣德堂(后改"忠爱""奉公"),左为照磨所,右为经历司,吏廨列于两庑。奉公堂之后为郡守宅,左右三区为佐贰宅,左前一区为推官宅(后改宣化坊),右次四区比列东庑之后,为经历、照磨、知事、检校宅,而群吏舍则在仪门之左右(后改为迎宾馆、推官衙,而吏舍移于检校废宅)。广盈库在照磨所后,架阁库在推官衙西。正统庚申(1440年)郡守郭济改创奉公堂,并于丽谯前左右建旌善、申明两亭。景泰壬申(1452年)郡守张岩更换经历司与照磨所位置,并在前门楼前作宣化坊(后增"承流"二字)。甲戌(1454年)郡守白仲贤作后土祠(土地祠)于门楼内之左。弘治己酉(1489年)八月大火,堂庑荡为一空,后又得以复建。隆庆己巳(1569年)郡守胡维新建迎宾馆三楹于祠后。(图1-4-12)

这里引用了一幅《乾隆镇江府志》卷首的郡署图,它绘示出明清镇江府署平面布局的概貌。图中府署门前承流宣化坊西侧一四合式官舍,标有"理刑厅改船政厅",而理

---

[1]　凡"明清衙署"中的资料未见注者,皆引自《乾隆镇江府志》卷十六"公署"及《光绪丹徒县志》卷三"廨舍"。

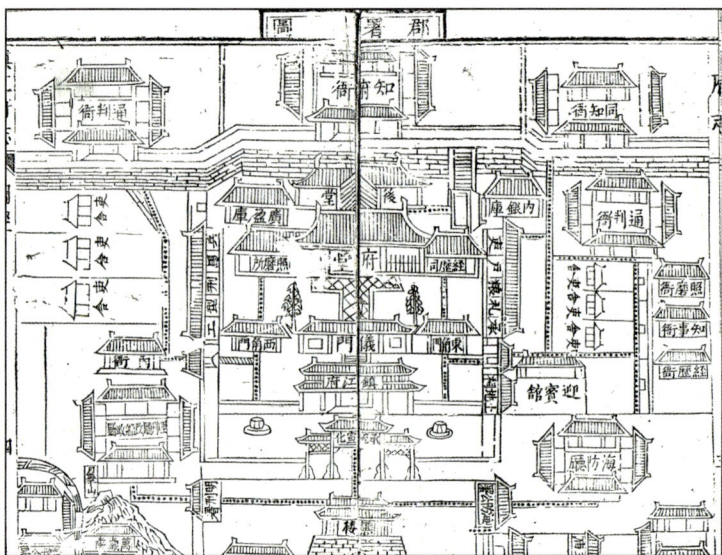

图 1-4-12　《乾隆镇江府志》卷首之"郡署图"

刑厅是明代设置,改厅之事发生在清康熙十年(1671年),可见此图是用的明代郡署图稍加改动而已。在镇江志书中未见有明代之前的地图,但从这幅郡署图上,也不无承袭宋元甚至更早州、府官署的影子。

**府属官署**　在明代府署外围及城中,还设置有厅、司、院、仓、馆、驿等机构。如:

马政厅　在谯楼之东,后合于水利厅。

粮捕通判厅　在千秋桥西。

理刑厅　在承流宣化坊右。

司狱司　在谯楼西。

清军海防厅　在承流宣化坊右。

镇江卫指挥使司　在大市西。

镇抚司　在府治西南。三察院,并在千秋桥西(今千秋桥街北侧);东察院,明正统中建;中察院,成化丙戌(1466年)依丹阳馆旧址创建;西察院,在中察院西,嘉靖间依明初帅府改葺。

总兵府　在儒林坊旧县学址(今斜桥遗址西南)。

镇西仓　在拖板桥北侧,即元代大军仓改置。

府馆　在千秋桥西。

京口驿　旧在京口闸西,天顺七年(1463年)徙于洗马桥东(今山巷广场西北侧),两处皆面临运河。万历七年(1579年),知府钟庚阳移建于西城外临河,社稷坛左,即大西门

（府城金银门）外北首（今黄花亭河岸）。2009 年,考古发现明清京口驿遗址,明代建筑基址叠压在清代遗迹之下。(图 1-4-13)

**通津递运所**　在京口闸东,应是承袭元代递运站所改建。

**丹徒县治**　明洪武初,自旧址迁至府治东南、小市街北。正堂南向,堂西为幕厅,吏舍列于两庑。令、丞、簿宅居后堂,典史居东庑,立戒石亭于中道,亭外有仪门。

图 1-4-13　2009 年考古发现的明代京口驿建筑遗迹

县丞厅、典史厅在县廨东,主簿厅、禁狱在县廨西。

### 2. 清代衙署

**镇江府署**　沿用明代旧治。咸丰年间毁于战火,后部分予以重建。

**清军海防厅**　康熙六年(1667 年)移治子城西垣外。

**船政同知厅**　在府治西侧,即原理刑厅旧址,康熙十年(1671 年)同知鲁超改建。

**常镇通海兵备道署**　简称道署,明制于各省重要地方设整饬兵备的道员,称为兵备道,掌监督军事。康熙十三年(1674 年)置江镇道,驻镇江府,领江宁府、镇江府;二十一年(1682 年)增领常州府,江宁府另属,更名常镇道;乾隆六年(1741 年)通州来属;三十三年(1768 年)增领海门厅,更名常镇通海道,官署设在明代西察院西,以旧宝钞库改置。咸丰年间毁于战火,后移建于太平桥东(今道署街内)。

**总督察院**　在京口闸外昭关下。顺治甲午(1654 年),操江都御使李日龙建,后改为总督察院。

**镇海将军署、都统署及公衙门**　均在城中旗营内。

**清军水师标统署**　位于姚一湾小营盘。清光绪年间建,为两座中西结合二层楼。该遗址 1987 年被公布为市级文保单位。(图 1-4-14)

图 1-4-14　清军水师标统署遗址外景

图 1-4-15 ［清］周镐《林开古驿》

**京口驿** 清代承袭旧制。志载,驿署滨河朝西,大石码头一座,左右小码头二座,左右吹亭二座,东西辕门石狮二个,第一进头门,第二进仪门,第三进皇华亭三间,卷棚三间,朝南马王殿三间,戏台三间,东西马棚十八间,草料房二间,兽医房一间,过道二间,驿卒房二间,萧王堂一间,徒犯房三间,外瓜洲腰站马房三间,另设扬州槽房三间。后于咸丰年间毁于战火。2009 年,在双井路片区改造工地南区临河地段,考古发现明清京口驿遗迹,探方内揭示出码头、辕门石狮、头门、仪门及皇华亭屋基等遗迹。(图 1-4-15、1-4-16)

**镇西仓** 承袭明制,在民国年间废弃,后称周边的街巷为"粮米仓巷"。

**丹徒县治** 承袭明制。道光二十二年(1842年),英军犯城,县署屋多倾坏;咸丰三年至七年(1853—1857 年),太平军据城,县署残毁大半。咸丰九年(1859 年),邑绅善后局修缮新之。

**县丞署** 旧在县廨左,后移府西旧水利通判署内。

图 1-4-16 京口驿遗址出土辕门石狮子

**典史署**　在县廨左。

**主簿署**　旧在县廨右,后移西城外京口驿右。2009年,在京口驿遗迹北侧还发现清代主簿署遗迹,其与京口驿并列,面临运河。(图1-4-17)

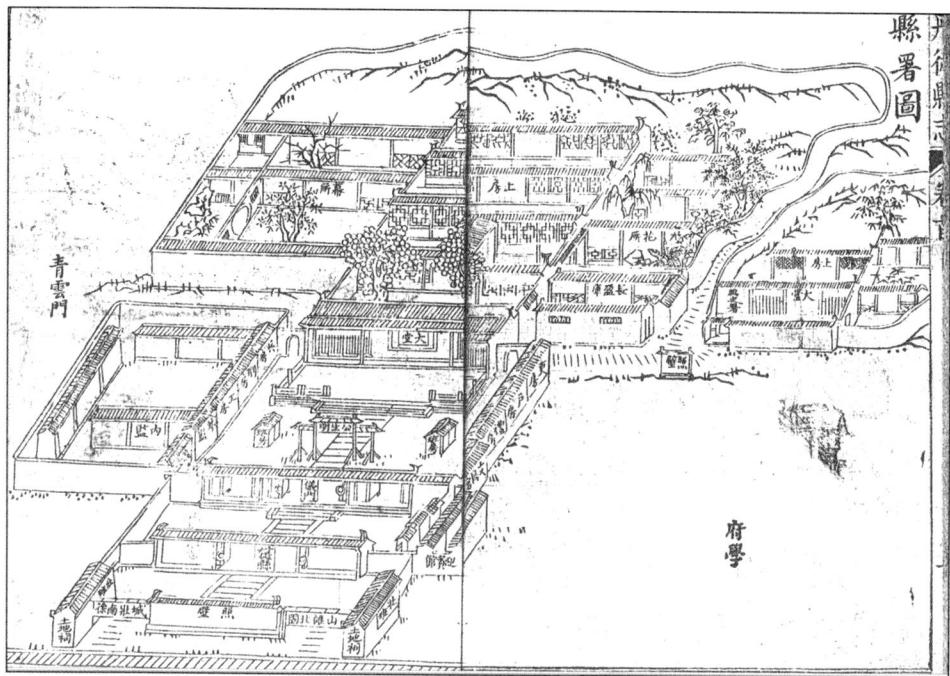

图1-4-17　《光绪丹徒县志》卷首之"县署图"

## 二、官民学校

镇江历史上,有着官、民办学的悠久传统。官办学校为州(府)学与县学,而民间办学有私塾与书院之分。私塾在古代较为普及,但规模较小,志书一般未见收录。书院多为民办,并具有相当规模,其中得到官府重视的书院,逐渐具有官民合办的性质。

### (一)府学

我国古代的正统官学是儒学。唐初规定,尊孔子为"先圣",颜回为"先师",并于贞观四年(630年),"诏州、县学皆作孔子庙"。[1]自此,国家确立了在学校内祀孔的礼制,孔庙与学校开始合而为一,官学亦称"庙学"或"学庙"。

《咸淳镇江志》载:"丹徒旧有孔子庙。南鲁郡寄治时立之。齐晋安王宝义刺南徐,江祀以南东海太守行府州事。治下有宣尼庙,久废不修,更开扫营立。宋著令夫子庙为

---

〔1〕〔宋〕欧阳修、宋祁:《新唐书》卷十五,中华书局,1975年,第373页。

中祀,春秋二仲,上丁行事。庙在子城东南隅。"[1]此志所记述润州孔子庙,起始年代可上溯到六朝"南鲁郡寄治时",并交代其地理位置"在子城东南隅",而此庙位置又正与志载宋代州学的所在相重合。唐以前地方上的孔庙还仅具有单一的祭祀功能,但到了唐代"诏州、县学皆作孔子庙",而作为上州的润州,其孔子庙理应与州学结合,只是史料失传,难以说明。润州官学在传世资料中,记载最早的为北宋时期,此后则传承有序。

1. 宋代府学

镇江北宋称润州,学为州学;政和三年(1113年)润州升为镇江府,学改称府学。

**州(府)学** 在府治东南朱方门里(今中山东路以南、东门坡以东一隅)。润州州学,南宋汪藻有记:"镇江有学,在州子城东南隅,经始于太平兴国八年(983年),后五十七年新而广之者,文正范公也。"[2]此外,又有张扶《重修学记》:"镇江有学,始于太平兴国五年(980年)冬。柳开自常移润,八年秋乃发旧创新,告迁夫子之庙。"时隔近五十年后,"宝元中,范文正公仲淹载新庙学,置田养士,迄今赖之"。[3]以上两处记载中州学的起始年代似乎有异,但其实并不矛盾,太平兴国五年是筹建之时,八年是完工之日。而柳开与范仲淹则是润州州学兴起、发展中的两大功臣,前者开创了宋代州学,后者不但"载新庙学",更是"置田养士",划拨多处田地用作学产,保障了学校可持续发展。至元祐、宣和年间,太守林希、毛友等又分别扩充、新修府学。直至南宋初,先是为屯兵所据,充作粮仓;后又遭遇火灾,大部建筑颓圮。绍兴十一年(1141年),刘子羽出任镇江府太守兼沿江安抚使,捐资修复府学,使之一改旧观。[4]

州学的建筑,志载有学门、大成殿、御书殿、讲堂、三鳣堂、先贤祠、渊源堂、教官厅、公厨、采芹亭等。[5]

**大成殿** 又称宣尼庙,是州学的中心建筑,设有大殿及两侧廊庑,前设戟门,南向,门额为"至圣文宣王庙"。

**御书殿** 在大成殿后,位于州学的主轴线上。南宋绍兴癸亥(1143年)郡守刘子羽建,藏有宋高宗赐予的典籍及御札、手诏等。

位于大成殿以东的建筑如下:

**讲堂** 后改为成德堂,在大成殿东,面阔五间,为诸生肄业之所。其北、东二壁嵌有四块石刻:北壁为李西台(建中)诗、禹迹图,东壁为荆国文公王安石手帖并润守许遵诗。

〔1〕 [宋]方逢辰、黄国用:《咸淳镇江志》卷七"三贤祠堂",转引自[宋]卢宪《嘉定镇江志》附录,丹徒朱氏金陵复刻包氏本,宣统二年(1910年)。
〔2〕 [宋]汪藻:《浮溪集》卷十九,中华书局,1985年,第214页。
〔3〕 [宋]张扶《重修学记》,转引自[宋]卢宪《嘉定镇江志》卷十"学校",丹徒朱氏金陵复刻包氏本,宣统二年(1910年)。
〔4〕〔5〕 [宋]卢宪:《嘉定镇江志》卷十"学校",丹徒朱氏金陵复刻包氏本,宣统二年(1910年)。

三鳣堂　在成德堂后,面阔六间,为教官理事、休息之所。东廊有属员正录、直学、学谕、掌计四室,西廊有志道、据德、居仁、由义四斋,斋各有炉亭。

渊源堂　在三鳣堂西,面阔三间,为诸生会食之所。前凿池蓄水,以备不虞。

采芹亭　在渊源堂南,面阔三间,旁两间,为吏舍。

文昌祠　在大成殿之东,面阔三间。

乐器库　在大成殿后之东,面阔三间。

公厨　在三鳣堂之东。

正录位　在公厨之西,面阔五间。

直学所　在成德堂南。

位于大成殿以西的建筑如下:

先贤祠　在大成殿之西。分东、西、中三室:东奉道学,中以乡贤,西以名宦。

教官厅　有二,皆在大成殿西偏,有屋三十六间。

祭器库　在先贤祠后,面阔三间。

井亭　在州学西墉之外(今东门坡北段东侧)。元祐年间郡守林希所凿,因得石刻"泮泉"二字,故名。此井留存至今,并在一口井上置两个井栏,俗称"双井"。井侧有一碑,为明万历中知县庞时雍立,书"古泮泉"三字。(图1-4-18)

图 1-4-18　古泮泉外景(东门坡)

2. 元代路学

镇江在元代改府为路,学校除儒学外,还有蒙古字学、医学及阴阳学(后两者未有校舍)。[1]

儒学　承袭宋代府学。元贞元年(1295 年)教授徐硕复修,至大四年(1311 年)教授张凤翼更葺。

蒙古字学　它是元朝统治者为了推广八思巴蒙古字而开办的学校。镇江蒙古字学,旧在正赐库巷(今果子巷北),至元二十一年(1284 年)改宋总干厅屋为之,规模狭隘,不足以容弟子员。至顺二年(1331 年),移置范公桥南帝师殿内。

---

〔1〕〔元〕俞希鲁:《至顺镇江志》卷十一,江苏古籍出版社,1990 年,第 427 - 428 页。

### 3. 明清府学

**明代府学**　初期承袭宋、元体制。后，景泰壬申（1452年）郡守张岩迁学于定波门内日精山麓，即丹徒县治东侧（今359医院内）。[1]延至清代，基本未变。府学建筑分中、东、西三区。（图1-4-19）

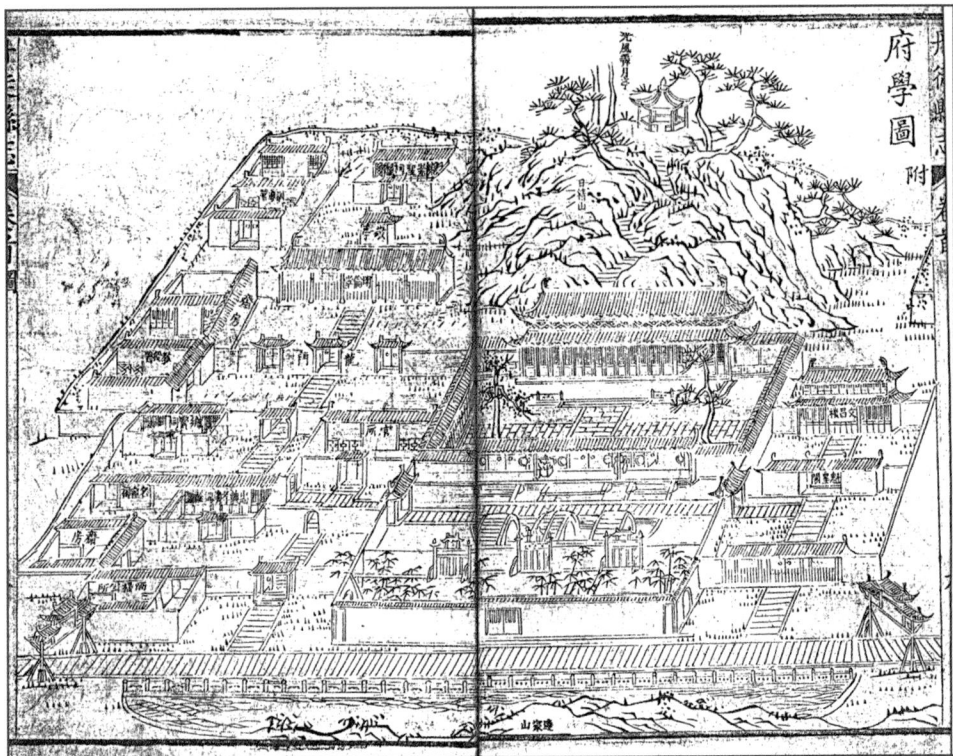

图1-4-19　《光绪丹徒县志》卷首之"府学图"

中区建筑：大街（后即中山路）以北为万仞宫墙，设有栅门，宫墙两端街上各立有牌坊。墙内向北依次为棂星门、泮池、石桥、戟门、大成殿。其中大成殿供奉孔子像，是府学的中心建筑。而大成殿北侧为日精山，建有光风霁月亭。另在大街南侧设有半月形水池；池南有对山，即达家山（今京口区少年宫内）。

东区建筑：自南向北为魁星阁、文昌阁。

西区建筑：有明伦堂，在日精山之西，五间；两庑，东西各九间。堂及两庑为读书、讲学之所。敬一亭，在明伦堂之北。尊经阁，旧在敬一亭后。崇圣祠，在敬一亭后。龙门，

---

〔1〕　[清]杨履泰，等：《光绪丹徒县志》卷十九"学校"，光绪五年（1879年）刻本。

在明伦堂前。名宦祠,在龙门左;乡贤祠,在龙门右。官厅,在明伦堂西。

**（二）丹徒县学**

丹徒县学自宋至清,若是依其地理位置的不同可以分为四个时期。

1. 一期

据《祥符图经》所载,"夫子庙,在县西二里"。这说明在大中祥符年间之前,丹徒县已设有孔子庙。而县之立学,"自庆历始",当是与孔子庙结合在一起。[1]其地处"县西二里",系指子城之西二里,但具体位置不详。

2. 二期

崇宁以后,县学"附于郡学东隅,在郡学成德堂之东"。[2]建炎初,县学与府学俱焚于兵火。绍兴十七年(1147年)县宰赵学老重建。乾道七年(1171年)县宰韩元老重修,后复颓圮。宝祐四年(1256年)教授孙继学创明善堂于旧址,景定四年(1263年)仍改明善堂为县学。入元后,仍依旧规。[3]

3. 三期

元代延祐六年(1319年),丹徒县教授朱天珍建议新建县学,并得以实施,即度地儒林里彰德营,得潘氏故居屋二十楹,地六亩有奇。延祐七年(1320年),学校告成,校址位于淮海书院西侧。学校建筑有:先圣庙,大成殿三间,前为戟门;东西庑权作明伦堂,以为讲习之所。先贤祠,在大成殿之西偏,奉祠濂溪、明道、伊川、晦庵、南轩五先生。地灵祠,在殿之东偏。教谕廨舍,大成殿东庑后,三间。[4]

明正德庚辰(1520年),知县李东建明伦堂,另将两斋的基址夯筑就绪。[5]

4. 四期

明嘉靖元年(1522年),提学御史萧鸣凤念旧学湫隘,特迁县学于朝阳门内寿丘山南麓,原龙华寺故址(今江苏大学梦溪校区),东南侧为范公桥(即清风桥)(图1-4-20)。

县学建筑分中、东、西三区,自南向北分别为:

中区:学门、棂星门、石桥、戟门、大成殿、明伦堂。学门之南为泮池和万仞宫墙;而在学门与泮池之间为东西向大街(今正东路),学宫两端街上立有牌坊。

东区:龙门、范公祠、文昌楼、宋忠简公(宗泽)祠、名宦祠、乡贤祠、崇圣祠、敬一亭。

西区:斋房、教谕署、训导署。

县学先后于清顺治十三年(1656年)、康熙八年(1669年)、雍正七年(1729年)相继修葺。咸丰二年(1852年)毁于兵火。同治四年(1865年)于故址重建,至光绪元年

〔1〕〔2〕〔3〕〔4〕 ［元］俞希鲁:《至顺镇江志》卷十一,江苏古籍出版社,1990年,第453－454页。
〔5〕 ［清］杨履泰,等:《光绪丹徒县志》卷十九"学校",光绪五年(1879年)刻本。

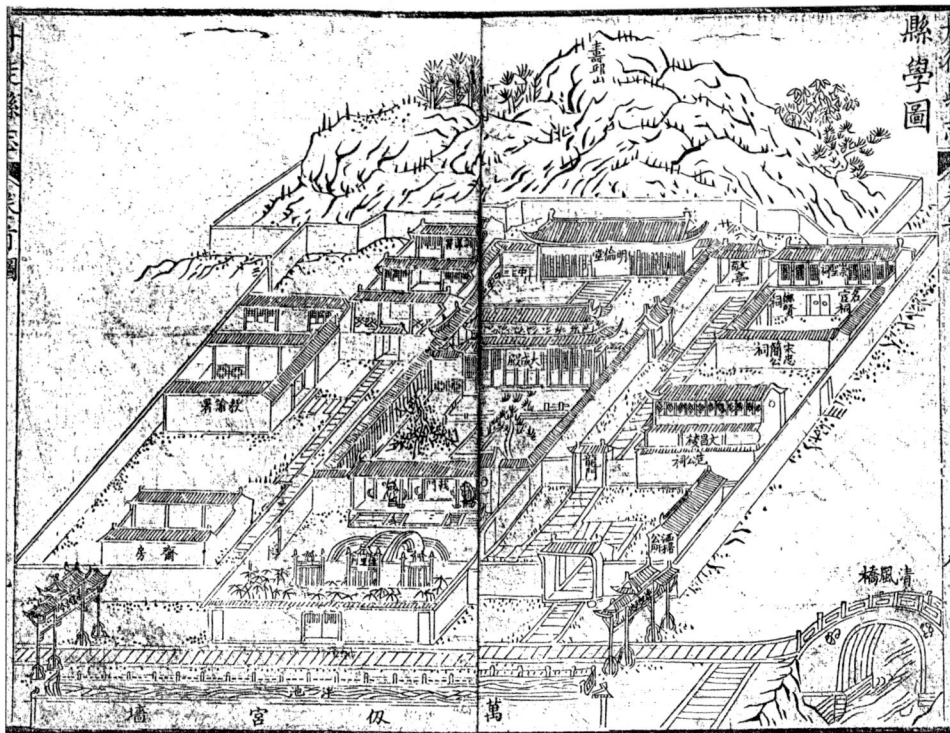

图 1-4-20　《光绪丹徒县志》卷首之"县学图"

(1875 年)竣工。因为县学所在,故寿丘山又称"县学山"。[1]

**（三）书院**

古代镇江书院,志载有宋元时期的淮海书院和濂溪书院,以及明清时期的清风书院、香山书院、三山书院、杏坛书院、宝晋书院等。其中,有的为民办官助,也有的属官方性质,但它们都是府学、县学的补充。

**淮海书院**　宋淳祐中,太常少卿龚基先首议创立,院址在北固山西凤凰池上。该书院的设立是为了收容、培养避难京口的淮土学子。而以龚基先为首的淮乡先达皆捐金资助,后来贾似道为两淮制置使时,又助钱五万贯及拨范家沙芦场二所。宋理宗并为书院书额。元代至元二十七年(1290 年),书院为甘露寺僧兼并。元贞元年(1295 年),教授黄一龙在府治西南斜桥之儒林里置地重建,有屋八十余楹。其中,棂星门、戟门三间,大成殿三间,东西庑二十间,殿后行廊七间,祭器库在殿西北偏。先贤祠在殿后西北隅,供奉淮乡先达及创置书院者;地灵祠在前堂东室。明伦堂五间,堂之两庑为六斋,曰:博

---

〔1〕　[清]杨履泰,等:《光绪丹徒县志》卷十九"学校",光绪五年(1879 年)刻本。

文、约礼、尊老、育材、明德、达道。大学斋五间,在堂前西北隅。书楼二间,在明伦堂后。学庾在明伦堂南,公厨在明伦堂西北,德音亭在学门之内。书院山长公廨十二间,在学门之南。[1]明初,淮海书院并入县学。[2]

**濂溪书院** 宋宝祐中,郡守徐栗建,为奉曾寓居镇江的道学家周敦颐,以处四方之士。院址紧临黄鹤山下鹤林寺。有堂三,曰晞贤、立善、养心;斋二,曰正道、和德;亭二,曰爱莲、光风霁月;中立祠堂。景定五年(1264年),始专属官府。其时,乡士归府学,淮士归淮海书院,此则收四方之士。元初,濂溪书院为鹤林寺僧撤毁。书院山长徐苏孙再创于皇祐桥之南。大德九年(1305年),迁至府治东南定波门内。有燕居堂三间;元公祠二间,在燕居堂后。后圮。[3]

**清风书院** 明正德十五年(1520年),丹徒知县李东为纪念范仲淹,在寿丘山上(即范公读书处)创办清风书院,嘉靖三年(1524年)并入县学。[4]

**香山书院** 崇祯十四年(1641年),镇江知县郑一岳在寿丘山下开办。后,顺治五年(1648年)改为三山书院,顺治十一年(1654年)后停办。[5]

**杏坛书院** 顺治十三年(1656年),丹徒知县张晋创办杏坛书院于寿丘山,不久即停办。[6]

**去思书院** 康熙二十七年(1688年),丹徒士绅笪重光等为纪念曾任镇江知府的高龙光,集资在城西昭关下开办去思书院。去思书院于咸丰三年(1853年)毁于兵火,旧址后被圈入英租界。[7]

**鹤林书院** 乾隆八年(1743年),丹徒知县宋楚望在城南善济坊创鹤林书院,后废。[8]

**宝晋书院** 乾隆二十八年(1763年),丹徒知县贵中孚于北固山麓米芾旧居海岳庵原址建书院,因旧居有米芾收藏书画的宝晋斋,遂命名为宝晋书院。该院重八股,清末废科举后停办。[9]

**京江义学** 雍正二年(1724年),县令冯咏择县学东偏范仲淹读书处办京江义学,免费学塾。后废。[10]

## 三、名园居址

镇江山水秀丽,古来即是宜居之城。千余年间,有很多名人择居斯地,并用心经营美园胜景。这在传世志书中略有记载,现举要引而述之。

---

[1][3] [元]俞希鲁:《至顺镇江志》卷十一,江苏古籍出版社,1990年,第462–463、469页。
[2][8][9][10] [清]杨履泰,等:《光绪丹徒县志》卷十九"学校",光绪五年(1879年)刻本
[4][5][7] [清]蒋宗海,等:《嘉庆丹徒县志》卷十一"学校",嘉庆十年(1805年)刻本。

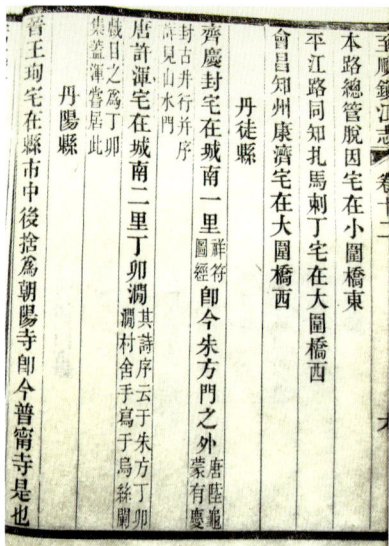

图 1-4-21 《至顺镇江志》载"庆封宅"史料

**（一）春秋庆封宅**

**庆封宅** 在县治南。东周吴王余祭三年（前 545 年），齐国重臣庆封亡命奔吴，"吴予庆封朱方之县"[1]，聚其族而居之，宅有井。唐代陆龟蒙（？—881 年）有诗作《庆封古井行并序》，序云："按《图经》，润之城南一里，则封所居之地。询诸故老，井尚存焉。""江南戴白皆能言，此地曾为庆封宅。"[2]作者陆龟蒙所引的《图经》，则是唐代孙处元所撰《润州图经》，成书距今已近 1300 年之久。这说明及至唐时，庆封宅、井遗迹依稀尚存，润州"故老""戴白"有口皆碑。（图 1-4-21）

**（二）六朝侨寓**

**孙楚别墅** 在竖土山（今云台山）下。有庵，曰"无极"；亭，曰"水天平远"，曰"天根月窟"，曰"虚白"，曰"横云"。[3]孙楚（约 218—293 年），字子荆，太原中都（今山西平遥西北）人。西晋诗人，史称其"才藻卓绝，爽迈不群"，多所凌傲，少欲隐居。[4]

**郗鉴宅** 在唐颓山南。郗鉴（269—339 年），东晋著名政治家、军事家、书法家，并是"东床快婿"王羲之岳父，历任徐、兖州刺史，生前驻守京口十一年。《京口记》："唐颓山，山周回二里余。山南隔路得郗鉴故宅，五十余亩。"[5]此山位于现今中山桥南侧京口饭店内，俗称"小山"，其南侧缓坡开阔地带，应即为郗鉴故宅遗址。可以想象，当年在这一片环境优美的山坡地上，郗府苑内建有成群的亭台楼阁，还辟有姹紫嫣红的园林风光。同时，它又是览胜佳处：向南不远处逶迤绵延的是黄鹤山、磨笄山、虎头山；西侧山下有一条源自南山珍珠泉的市河经过，此河向北流入长江；东侧遥相呼应的为著名的寿丘山，以及周围以大市、小市为中心的繁华市井；向北为古代长江入海口内的半月形江湾（南朝以后又被围堰成新辟的市区）。郗鉴去世后，被埋葬在京口。元代《至顺镇江志》载："晋郗鉴、郗愔墓，在郡城东。"[6]（图 1-4-22）

**刁勰宅** 在城西南四里，"近宅有桥，勰因毁为航（即连船而成的浮桥），号'长广

---

〔1〕［汉］司马迁：《史记》卷三十一"吴太伯世家"，中华书局，1959 年，第 1452 页。
〔2〕［唐］陆龟蒙：《庆封古井行并序》，《全唐诗》卷六百二十一，国际文化出版公司，1994 年，第 2053 页。
〔3〕［清］朱霖增纂：《乾隆镇江府志》卷十九"宫室"，乾隆十五年（1750 年）增刻本。
〔4〕［唐］房玄龄，等：《晋书》卷五十六，中华书局，1974 年，第 1539 页。
〔5〕《京口记》，转引自《太平御览》卷一百八十，中华书局，2008 年。
〔6〕［元］俞希鲁：《至顺镇江志》卷十二，江苏古籍出版社，1990 年，第 497 页。

航'"。刁勰（？—322 年），
为京口豪族。"刁氏素殷富，
奴客纵横，固吝山泽，为京口
之蠹。"刘裕京口起兵时，"散
其资蓄，令百姓称力而取之，
弥日不尽"。[1]

**刘裕宅**　在寿丘山，后为
普照寺。刘裕（363—422 年），
南朝宋武帝。《舆地志》云：
"在城南，宋武帝微时故宅也，
后筑为宫。武帝躬耕丹徒，及
受命，耨耜之具颇有存者，皆
命藏之以留于后。文帝幸旧
宫，见而色惭，近侍进曰：'大
舜躬耕历山，伯禹亲事土木。
陛下不睹列圣之遗物，何以知
稼穑之艰难，先帝之至德
乎？'"[2]刘裕将自己躬耕时
的"耨耜之具"陈列于旧宅之
中，以此教育后代，可见其用
心良苦。（图1-4-23）

**（三）唐、五代居址**

**许浑宅**　在城南三里丁
卯涧（今丁卯桥南侧）。许浑
（791—858 年），晚唐著名诗

图1-4-22　东晋郗鉴居宅遗址今貌（京口饭店南侧）

图1-4-23　刘裕故居所在地——寿丘山今貌（江苏大学梦溪校区内）

人。"居京口丁卯桥别墅。太和六年（832 年）登进士，大中三年（849 年）守御史，抱疾
归朱方。"[3]著有诗作《丁卯集》，该诗集即以丁卯桥命名。诗人并在《夜归丁卯桥村
舍》一诗中描写了夜归家园的心境及其周边景色：

月凉风静夜，归客泊岩前。桥响犬遥吠，庭空人散眠。

---

〔1〕［唐］房玄龄，等：《晋书》卷六十九，中华书局，1974 年，第 1846 页。

〔2〕［南朝］顾野王：《舆地志》，转引自［元］俞希鲁《至顺镇江志》卷十三，江苏古籍出版社，1990 年，第
511－512 页。

〔3〕［元］俞希鲁：《至顺镇江志》卷十八，江苏古籍出版社，1990 年，第 712 页。

紫蒲低水槛,红叶半江船。自有还家计,南湖二顷田。[1]

**林仁肇宅**　宋《嘉定镇江志》载:"南唐林仁肇宅,在今之朱方门外一里。后为故相苏颂居第。颂以仁肇忠勇,乃为立庙于宅之东侧。仁肇庙今在前军寨之山上,甚小。"[2]宅址位于今正东路北侧、梦溪园巷东侧之间。林仁肇(？—974 年),福州人,五代南唐名将,世称"林虎子"。"后周显德五年(958 年),李景以营屯应援使林仁肇为浙西润州节度使,宋朝建隆三年(962 年),李景以润州节度林仁肇为神武统军……仁肇在润整六年。"[3]

### (四)宋元名宅

**刁约宅·藏春坞**　在范公桥东(今丁家巷一带)。刁约(约 1000—1083 年),字景纯,世居润州。"少有盛名,擢天圣八年(1030 年)进士第",后来任"管当三馆秘阁",负责皇家典籍、文物的管理和研究。"约独四十年周旋馆学,天下士无问识不识,皆称之曰'刁学士',而一世名德相望。告老而归。""约家世簪缨,故所居颇有园池之胜。至约更茸园曰'藏春坞'。坞西临流为屋,曰'逸老堂';又西有山阜,植松其上,曰'万松冈'。凡当世名能文者皆有诗,故藏春坞之名闻天下。"[4]刁约在《怀南徐所居》诗中写道:"城南已茸藏春坞,溪侧方营逸老堂。岭上万松山径合,江中千稻一坻黄。"[5](图 1-4-24)

图 1-4-24　[清]周镐《刁坞藏春》

〔1〕[唐]许浑:《丁卯集笺证》,中华书局,2012 年,第 104 页。

〔2〕[宋]卢宪:《嘉定镇江志》卷十一"居宅",丹徒朱氏金陵复刻包氏本,宣统二年(1910 年)。

〔3〕[宋]卢宪:《嘉定镇江志》卷十四"唐润州刺守",丹徒朱氏金陵复刻包氏本,宣统二年(1910 年)。

〔4〕[宋]刘宰:《京口耆旧传》卷一,《四库全书》第 451 册,上海古籍出版社,1987 年。

〔5〕[宋]刁约:《怀南徐所居》,转引自[元]俞希鲁《至顺镇江志》卷十二,江苏古籍出版社,1990 年,第 486 页。

**苏颂宅** "在化龙坊。与陈升之宅相近,即林仁肇故居也。"[1]苏颂(1020—1101年),福建泉州人,后定居润州(今镇江)。他是北宋大科学家,曾发明水运仪象台,编撰药典《图经本草》,同时,还是一位颇有政绩的丞相和诗文丰厚的文学家。庆历六年(1046年),葬父于"南徐(今镇江)京岘山之原","自此谋居郡中,占丹阳(郡)为乡里"[2],遂在润州城内安下家来。对于宅居的经营,苏颂曾经回忆:"予营此居有年矣,初唯得一小山麓地,甚窄。刁景纯学士割柳南数亩相助,其后又买十余契,方稍完。"[3]这里既披露了刁约曾赠送苏颂数亩宅地之事,又显示出苏宅与刁宅之间的紧邻关系。

**沈括宅·梦溪园** "梦溪园,在朱方门外子城下,宋内翰沈括所居(今梦溪园巷内)。"[4]沈括(1031—1095年),字存中,杭州钱塘人,北宋著名政治家、科学家。他在《自志》中介绍:元祐元年(1085年),过润,得年轻时梦中胜境,后定居于此,构筑梦溪园。园中有梦溪、百花堆、壳轩、花堆阁、岸老堂、苍峡亭、西花堆、竹坞、杏嘴、萧萧堂、深斋、远亭等景。[5]沈括晚年在梦溪之滨,潜心撰写了科学巨著《梦溪笔谈》。(图1-4-25、1-4-26、1-4-27)

图1-4-25 [清]周镐《梦溪秋泛》

---

〔1〕 [宋]卢宪:《嘉定镇江志》卷十一"居宅",丹徒朱氏金陵复刻包氏本,宣统二年(1910年)。
〔2〕 [宋]苏颂著,王同策等点校:《苏魏公文集》卷五,中华书局,1988年,第53页。
〔3〕 [宋]苏颂著,王同策等点校:《苏魏公文集》卷十二,中华书局,1988年,第155页。
〔4〕 [元]俞希鲁:《至顺镇江志》卷十二,江苏古籍出版社,1990年,第484页。
〔5〕 [宋]沈括:《自志》,转引自[宋]卢宪《嘉定镇江志》卷十一"居宅",丹徒朱氏金陵复刻包氏本,宣统二年(1910年)。

图 1-4-26　梦溪园外景　　　　　　　图 1-4-27　[宋]沈括《梦溪笔谈》书影

**陈升之宅**　"在朱方门外,范公桥之南(今酒海街内)。"[1]陈升之(1011—1079年),建安人,熙宁年间任丞相,后"出任镇江节度使、扬州通判,封秀国公"。[2]《方舆胜览》:"升之后居于润,神宗朝拜相沈存中笔谈云:'秀公治第于润,极为宏壮。宅成已疾,惟肩舆一登西楼而已。"[3]

图 1-4-28　王家巷今貌

**王存宅**　"在登云门里(今王家巷内)。"[4](图 1-4-28)王存(1023—1101 年),"元祐二年(1087 年),拜中大夫、尚书右丞。三年,迁左丞"。"司马光尝曰:'并驰万马中能驻足者,其王存乎!'"王存撰有《元丰九域志》十卷。(图 1-4-29)[5]他曾写有《却客致假山诗》云:"乞得琳宫就退闲,诛茅结宇郡城弯。闭门自有林峦秀,不用辛勤作假山。"[6]

**曾布宅**　"在城南千石墟之东,后为都统司双望酒库。"[7]曾布(1036—1107 年),字子宣,江西南丰人,曾任北宋右相。《方舆胜览》:"布元符末拜相,崇宁初守润州,有

---

〔1〕　[宋]卢宪:《嘉定镇江志》卷十一"居宅",丹徒朱氏金陵复刻包氏本,宣统二年(1910 年)。
〔2〕　[元]脱脱,等:《宋史》卷三百一十二,中华书局,1977 年,第 10238 页。
〔3〕　[宋]祝穆:《方舆胜览》卷三"镇江府",中华书局,2003 年,第 67 页。
〔4〕〔7〕　[元]俞希鲁:《至顺镇江志》卷十二,江苏古籍出版社,1990 年,第 486、487 页。
〔5〕　[元]脱脱,等:《宋史》卷三百四十一,中华书局,1977 年,第 10874 页。
〔6〕　[宋]王存:《却客致假山诗》,转引自[元]俞希鲁:《至顺镇江志》卷十二,江苏古籍出版社,1990 年,第 487 页。

宅在千石墟之东,今为统制司酒库。"[1]曾布宅至元代改为道林寺,后"废为城基"[2],即明清府城南垣(今棒槌营巷一带)。

**米芾宅** 有三处:一在千秋桥西,有轩曰"致爽",斋曰"宝晋",后并入丹阳馆;一在北固山下,又名"净名斋"。[3]米芾写有《净名斋记》:"带江万里,十郡百邑,缭山为城,临流为隍者,惟吾丹徒。重楼参差,巧若图刊。地灵极倪,而云霞出没;星辰挂腹,而天光不夜。高三景,小万有者,惟吾甘露。"[4](图1-4-30)一在东利涉门里南山上(今镇江外国语学校附近),又名"海岳庵"。[5]米芾(1051—1107年),字元章,能诗文,擅书画,是"宋四书家"(苏、米、黄、蔡)之一,又创"米氏山水(画)"。《京口耆旧传》:"芾喜登览山川,择其胜处立宇。过润爱其江山,遂定居焉。作宝晋斋,聚法书名画其中。北固既火,结庵城东,号'海岳'。"[6]子,米友仁,亦是画家,继承其父的画风。米芾与米友仁世称"二米"。(图1-4-31)

**蔡卞宅** 在登云门里,与王存宅相近,旧有阁曰"元儒",徽宗御书额。其地后为右军寨。[7]蔡卞(1058—1117年),字元度,福建仙游人,曾任尚书左丞。元祐三年(1088年)前,以"龙图阁待制守润";政和三年(1113年)前,又"以观文殿学士守润州"。[8]

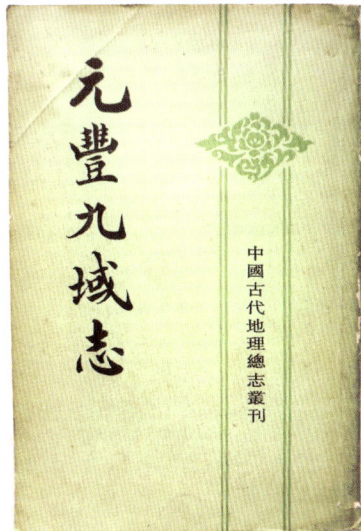

图1-4-29 [宋]王存《元丰九域志》书影

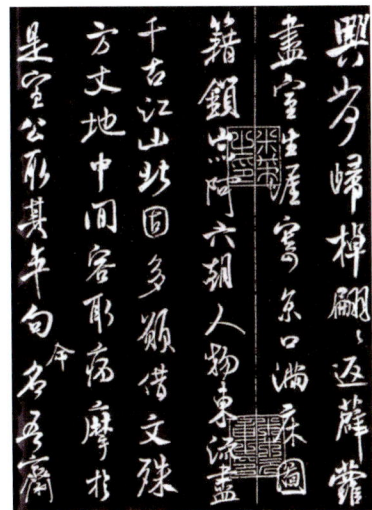

中國古代地理總志叢刊

图1-4-30 [宋]米芾《净名斋记》(局部)

---

[1] [宋]祝穆:《方舆胜览》卷三"镇江府",中华书局,2003年,第67页。
[2] [明]杨琬,等:《正德丹徒县志》卷四"寺观",正德十六年(1521年)刻本。
[3][5] [元]俞希鲁:《至顺镇江志》卷十二,江苏古籍出版社,1990年,第487页。
[4] 镇江北固山风景区编:《北固山碑文选》,江苏大学出版社,2013年,第10页。
[6] [宋]刘宰:《京口耆旧传》卷二,《四库全书》第451册,上海古籍出版社,1987年,第180页。
[7] [宋]卢宪:《嘉定镇江志》卷十一"居宅",丹徒朱氏金陵复刻包氏本,宣统二年(1910年)。
[8] [宋]卢宪:《嘉定镇江志》卷十五"宋润州太守",丹徒朱氏金陵复刻包氏本,宣统二年(1910年)。

图 1-4-31 ［宋］米友仁《潇湘图》

**王汉之及王涣之宅** 并在放鹤门。宅中有池可爱,后属都统司,强半为西园,余为作院。[1]王汉之(1054—1123 年),字彦昭,衢州人,祠部员外郎、秘阁校理、赠少师;其弟涣之(1060—1124 年),字彦舟,宝文阁直学士。"皆居丹徒(今江苏镇江)。"[2]

**毛友宅** 在千秋桥西,有斋曰"归欤",后并入丹阳馆。[3]毛友(1084—1165 年),字达可,曾任端明殿大学士、礼部尚书。"崇宁初,为润州教授";[4]后十七年,即"宣和二年(1120 年),自翰林学士除龙图阁待制守镇江"。[5]

图 1-4-32 宗泽墓外景

**宗泽宅** 在制锦坊西(原市政府旧址内)。[6]宗泽(1060—1128 年),浙江义乌人,宋代著名抗金名将。宣和元年(1119 年),宗泽遭诬告,"坐褫职编,置润州,居丹徒。四年(1122 年),夫人陈氏卒,葬丹徒京岘山,结庐龙目湖上。经郊恩,就差监润州酒税。建炎元年(1127 年),除京城留守。二年(1128 年),公年七十薨……(子颖)与岳飞扶柩归京口,与夫人合葬于京岘山"。[7](图 1-4-32)

---

〔1〕〔3〕〔6〕 ［元］俞希鲁:《至顺镇江志》卷十二,江苏古籍出版社,1990 年,第 487 - 488 页。
〔2〕 ［宋］刘宰:《京口耆旧传》卷二,《四库全书》第 451 册,上海古籍出版社,1987 年,第 132 页。
〔4〕 ［宋］卢宪:《嘉定镇江志》卷十六"学职",丹徒朱氏金陵复刻包氏本,宣统二年(1910 年)。
〔5〕 ［宋］卢宪:《嘉定镇江志》卷十五"宋润州太守",丹徒朱氏金陵复刻包氏本,宣统二年(1910 年)。
〔7〕 ［宋］乔行简:《宗忠简公年谱》,转引自［清］杨棨《京口山水志》卷五"丹徒·山",道光二十四年(1844 年)刻本。

**韩世忠宅·西园**　在放鹤门里。韩蕲王故园"中有飞盖堂、传觞亭、凌云台、留仙洞"。[1]韩世忠(1089—1151年),陕西绥德人,字良臣,两宋之际名将。金兀术将入侵,朝廷以世忠为浙西制置使守镇江,并大败金军。[2]

**研山园**　在北固山南麓。北宋米芾"以研山与苏仲恭家易甘露寺园地,营海岳庵(亦即净名斋)。后毁,岳珂即其址辟为研山园"。[3]岳珂(1183—1234年),岳飞之孙,字肃之,号亦斋,晚号倦翁。相州汤阴(今属河南)人,南宋文学家。嘉泰末(1204年)为监镇江府户部大军仓;后又于嘉定十四年(1221年),除军器监、淮东总领;宝庆三年(1227年),为户部侍郎、淮东总领兼制置使,并数次兼权镇江府事,直至绍定二年(1229年)离任,前后近十年之久。[4]

**叶再遇宅**　在大围桥南瓶场巷(今仙鹤巷内)[5],"面势宏敞,栋楹壮丽……昔为繁华歌舞之区";南有园池。元代改万寿宫。叶再遇官至南宋安抚使。[6]

**孙虎臣宅·孙园**　在范公桥东(今酒海街一带)。宅之后圃为园,时称"孙园"。[7]孙虎臣,官任都统,景定二年(1261年)五月至镇江上任。[8]

**龚基先宅**　在小围桥西北,即霍篪故居。[9]龚基先,字平叔,高邮人,父炳,徙京口。基先入太学,登进士第。官至监察御史、大理少卿、太常。平生爱惜士人,创淮海书院。[10]

**罗璧宅**　在斜桥西南(今斜桥街与仙鹤巷之间),元代改为报亲道院。[11]罗璧,字仲玉,镇江人。至元二十年(1283年),创开杨村海道,运江南粟以实京师;二十四年(1287年),又创开豆阳海道,升昭勇大将军。后官至都水监,掌全国河渠、津梁、堤堰等事务。奉命括两淮屯田,得疾,归镇江而卒,年六十六。[12]

**阿塔海宅**　在狮子门西(今铁瓮城遗址西门外)。[13]阿塔海(1233—1289年),又作阿答海,蒙古逊都思氏,蒙古国开国功臣塔海之孙。至元十四年(1277年),任江淮行省平章政事。次年,任行省左丞相。[14]

**脱虎脱宅**　在还京门里(今山巷广场东侧)。[15]脱虎脱曾在武宗时深得重用,

〔1〕　[明]李贤,等:《明一统志》卷十一,《四库全书》第472册,上海古籍出版社,1987年,第272页。

〔2〕　[元]脱脱,等:《宋史》卷三百六十四,中华书局,1977年,第11355页。

〔3〕　[宋]冯多福:《研山园记》,转引自[清]周伯义《北固山志》卷十二"艺文五",光绪三十年(1904年)刻本。

〔4〕　[元]俞希鲁:《至顺镇江志》卷十五,江苏古籍出版社,1990年,第596页。

〔5〕〔7〕〔9〕〔11〕〔13〕　[元]俞希鲁:《至顺镇江志》卷十二,江苏古籍出版社,1990年,第488－490页。

〔6〕　[元]俞希鲁:《至顺镇江志》卷十,江苏古籍出版社,1990年,第408页。

〔8〕〔10〕〔12〕　[元]俞希鲁:《至顺镇江志》卷十九,江苏古籍出版社,1990年,第773、748、764页。

〔14〕　[明]宋濂,等:《元史》卷一百二十九,中华书局,1976年,第3149页。

〔15〕　[元]俞希鲁:《至顺镇江志》卷十二,江苏古籍出版社,1990年,第488－489页。

至大元年（1308年）"加平章政事脱虎脱太尉"，二年（1309年）"以脱虎脱为丞相"。[1]

**昔里教化的宅**　在怀德桥南（今四牌楼西南侧）。[2]昔里教化的，河西人，居镇江，累官至开府仪同三司、太子太保、太尉、平章军国重事、上柱国、魏国公。[3]

**马薛里吉思宅**　在夹道巷（今铁瓮城遗址西门外）。[4]马薛里吉思，也里可温人（基督徒），至元十五年（1278年）授明威将军、镇江路总管府副达鲁花赤，因家焉。尝造七座基督教堂。[5]

### （五）明清故居

**徐达别墅**　在金银门外。清代志书地图上，将金银门外的大街标以"武宁街"，即是以徐达封号"武宁王"命名（今大西路西段）。[6]徐达（1332—1385年），中国明朝开国军事统帅。字天德，汉族，濠州钟离（今安徽凤阳）人。至正十六年（1356年），"元将定定扼镇江……太祖既定集庆（今南京）……于是遣徐达攻镇江，拔之，定定战死"。[7]此时徐达当在镇江居。

**杨一清宅·待隐园**　在黄祐街（今观音桥巷），宅南有别业，名"待隐园"。[8]杨一清（1454—1530年），字应宁，号邃庵，别号石淙，祖籍云南安宁。年十四举乡试，登成化八年（1472年）进士。父丧，葬丹徒，遂家焉。官至内阁首辅，号称"出将入相，文德武功"。[9]杨一清及其父杨景墓在城西岘山诈输冈。[10]

**靳贵宅**　在虎踞门内靳家巷。[11]靳贵（1464—1520年），字充遂，号戒庵，丹徒人（今江苏镇江）。明代著名的诗文家，官至太子少保、户部尚书、武英殿大学士。著有《戒庵文集》《诵抑斋文稿》等。[12]

**笪重光宅**　在第一楼街。[13]笪重光（1623—1692年），字在辛，号君宜，又号蟾光、逸叟、江上外史。官至江西巡按。清朝书画家，工书善画，与姜宸英、汪士铉、何焯称四大家。精古文辞，有《书筏》《画筌》传世。[14]（图1-4-33）

---

〔1〕　［明］宋濂，等：《元史》卷二十二、二十三，中华书局，1976年，第513页。
〔2〕〔4〕　［元］俞希鲁：《至顺镇江志》卷十二，江苏古籍出版社，1990年，第488－490页。
〔3〕〔5〕　［元］俞希鲁：《至顺镇江志》卷十九，江苏古籍出版社，1990年，第777－779页。
〔6〕　"武宁街"标识，见于［清］杨履泰，等：《光绪丹徒县志》卷首"新城图"，光绪五年（1879年）刻本。
〔7〕　［清］张廷玉：《明史》卷一，中华书局，1974年，第5－6页。
〔8〕〔11〕　［清］朱霖增纂：《乾隆镇江府志》卷十九"官室"，乾隆十五年（1750年）增刻本。
〔9〕　［清］张廷玉，等：《明史》卷一百九十八，中华书局，1974年，第5225页。
〔10〕　［清］杨履泰，等：《光绪丹徒县志》卷八"陵墓"，光绪五年（1879年）刻本。
〔12〕　［清］朱霖增纂：《乾隆镇江府志》卷三十六"名臣下"，乾隆十五年（1750年）增刻本。
〔13〕　［清］杨履泰，等：《光绪丹徒县志》卷七"官室"，光绪五年（1879年）刻本。
〔14〕　镇江市地方志编纂委员会：《镇江市志》卷六十五"人物"，上海社会科学院出版社，1993年，第1619页。

**张玉书宅**　在虎踞门内南门大街。[1]张玉书(1642—1711年)，字素存，号润浦，又称京江，丹徒(今江苏镇江)人。顺治十八年(1661年)进士，精春秋三传，深邃于史学。官至刑部尚书、兵部尚书、户部尚书、文华殿大学士。主持修《明史》，先后出任《三朝国史》《大清会典》《大清一统志》《平定三逆方略》《政治典训》《治河方略》《佩文韵府》《康熙字典》的总裁官。[2]

**郎园**　在南门内。郎居广所创，山石幽秀，亭台耸峻。即张氏乐志园故址。徐汉苍有咏郎园诗："苍苍幽竹林，爱此千竿玉。池馆树初凋，溪光放新绿。"[3]

## 四、楼堂亭台

在古代建筑中，楼、堂、亭、台比较具有个性特色，往往成为公廨、寺观以及园林中富于标志性的元素。

### （一）楼

**北固楼**　在北固山后峰(北峰)之顶。早期之楼，见载于《南史》："初，京城(今镇江)之西有别岭入江，高数十丈，三面临水，号曰北固。蔡谟起楼其上，以置军实。"[4]说明北固建楼很早，可以追溯到东晋咸康年间蔡谟领南徐州刺史之时。

图 1-4-33　[清]笪重光《拟白乐天放歌行》

之后，南朝梁武帝于大同十年(544年)三月，"幸京口城北固楼，改名北顾"。[5]及至唐代，润州刺史李德裕又重建北固楼，诗人张祜曾写有《题润州李尚书北固新楼》："蹋石攀云一径危，粉廊朱槛眺江湄。青山半在潮来处，碧海先看月满时。"[6]南宋时期，著名诗人辛弃疾曾任镇江知府，他在《南乡子·登京口北固亭有怀》中写道："何处望神州？

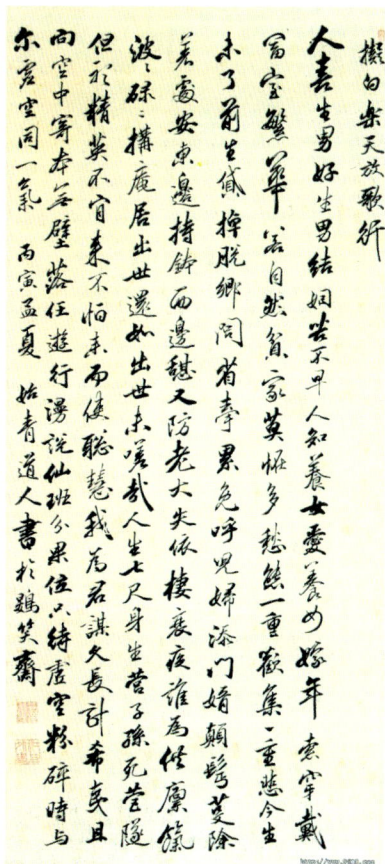

---

〔1〕[清]杨履泰，等：《光绪丹徒县志》卷八"陵墓"，光绪五年(1879年)刻本。
〔2〕[民国]赵尔巽，等：《清史稿》卷二百六十七"张玉书传"，中华书局，1976年，第9959页。
〔3〕[清]李恩绶撰，李丙荣续辑：《丹徒县志摭余》卷二"署宅"及卷十九"诗"，民国七年(1918年)刊本。
〔4〕[唐]李延寿：《南史》卷五十一，中华书局，1975年，第1279页。
〔5〕[唐]姚思廉：《梁书》卷三，中华书局，1973年，第88页。
〔6〕[唐]张祜：《题润州李尚书北固新楼》，见陈尚君辑校《全唐诗补编》第二编《全唐诗补逸》卷八，中华书局，1992年。

图1-4-34　光绪年间修建的多景楼，现已被拆毁

满眼风光北固楼。"[1]历史上的北固楼，是古代"万里长江三大名楼"之一，与洞庭湖畔"岳阳楼"、武汉"黄鹤楼"齐名。

**多景楼**　在北固山后峰（北峰）之顶。苏轼有《采桑子》一词，描绘了多景楼的景色。"多情多感仍多病，多景楼中。尊酒相逢，乐事回头一笑空。停杯且听琵琶语，细捻轻拢。醉脸春融，斜照江天一抹红。"[2]清代《京口山水志》载：此楼"即临江亭故址，宋熙宁间建，元明以来屡修屡毁，康熙初重建，今（按：指道光年间）又圮"。[3]后，又于光绪年间在原址重建，楼上三面有廊，可供游人凭栏远眺江景。（图1-4-34）但遗憾的是，2011年该楼因新建北固楼而被拆毁。

**万岁楼·月观**　在谯楼之西（月华山上，即铁瓮城遗址西南侧毗连之高地，今第一楼街塑料二门厂内左首），古万岁楼。《京口记》云："晋王恭为刺史，改创西南楼名万岁楼，西北楼为芙蓉楼，楼之最高者。"《舆地志》云："此楼飞向江外，以铁锁縻之方止。"[4]至唐犹存，"宋呼为月台，后改名月观，绍兴戊午（1138年）郡守刘岑葺故址而新之"。[5]（图1-4-35）

**日观**　在谯楼之东日精山（今359医院内小山）上。宋嘉定中郡守赵善湘创筑，与月观对峙。[6]

**芙蓉楼**　又名千秋楼，在北固山中峰（上有民国气象台旧址）。"晋王恭改创，（州治）西北楼为芙蓉楼。"宋代汪藻有记："州治之西有楼焉，并城而出，名曰千秋者。考诸图志，始于晋王恭之时。"[7]（图1-4-36）

图1-4-35　月华山南麓外景（第一楼街原塑料二厂内）

〔1〕［宋]辛弃疾著，邓广铭编笺：《稼轩词编年笺注》，中华书局，1962年，第530页。
〔2〕［宋]苏轼著，刘石评注：《苏轼词》，人民文学出版社，2005年，第31页。
〔3〕［清]杨棨：《京口山水志》卷一"北固山"，道光二十四年（1844年）刻本。
〔4〕［宋]乐史：《太平寰宇记》卷八十九，中华书局，2007年，第1759页。
〔5〕〔6〕［元]俞希鲁：《至顺镇江志》卷十三，江苏古籍出版社，1990年，第514–515页。
〔7〕［宋]汪藻：《浮溪集》卷十八，中华书局，1985年，第209页。

图 1-4-36　[清]周镐《蓉楼话雨》

**望海楼**　在府治后(今烈士陵园内广场)。《方舆胜览》:"昔蔡君谟(襄)经此,题曰:'望海楼,城中最高处,旁视甘露、金山,如屏障中画出,信江南之绝致也。'后改曰连沧观。"[1]

**喜雨楼**　在千秋桥南(今第一楼街内)。宋嘉定中郡守史弥坚建,一名第一楼,因戴石屏(复古)题句以名。戴复古有《京口喜雨楼落成》诗:"京口画楼三百所,第一新楼名喜雨。"[2]《方舆胜览》:"楼在城内,规模宏壮,占一郡胜处,颇有登览之快。"[3]

**翔云楼**　在嘉定桥南(今梳儿巷一带)。元代李天祥宅楼。"丙申(1356年)三月二日明高帝(朱元璋)取镇江,至于上。"[4]

**(二) 堂**

**积弩堂**　在唐颓山西二百步(今中山桥西南侧吴家门),宋武帝刘裕作,为藏弩之所。《舆地志》:"武帝之破卢循也,军中多万钧神弩,所至莫不摧陷。"[5]

**卫公堂**　在府治后,李德裕为观察使时所建。后人因李德裕的封爵(卫国公)名之。[6]

**萧闲堂**　在丹阳馆北河岸(今千秋桥街北侧),宋置。[7]米芾自书《弊居帖》中

----

〔1〕　［宋］祝穆:《方舆胜览》卷三"镇江府",中华书局,2003年,第60页。

〔2〕　［宋］戴复古:《石屏诗集》卷一《京口喜雨楼落成呈史固叔侍郎》,《文渊阁四库全书》(电子版)文207,上海人民出版社,1999年。

〔3〕〔4〕〔6〕　［清］杨履泰,等:《光绪丹徒县志》卷七"宫室",光绪五年(1879年)刻本。

〔5〕〔7〕　［元］俞希鲁:《至顺镇江志》卷十三,江苏古籍出版社,1990年,第519－520页。

写道:"弊居在丹徒行衙之西,脩闲堂、漾月、佳丽亭在其后,临运河之阔水。"〔1〕

**威辅堂**　在石公山防江军教场内,宋郡守史弥坚立。嘉定中江防军废,以其器械、营舍归之州家,郡守史弥坚拓旧阅场,内立堂五间,扁以"威辅"为额。〔2〕

### (三) 亭

古代以"亭"称之的建筑,有两种:一种规模较大,可以是楼宇,甚至为建筑群;另一种规模较小,并多属单体敞开,即现今在园林中常见的形式。

**临江亭**　在北固山绝顶。唐代诗人储光羲(约706—763年)有《临江亭五咏》诗:"晋家南作帝,京镇北为关。江水中分地,城楼下带山。""京山千里过,孤愤望中来。江势将天合,城门向水开。"〔3〕储光羲为开元时人,表明此亭当是建于唐代开元之前。

**向吴亭**　在府治之南三里。唐陆龟蒙诗:"秋来频上向吴亭。"乾道庚寅(1170年)郡守蔡洸重建。〔4〕

**宝墨亭**　在北固山南峰府治内。清代《京口山水志》:"府治在北固山上,内有卫公堂、连沧观、浮江楼、宝墨亭(苏舜钦、苏颂俱有诗)。"〔5〕此亭为北宋庆历八年(1048年)由太守钱彦远创建,苏舜钦曾咏诗贺之,其序曰:"丹阳(郡,即润州)子高得逸少《瘗鹤铭》于焦山及梁唐诸贤四石刻,共作一亭,以'宝墨'名之。"〔6〕

**济川亭**　在潮闸(京口闸)之南。"守臣待制史弥坚建,并书(额)。旧有安流亭,圮陋弗葺。嘉定甲戌(1214年),渠浚闸成,撤而新之,凡十楹,为重客候潮匽薄之所。"〔7〕古代京口闸为江南运河入江口,过船须等潮水到达适当高度,而济川亭则是候潮待客之所。其规模较大,有屋十间。在济川亭之前,旧有安流亭,年代当更为久远。

**接官亭**　宋代所建,有三处:一在仁和门外,屋五间;一在通吴门外,屋五间;一在登云门外,屋七间。〔8〕

**皇华亭**　"皇华"为古代送迎使客之所,多设于驿馆之前。志载,宋代镇江皇华亭,"在丹阳馆南,后通潮渠,南宋守臣显学张子颜建"。〔9〕

**与同亭**　在土山(云台山)下排湾。宋淳祐中郡守李迪立。有亭屋三间,中可通路,左右设槛,行人坐憩于此。〔10〕

**止戈亭**　亭在郡治,又称小射亭。"守臣史弥坚日阅士卒之所,分禁旅为六队,教以武艺。每五日课射,给犒而激厉之。"〔11〕

〔1〕　[宋]米芾:《弊居帖》,现藏台北故宫博物院。
〔2〕〔8〕〔9〕〔10〕　[元]俞希鲁:《至顺镇江志》卷十三,江苏古籍出版社,1990年,第518-520页。
〔3〕　[唐]储光羲:《临江亭五咏》,《全唐诗》卷一百三十九,国际文化出版公司,1994年,第404页。
〔4〕〔7〕　[宋]卢宪:《嘉定镇江志》卷十二"宫室",丹徒朱氏金陵复刻包氏本,宣统二年(1910年)。
〔5〕　[清]杨棨:《京口山水志》卷一"北固山",道光二十四年(1844年)刻本。
〔6〕　[宋]苏舜钦:《苏舜钦集》卷八,上海古籍出版社,2011年,第89页。
〔11〕　[宋]卢宪:《嘉定镇江志》卷十"兵防",丹徒朱氏金陵复刻包氏本,宣统二年(1910年)。

**南山亭** 在放生池上(今五条街菜场北侧)。宋绍兴癸亥(1143 年)郡守郑滋创置放生池,临流建亭,榜曰"南山"。后,池为民居所侵,亭亦颓废。嘉定十五年(1222 年),郡守赵善湘至,既复池旧制,仍于故基为亭五楹。至元代亭废,并在遗址上改建镇抚司。[1]

**光风霁月亭** 旧在鹤林寺前周濂溪祠。明郡守张巑重建于府学内日精山(今三五九医院内小山)上,即日观旧址。杨一清记其略云:"光风霁月亭盖取黄庭坚称濂溪周先生语而名之……明景泰间郡守张公巑重建文庙郡学,乃构亭于庙背山上,扁以是名。"[2]清代画家张夕庵画有一幅《日精山》,近景是日精山及其光风霁月亭,中景则是定波门城楼。(图 1-4-37)

图 1-4-37 [清]张夕庵《日精山》

**艾纳亭** 在虎踞门内(今南门大街一带)。明代张绍甫别业后,前为依庸堂。[3]

**心远亭** 在虎踞门内(今南门大街一带)。为明代靳文僖公(靳贵)别墅一景。后易张氏,有瑞梅书屋。清代归郎氏,改建郎园。[4]

**(四)台**

**阆风台** 在锦绣谷(今 359 医院内北侧)。为南宋嘉定甲戌(1214 年)镇江太守史弥坚所建[5],史弥坚亲自撰写《阆风台记》。1998 年,在老北门(定波门)考古中出有一块《阆风台记》残石,碑身浑实,厚达 24 厘米,原碑之高大可以想见。残石仅存碑文近百字,内容涉及建阆风台事迹以及锦绣谷内所建"乐春""江山如画"等著名堂馆。

**河阁** 元代《至顺镇江志》载:"在千秋桥北。"[6]此河阁既是位于千秋桥北,当与从千秋桥下西行的唐宋穿城运河无涉,而应是与自千秋桥北向的古河道有关。1998 年春,在位于千秋桥北侧医政路丹房建筑工地上,通过考古勘探发现地下 6 米深处有南北向古河道迹象(图 1-4-38),并在考古探井内清理出木构建筑遗迹,有排列的板墙、方木过梁、

图 1-4-38 1998 年,医政路出土孙吴纹饰砖

〔1〕〔6〕 [元]俞希鲁:《至顺镇江志》卷十三,江苏古籍出版社,1990 年,第 516 – 518 页。
〔2〕〔3〕〔4〕 [清]杨履泰,等:《光绪丹徒县志》卷七"官室",光绪五年(1879 年)刻本。
〔5〕 [清]周伯义:《北固山志》卷二"建置",光绪三十年(1904 年)刻本。

木桩以及"富贵""大吉宜子孙"文字砖等。年代属孙吴时期,推测当是古河道上的建筑设施,极可能与河阁有关。

### 五、祠庙寺观

宗教文化是古代城市文化的有机组成部分,宗教建筑则是宗教文化的重要载体。究其千余年间在镇江的演变和积淀,主要包括祠庙、佛寺、道观及其他四个部分。

在镇江城市考古中,陆续发现一批古代祠庙、佛寺、道观等遗迹。为了方便读者了解,现附图表示(图1-4-39):

图1-4-39　镇江寺观考古遗迹示意图
1. 唐代甘露寺　2. 宋代普照寺　3. 宋元城隍庙戏台　4. 元代广惠庵　5. 明代大佛殿

#### (一)祠庙

**东岳别庙**　在登云门里阳彭山巅(今东岳巷一带),主祀泰山神东岳大帝。庙创始于唐末,宋熙宁中重建,元大德六年(1302年)行工部尚书辛仲实重修。"扩而充之,撤而新之。自庙门而上,后宫而下,殿宇廊庑,楼阁檐楹,垣墙甃砌,栏楯扃锸","规模形势,雄伟杰出,视他郡冠"。[1]

**城隍忠佑庙** 在清风门里(今城隍庙街北端凤凰岭饭店),祀汉高帝时将军纪信。"旧在府治西,宋绍兴七年(1137年)移置。"[2]元、明、清亦多有修缮或重建。在庙的二门(仪门)门楼设有戏台,面阔三间。1997年,为配合古戏台迁移曾进行考古,发现南宋至清代四个时期的建筑遗迹,揭示了城隍庙戏

图1-4-40 1997年,城隍庙戏台考古遗迹俯瞰

台的演变轨迹,并出土石香炉、凤纹瓦当等遗物。(图1-4-40、1-4-41)

**顺佑王庙** 即汉荆王庙,祀汉高帝族弟刘贾。唐代庙址在子城西北墉上,事迹见于唐先天二年(713年)重修庙记石刻,碑文曰:"州城西北墉上神祠。案孙处元《润州图经》云:本汉荆王之庙也。《汉书》:'高帝族弟。汉兴,为将军,有功,封为荆王,王于此地。与黥布战,薨,人为立庙。历吴、晋、宋、齐、梁、陈,俗皆享祀。隋平陈,废州为镇,数经寇贼,镇官汹惧,屡祷求福助焉。"唐代刺史王美畅,为之"修饰堂宇,门屋步廊……乃

图1-4-41 城隍庙戏台考古出土石香炉

于先天二年(713年)三月内,命工人雕刻神仪,并造王之后妃嫔妾及左右侍从威仪,图于壁上,总三十余躯,盛矣哉!"至南宋绍兴三年(1133年),帅臣待制胡世将重建庙,有记;乾道戊子(1168年)守臣待制陈天麟重修,有记。[3]此庙明代移建于府治东,清代《京口山水志》云:"庙今在府治东,盖明时移建。""汉荆王墓在荆王庙后。"[4]"明正统、弘治间俱修葺,后倾圮。天启乙丑(1625年),郡守贺仲轼重修,复构前厅三间,外建大门,立汉荆王庙额。"[5]今荆王墓尚存。(图1-4-42)

---

〔1〕〔2〕〔3〕 〔元〕俞希鲁:《至顺镇江志》卷八,江苏古籍出版社,1990年,第323 – 327页。
〔4〕 〔清〕杨棨:《京口山水志》卷四"丹徒·山",道光二十四年(1844年)刻本。
〔5〕 〔清〕杨履泰,等:《光绪丹徒县志》卷五"祠庙",光绪五年(1879年)刻本。

图 1-4-42　汉荆王墓外景

**汉刘史君庙**　"在利涉门里(今花山路与梦溪路相交处南侧)。创建岁月未详。宋庆元间重修,海陵主簿黄泾以记。文曰:'郡城之东北门,曰利涉,内十许步,有汉刘史君庙在焉,祀著令典。'按《祥符图经》:'旧称刘四郎,土人以郎非尊称,故称史君云。'"[1]

**后土神别祠**　在府治西南二里,亦号皇地祇庙。未详所始,南宋建炎时焚毁;绍兴丙子(1156 年)重建。[2]

**武庙**　即关公庙,清乾隆八年(1743 年)知县宋楚望依东观旧址(今正东路中段北侧)改建。[3]

**火神庙**　在城西山巷后(今镇江市旅游学校内)。祈祷神明"佐烹饪以攸资人,安耕凿敛烟光而无警"。乾隆二十七年(1762 年)重修。咸丰初,庙毁于寇,同治初,寺僧募里人重建。[4]

**武烈帝别庙**　在朝阳门外(今塔山桥东侧),始为陈府君庙,祀隋代陈果仁(南唐时封武烈帝)。[5]

**都天庙**　在鼎石山下,奉唐代张巡为"都天大帝"。旧在武烈帝别庙右,明崇祯间僧若昧建。后移建山之东,临运河。[6]清时每年三月十五日举行都天庙会。道光十九年(1839 年),诗人龚自珍(1792—1841 年)途经镇江,适逢都天庙行会,见万人游行、倾城而动的热烈场面,触景生情,写下脍炙人口的传世名篇:"九州生气恃风雷,万马齐喑

---

〔1〕〔2〕　[元]俞希鲁:《至顺镇江志》卷八,江苏古籍出版社,1990 年,第 328、320 页。

〔3〕〔4〕〔5〕〔6〕　[清]杨履泰,等:《光绪丹徒县志》卷五"祠庙",光绪五年(1879 年)刻本。

究可哀。我劝天公重抖擞，不拘一格降人才。"(《己亥杂诗》)1937 年都天庙毁于战火，2008 年复建。(图 1-4-43)

**(二) 佛寺**

**甘露寺** 在北固山第一峰(后峰)。其始建年代有三国、唐代等说。《光绪丹徒县志》认为："《唐图经》《嘉定镇江志》并云：唐宝历中李德裕建；而郡邑旧志乃云：三国时吴王皓所建，非也。"[1]而宋代《嘉定镇江志》论定："唐宝历中，李德裕建，以资穆宗冥福，时甘露降此山，因名。唐乾符中寺焚，裴璩重建。宋朝大中祥符庚戌(1010年)有诏再修。"[2]之后，历代屡有废兴。1960 年，北固山铁塔塔基考古出土李德裕《重瘗禅众寺舍利题记石刻》，其中记载"创甘露宝刹，重瘗舍利，所以资穆宗之冥福

图 1-4-43　宝塔山下都天庙今址

也"。[3]考古证实甘露寺确系唐代李德裕所创建。又，2000 年，古城考古所在北固山后峰腰台勘探，探知地下有大面积夯土迹象，遂试掘两口考古探方(T1、T2)，发现唐代甘露寺殿址遗迹，有大殿和两侧回廊建筑，平面呈凹字形，并且还反映了唐代以降多重殿基加筑叠加的迹象。(图 1-4-44 至 1-4-49)

**因胜寺** 在府治之南三里，虎踞门内。唐大中六年(852 年)建，称妙喜寺，南唐改慈云寺。宋元祐中，尚书左丞苏颂请为功德院，遂名"因胜报亲院"。其登眺之所曰"观日"，曰"卧云"，苏子瞻题；其亭曰"卧看沧江"，泉曰"夕听流泉"；又有普同塔院、千尺井、天衣堂、偃月庐、弥勒阁、翠岩室；山上有天鹅洞、鹿跑泉等。[4]

**天王承庆寺** 在登云门里(今中山西路北侧，原丹徒县公安局旧址)。梁天监中建，旧名感慈院。宋景定元年(1260 年)重构殿宇。[5]

**青苔寺** 在白马坊渌水桥东(今万古一人路北侧)。唐代已建，诗人杜牧有诗："青苔寺里无鸟迹，渌水桥边多酒楼。"盖寺在唐时为人烟聚集之处。明崇祯九年(1636 年)改建药师庵。后又为关庙，庙后有"古青苔寺"石刻四字嵌于壁上。[6]

---

〔1〕 [清]杨履泰，等：《光绪丹徒县志》卷五"祠庙"，光绪五年(1879 年)刻本。

〔2〕 [宋]卢宪：《嘉定镇江志》卷八"僧寺"，丹徒朱氏金陵复刻包氏本，宣统二年(1910 年)。

〔3〕 江苏省文物工作队镇江分队，等：《江苏镇江甘露寺铁塔塔基发掘记》，《考古》，1961 年第 6 期。

〔4〕〔6〕 [清]杨履泰，等：《光绪丹徒县志》卷六"寺观"，光绪五年(1879 年)刻本。

〔5〕 [元]俞希鲁：《至顺镇江志》卷九，江苏古籍出版社，1990 年，第 365－366 页。

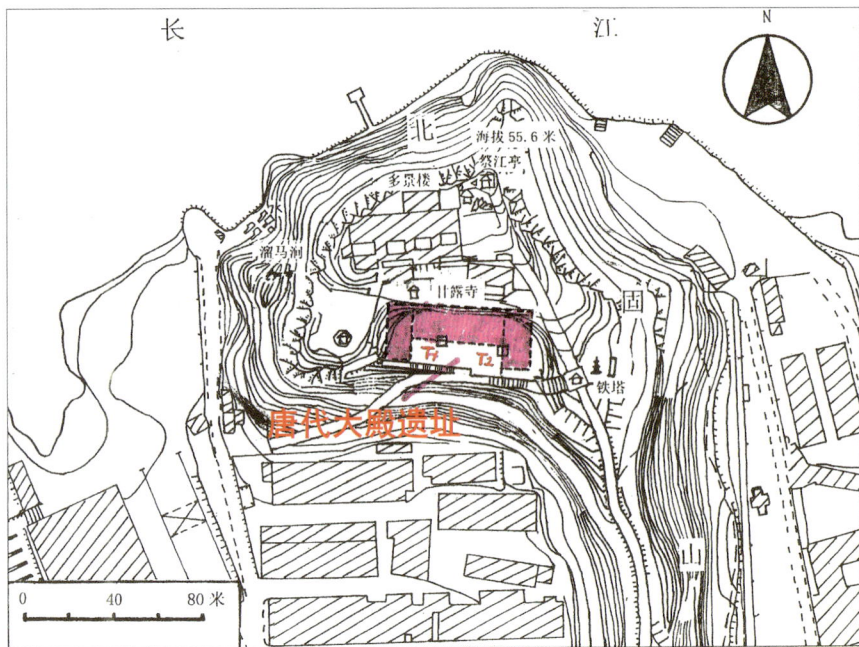

图 1-4-44　唐代甘露寺考古示意图

图 1-4-46　北固山后峰 2 号探方考古现场

图 1-4-45　2000 年,北固山后峰考古外景

图 1-4-47　唐宋甘露寺大殿台基墙
遗迹(前面为宋代墙,后面为唐代墙)

图 1-4-48　出土唐代
甘露寺屋顶吻兽

图 1-4-49　北固山两代考古主持人合影(右为梁白泉，左为笔者,1998 年摄于湖北盘龙城遗址)

**罗汉寺**　在城内唐颓山下。唐天复中,安王施果园为之。宋建炎中毁,隆兴中重建。明代又多次废兴,万历间改建为通济寺,其毗庐阁贮大藏经。[1]

**惠安寺**　在夹道巷(今万古一人路北侧),本甘露寺下方浴院。南唐保大中,自维扬迎旃檀瑞像于此。宋改名惠安寺。[2]

**水陆寺**　在罗汉寺南(今水陆寺巷内)。宋淳祐元年(1241 年)廣法师建。明洪武中毁,永乐初重建。[3]

**弥陀寺**　在怀德坊车家巷(今弥陀寺巷内)。至元十六年(1279 年),永嘉(今浙江温州)张氏舍宅建。[4]

**灵建寺**　在定波门内,唐元和六年(811 年)建。清康熙二十年(1681 年)僧尚旭重修。咸丰中毁。[5]

**普照寺**　在寿丘山巅。宋高祖(刘裕)故宅,至陈立寺名"慈和";宋号为"延庆寺之上方"。绍兴中,寓建僧伽塔院于此,以奉僧伽像,名曰"普照"。清代寺废,并入县学。[6]1995 年,配合镇江师专基建项目考古(图 1-4-50),在寿丘山

图 1-4-50　1995 年,镇江师专
寿丘山工地考古探沟外景

---

[1][3][6]　[清]杨履泰,等:《光绪丹徒县志》卷六"寺观",光绪五年(1879 年)刻本。

[2][4][5]　[元]俞希鲁:《至顺镇江志》卷九,江苏古籍出版社,1990 年,第 365－366 页。

顶发现宋代普照寺基址,探方内清理出石路、屋基砖墙、砖铺地面等遗迹,并出土有多件墨书"普"字碗及碗底,"普"字意指普照寺。(图1-4-51)1997年,又在师专基建工地发现宋代普照寺砖砌水井遗迹。此井规模较大,口径1.7米,深约26米,井内出有大量汲水器、陶瓷器以及建材、瓦当等遗物。(图1-4-52、1-4-53)

图1-4-51 寿丘山考古探井内揭示宋代石路及砖铺地面遗迹

图1-4-52 1997年,镇江师专寿丘山工地发现宋代普照寺水井遗迹

图1-4-53 寿丘山古井出土"库"字茶碗底

**龙华寺** 在寿丘山麓,位于普照寺南侧。宋绍兴十一年(1141年)创,寺有大圣殿、正宗阁、慈云阁、华严阁、处士堂。元俱毁,明代重建。后寺废,改建县学。[1]

(以上,从青苔寺到龙华寺的八寺,即旧时俗称"城内八大寺",这里所谓城内范围是指明清镇江府城。)

**广惠庵** 元代《至顺镇江志》载:"在大围桥东巷内。庵中有土偶,名'黑哥哥'。居民失猫,祷之多应。

---

〔1〕〔清〕杨履泰,等:《光绪丹徒县志》卷六"寺观",光绪五年(1879年)刻本。

今俗呼为'黑哥哥庵'。巷亦以此得名焉。"[1]而"大围桥"及"黑哥哥巷"地址失传。但大围桥是宋元市河二的一座桥梁,此河"经皇祐桥、染皂桥、嘉泰桥、怀德桥、斜桥、大围桥,亦达京口港,以入于江"。[2]考之,大围桥在斜桥之西,位置与今西门桥相近。故广惠庵应是在西门桥东侧一带。再者,《乾隆镇江府志》见有"广惠庵"条目:"在镇江卫西,近城下,俗呼'观音堂'。"[3]这里又提供了一条重要线索,即广惠庵位于明清府城西城墙内侧。1994年,在胜利路南段侨源工地考古发现一座元代建筑基址,其西侧部分被明初兴建的府城西垣所打破、叠压;同时,出土有元代青白瓷佛像、青瓷焚香炉以及"佛法僧宝"瓷印等。(图1-4-54、1-4-55)而"佛法僧宝"印只有佛教的寺、庵才可能持有,并且其地理位置与志载线索相符,可证此处当是广惠庵所在。

图1-4-54　1994年,胜利路广惠庵遗址
出土元代"佛法僧宝"瓷印(正面)

图1-4-55　广惠庵遗址出土
元代瓷佛像(残件)

**保福寺**　在府治南一里。旧名本起寺,宋改"保福"。"内有十院:曰前大圣院,藏有佛指;后大圣院,藏有舍利辟支佛脑;宝公院,藏有佛牙;新兴院,建有钟楼;观音院;东观音院;北观音院(以上七院皆在寺内)。西观音院,临火炭桥市河;罗汉院,在清和楼巷西;释迦院,在清和楼巷东。"[4]

**登云寺**　在登云门外(今登云路南段)。旧名福因智果院,唐贞观间僧俱胝建,赐额"登云寺"。宋曾布舍田重建,有登云台。明初僧祖心继新之。[5]

**平等寺**　在江口坊正平山上(今镇屏街内)。宋绍兴中创小庵,后建为寺。刘宰有记:"正平山在京口城西一里。是山峙于江岸,无崚崒之势,凭高而望不倾不倚,式正且平……"[6]

**永兴寺**　在还京门外经家湾北(今布业公所巷附近)。[7]宋淳熙二年(1175年)僧

〔1〕〔4〕〔6〕〔7〕　[元]俞希鲁:《至顺镇江志》卷九,江苏古籍出版社,1990年,第394、366、373、376页。
〔2〕　[元]俞希鲁:《至顺镇江志》卷七,江苏古籍出版社,1990年,第282页。
〔3〕〔5〕　[清]朱霖增纂:《乾隆镇江府志》卷二十"寺观",乾隆十五年(1750年)增刻本。

惠隆建。[1]

**大觉寺** 在城南鸿鹤桥（俗称孩儿桥）北。宋建炎间始创。明永乐中毁，僧圆瞳复创。[2]

**帝师寺** 在范公桥东南南仓旧址，奉巴思拔帝师，元至治元年（1321年）奉诏建。巴思拔即八思巴，西藏喇嘛教萨迦派首领，1264年八思巴被封为元朝国师，后又创制了蒙古新文字——八思巴文。时人记曰："其面势左山右河，市拱林卫，雄秀而丰厚。其制度门庑殿堂有严有翼，其室高明而宏深，凡屋五十亩，其地四十九而有奇，作二十有九旬乃成。"[3]

**龙华庵** 在仁和门里天福山（今天桥路虎头山）。至元二十四年（1287年），都统张舍宅基建。"门径迂僻，竹树幽茂，城市之山林也。"[4]

**接引佛殿** 俗称大佛殿，在北固山后峰西麓，天津泉右。万历癸酉（1573年），真岳（俗名孔五峰）建，周庑四十九间，僧房一百二十八间。乾隆、嘉庆两次重修，咸丰间毁。2005年，在北固山考古勘探中，发现明代接引佛殿建筑遗迹，并出土有宋代青白釉瓷净瓶、明代蓝釉陶香壶、青花瓷人物图案碗等遗物。[5]（图1-4-56、1-4-57、1-4-58）

图1-4-56 清代画家笔下的接引佛殿

---

〔1〕〔2〕 [清]朱霖增纂：《乾隆镇江府志》卷二十"寺观"，乾隆十五年（1750年）增刻本。

〔3〕〔4〕 [元]俞希鲁：《至顺镇江志》卷九，江苏古籍出版社，1990年，第358、393页。

〔5〕 [清]周伯义：《北固山志》卷二"建置"，光绪三十年（1904年）刻本。

图 1-4-57　2005 年,考古探方内的
接引佛殿建筑遗迹

图 1-4-58　接引佛殿遗址出土
宋代青白釉瓷净瓶

### (三) 道观

**元妙观**　在石砝桥西北(今正东路与南门大街相交之西北侧),俗称东观,即唐紫极宫老子祠。宋祥符己酉(1009 年)改额曰"天庆"。元元贞元年(1295 年)改额"元妙"。旧有宋徽宗所赐"永镇福地"金牌及元赵孟頫《度人经》石刻。[1]

**道冲观**　即后土别祠,在石砝桥北。南唐保大中建,祠奉后土皇地祇。明洪武、永乐间,女冠管师达建诸殿。清康熙壬子(1672 年)邑人高拱斗改建。[2]

**报恩光孝观**　在县治西南三里,七狮桥南侧(今正东路西段北侧)。旧名天宁万寿观,蔡京书匾。宋绍兴间改名报恩光孝观。清代亦称蒋道庵,其额仍名报恩光孝观。[3]此观位于东观之西,当是古称西观所在。

**迎仙观**　在还京门里(今山巷广场东侧)。宋将仕郎仲宗孟舍宅建。宋总领岳珂有诗,刻石在观内。[4]

**崇福观**　在大市西南(今山门口街内)。元至元三十一年(1294 年)建;明正统中毁,又复建。清代仅存山门、正殿,余俱废为牧马之地。[5]

**乾元万寿宫**　在大围桥南瓶场巷(今仙鹤巷内),即宋安抚使叶再遇故宅。元大德五年(1301 年)明宏道冲应真人余以诚改创宫之门曰"通元"。郡人俞希鲁为记:"建大殿以奉三清,辟后堂而事元帝,修廊栋宇,神雕像塑,威肃仪整,斋堂庖湢,仓廪帑藏,丈室燕处,靡不毕备。前树三门,飞桥跨水,旁植槐柳,隐映左右,晨昏钟鼓,铿鍧镗鞳,步虚之声,缥缈霞外。……又其南为园,列花木亭馆,岁时州人士女游观,为一时之盛。丙午(1306 年)敕赐乾元万寿宫额。"[6]

---

〔1〕〔4〕〔6〕　[元]俞希鲁:《至顺镇江志》卷十,江苏古籍出版社,1990 年,第 407－411 页。
〔2〕〔3〕　[清]朱霖增纂:《乾隆镇江府志》卷二十"寺观",乾隆十五年(1750 年)增刻本。
〔5〕　[清]杨履泰,等:《光绪丹徒县志》卷六"寺观",光绪五年(1879 年)刻本。

### （四）其他

古代镇江宗教除佛、道之外，志载还见有祆教、伊斯兰教以及基督教。

#### 1. 祆教

**火祆庙** 旧在朱方门里山冈之上，为镇海军节度使周宝建。"祆神出西域，自秦入中国，俗以火神祠之。""润帅周宝婿杨茂实为苏州刺史，立（祆）庙于（苏州）城南隅，盖因润有此庙而立之也。"宋嘉定中，郡守赵善湘以此庙高在山冈，于郡庠不便，遂迁于山下。庙门面东。端平间，郡守吴渊毁其庙。[1]祆教，亦名拜火教，是世界十大宗教之一。北朝时此教已传入中国，唐朝颇盛，信众渐多，长安和洛阳都有祆祠。润州亦是祆教流行的重要地区之一。

#### 2. 伊斯兰教

**清真寺** 志载有三处：

一在仁安坊阜民街。明《万历镇江府志》载："古润礼拜寺于唐贞观二年（628年）始建于仁安坊阜民街。明洪武年间毁，后再建。"[2]地点在今五条街梳儿巷附近，是镇江历史上最早的清真寺。

二在治安坊剪子巷，明万历三十年（1602年）移古润礼拜寺于此。寺内面积约1300平方米，有礼拜殿、照壁、经房、水房等设施。

立有石碑一通，碑额篆书"古润礼拜寺记"，明万历间李一阳撰、书。[3]（图1-4-59）

图1-4-59 明代《古润礼拜寺记》碑刻

图1-4-60 镇江山巷清真寺外景

〔1〕 ［元］俞希鲁：《至顺镇江志》卷八，江苏古籍出版社，1990年，第330页。

〔2〕 ［明］王樵，等：《万历镇江府志》卷三十三"杂志·寺观"，明万历二十五年（1597年）刻本。

〔3〕 ［清］杨履泰，等：《光绪丹徒县志》卷六"寺观"，光绪五年（1879年）刻本。

三在大西路山巷内。又名城西清真寺，"始建未详，清康熙年间廓其基宇，皆回民礼拜之所"。咸丰间毁，同治十二年（1673 年）重建。[1]现存礼拜大殿、对厅、讲堂、水房等。（图 1-4-60）

1992 年在中山东路招商市场建筑工地考古发掘时，于唐代地层中出土了三件玻璃柄具。其中，一件半透明，为国产料器；另两件透明，为舶来品，当来自古波斯帝国，应是唐代来润州做生意的穆斯林商人的用品，属于镇江早期的伊斯兰教文物。

**3. 基督教**

基督教第一次来华传播为唐朝，称"景教"，其范围主要局限于中原地区。而基督教第二次来华传播为元朝，蒙古人称"也里可温"，意指"上帝教"或"信奉上帝之人"，汉人则还是称之为"景教"。其时，镇江亦成为江南地区的传播中心。例如，忽必烈所委派的镇江府路总管府副达鲁花赤马薛里吉思就"有志于推广教法"，曾在其所辖之地大力推广景教，后又"休官务建寺"，修成江南一带著名的景教"七寺"。[2]至明代后期，利玛窦等外国传教士曾在江南传教；清代则在镇江建有多座教堂，有的一直留存至今。

**大兴国寺**　为"七寺"之一，在夹道巷（今万古一人路北侧）。元至元十八年（1281 年），镇江路副达鲁花赤马薛里吉思建，儒学教授梁相有记："今马薛里吉思其（按：指也里可温）徒也。天十字者，取像人身，揭于屋、绘于殿、冠于首、佩于胸，四方上下以是为准。""十四年（1278 年）钦受宣命虎符怀远大将军、镇江府路总管府副达鲁花赤，虽登荣显，持教尤谨，常有志于推广教法。一夕梦中天门开七重，二神人告云：汝当兴寺七所，赠以自物为记，觉而有感。遂休官务，建寺。首于铁瓮门舍宅建八世忽木剌大兴国寺。"[3]

**甘泉寺**　亦"七寺"之一，在大兴国寺侧。全名为"马里结瓦里吉思忽木剌甘泉寺"。[4]

**大光明寺**　在丹阳馆南（今千秋桥街南侧）。为元贞元年（1295 年）安马吉思继马薛里吉思的"七寺"之后另建的一座基督教堂。[5]安马吉思，可能即是志载"安马里忽思"，亦是"也里可温人，居镇江，中宪大夫、同知广东道宣慰使司、副都元帅"。[6]

**天主教堂**　有三座：[7]

一在南门二官巷（今南门外大街）。清康熙三十八年（1699 年）建，雍正二年（1724 年）毁。

〔1〕　［清］杨履泰，等：《光绪丹徒县志》卷六"寺观"，光绪五年（1879 年）刻本。
〔2〕〔3〕〔4〕〔5〕　［元］俞希鲁：《至顺镇江志》卷九，江苏古籍出版社，1990 年，第 367 - 368 页。
〔6〕　［元］俞希鲁：《至顺镇江志》卷十九，江苏古籍出版社，1990 年，第 778 页。
〔7〕　高觐昌，等：《续丹徒县志》卷九"外交二"，民国十九年（1930 年）刻本。

一在大西路西段北侧天主街（今人民街）。清同治四年（1865年），金式玉在西城外大云坊购地建堂，街以是名。十年（1871年），复迁银山门大街。

一在英租界三马路（即原二马路南侧与之平行的路），光绪七年（1881年）建新教堂一座。

**耶稣教堂**　有三座：[1]

一为美以美会堂，在大西路又新街口。光绪十年（1884年）美国牧师郎登、库思非建。

二为浸信会堂，在镇江银山门。光绪十一年（1885年）建。

图1-4-61　大西路教堂外观

三为福音堂，位于大西路343号，光绪十五年（1889年）美国美以美教会传教士于此购地建堂。福音堂坐南朝北，砖木结构，采用木质人字梁支撑屋顶，室内无柱，听众可直视讲台。尖拱形门窗，墙均用古式小青砖砌成，可容700多人礼拜。（图1-4-61）

---

〔1〕　高觐昌，等：《续丹徒县志》卷九"外交二"，民国十九年（1930年）刻本。

远眺京江水(引航道水域)

# 第二章　滔滔京江

京江，是古代长江的别称，因三国京城而得名。近两千年来，它一直流淌在名城的身旁，成为镇江地理和文化的标志及象征。

# 第一节　京江古今

## 一、长江多别称

滔滔长江，奔腾万里，流入东海。她与黄河一起并称为中华民族的"母亲河"。

### （一）古代长江名

长江古称"江"。在我国上古时代，"江"是个专用名词，特指长江。远在周代《诗经》上就已见有她的名字："汉之广矣，不可泳思，江之永矣，不可方思。"[1]此"江"即是今日之"长江"。"长江"之称的出现，大约不晚于东汉末年。尤其在晋朝以后，称"长江"者逐渐多了起来，如李白的诗"孤帆远影碧空尽，惟见长江天际流"。[2]

在历史上长江的别称多达十余种，如：长江发源于青藏边境的唐古拉山主峰各拉丹冬雪山，她的正源沱沱河，又称乌兰木伦河（蒙古语意为"红河"）。自当曲口下称通天河，古称"牦牛河"。又自巴塘河口至四川省宜宾岷江口，称金沙江（因产金沙而得名），古称"渑水"，唐时又称"神川"。而自岷江口以下通称长江。其中，宜宾至湖北省宜昌段主要流经四川省，故亦称"川江"；而奉节至宜昌间的三峡河段，又有"峡江"之称。自湖北省枝城至湖南省城陵矶间称荆江，因流经古荆州之地而得名。向下流经江西九江段的长江古称浔阳江。在江苏省扬州、镇江之间的江域，古来又有曲江、扬子江、丹徒江、京江等不同的名称。[3]

综观以上的不同江名，它们有的取意于地理形势，如通天河、峡江、曲江；有的则得名于流域所属的区划，如峡江、川江、荆江；还有的假名于地方特产，如牦牛河、金沙江；亦见有以声色取名，如沱沱河、红河。（图2-1-1）

但在长江的别称中，还有一种类型则是因城命名，主要有广陵江、

---

〔1〕　程俊英：《诗经注析》，中华书局，1991年，第23页。
〔2〕　[清]蘅塘退士：《唐诗三百首》卷八，中华书局，1956年，第3页。
〔3〕　崔乃夫，等：《中华人民共和国地名大词典》第4卷，商务印书馆，2002年，第6360页。

图 2-1-1　宋代《禹迹图》上刻绘的长江

丹徒江、浔阳江、京江、扬子江等。古代广陵城畔称广陵江,丹徒城旁名丹徒江,浔阳城下称浔阳江,京城北侧名京江,扬子城边称扬子江。这是历史上城市文明与长江相互结合,"城水合一"的一种文化体现,也是本节拟重点介绍的内容。

**（二）丹徒江**

古代长江流经丹徒城附近的江面,曾别称为丹徒江。唐代《初学记》云:"凡江带郡县因以为名,则有丹徒江、钱塘江"等。[1]可知,丹徒江是因岸边丹徒县城而得名。

丹徒历史悠久,属秦汉时期古县。史志记载:"始皇三十七年(前210年),使赭衣徒三千,凿京岘东南垄,故名丹徒。"[2]"秦置会稽郡,丹徒、曲阿二县属焉。"[3]三国孙吴"嘉

---

〔1〕　[唐]徐坚:《初学记》卷六,中华书局,1989年,第124页。

〔2〕　[元]俞希鲁:《至顺镇江志》卷首,江苏古籍出版社,1990年,第3页。

〔3〕　[宋]卢宪:《嘉定镇江志》卷一"地理",丹徒朱氏金陵复刻包氏本,宣统二年(1910年)。

禾三年(234年)改曰武进县。晋太康二年(281年)复曰丹徒,为毗陵郡治。"[1]"隋开皇九年(589年)废丹徒县。"[2]"唐武德三年(620年)……仍置丹徒县,润州治焉"。[3]而据唐代《括地志》载,隋以前的丹徒故城,"在润州丹徒县东南十八里,汉丹徒县也"。[4]其地望即今镇江市东丹徒镇附近。

丹徒故城北临长江,其江水又称丹徒江,亦名北江。北魏郦道元《水经注》云:"沔水与江合流……其一,又过毗陵县北,为北江。"小字注:"《地理志》:毗陵县,会稽之属县也。丹徒县北二百步有故城,本毗陵郡治也。去江三里,岸稍毁,遂至城下。城北有扬州刺史刘繇墓,沦于江。"[5]据郦道元所述,至迟南北朝时期,在丹徒县城北侧二百步远处还并立有毗陵郡城,另毗陵县亦附郭。同时,书中还透露出一个重要信息,即原本郡城"去江三里",但由于江水的冲击,城北扬州刺史刘繇墓"沦于江",此时江岸竟已退缩至城下。如果据此推测,所谓毗陵郡城后来也难逃被冲塌入江的命运。(图2-1-2)

汉晋丹徒县城,地处水陆交通要津、江南运河入江口,属兵家争夺的战略要地,在此曾演绎过多幕刀光剑影、腥风血雨的历史剧。

图2-1-2　汉代丹徒县城位置(截自《镇江市区地图》)

〔1〕〔3〕　[清]顾祖禹:《读史方舆纪要》卷二十五,中华书局,2005年,第1250页。

〔2〕　[唐]魏徵,等:《隋书》卷三十一,中华书局,1973年,第874页。

〔4〕　贺次君:《括地志辑校》卷四,中华书局,1980年,第232页。

〔5〕　[北魏]郦道元著,陈桥驿校证:《水经注校证》卷二十九,中华书局,2007年,第682-683页。

先是西汉景帝三年(前154年),吴王刘濞发动"七王之乱"。后,朝廷派周亚夫率兵平叛,吴王兵败下邑,只带着几千名士兵逃到江南,在丹徒进行防守。月余后,丹徒附近的"越人斩吴王头以告"[1],一场平叛之战在丹徒城下胜利结束。

及至东汉兴平二年(195年),孙策占据江东,以京口、丹徒为军事基地。建安五年(200年),孙策在西击黄祖(江夏太守)、北击陈登(广陵太守)后,"军到丹徒,须待运粮。初,策杀吴郡太守许贡,贡奴客潜民间,欲为贡报雠。策性好猎,数出驱驰"。[2]而孙策"因出猎,马骏,去从骑远,为贡客许昭伏刺之"。不日,"疮裂而死"。[3]《南徐州记》曰:"临江有女山,山东,许贡客刺孙策所也"。[4]汝山,今称禹山。当年,也就是因为在这座邻近丹徒故城的山头上发生了意外,才导致年轻的孙权从兄长手中接过掌控江东的"权杖",从此开创雄踞江南、拓疆立国的孙氏王朝。

而在两晋时期,丹徒的地位又有新的提升。西晋太康二年(281年),"立毗陵郡(后改晋陵郡),治丹徒。领县七,为丹徒(治今镇江市东丹徒镇附近)、曲阿(治今丹阳市城区)、武进(治今丹阳市东)、延陵(治今丹阳市延陵镇)、毗陵(后改晋陵,治今常州市城区)、暨阳(治今江阴市长寿镇南)及无锡(治今无锡市城区)"。在晋代,毗陵郡亦曾有治于毗陵或是京口的记录,但大部分时间都是在丹徒,前后累计100余年,直至"义熙九年(413年),复还晋陵"。[5]

而在东晋初期,曾发生苏峻叛乱,丹徒附近进行过一场保卫东晋王朝的殊死战。咸和二年(327年),苏峻攻破建康(今南京),直逼东南。在这危急时刻,徐州刺史郗鉴衔命渡江,"与后将军郭默还丹徒,立大业、曲阿、庱亭三垒以距贼"。[6]三垒中以大业离丹徒城最近,而叛军遣重兵围困,"垒中乏水,人饮粪汁",但仍艰苦坚守,直至数月后才得以解围。[7](图2-1-3)

图2-1-3　郗鉴守丹徒史料(《资治通鉴》)

〔1〕 [汉]司马迁:《史记》卷五十七,中华书局,1950年,第2076页。
〔2〕 [宋]司马光:《资治通鉴》卷六十三,中华书局,1956年,第2028页。
〔3〕 [唐]许嵩:《建康实录》卷一,中华书局,1986年,第6页。
〔4〕 [清]杨棨:《京口山水志》卷八,道光二十四年(1844年)刻本。
〔5〕 [南朝]沈约:《宋书》卷三十五,中华书局,1974年,第1040页。
〔6〕 [唐]房玄龄,等:《晋书》卷六十七,中华书局,1974年,第1800页。
〔7〕 [宋]司马光:《资治通鉴》卷九十四,中华书局,1956年,第2963页。

隋代以后，丹徒县迁治今镇江市城区，丹徒故城旋即退出历史舞台。今天，它身旁的江水尚在，只是地面上已不见故城踪影，推测当年位于北侧的毗陵郡城早已沦入江中，至于南侧的丹徒城，可能大部分还埋藏在地下，等待考古人去探查发现……

### （三）广陵江

广陵江之名源于秦汉广陵县城。《初学记》曰："凡江带郡县因以为名，则有丹徒江……广陵江……"[1]（图2-1-4）

图2-1-4 汉代广陵城位置图（截自《中国历史地图集》）

秦置广陵县，西汉设广陵国，东汉改为广陵郡，以广陵县为治所（位于今江苏扬州市西北蜀岗上），地处长江北岸。与南岸丹徒县城隔江而对，南北呼应，江面原阔四十余里。魏文帝曹丕于黄初六年（225年）伐吴，登广陵故城，临江观兵，并于马上赋诗曰："观兵临江水，水流何汤汤？"后引兵而还。[2]

汉晋时期，北岸广陵城与南岸京城之间江面以东即是喇叭口形海湾，秋季会形成类似钱塘潮的大潮，潮之近北岸称"广陵潮"，潮之近南岸称"京江潮"。汉代枚乘在《七发》中记述在广陵观潮的奇景："将以八月之望，与诸侯远方交游兄弟，并往观涛乎广陵之曲江。至则未见涛之形也，徒观水力之所到，则恫然足以骇矣。观其所驾轶者，所擢

---

〔1〕 [唐]徐坚：《初学记》卷六，中华书局，1989年，第124页。
〔2〕 [晋]陈寿：《三国志》卷二，中华书局，1959年，第85页。

拔者,所扬汩者,所温汾者,所涤汔者,虽有心略辞给,固未能缕形其所由然也。悦兮忽兮,聊兮慄兮,混汩汩兮。忽兮慌兮,俶兮傥兮,浩瀇瀁兮,慌旷旷兮。秉意乎南山,通望乎东海。"[1]

东晋太和四年(369 年),"桓温发徐、兖二州民筑广陵城,遂移镇焉。时兖州寄治广陵,徐州寄治京口,发此二州民以供役也"。"北齐增置江阳郡,与广陵郡并治焉。隋初郡废。开皇十八年(598 年),改县曰邗江。大业初,更名江阳,与江都县并为郡治。唐初,江阳县并入江都。贞观十八年(644 年),复析置江阳县于郭下。南唐又改为广陵县。宋初因之。熙宁五年(1072 年)省。南渡后复置。元废。"[2]

可是,蜀岗城下的滔滔江水又是在什么时候变成了广袤的陆地呢?考古资料显示,蜀岗之南邻近的广陵江面最迟在隋代已变为陆地。因为,其时隋炀帝修筑运河,并且"于运河两岸逐渐形成一定规模的码头和街市"。这方面在考古中有所反映,即城内"文化宫遗址和大东门遗址,考古发现有唐代早晚房址的叠压的打破关系,说明早期遗迹应是未建罗城时已有的街道和民房,晚期遗迹应是营建罗城后的建筑"。[3]

### (四)扬子江

长江流经今仪征、扬州市一带,古称扬子江,因扬子津及扬子县而得名。

扬子津,本是长江北岸的一个渡口,"由此渡江抵京口,渡阔四十里"。隋开皇十年(590 年),"陈故境多叛,命杨素讨之,素帅舟师自扬子津入击,破贼帅朱莫问于京口。大业七年(611 年),升钓台,临扬子津,大燕百僚,寻置临江宫于此,亦曰扬子宫"[4]从此,扬子津又成为大运河与长江的交汇口,交通更为发达,津镇日益繁荣。

唐代在扬子津置扬子县。"旧城在县(江都县,即今扬州市区)东南十五里。隋末杜伏威曾置戍守于此。永淳元年(682 年),始分江都置扬子县。……五代南唐改为永贞县。宋太平兴国中(976—984 年)复曰扬子。大中祥符六年(1013 年)置真州(今江苏仪征市),始移扬子为附郭县。""明初省。"[5]自唐代至北宋,扬子县前后治于扬子镇的时间长达 300 余年之久。之后,扬子县移治真州镇,明初县废。而清末"宣统元年(1909 年)以仪征县改名扬子县,后又复名仪征县"。[6]此后,扬子县的名字未再使用。

隋唐时期的扬子津及其所在的扬子县,当是扬子江名的来源。它们临江而立,南与京口相对,江面阔四十余里,当年的瓜洲尚地处长江中心。扬子、京口,一衣带水,留下了许多诗人佳作。孟浩然一首《宿扬子津寄润州长山刘隐士》:"所思在建业,欲往大江

---

〔1〕 [南朝]萧统:《文选》,上海古籍出版社,1986 年,第 1569 页。

〔2〕〔4〕〔5〕 [清]顾祖禹:《读史方舆纪要》卷二十三,中华书局,2005 年,第 1114、1128 页。

〔3〕 中国社会科学院考古研究所、南京博物院、扬州市文物考古研究所:《扬州城 1987—1998 年考古发掘报告》,文物出版社,2010 年,第 259 页。

〔6〕 复旦大学历史地理研究所:《中国历史地名辞典》,江西教育出版社,1989 年,第 297 页。

深。日夕望京口，烟波愁我心。"[1]表达了诗人人景交融的离情思绪。

但到了唐代后期，扬子津逐渐被淤沙包围，渡江要绕开新涨的沙尾数十里远。志载："唐时积沙二十五里，渡江者绕瓜步（即瓜洲）沙尾，迂回六十里。"至开元二十六年（738年），齐浣"开伊娄河于扬州南瓜洲浦，长二十五里，即达扬子镇"。[2]此后，江北的渡口开始被瓜洲渡所取代，扬子津也离江益远，地名亦改称扬子桥。

清代《扬州府志》记有扬子津的具体地望，"在（扬州）府城南十五里，即扬子桥，亦名扬子渡，又名扬子镇"。[3]可是，在现今的地面上已难寻古渡、古城、古江的踪影。滔滔长江已是远离而去，奔腾在南边30里外的远方。此处的古运河上横跨有一座题名扬子的桥，不远处还有一片聚落称扬子村，它们依稀透露出这样的信息，即古渡、古城的遗迹可能就埋藏在这片土地的下面。而在其附近开辟建有扬子公园，以纪念扬子古城的历史。

### （五）浔阳江

"浔阳江头夜送客，枫叶荻花秋瑟瑟。"这是唐代诗人白居易《琵琶行》的首句，开篇唱的就是浔阳江。

浔阳江，又是长江因城而起的一个别名。浔阳，古称寻阳，为西汉时设置的古县。《汉书·地理志》"庐江郡"条小字注："《禹贡》九江在南，皆东合为大江。"[4]《宋书》："寻阳本县名，因水名县，水南沦江。"[5]可知，寻阳本位于寻水岸边，故名寻阳；而九江汇流于此，合为大江。《汉书》亦记载，汉武帝曾于元封五年（前106年）南巡时，"自寻阳浮江，亲射蛟江中，获之"。[6]因寻阳县城临近江侧，故此段长江亦称浔阳江。

历史上，江北的寻阳县后来怎么到了江南呢？它们之间又有着怎样的关系？事情要从西晋说起，《宋书》记述了这一过程："太康元年（280年）……以寻阳属武昌（郡）……二年，以武昌之寻阳复属庐江郡。惠帝永兴元年（304年），分庐江、武昌立寻阳郡。寻阳县后省。"[7]可知，晋时武昌与庐江分属荆州与扬州，且两郡又各自立于长江南北。至永兴年间，朝廷将庐江郡寻阳、松滋与武昌郡柴桑三县重新组建为寻阳郡，其郡治设在柴桑。从此"江南之寻阳著，江北之寻阳益晦，后遂废汉寻阳县入柴桑县，自是以后皆以寻阳郡城为寻阳城矣"。"隋平陈，郡县俱废。"[8]至此，六朝时期寻阳江南岸的寻阳郡城便退出了人们的视线。（图2-1-5）

---

〔1〕［清］彭定求，等：《全唐诗》卷四百三十五，中华书局，1960年，第4821页。

〔2〕［清］顾祖禹：《读史方舆纪要》卷二十三，中华书局，2005年，第1119页。

〔3〕［清］阿克当阿，等：《嘉庆重修扬州府志》（影印），见《中国地方志集成·江苏府县志辑》，江苏古籍出版社，1991年，第292页。

〔4〕［汉］班固：《汉书》卷二十八，中华书局，1962年，第1568页。

〔5〕〔7〕［南朝］沈约：《宋书》卷三十六，中华书局，1974年，第1086页。

〔6〕［汉］班固：《汉书》卷六，中华书局，1962年，第196页。

〔8〕［清］顾祖禹：《读史方舆纪要》卷八十五，中华书局，2005年，第3928页。

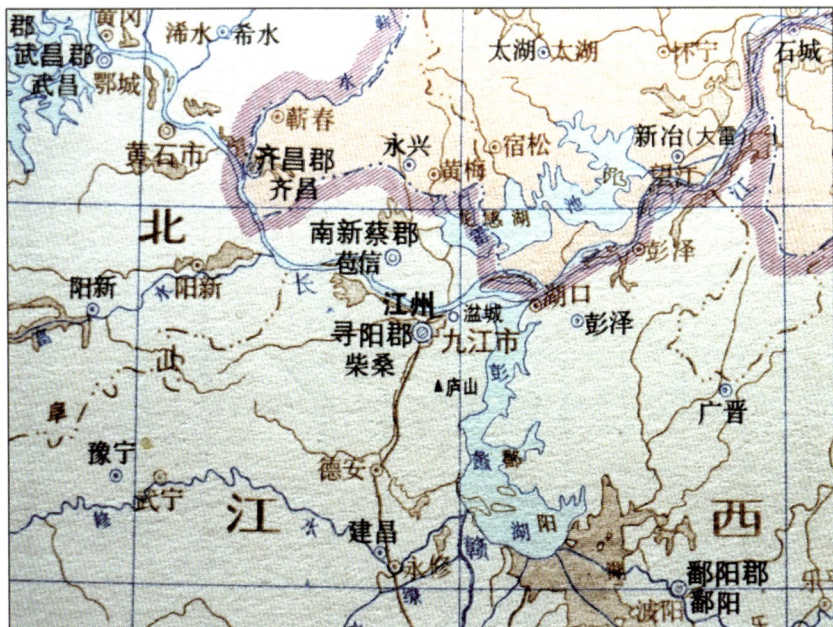

图 2-1-5　六朝寻阳城位置(截自《中国历史地图集》)

　　唐代初期,寻阳县又异地复置,并将"寻"改为"浔"。《新唐书》载:"浔阳,本湓城,武德四年(621年)更名。"[1]湓城,又名湓口城,其位置即今江西省九江市内。同时,浔阳城又是江州的治所,即白居易被贬谪江州司马的地方。一天,诗人在城边浔阳江头偶遇一离伤歌女,并为其身世所感动,遂写出千古传唱的《琵琶行》,浔阳江也因此更加闻名于世。

　　史料告诉我们,寻(浔)阳江畔的寻(浔)阳城一共有三处:

　　其中,年代最晚的是唐代浔阳县城,位于今江西省九江市,北临长江。至五代南唐时,县名改为德化县。自此浔阳县名虽去,但千年古城传承至今,九江成为一座历史文化名城。

　　年代居中的是六朝寻阳郡城,它的前身为汉柴桑县,著名诗人陶渊明即出生于此。这座古城在两晋、南朝近300年的时间里,一直为柴桑县、寻阳郡、江州三级行政之所。隋初,郡、县俱废,旧城逐渐湮没。而寻阳郡城的地望,志载在"(九江)府西十五里"。[2]20世纪80年代,在九江县赛城湖一带,考古探查了寻阳城遗址,所发现的遗迹有:陶瓷作坊遗址、陶瓷窑遗址、砖窑遗址、水井遗存、殿堂遗存(水池、太湖

〔1〕　[宋]欧阳修,等:《新唐书》卷四十一,中华书局,1975年,第1068页。
〔2〕　[清]顾祖禹:《读史方舆纪要》卷八十五,中华书局,2005年,第3928页。

石等)、大批墓葬(多为晋墓,墓中出土的器物有铁剑、铁剪、铜镜、青瓷壶、青瓷钵、青瓷虎子、青瓷蛙形水注、盘口壶、瓷碗、瓷碟等)。遗物中主要有:生产工具如陶纺轮、陶网坠、石磨、石臼、瓷擂钵等,生活用具如陶质或瓷质的罐、钵、缸、镡、瓮、壶、碗、盘、盅、碟、瓷砚、铜钱等,建筑材料如弧形板瓦、半圆筒状筒瓦、圆头瓦当以及花纹砖、铭文砖、纪年砖等。[1]考古地点今属九江市经济开发区七里湖乡赛湖村,已距离长江岸线数里之远。

而年代最早的当属汉代寻阳县,它是寻阳江名的起源地。该城的位置究竟在何处?志载,"汉寻阳县,治所在黄梅县西南","大江位于县南六十五里"。[2]而史志记载,古代长江岸线在这一带有一个南移的过程,以黄梅县蔡山为例:《读史方舆纪要》称:"蔡山,县南五十里,出大龟。《春秋传》大蔡,盖以山得名。"蔡即龟,故名蔡山。至清代,"大江,县南六十五里"。[3]可知,数百年间蔡山以南距江边约15里远。但唐时蔡山却是濒临江边,有《资治通鉴》为证:建中四年(783年)李希烈反,"时希烈兵栅蔡山……(曹王)皋乃复放舟顺流而下,急攻蔡山,拔之"。[4]至于汉代寻阳县的具体位置,还有待于今后的考古去探查和发现。

## 二、京江与京城

### (一)京江

京江,因京城得名,在长江众多的别名中有着鲜明的个性和重要价值。京江的名字,在史籍中见有多处记载:

南朝山谦之《南徐州记》记述:"京江,《禹贡》北流也,阔漫三十里,有大涛,声势骇壮。"[5]

唐代徐坚《初学记》述及:"凡长江有别名,则有京江。"小字注:"在南徐州。"[6]南徐州,即今镇江市。

宋代《嘉定镇江志》称:"京江水,在城北六里,东注大海,西接上流,北距广陵。"[7](图2-1-6)

可见,京江地望古来即位于镇江城北,至于江名何以冠为"京"字,当与古代镇江所称京城或京口有关。这方面,《辞源》解释了它的来历:"京江,长江下游称扬子江,亦名

〔1〕 李科友,等:《江西九江县发现六朝寻阳城址》,《考古》,1987年第7期。
〔2〕〔3〕 [清]顾祖禹:《读史方舆纪要》卷七十六,中华书局,2005年,第3578页。
〔4〕 [宋]司马光:《资治通鉴》卷二百二十九,中华书局,1956年,第7343页。
〔5〕 [清]杨棨:《京口山水志》卷九,道光二十四年(1844年)刻本,第一至二页。
〔6〕 [唐]徐坚:《初学记》卷六,中华书局,1962年,第124页。
〔7〕 [宋]卢宪:《嘉定镇江志》卷六"山川",丹徒朱氏金陵复刻包氏本,宣统二年(1910年)。

京江。因流经镇江市,而镇江古称京口,所以叫京江。"[1]而相似的内容亦见于《辞海》:"京江,即今长江流经江苏镇江市北的一段,因镇江古名京、京城、京口而得名。"[2]

以上,《辞源》《辞海》的解释的确道出了京江的来历,但也有需要澄清补正之处,即京江之名应是源自京城,而非京口。

考之,京城、京口的形成有先后之分,京口要略晚于京城。理由是,京城因京山得名,京江之名又源出于京城;而京口意即水之交汇处,故得名于京江。这从南北朝时成书的《水经注》中可以得到印证。现仅以书中与江水及沔水交汇的域名为例。

献水口:"沔水……东北流,得献水口。"

浕口:"浕水南流入沔,谓之浕口……城侧二水之交,故亦曰浕口城矣。"

曾口:"曾水……东北流注于沔,谓之曾口。"

泛口:"泛水又东流注于沔,谓之泛口也。"

筑口:"筑水又东流注于沔,谓之筑口。"

疏口:"沔水又南与疏水合……谓之疏口也。"

敖口:"敖水又西南流注于沔,寔曰敖口。"

扬口:"扬水又北注于沔,谓之扬口。"

浐口:"沔水又东得浐口,其水承大浐。"

屯水口:"沔水又东迳沌水口……又谓之屯口。"

夏口:"夏水……南入于江……夏口亦曰沔口矣。"

清溪口:"沔水……左会清溪水……谓之清溪口。"

栅口:"栅水又东南流注于大江,谓之栅口。"

均口:"均水又南流注于沔水,谓之均口者也。"

粉口:"粉水至筑阳县西而下注于沔水,谓之粉口。"

蕲口:"蕲水南对蕲阳洲,入于大江,谓之蕲口。"

沮口:"沮水……又东南流注于江,谓之沮口也。"

绵水口:"绵水至江阳县方山下入江,谓之绵水口。"

氾溪口:"江水又东,右径氾溪口。"

清水口:"清水注之……谓之清水口。"

汤口:"汤水又南入于江,名曰汤口。"

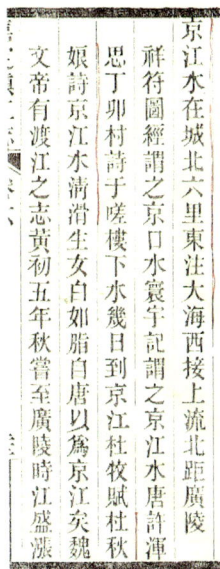

图 2-1-6 《嘉定镇江志》
载"京江"史料

京江水在城北六里東注大海西接上流北距廣陵祥符圖經謂之京口水寰宇記謂之京江水唐計渾思丁卯村詩于嗟樓下水幾日到京江杜牧賦杜秋娘詩京江水清滑生女白如脂自唐以爲京江矣魏文帝有渡江之志黄初五年秋皆至廣陵時江盛漲

---

[1]《辞源》,商务印书馆,1988年,第154页。

[2] 夏征农:《辞海》,上海辞书出版社,2009年,第1142页。

阳元口："江水又东,右合阳元水……谓之阳元口。"

乌飞口："江水又东,乌飞水注之……谓之乌飞口。"

涌口："江水又东,涌水注之。水自夏水南通于江,谓之涌口。"

油口："油水从西南来注之。又东,右合油口……"

景口："(江安)县有油水,水东有景口……沦水南与景水合。"

沦口："景口东有沦口,沦水南与景水合。"

高口："江水左会高口,江浦也,右对黄州……水与高水通也。"

彭城口："又东迳彭城口,水东有彭城矶,故水受其名……北流注于江。"

练口："北通练浦,又东合练口,江浦也。"

洋口："(长洋)港水东南流注于江,谓之洋口。"

涂口："右则涂水注之……户口南渡,因置斯郡,治于涂口。"

沌口："沌水……迳沌阳县南,注于江,谓之沌口。有沌阳都尉治。"

举口："举水……右水南流注于江,谓之举口,南对举洲。"

巴口："巴水……又南迳巴水戍,南流注于江,谓之巴口。"

希水口："希水……南流注于江,是曰希水口者也。"

青林口："(江水)又东,左得青林口,水出庐江郡之东陵乡……谓之青林水。"[1]

以上仅列举了《水经注》中长江一线部分带"口"字的域名,从中可以看出它们之间存在着一些共同的特征:一是"口"字表示水流的交汇处;二是"口"前的字表示注入方的水名。循此,我们可以了解所谓"京口"的含义:"口"字是指两水交汇处;"口"前的"京"字表示上水,当是京江;而京江的下水无疑是指大海。古代京口实为江海交汇处,北侧江中松、寥二山素有"海门"之称。

宋代《嘉定镇江志》载:"京上郡城,城前浦口即是京口。"[2]其"京上",是指京山之上;"郡城",即是京城;"城前浦口",当是京江口,亦即京口,其城池范围应是涵盖京城,并且还有"更大改创"。

现将与京口相关的域名予以梳理,且列出它们之间先后的序列关系:京(岘)山—京城—京江—京(江)口—京口水。

可证,京城因京(岘)山得名,京江又因京城得名,而京口亦因京江得名,京口水则因京口得名,故京口之名必然要较京城为晚。过去《辞源》《辞海》在解释京江名词时,认为京江"因镇江古名京口而得名",此说有误,应更正为"因镇江古名京城而得名"。

---

〔1〕 [北魏]郦道元著,陈桥驿校证:《水经注校证》卷二十七至三十五,中华书局,2007 年,第 642 - 810 页。

〔2〕 [宋]卢宪:《嘉定镇江志》卷六"山川",丹徒朱氏金陵复刻包氏本,宣统二年(1910 年)。

## (二）京城、京、京口

镇江历史上有一座城,称"京城"或"京",后又称京口。它们在六朝时期有着十分重要的地位。

京城早在三国时就闻名于世,有许多事迹留存在史籍志书之中。我们可以试举几例:

**孙河屯京城** 东汉末年,孙策占据江东,随后即派孙河屯戍京城。《吴志》曰:"汉献帝兴平二年(195年)孙策创业江东,使将军孙河领兵屯京地。"[1]又,《三国志》云:"（孙）河,字伯海,本姓俞氏,亦吴人也。孙策爱之,赐姓为孙,列之属籍。后为将军,屯京城。"[2]孙河秉承孙策旨意,较早就开始建设京城,为以后作为政权中心做好前期准备。

**孙韶缮治京城** 孙韶为孙河子侄。在建安九年(204年),当孙河遇害之时,"韶年十七,收河余众,缮治京城,起楼橹,修器备以御敌。（孙）权闻乱……夜至京城下营,试攻惊之,兵皆乘城传檄备警,喧声动地,颇射外人,权使晓喻乃止。明日见韶,甚器之"。孙权当即委任他为承烈校尉,统辖孙河旧部,以曲阿(今丹阳)与丹徒二县税粮作军用,可以自设长史(军府属吏之长),一切待遇与孙河相同。[3]可知,早在三国时期丹徒、曲阿二县已经成为京城所辖的腹地。（图2-1-7)

**孙权都京** 孙权在江东建立政权以后,曾一度以京城作为政权中心。《三国志》载,"（孙）权为车骑将军,都京……"[4]《建康实录》称,建安十三年(208年),"权始自吴迁于京口而镇之"。"十六年(211年),权始自京口徙治秣陵(今南京)。"[5]虽然,孙权以京为都的时间前后只有四年,但在此期间孙权联刘抗曹,取得赤壁大战的胜利,从此开启了三国鼎立的新局面,京城扮演了这段历史演绎中的重要角色。

**刘备诣京** 刘备为了与孙权联姻,并欲借取荆州,遂于建安十四年(209年)亲自赴

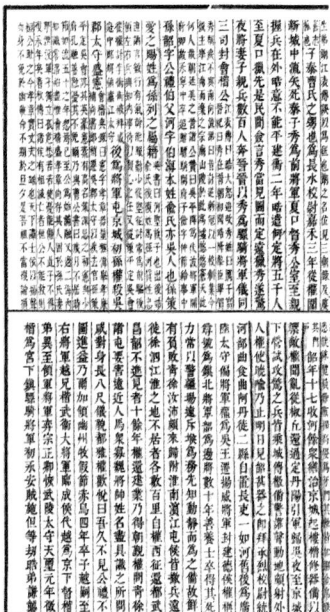

图2-1-7 《三国志》记载的孙韶事略

---

〔1〕《吴志》,转引自[宋]卢宪:《嘉定镇江志》卷一"地理",丹徒朱氏金陵复刻包氏本,宣统二年(1910年)。

〔2〕〔3〕[晋]陈寿:《三国志》卷五十一,中华书局,1959年,第1214、1216页。

〔4〕[晋]陈寿:《三国志》卷六十二,中华书局,1959年,第1413页。

〔5〕[唐]许嵩:《建康实录》卷一,中华书局,1986年,第14页。

京。志载:"(刘)琦病死,群下推先主为荆州牧,治公安。权稍畏之,进妹固好。先主至京见权,绸缪恩纪。"[1]"后备诣京见权,求都督荆州,惟肃劝权借之,共拒曹公。"[2]刘备至京城完成了联姻和借取荆州这两件大事。

而京城之名,时至两晋、南朝仍被广泛使用,这在史籍志书中亦屡见不鲜。仅列举几例:

**刘裕京城起义**　刘裕(363—422 年)是南朝开国皇帝。他出生于京城,年轻时参加北府兵,后成为骁勇善战的将领。他在镇压了孙恩造反以后,不久又平定桓玄之乱,而后者的起事就是在京城揭开序幕的。《南史》记述其事——元兴三年(404 年)二月乙卯,刘裕"托游猎……集义徒凡二十七人,愿从者百余人。丙辰,候城门开,(何)无忌等义徒服传诏服,称诏居前,义众驰入齐叫,吏士惊散,即斩修(按:桓玄之弟,驻守京城)以徇……义军初克京城。"[3]京城起义的胜利,奠定了平定桓玄之乱的基础,进而为刘裕以宋代晋提供了必要的先决条件。

**南徐州镇京口**　《南齐书》云:"南徐州镇京口……今京城因山为垒,望海临江,缘江为境。"[4]

**梁武帝幸京口城**　梁武帝(464—549 年),武进东城里(今丹阳东城村)人。《梁本纪》记有他登京口城的事迹:大同十年(544 年)三月"己酉,幸京口城北固楼"。[5]

从上述引文中不难发现,早期志书述及此城的名称,多见"京城"与"京"并存,且二者可以互用;而南朝以降的志书述及此城的名称,则多见"京城"与"京口"并存,并可以互用。

### (三)"京"名探源

京城的城名何以称"京"? 史志中见有都城说、高丘说和京山说等多种。

都城说。其中,亦有两种说法,据唐《元和郡县图志》载,一是指汉初"荆王刘贾尝都之",一是指"孙权居之,故名京城"。而该书认为,"'荆'字既不同,又孙权未称尊号,已名为'京',则两说皆非也"。[6]《元和郡县图志》对都城说的否定是有道理的,因为,"荆"与"京"两字在义与形上区别很大,难以混淆;又,孙权都京之前,京城之名已经传世,如孙河屯京城的时间就比孙权迁都早十余年,可证此名应与孙权立都无关。

〔1〕　[晋]陈寿:《三国志》卷三十二,中华书局,1959 年,第 879 页。

〔2〕　[晋]陈寿:《三国志》卷五十四,中华书局,1959 年,第 1270 页。

〔3〕　[唐]李延寿:《南史》卷一,中华书局,1975 年,第 4 页。

〔4〕　[南朝]萧子显:《南齐书》卷十四,中华书局,1972 年,第 246 页。

〔5〕　[唐]李延寿:《南史》卷七,中华书局,1975 年,第 1279 页。

〔6〕　[唐]李吉甫:《元和郡县图志》卷二十六,《中国古代地理总志丛刊》,中华书局,1983 年,第 589 页。

高丘说。"京"字的本义为高冈，《尔雅·释丘》云，"绝高为京"。[1]而唐《元和郡县图志》亦循此主张，认为"京者，人力所为绝高丘也，亦有非人力所为者。人力所为者若公孙瓒所筑易京是也，非人力所为者荥阳京索是也。今地名徐陵（按：镇江古名之一）即此，京非人力所为也，京上郡城"。[2]即京城因是在高冈上筑的城，故名"京"。

京岘山说。唐《建康实录》：京城"因京岘立名，号为京镇"。[3]相似者还见于宋《润州类集》："（润）州谓之京镇、京口者，因此山。"[4]两书都表达了"京"名源自京岘山的说法。

以上诸说比较起来，当以京岘山说更为具体、可信。而考之京岘山，亦有本名"京山"的记述。如，北宋地理学家王存（1022—1101年），定居润州，王家巷即因其故宅得名。他曾在一首诗的自注中写道："京、岘，润之二山，世但以京岘为一山。"[5]此论亦见于清代顾祖禹的《读史方舆纪要》：京岘山"此为京山，今府西南五里为岘山"。[6]也就是说，古代京岘山的本名应是京山，如是，则高丘说和京岘山说可以统一起来，因为所谓高丘即是"京"，而山名亦为"京"，"京城"是以山命名。

### 三、上天赐内江

#### （一）洲分内外江

万里长江，流经下游，水势稍见平缓，江面较为宽阔。志载，清末光绪年间，曾对镇江至瓜洲之间水域做过测量，"江阔一千三百五十二丈，是为七里半有奇"。[7]以现今江面与之相比，宽度变化不大，仍保持约七里左右。

而此段长江，古时水面更为宽阔。南朝《南徐州记》称："京江，《禹贡》北流也，阔漫三十里。"[8]及至唐代，江面似乎又宽了许多，唐《元和郡县图志》载："京口江，旧阔四十余里。"[9]此志成书于中晚唐之际，所谓"旧阔"，当指唐代前期。宋《蔡宽夫诗话》亦记述："润州大江本与扬子桥连。"[10]扬子桥即唐时扬子津所在，渡江人可以从此处远眺京口，江面一望无际。

汉代开始，长江中心已见有瓜洲。"汉以后江中涨有沙涆，形如瓜，故名。"[11]后

〔1〕 周祖谟：《尔雅校笺》，云南人民出版社，2004年，第95页。

〔2〕〔9〕 ［唐］李吉甫：《元和郡县图志》卷二十六，《中国古代地理总志丛刊》，中华书局，1983年，第589页。

〔3〕 ［唐］许嵩：《建康实录》卷一，中华书局，1986年，第11页。

〔4〕〔5〕 ［宋］卢宪：《嘉定镇江志》卷六"山川"，丹徒朱氏金陵复刻包氏本，宣统二年（1910年）。

〔6〕 ［清］顾祖禹：《读史方舆纪要》卷二十五，中华书局，2005年，第1252页。

〔7〕 ［清］杨履泰，等：《光绪丹徒县志》卷三，光绪五年（1879年）刻本。

〔8〕 ［南朝］山谦之：《南徐州记》，转引自［清］杨棨《京口山水志》卷九，道光二十四年（1844年）刻本。

〔10〕 ［宋］蔡宽夫：《蔡宽夫诗话》，［清］杨棨《京口山水志》卷九，道光二十四年（1844年）刻本。

〔11〕 ［清］吴耆德，等：《嘉庆瓜洲志》卷一，瓜洲于树滋凝辉堂，民国十二年（1923年）。

来,此段江面发生较大变化,即"瓜洲以北淤涨,与扬子桥连,南岸直对润州,江身益狭"。[1]此在《旧唐书·齐澣传》中有较为具体的反映:"(开元)二十五年(737年),(齐澣)迁润州刺史,充江南东道采访处置使。润州北界隔吴江,至瓜步沙尾,纡汇六十里,船绕瓜步,多为风涛之所漂损。澣乃移其漕路,于京口塘(埭)下直渡江二十里,又开伊娄河二十五里,即达扬子县。"[2]此段文字告诉我们,唐代开元年间,瓜洲(瓜步)的淤涨范围很大,北逼江岸,且东延数十里,致使漕船要绕开沙尾,"纡汇(迂回)六十里"远。齐澣"乃移其漕路",开挖伊娄河,长25里,直达扬子县城。换言之,其时扬子津南25里已全然淤涨成陆地,从南岸京口埭(塘)至北岸瓜洲,江面宽仅20里,原有的大江只余下南面半个。

图 2-1-8 《读史方舆纪要》
载历代江面宽度

此后,江北的岸线仍未稳定,尚在继续向南淤涨扩展之中。清代历史地理学家顾祖禹对这一演变历史做了总结性概述:"唐初江面阔四十里,其后沙壅为瓜洲;开元中江面阔二十五里。宋时,洲渚益广,绍兴中江面犹阔十八里。明嘉靖以来,江面仅阔七八里。"[3]顾祖禹是清乾隆时人,也就是说从唐初至清代中期约1000年间,江的北岸因淤涨向南足足推移了30余里,只剩下七八里宽的江面。(图2-1-8)

古代长江镇江河段南岸,是一处具有水上通航、避风、靠泊条件的优良天然港湾。这一河段右岸(南岸)紧靠宁镇山脉北麓,即自今龙潭经下蜀、高资至镇江,岸线相当平直。"镇江处于该河段的凹岸,沿岸分布着深槽,河床边界的抗冲能力较强,长期保持稳定。"[4]

长江下游因河床逐渐平缓,古来江中多有积沙成洲的现象。据清《光绪丹徒县志》载:及至清代,镇江附近沿江上下,尚存有一长串沙洲,并记录在案,即"按《县册》沙洲分为三段,曰上洲、中洲、下洲。自鲇鱼套而西谓之上洲,自焦山至圌山谓之中洲,自圌山三江口而东谓之下洲"。[5]其中,上洲包括世业洲、永固洲、征人(润)洲等大小10余洲;中洲包括益课洲、天生洲、顺江洲等大小20余洲;下洲包括育婴洲、德兴洲、补东洲等大小20余洲。它们首尾长达100余里,并将此

〔1〕〔5〕 [清]杨履泰,等:《光绪丹徒县志》卷三,光绪五年(1879年)刻本。
〔2〕 [后晋]刘昫,等:《旧唐书》卷一百九十,中华书局,1975年,第5038页。
〔3〕 [清]顾祖禹:《读史方舆纪要》卷二十五,中华书局,2005年,第1250页。
〔4〕 镇江市地方志编纂委员会:《镇江市志》第40卷,上海社会科学院出版社,1993年。

段江域分成南北二水,而靠近镇江一侧的南水俗称内江,北水则称外江。

**(二)主泓"变奏曲"**

但上述志载,只是记录清初镇江一带沙洲的大概分布,而沙洲由于在江水的涨落、急缓、流向以及与江床、江岸的互动条件下,往往处于变化之中。而由于清代康熙年间长江主泓道的改变,对于镇江城区附近沙洲的变迁造成了很大的影响。

清康熙五十五年(1716年)以后,长江主泓转向世业洲南汊,江流受高资江岸顶托并折向东北,直冲江北瓜洲,由于瓜洲的崩坍和长江水下横向环流的作用,将北岸崩坍下来的泥沙带往南岸。[1]其结果是将众多沙洲整合为世业和征润两大洲,并使南岸淤涨形成大面积的边滩。

先看世业洲。明末清初,从仪征青山到旧江口(现十二圩)的江面上淤涨出北新洲、礼祀洲、回龙洲、沙漫洲等江心洲,并逐渐并连成一个大沙洲,通称北新洲。清康熙七年(1668年)前后,北新洲与西南的沙洲相连。咸丰八年(1858年)至光绪三十四年(1908年),世业洲洲头下移5公里,到民国二十七年(1938年)又下移5公里,以后从40年代到80年代,世业洲相对稳定,面积约44平方公里。现今,此洲北侧为主江,岸线长约13公里;南侧为内江,东端洲头与征润洲隔水相望。[2]

还有南岸边滩。它是北岸瓜洲一线崩坍的泥沙不断被横向环流席卷南向所致,这从《光绪丹徒县志》卷首地图上(将此图与志文内容相对照,可以推知其成图年代大约在道光前后),可以看出沙洲演变的大概过程:

图上绘有一条东西向自"簖湾镇"头(摆)渡至十(摆)渡的"便民河"。而此河在《京口山水志》中亦称"便民港,一名新开河,自县西簖湾师古滩迄句容之龙潭,达上元(今南京)栖霞山下碾驼坝,乾隆四十五年(1780年)巡抚吴坛奏开"。[3]其时,簖湾地处便民港口,东北面临大江;而便民河北侧的陆地,自东向西是由蒲禁洲、永固洲、定业洲、黄泥洲等合而成的边滩。这表明在清初北侧沙洲尚未形成以前,沿便民河一线大致是昔日长江南岸。

《光绪丹徒县志》图中南岸边滩以北,标示由五墩子、青沙洲、鲇鱼套等连接而成的长条形大沙洲,其南侧与南岸边滩之间形成近似S形汊江。但这一段汊江存在的时间也不长,及至光绪初年已逐渐淤涨连岸。《光绪丹徒县志》有记述这方面的内容:"鲇鱼套,在金山西南五里山西之沙,旧与簖湾江岸相对……江阔二三里不等。今西沙涨连南岸,舟不能通。"[4]

〔1〕〔2〕 镇江市地方志编纂委员会:《镇江市志》第3卷,上海社会科学院出版社,1993年,第162页。

〔3〕 [清]杨棨:《京口山水志》卷十,道光二十四年(1844年)刻本,第2页。

〔4〕 [清]杨履泰,等:《光绪丹徒县志》卷三,光绪五年(1879年)刻本,第18页。

### （三）淤沙逼江城

征润洲是与镇江城区关系最为密切的沙洲。在《光绪丹徒县志》图中,可以看到南北有两个征润洲,两者夹江相望。北侧的征润洲后与世业洲涨连为一体;而南侧征润洲与南岸尚有窄江相隔。"咸丰四年(1854年),征润洲的淤沙范围扩大到金山一带,并开始向金山以南涨滩。光绪二年(1876年),涨滩已连接南岸。光绪三十四年(1908年),金山全部与陆地相连。"[1]

在此后,征润洲又不断向东扩展,并且对古渡码头及渡江航道产生极大的影响:

镇江水上"门户"——西津渡,位于城区西侧云台山下,大江南岸。古渡历史悠久,唐时称蒜山渡、金陵渡,与江北岸瓜洲渡相对,为古代南北陆路交通要津。另,在渡口之上立有超岸寺,西与江中金山相距三四里远。可是,清代咸丰四年(1854年)后,"江岸沙涨,直连金山。此寺(超岸寺)故基竟与江远,即西津渡亦变迁矣"。[2]在这场大变故中,江北岸的瓜洲渡被北泓的江水冲走,而江南的西津渡则被漫涨的淤沙埋没。(图2-1-9)

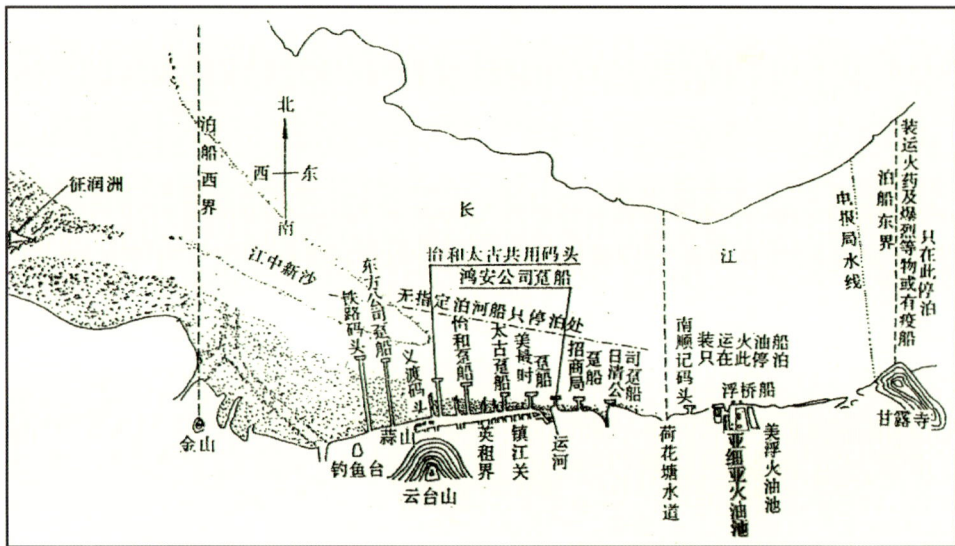

图2-1-9　清末地图上江中沙洲形势

据《镇江市志》记载:1912年、1921年、1931年和1954年四次长江大水,河流泥沙大增,横向环流作用加强,每次洪水都在征润洲上形成一个大沙嘴,并逐渐形成羽状复

---

〔1〕 高觐昌,等:《续丹徒县志》卷三(中),民国十九年(1930年)刻本。

〔2〕 [清]恒瑞:《镇江城西银山、西津二坊及二区三都三图形势全图》,绘于光绪乙巳年(1905年),此图为镇江博物馆藏品。

式沙嘴。1971年征润洲已扩展到焦山尾,1976年又伸到和畅洲右汊,征润洲的北端已伸展到过去北岸坍失的瓜洲的位置。自1936年至1980年的45年间,长江主河槽北移约4485米,北岸坍塌约3870米,与此同时,征润洲向北延伸了约3650米,平均每年北移约80米。征润洲尾向东延伸约8400米,平均每年东移约180米。每当特大洪水年份,征润洲涨滩速度惊人,如1954—1955年的一年间,征润洲北伸约440米,洲尾东伸约760米,从1951—1976年征润洲淤涨面积达15.21平方公里。[1]

百余年来,征润洲在镇江城区北侧的江面上一洲横陈,并与南岸形成以港口为中心的内江水域。但是,这段内江并不稳定,它常会受到淤沙的侵扰,甚至危及渡口、码头及航道的安全。这给镇江人出了一个很大的难题:是保护内江,还是放弃内江?

## 四、"愚公"保航道

近现代镇江人为了保住内江水域,硬是发扬愚公精神,挖淤不止,保护江道。他们先是疏通焦北道,继之开挖引航道,后来再辟焦南道,近年又全面疏浚内江,打了一场持续数十年的"内江保卫战"。

### (一)疏通焦北道

1912年,征润洲的洲头还在蒜山以西,仅10年时间洲头已越过蒜山向东延伸近3里,形成了庞大的沙滩。1929年洲尾已伸到了镇江海关(现江边人民银行大楼所在地)。1930年,船只不能直接停靠码头达5月之久。1931年后,征润洲继续扩展,向下延伸,几年后洲头已伸至现在3号码头位置的正北。沙洲南北宽度在3公里左右,已经与征人洲、定业洲、还清洲等合并,并连接了金山新滩的沙洲。针对镇江港口所面临的严峻局势,民国政府也曾多次计划整治,从1923年至1930年先后提出过6次整治计划。其中,规模最大、设计较完备并曾着手实施的要数1930年由江苏省水利局局长茅以升提出的开辟象山新港计划,但因时局动荡,始终未能实现。到抗日战争前夕,除木材市场和民船码头仍在大京口以西的旧址外,长江航运码头已迁移到小京口上的平政桥以东。

随着长江主泓道的北移,镇江港的港池被向下游发展的征润洲滩包围。但1954年大洪水之前水深尚有4米,各类船舶均可正常通航。1954年长江发生特大洪水,从6月17日至10月17日,持续4个月之久,最高水位达8.38米。据测定,8月1日最大流量达92600立方米/秒,最大含沙量(5月31日)达到0.739公斤/立方米。特大洪水以后,由于镇扬河段上游有斗山、下游有五峰山两个节点的控制,因此上下游河段相对稳定,中间段变化较大,特别是六圩、都天庙弯道及和畅洲汊道的演变尤为显著。六圩至都天庙一带江岸区崩退约3.5公里,南岸征润洲北滩相应向下游发展,使原来为凹岸开敞式

---

[1] 镇江市地方志编纂委员会:《镇江市志》第40卷,上海社会科学院出版社,1993年。

深水良港的老港区逐渐演变为被沙滩封堵的倒套形港湾。[1]

**（二）再辟焦南道**

1963 年 7 月，交通部批准放弃焦山以北航道，由国家投资在焦山以南开挖进港航道。从长江下游上行的船舶可直接从焦南航道进入镇江港，从长江上游下行的船舶则须绕过焦山进入焦南航道进港。

1964 年，焦山以南进港航道竣工通航，焦南航道全长 7 公里，河底宽 80 米，中线深 6 米，边缘深 4.5 米。枯水位保持在 3.8 米。平均每隔 250 米设航标 1 座。在进港航道两头各设信号台 1 座，以控制船舶的进出。航道河段的底质为淤泥，每年需维护性挖泥 25 万立方米。

图 2-1-10　焦南道水域今貌

1964 年焦南航道开通后，虽可维持通航，但仍有淤积，仅 1965 年、1966 年两年维护性挖泥量就达 38 万多立方米。1966 年枯水期最低水深 3.8 米左右，航道宽 38 米左右，可勉强维持 2000 吨级申汉班轮通航。到 1967 年枯水期，航道进一步萎缩，港池又淤积近 1 米，水深仅 2.8 米左右，只能维持地方木船、轮渡、长航铁驳通航。[2]（图 2-1-10）

**（三）开挖引航道**

1983 年 3 月，镇江市人民政府和交通部长江航务管理局邀请长江流域规划办公室、华东水利学院、南京河床实验站、江苏省水利勘测设计院以及江苏省水利厅、交通厅等单位和部门，共同制定了整治和改造老港区的新方案，即"中口袋"方案。"中口袋"方案就是放弃焦南航道，另辟一条新的进港航道，在老港区码头前形成一个口袋形的船舶靠泊、调头区。该方案的工程主要由三部分组成：（1）在征润洲上新开一条底宽 120 米、总长 4000 米的引航道。（2）构筑港外拦沙堤。（3）筑坝封堵焦南航道。工程总量为 600 万立方米。1985 年 12 月，改造镇江港老港区进港航道的"中口袋"方案通过审查并付诸实施。1986 年 11 月 15 日，镇江港老港区进港新航道正式通航。[3]（图 2-1-11）

---

〔1〕〔2〕〔3〕　镇江市地方志编纂委员会：《镇江市志》第 40 卷，上海社会科学院出版社，1993 年，第 932、933 页。

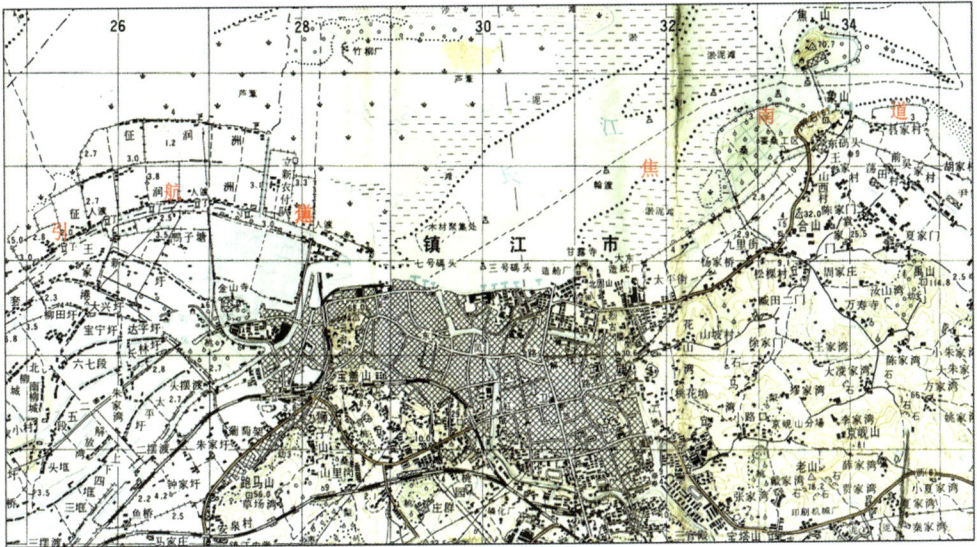

图 2-1-11　20 世纪 70 年代地图上绘有引航道及焦南道

就在引航道通航以后,却又意外地出现了新的更大的难题:由于江水的导入,泥沙随着水流进入港池。而港池面积又较大,且处于静水状态,因此挟带泥沙的水流流速急剧下降,随之泥沙大量沉淀,港池又重现了淤积的态势。在这种情况下,有关方面作出重大调整,即决定废止老港,将镇江港迁至城区西侧龙门口,定名龙门港。

**(四) 疏浚内江**

20 世纪末,水利资料显示:长期的淤积使征润洲面积已达 36 平方公里,洲尾向下游延伸至和畅洲南汊进口,镇江港只能通过上游的引河及下游的焦南航道与长江主流相通。焦南航道的零米线(黄海基面,下同)以下宽度为 200～300 米,港池的最宽处仅600 米左右,河床高程为 −4～−2 米。上游的引河与焦南航道统称为内江。[1]

在镇江市《十一五(2006—2010)规划》中,特意将北部滨水区的整治、建设列为重点。其规划范围即:润洲路以东,长江路、禹山北路以北,规划航信路以西,北到长江主航道镇江行政区域边界,以内江为核心的沿江临水区域,总规划面积61.6 平方公里。

2006 年,总面积约 61.6 平方公里的北部滨水区建设正式拉开帷幕。首先是做好"水"的文章,实施多项水利工程,"包括清除内江淤泥 1700 万立方米,兴修主城区长江堤防 20 余公里,在引航道内江入口处新建成的节制闸,在焦山以南扩建的焦南闸等工程,不仅有效控制内江的水位和水质,以及进入内江的泥沙量;同时成为北部滨水区一

---

〔1〕　朱维斌,等:《长江下游环境水力学特征与排污总量控制》,《水利学报》,1998 年第 1 期。

道靓丽的风景线,并确保内江 8 平方公里的水面常年碧波荡漾"。〔1〕

镇江人为了保住内江,前赴后继,挖淤不止,迄今已经奋斗百余年,后人应该记取、继承这种"愚公移山"的精神,并且使之永葆大江风貌,流水不息。

## 五、江名"保卫战"

### (一) 江名文化遗产

地名是历史的产物,它在人类历史的长河中与文化共生并同步发展,因此,地名与文化也是一对"双胞胎",共同诞生于人类历史的母体中。

地名文化包括两个层面:一是地名语词文化;二是地名实体文化。因此,地名既是语词文化的标志,又是地名实体所含历史文化的化石、地理文化的镜像、乡土文化的窗口。所以,我们可以把地名文化称之为"地名载体文化"。〔2〕

什么是地名? 国家《地名管理条例实施细则》规定:"所称自然地理实体名称,包括山、河、湖、海、沙滩、岬角、海湾、水道、地形区等名称;行政区划名称,包括各级行政区域和各级人民政府派出机构所辖区域名称;居民地名称,包括城镇、区片、开发区、自然村、片村、农林牧渔点及街、巷、居民区、楼群(含楼、门号码)、建筑物等名称;各专业部门使用的具有地名意义的台、站、港、场等名称,还包括名胜古迹、纪念地、游览地、企业事业单位等名称。"〔3〕联合国第六届地名标准化会议的 9 号决议指出:"地名有重要的文化和历史意义,随意改变地名将造成继承文化和历史传统方面的损失。"在我国《关于加强地名文化遗产保护的通知》中亦指出:"我国幅员辽阔,地名数量巨大,地名历史悠久。大量传统地名,以及有丰富文化内涵和反映中华优秀传统文化的现地名,是宝贵的民族文化遗产,必须予以妥善保护。"〔4〕

江名文化遗产,则是地名文化遗产的重要组成部分。其中,尤以因城市而得名的江名最为难能可贵。因为,这是古代城市文明与长江互动和结合的象征,而且数量寥若晨星,只见有丹徒江、寻阳江、京江及扬子江等少数几例。它们的出现也有先后之分,丹徒江、寻阳江最早,出现于汉代;京江见闻于三国;扬子江则见闻于唐代。

以城命名的江名文化遗产,与其他江名相比又更具有自己的特质。因为,通常长江江名所对应的地理实体,一般只是指长江本身,即江之全部或其中一段。而唯独因城得名的江名,它的地理实体包括两个方面:一是江名所对应的有关长江实体;二是江名所对应的城市实体。如,丹徒江对应汉晋丹徒城,寻阳江对应汉代寻阳城,京江对应三国

〔1〕 潘杰,等:《镇江:护好江水更润城》,《中国水利报》2010 年 5 月 13 日一版。
〔2〕 刘保全:《加强地名文化遗产研究与保护势在必行》,民政部地名研究所,上网日期:2007 - 10 - 22。
〔3〕 《地名管理条例实施细则》,民政部 1996 年 6 月发布。
〔4〕 全国地名标准化技术委员会:《关于加强地名文化遗产保护的通知》(地标委〔2004〕4 号)。

京城,扬子江对应隋唐扬子津及扬子县城。对于此类江名而言,江体和城体两者不可或缺,它们构成一个共同的文化整体。

如果对比以上因城得名的江名,我们不难发现,它们的遗产现状大相径庭:

先说寻阳江,它所对应的地理实体是汉时寻阳江及寻阳城。可是,此处现今的地理环境已经发生极大的变化。原来的江域已成陆地,距离现今江岸有10余里远;而汉代的寻阳城早就被掩埋在地下,有待于考古学家去探查、发现。

再看丹徒江,它所对应的地理实体是汉晋时的丹徒江和丹徒城。现今,该地域的江水涛声依旧,只是昔日的丹徒城(包括丹徒县城、毗陵郡城)大半已坍入江中,可能还有较小的部分被湮没在地下,此后又在地面上形成了一座丹徒小镇,至于古城的踪影已经难以寻觅。

还有扬子江,它所对应的地理实体是隋唐时期的江域及岸边的扬子津和扬子县城。当年的水域在千余年前就已被淤涨成陆地,而扬子津和扬子县城亦在宋代以后废置、湮没,据说它们的方位即在现今扬子桥附近。

上述三例江名文化遗产,它们所对应的地理实体,丹徒江是只见江体不见城体,而另外两处则是连江体和城体皆不见踪影。

最后,我们能看到的只有京江一枝独秀,堪称硕果仅存。它所对应的两个地理实体,皆穿越时光隧道,至今依然相拥并存:

一是城边"一水横陈",那是天赐人护的内江,在向世人展示名城的"大江风貌";

二是岸边耸立着古老而又年轻的城市——镇江历史文化名城,它从三国京城(铁瓮城)开始一直延续到今天,历经1800余年而久盛不衰。

因此,京江不但是江名文化遗产中的翘楚,而且是我国地名文化遗产的一朵奇葩。同时,它还是长江送给镇江人的一项专利:京江是长江的别称,京江是别样的长江,在世上独一无二。

**(二)"江"与"湖"的争论**

20世纪90年代,即1996年镇江老港搬迁以后,有关北部滨水区的未来便引起镇江人的热议,对于内江的整治规划更是受到广泛重视。

有一部分学者遂提出改称内江为"北湖"的建议。其中,见有1999年发表题为《构建"北湖"——镇江名城建设的新课题》的文章,文中解释"所谓'北湖',就是利用我市城北内江港池、征润洲土地和三山风景区这些自然和人文资源构筑起来的城北滨江风景游览区"。[1]此外,还见有2004年发表的题为《镇江北湖整治与开发的条件和对策

---

〔1〕　田铁民:《构建"北湖"——镇江名城建设的新课题》,《镇江市历史文化名城研究论文集》第1集,1999年。

探讨》的论文,文中认为"北湖就是镇江市区北部被征润州所包围的长江内江"。[1]还有学者提出所谓地理学的依据,即"1840年以后的160年间,征润州迅速向东扩展,使老港池变成了一个封闭的水域,这个水域在地理学上称为'河成湖'"。

对此,笔者不敢苟同,并于2003年发表题为《北江·京江·京江潮——谈名城历史水名的古今用》的文章,认为自19世纪以来,由于长江主河道的北移,江中西侧的征润州向东扩展,逐渐包围了镇江港。而近百年来,镇江人采取了坚持不懈的疏浚对策,实施"焦南道""中口袋"等多种方案,开挖了数以亿计的土方,才使得这一片水域没有淤积,而被珍贵地保存下来。至今,尽管港口已经撤离,但江上的栈桥、码头,西津古渡的遗迹,水上的三山风景,依然历历在目,让人感受的还是江的风采,江的神韵。镇江旧港水域仍然保持着江的遗风,名城的形象又重在突出"大江风貌",因此我们的起名要更加贴近江的特质和气势。

2005年,中共镇江市委四届十一次全会上,提出了"南山北水"的城市发展构想。随后,政府工作报告中郑重提出了城市发展新格局和建设目标,其北部滨水区建设成为"十一五"期间镇江城市建设的"重头戏"。[2]

伴随着"北水"建设的全面实施,关于内江水域的命名问题便开启了议事程序。报载,2009年4月,北部滨水区指挥部发起"我为内江起名"征名活动,共征集到116个名称,其中有甘露湾、宜江、金山湖、珍珠湖、白娘子湖、山水湖、揽江湖、津江、北湖、京江湾等。[3]

由于此事关乎名城的历史与未来,故笔者特意撰写了题为《大江风貌名城魂——为城北内江水域正名》的文章,发表在2009年6月22日《镇江日报》上。(图2-1-12)文中呼吁"不宜将内江改称为湖",并提出三条理由:

1. 江床形态依旧。虽然19世纪以来,由于长江主泓道的北移,形成北坍南淤的态势,江中西侧的征润州日益向东扩展,并逐渐包围了镇江港。但近百年来,镇江人采取了坚持不懈的疏浚对策,实施"焦南道""中口袋"等多种方案,开挖了数以千万计的土方,使得这一片水域未被淤没,而能够珍贵地保存下来。至今,尽管港口已经撤离,但昔日江的形态未有大的变化。该水域的主体仍处在沙洲与南岸相夹之中,西侧有开挖的通外江水道,从西端水口至焦山东侧,内江长约10公里、宽约0.2~1公里。而现今的水域仍然保持着V形带状的江貌,依旧承袭着昔日内江的特征。

2. 江岸景物如故。古来多少与江有关的景观至今尚存:金山的宝塔、焦山的六朝柏日夜沐浴着不倦的江风,横接南北的西津古渡守望在江侧的云台山下,满眼风光北固

〔1〕 高曾伟:《镇江北湖整治与开发的条件和对策探讨》,《镇江市历史文化名城研究论文集》第5集,2004年。
〔2〕 干光磊:《镇江市:"北水",写意第一江山新传奇》,人民网,2010年12月2日。
〔3〕 余宽平:《镇江:放大金山湖效应做好"1+1+1>3"旅游文章》,2010年6月7日,来源:镇江市委宣传部。

镇江日报
2009年6月22日
星期一
己丑年五月三十
本报网址:http://www.zjrb.com.cn
Tel:0511-85010056

文化周刊

# 大江风貌名城魂
## ——为城北内江水域正名

图 2-1-12　2009 年 6 月 22 日,《镇江日报》刊发《大江风貌名城魂》一文

楼屹立在江畔的峭壁之上,古运河水从平政桥下热情地拥抱江的浪花……而恍如昨天的繁忙港口,更是定格在一件件遗存之上:昔日一座座码头栈桥,仍然排列在临江一线;而渡江专用的八号码头,不但留有栈桥遗迹,连候船大厅以及附近的渡江旅社等也都依然存在,眼前仿佛又出现成千上万过江旅客奔跑的身影。回眸望去,千余年来历史的记忆被深深地印刻在了江岸之间。

3. 江韵名城之魂。近些年来,我们这座名城的特色常被概括为八个大字,即"城市山林,大江风貌"。历史上镇江从来就是一座临江城市,长江、运河十字水道在这里交汇,滔滔江水赋予了江城的个性、江城的文化、江城的风采。既然镇江城北水域仍然保持着江的遗风、江的韵律,它自当是名城大江风貌的"形象大使"。

确定内江水域的名称,应将保护地名文化遗产以及名城历史文化放在第一位。笔者认为,"历史上对镇江城北水域所起的江名(京江、北江和内江)各具特色,它们都应该有存在、传世的价值。如果加以区别,可将京江列为正名,如称之为'京江水域''京江风景区'等;北江可列为通用名,如称谓"南山北江";而内江则为俗名,如

图 2-1-13　渡江八号码头栈桥遗迹

以内江与外江并称"。[1]（图 2-1-13）

### （三）"江"改"湖"的失误

2010 年 5 月,镇江市地名委员会发布了《关于"金山湖"命名的通知》,即将内江水域定名为"金山湖"。范围东至焦南坝,南至长江路、东吴路、滨水路、江滨路北侧,西至环湖路,北至引航道闸站、京江路南侧,面积 8.8 平方公里的水域,原"塔影湖"统称"金山湖"。[2]

镇江市历史文化名城研究会对此事高度重视,特致函市地名委员会,提出《关于将内江定名为"京江"的建议》,函中有以下内容:"7 月 10 日,市名城研究会举行常务理事会,大家也认为这一定名不当:一是不宜江改'湖'。镇江历来是滨江城市,金、焦、北固三山都与长江相连,沿江有长江路、春江潮广场,还有滨江风光带等;镇江港是长江下游的重要港口,2003 年老港搬迁前,这里是镇江港的港池;古运河与长江在这里交汇;市区的国家级文保单位——江河交汇处、西津渡、新河街、英国领事馆以及摩崖石刻瘗鹤铭等,都与江河密切相关;许多脍炙人口的古典诗词,也离不开长江。二是命名'金山'不合适。金山北侧,本来就有以金山命名的小水面。千亩鱼池改造后,新金山湖成了金山风景区的重要组成部分。现在,又过度放大,实在不相称。三山是国家级重点风景名胜区,总体规划已报经国务院批准,不能以一座金山代替三山。内江改称金山湖,北固山、焦山岂不都在金山湖了?! 内江的命名,绝不应割断与江密不可分的地名、建筑、文物、诗词等历史文脉。"

对于内江的命名,市名城研究会认为:"给至今仍与外江相连的内江更名是件大事,涉及镇江这座名城的基本地理、历史和文化特征,不是简单的地名问题。""今年 3 月 6 日,在我会第 11 次学术研讨会上,刘建国研究员就提交了《大江风貌名城魂——为城北内江水域正名》的论文,主张将内江命名为京江,并阐述了理由。这次出席常务理事会的同志都表示,京江与金山湖两个名称比较而言,命名京江比较合适……为此,我

---

〔1〕　刘建国:《大江风貌名城魂——为城北内江水域正名》,此文发表于《镇江日报》2009 年 6 月 22 日之《文化周刊》;又刊载于《镇江市历史文化名城研究论文集》第 11 集,2010 年 3 月。

〔2〕　徐雨平、竺捷:《镇江:北部滨水区最终定名为"金山湖"》,《京江晚报》,2010 年 5 月 27 日。

们建议市地名委员会复议，重新命名。"[1]（图2-1-14）

图 2-1-14　京江区域平面图

　　时隔一年之久，市地名委员会无动于衷，依然故我。为此，笔者于 2011 年 6 月 14 日，以镇江市民的名义，向市地名委员会致函问责，指出其有三方面的错误，并希望该委员会本着对人民负责的精神，将"金山湖"名改正为"京江"。[2]

---

〔1〕　镇江市历史文化名城研究会：《关于将内江定名为"京江"的建议》，2010 年 7 月 12 日（内部资料）。

〔2〕　刘建国：《为什么将内江改名为金山湖？——问责市地名委员会》，2011 年 6 月 14 日，见本书附录。

# 第二节　西津渡

西津渡位于长江(京江)南岸,千余年间是我国古代东部陆路交通干线跨江的重要渡口,亦是名城镇江的水上门户,至清代晚期被长江淤沙堙没。近几年来,考古人员对埋藏在地下的西津渡遗址进行考古发掘,并取得了重要的成果,西津渡有望成为名城一道独特、靓丽的文化景观。(图2-2-1)

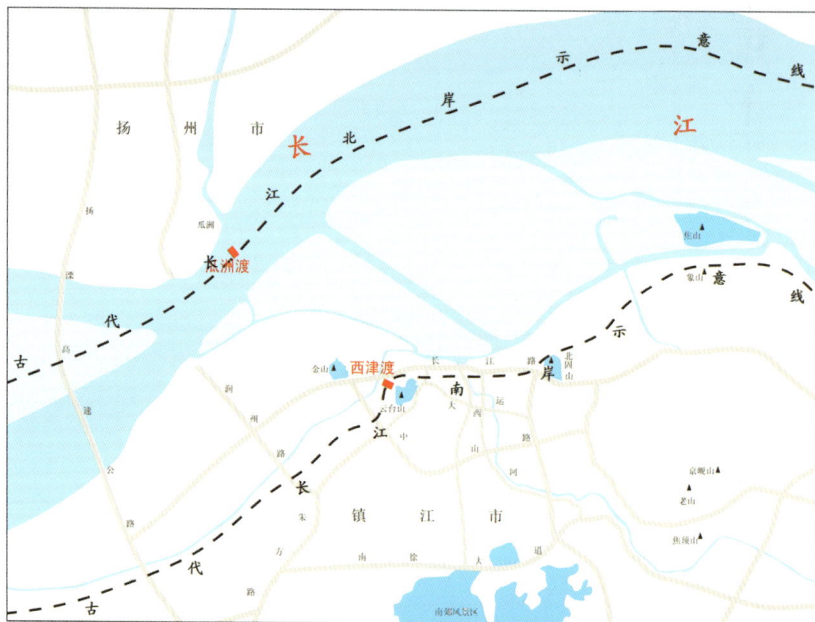

图2-2-1　古代西津渡位置示意图

## 一、渡口大码头

古代西津渡,唐时名蒜山渡,位于云台山(蒜山)下的玉山南侧,俗称玉山大码头。史志中记载有它的零星片断、逸闻轶事;而使人们真正见到"庐山真面目"的,是近些年考古勘探、发掘取得的成果。

2008—2010年,笔者率考古队对西津渡遗址进行勘探、试掘,初步探明西津渡的形成及其演变,进而揭示了历代渡口的石岸、码头、官署、寺院等重要遗存。(图2-2-2)

### (一)渡口的形成及地理特征

考古发现,西津渡遗址地处蒜山与玉山岩体相连处西侧。其早期的文化地层为一次性加填平整的夯土,并叠加在原生的江淤土或滩渚之上,采取填淤围岸的方式,形成

图2-2-2　渡口遗址考古工地俯瞰（云台山上拍摄，东—西）

半岛形的渡口陆地。而早期的地层及遗迹、遗物皆具中唐时代特征，这表明此处渡口当始建于中唐。

而当年渡口的规划者，则是利用蒜山及玉山得天独厚的自然条件，以蒜山为渡口后座，玉山为渡口北侧屏障。

蒜山，古代位于长江南岸转弯处，后亦称银山、云台山。山顶平缓广阔，海拔68米。玉山，位于蒜山西北，为蒜山余脉，略显窄小，与之相连成犄角状。渡口的设计者在蒜山与玉山连接处开辟入口，向西南修筑道路，穿过渡口官署抵达码头；相反方向亦筑有道路，沿蒜山基脚，东折通向入城大道。又因渡口在蒜山之下，故唐时称之为蒜山渡。

关于蒜山渡与山、水之间关系，古人曾有精辟、形象的评述："玉山为肱，尔质我相。银山作股，曲阜连岗。石堰俨户枢之阖辟，玉屏罗物色之弛张。"[1]这里将玉山、银山（蒜山）曲阜连岗的态势比作肱股关系，又将码头（石堰）喻为稳固的门轴（户枢），渡船的往来比作打开的门扇（阖辟），这真是对西津渡与周围环境的精妙写照。

---

〔1〕［明］盛恩：《京口三山赋》，转引自［清］蒋宗海等《嘉庆丹徒县志》卷三十五"赋"，嘉庆十年（1805年）刻本。

图 2-2-3 大码头南区考古现场远眺
（码头平台、石岸、官署等遗迹）

## （二）码头及码头平台

渡口码头,包括伸向江中的码头和码头后座平台(简称码头平台)两个部分。(图 2-2-3)

**码头平台** 此次考古发现北宋、南宋至元及清代三个时期码头平台遗迹,并逐渐向西推移。北宋码头平台,发现其南侧石墙遗迹,东与同期石岸相接,西向北折转。内侧筑有夯土,平台面上还保存有砖铺路面遗迹。北宋码头平台东西长约 22 米。南宋至元代码头平台,较之北宋码头平台向西扩移 4 米,亦铺有东西向砖路。平台东西长约 17 米。清代的码头平台遗迹保存比较完整,其南侧石墙以条形石块错缝叠砌,宽约 1 米,高约 2.8 米,东西长约 30 米。石墙内侧筑有夯土,出土遗物下限为清代乾隆年间。(图 2-2-4)

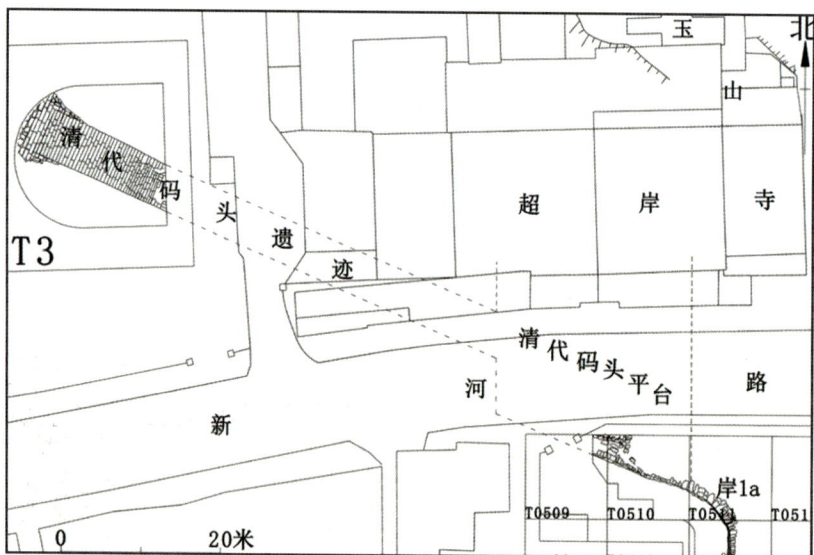

图 2-2-4 清代码头遗迹平面示意图

**码头遗迹** 北宋至明代的码头遗迹,现今仍被叠压在新河路地面之下;而渡口西区考古探方内揭示了清代码头遗迹的前段,呈缓坡石砌长堤式,长约 22 米,宽约 6 米,东西两端落差近 3 米(另有约 40 米长的码头遗迹仍被埋藏在新河路下)。(图2-2-5)清代码头遗迹分早晚两期:晚期属乾隆年间,码头顶面及两侧石墙皆采用条石错缝砌筑;早期为康熙年间,码头被包裹在晚期码头之内,宽近 4 米,两侧设有木桩夹板墙,两侧木板之间填满块石。

### (三)历代渡口石岸遗迹

历代渡口的陆地皆呈半岛形态,且逐代有所扩展,其轴线方向:唐代为东偏北—西偏南,北宋以降皆改为东偏南—西偏北。除唐代渡口前段部分无存之外,其余自北宋至晚清各期所围砌的渡口石岸遗迹,基本上都被完整地保存下来。

图 2-2-5　清代大码头遗迹外景

唐代渡口,其石岸多半已被北宋石岸打破,且前段大约在北宋时已坍入江中。

宋代渡口,南北两侧石岸皆有遗存。从北宋至南宋见有三次修筑,石岸或上下叠加,或走向稍有摆动。渡口范围东宽西缩,呈半岛状,南北宽处约 50 米,东西(至码头平台遗迹)长约 70 米。

元代南侧石岸遗迹亦有发现,东段较宋代石岸又外扩三四米,西段则与南宋石岸重叠,北侧石岸待考。

明清石岸有四次修筑,或相互叠加,或略有错位。这在渡口南北两区考古探方内均有发现,尤以清代乾隆年间改造的石岸(连同码头)保存最为完整,其范围南北宽处约 90 米,东西(连同码头)长约 110 米。(图 2-2-6、2-2-7)

图 2-2-6　清代渡口南岸石墙外景

图 2-2-7　明清渡口北岸两期石墙遗迹(渡口北区考古探方)

### （四）渡口官署建筑

古代西津渡设有官署，包括唐、宋、元、明、清各个时期，据其形制特征可以分为唐至北宋、南宋至元以及明清三大阶段：

唐代官署建筑，通过发掘及孔探资料显示先后有三个时期，皆为四合式布局，由东厅、西厅、南厅、北厅及门厅五个部分组成，内设天井。中轴线方向为245°，西偏南，与玉山岩体方向形成较大的偏角。沿中轴线设有道路，前方面对码头，后方直对云台山下的古街口。主体建筑位于玉山岩体西侧。保存有房址台基夯土，部分台基包砖墙、磉墩及砖砌踏步、道路等遗迹。房址基面自东向西形成门厅、东厅及西厅三个等差台面，建筑面积约1100平方米以上。（图2-2-8）

北宋官署建筑同是由四合式的东厅、南厅、北厅、西厅组成，东侧加设门厅，中设天井，西侧见有与石岸连接的码头平台遗迹，其中轴线方向改为293°，即西偏北，与玉山岩体靠近。（图2-2-9、2-2-10）

图2-2-8　唐代南厅及踏道遗迹

图2-2-9　北宋一期东厅及北厅遗迹

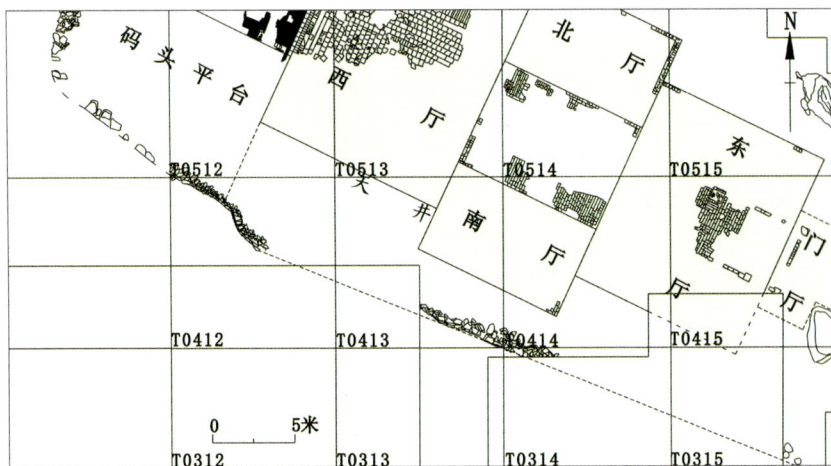

图2-2-10　北宋二期官署及码头平台遗迹平面图

南宋至元的官署所存遗迹较少，但所见遗迹有两个特点：一是建筑方向的轴线都改为265°，接近正东西方向。二是在这一区域内出现东西、南北呈井字形砖路，路旁两侧皆为房基砖墙。这表明官署的建筑改大一统四合式为并列分置式。而明清官署建筑格局承袭前朝，遗存稍多（但南区探方东部明清建筑都被晚期打破无存），道路一般在元代道路上叠加，房址被区隔为三个以上的建筑群单元，南北向，前后多为三进，均是前临大路，后倚渡口江岸。因此，可以认定这一分列式官署设置当是从元代肇始，其格局一直保持到晚清渡口结束。（图2-2-11）

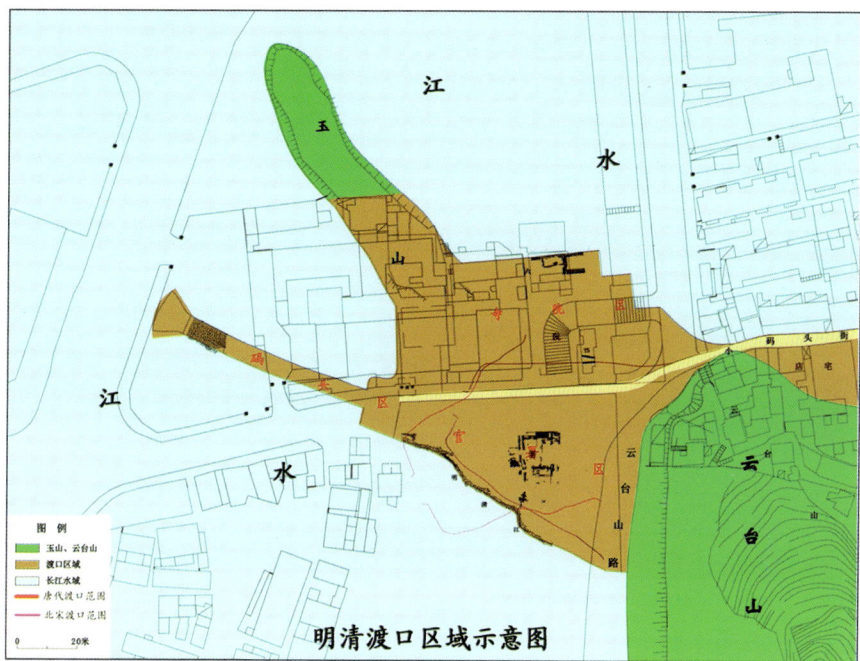

图2-2-11　明清渡口平面示意图（此图为丁超绘制）

何以判定以上建筑遗迹属于官署性质？主要依据有两个：一是古代凡是重要的关隘、渡口、驿站等处皆设置管理机构，而在唐宋西津渡口半岛式陆地范围内，一组四合式建筑几乎占据整个渡口的大半，且通向码头的道路亦穿堂而过，可证其位置、规格皆与渡口官署的特征相合；二是出土有多件"官"字瓦、"官"字砖及兽面纹、莲瓣纹瓦当、方砖等，进一步佐证此处建筑具有官署属性。

**（五）出土历代遗物**

渡口遗址出土有陶、瓷、铜、铁、石等众多遗物，时间跨度从唐代至明清。其中，具有研究价值的遗物标本近千件，瓷类7万余片，它们承载着丰富的渡口文化内涵。

唐宋遗物，主要有瓦、瓦当、陶、瓷、钱币等。如唐代文字瓦，模印有"供宅瓦""供宅用""官窑""官瓦""官"等；北宋有"润州官窑"文字砖；瓦当见有莲瓣纹及兽面纹二类。瓷器以罐、执壶、碗、钵、擂钵、盒等类为主。（图2-2-12、2-2-13、2-2-14）

图2-2-12　出土唐代兽面瓦当

图2-2-13　出土唐代玉璧足青瓷碗

图2-2-14　出土明代青花狮纹碗

元明清遗物亦以建筑材料、陶瓷等为主。在许多出土的碗底见有墨书，如"王店""周店""新字"等文字，显示明代渡口曾开设有多家饭店；而"王""徐""丁""马""林""刘"等字，则是生活在渡口人们的不同姓氏；码头及江岸外侧淤土中出土众多脱落或折断的船篙铁脚，使人如同看到一幕幕船夫在奋力挽舟时的惊险场景。

这次考古发现的西津渡遗址，初建于中唐时期，时称蒜山渡，与江北瓜洲渡相对。考古发现的西津渡遗址唐代的码头已沦入江中，北宋至清代的码头平台遗迹以及清代码头都被显露出来（而宋、元、明各时期的码头遗迹尚被埋藏在今新河路之下，有待日后发掘）。码头平台及码头都逐渐向西稍偏北方向扩大或延长。官署在渡口中一直处于显要位置，唐代两期、北宋三期、南宋至清的官署遗迹叠加有序，演变的格局清晰；而寺院遗迹叠加在南宋浮玉亭旧址之上，元、明、清、民国不断重修，迹象犹存。

在空间布局上，渡口在不同时期功能区的设置也有着从单一向多元的变化：唐代的渡口，以官署与码头为主体，轴线方向西偏南（这一方向与玉山山体相偏离，是否即为造成唐代渡口前端坍没的原因？）。北宋仍以官署与码头为主体，但轴线方向改为西偏北，傍倚玉山南侧；而且于元丰年间在渡口西北角玉山上建龙王庙，新辟有宗教功能区域。南宋是渡口格局大变化的时期，官设机构增加了水军衙署，即浮玉亭，它的位置在渡口官署区北侧，渡口向北有了新的扩张。两处官署区几乎平分了渡口南北部分。为了适应这一新格局，渡口建筑轴线也调整为偏正西方向，中设东西向道路，官署改大四合院统一署理为沿路并列分设，门向与道路垂直。元代渡口承袭南宋格局，只是在浮玉亭旧址上新建玉山报恩寺，渡口功能区有了大的扩展。明清时期基本上与元代格局相似，只是渡口范围及码头设施逐步扩展和延伸。此外，在渡口范围内还出土多件明代墨书店名的瓷碗，这一时期渡口还开始增添了商业元素。

我国渡口遗址考古比较少见，在已颁布的国家重点文物保护单位的名单中，仅见有一处古渡遗址，即山西省永济市蒲津渡遗址。它位于古代黄河东岸，20 世纪八九十年代考古发现该渡唐代系揽固桥的铁牛、铁山、铁墩、铁柱以及铁人，还发现明代防护石堤及记事碑等。它是一处铁索连舟固定式的桥渡遗址，应是属于古代桥梁系统。[1] 而此次考古发现的西津渡遗址，位于长江南岸，时代自唐至晚清，它是一处以船渡江的大型渡口遗址，以管理渡口官署建筑为中心，包括交通、宗教等多功能区域，并且有反映历代渡口完整时空演变的遗存，这对于研究古代交通史、渡口史具有十分重要的意义。

## 二、救生小码头

在西津渡街元代石塔旁侧，有一座古典式建筑院落，在它的门额石刻上题有"京口救生会"四个大字，旁署"光绪乙未二十一年（1895 年）冬重修"。人们不禁会好奇地问："京口救生会"究竟是一个什么机构呢？（图 2-2-15）

### （一）史志记载

古人云："京口古渡，为天下最险"，昔日渡江中常有覆舟溺人之事发生。[2] 清康熙四十一年（1702 年），以蒋元鼐为首的"京口善士十五人，劝邑中输钱以救涉江覆舟者"，并在云台山观音阁正式成立"京口救生会"，决议"择公正者为会首，以稽金钱之出入"。[3] 不久，即筹募经费，购石塔旁晏公庙旧址建办公会所，造救生红船十余艘，还修筑一座救生专用码头（俗称"小码头"）。从此，渡江旅客的安全得以保障，每年救捞江上覆舟溺水者数以百计。

时至乾隆初年，随着会董办事者的人事变迁，救生活动面临困难，出现"所久寝废"

图 2-2-15 京口救生会旧址

---

〔1〕 刘永生：《保护蒲津渡铁牛 十六年磨一剑》，《中国文化遗产》，2007 年第 6 期。
〔2〕 ［清］杨履泰，等：《光绪丹徒县志》卷四"关津"，光绪五年（1879 年）刻本。
〔3〕 ［清］朱霖增纂：《乾隆镇江府志》卷四十六"艺文三"，乾隆十五年（1750 年）增刻本。

的衰微局面。而此时,蒋氏后人蒋豫毅然挺身而出,为继承族人蒋元鼎所创救生会,"集诸乐善者振兴之"。他与后人苦心经营京口救生会延续七代,历时140余年,对救生会的长期持续运作做出了重要贡献。可是,时运乖舛,咸丰年间救生会遭遇战火浩劫,"房屋全毁,船只无存"。[1]战后,由会董蒋宝等重新召集,开展会务,不久又复建会所,置造红船,重新恢复江上救生活动。

而与此同时,由于长江主泓道发生变化,形成北冲南淤的态势,原来位于江中的金山被淤沙包围,竟逐渐与南岸陆地相连。大约于清代同治初年,西津渡玉山码头(大码头)也最终因淤塞而被废弃,江渡事宜只能暂时迁到救生码头(小码头)施行。但由于救生码头本来规模较小,凭空添加了江渡任务,使得码头设施难以应付。就在这样的背景下,当时旅居镇江的浙江商人魏昌寿等联合起来,于同治十年(1871年)共创"江船义渡局",出资在救生会西侧建办公处所,制造义渡大船10艘,扩建救生码头,兴建楼宇式待渡亭。[2]从此,在镇江与瓜洲之间每日按时对开渡船,免费渡客,极大地方便了南来北往的旅客。(图2-2-16)

图2-2-16　[清]周镐《江上救生》

### (二)考古发现

斗转星移,沧桑变化。古代的救生、义渡码头早在百年之前就被长江的淤沙所吞没,今天,当人们瞻仰救生会旧址的时候,不由得为小码头、待渡亭遗迹的迷失而深感遗憾。

---

〔1〕　高觐昌,等:《续丹徒县志》卷十四"尚义",民国十九年(1930年)刻本。
〔2〕　[清]杨履泰,等:《光绪丹徒县志》卷三十六"尚义",光绪五年(1879年)刻本。

2008 年 1 月中旬,笔者受建设及文管部门委托,组建西津渡考古队,正式对小码头遗址开展探查、试掘。

如何才能寻觅出小码头遗迹的踪影? 考古人首先想到先得探出当年通向码头的道路。关于这条道路,我们从史料中检索到两条信息:一是清代周镐《京江廿四景》中的《江上救生》图,它绘于道光二十二年(1842 年),画中通向小码头的道路即是起自救生会台地下方;二是在清末光绪三十一年(1905 年)测绘的一张地图中,见有标示通向码头的道路起自义渡局支巷。(图 2-2-17)[1] 因此,我们根据这两条线索,决定在救生会旧址及义渡局支巷的北侧打一排东西向探孔,预想能拦截到地下通向码头的路面。果然,功夫不负有心人,很快在探工们的洛阳铲(通常考古使用的人工钻探工具)下,陆续探到了一条南北向的石铺道路遗迹。随即安排发掘一条南北向(长 21.5 米、宽 3 米)探沟,先后自上而下揭示出清末民国、同治年间、嘉庆道光以及康熙乾隆相互叠加的四个时期道路遗迹。前两期道路南端向东转折,然后直通救生会旧址方向;而后两期道路则是径直通向义渡局旧址(在义渡局支巷内)。

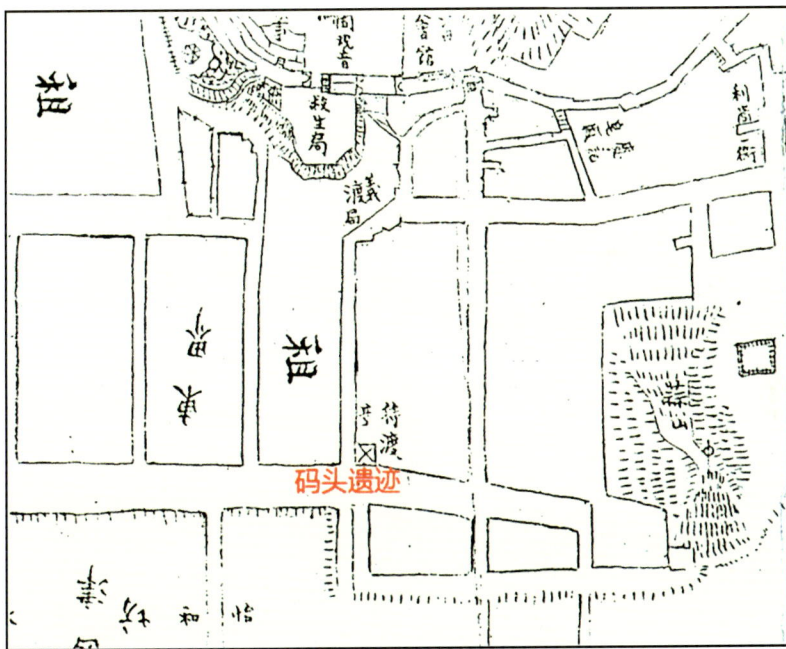

图 2-2-17  1905 年西津渡区域图(清代)

---

〔1〕 〔清〕恒瑞:《镇江城西银山、西津二坊等形势全图》,测绘于光绪乙巳年(1905 年),现存于镇江博物馆。

同时,在探沟内第三期道路的东侧又发现一座房基遗迹,见有东山墙以及北墙和南墙的西端墙基,皆为平砖叠砌。东山墙南北长约10米;北墙经孔探测知亦长约10米。该房基地层内出土遗物的特征不晚于清同治年间,并且它的基础亦与三期路基同时夯筑,

图2-2-18　2008年,考古发现清代道路及待渡亭遗迹(俯视)

其地理位置又与1905年地图所标示的"待渡亭"方位完全相符,因此,可以确认它即是同治年间修筑的待渡亭遗迹。志载,昔日待渡亭的规模为"两开间楼房,二进二厢"。[1]这与考古发现的屋基格局完全吻合,可以想见,当年渡江旅客曾由此登楼远眺,一览千里长江胜景。(图2-2-18)

考古探沟内各期道路及待渡亭遗迹的发现为下一步寻找码头遗迹提供了导向性的条件,因为码头的位置就在通往江边的道路尽头。循此,我们沿着道路的中轴线向北用洛阳铲探查,而在地下道路遗迹中止处,向北探到呈倾斜状的石面遗存。可以初步认定,在这一范围内即是码头遗迹的所在。

随后,我们便正式开始发掘考古探方,为东西15米、南北12米范围。经过三个多月的努力,终于让小码头遗迹露出了真容。依据地层及遗迹的叠压关系,该码头的修筑及使用可以分为两个时期:

**前期码头遗迹**　包括上部坡台、中部平台及下部踏步三个部分。其中,上部石砌坡台宽近7米,南高北低,落差约2.6米;东西两侧为木桩板墙,即内侧打下一排大型木桩,外加板墙。中部为石铺平台,与上部坡台等宽,进深约2米。下部为石铺踏步,平面略呈扇形,宽约5.5米,进深约3米,踏步呈缓坡状。依据基础夯土及覆盖地层内出土遗物分析,应是始建于清代康熙年间。(图2-2-19)

图2-2-19　早期救生码头台阶、平台及踏步遗迹

---

〔1〕［清］杨履泰,等:《光绪丹徒县志》卷三十六"尚义",光绪五年(1879年)刻本。

**后期码头遗迹**　系利用之前码头的上部坡台,并将顶部加高1米,同时又向两翼扩展坡台建筑。这一时期,由于江中涨淤,早期的踏步及平台都已被淤沙覆盖,该期主要沿用前期码头坡台,并向两侧扩展。根据出土遗物判断,该期码头的扩建及使用年代当是清代同治时期。而它的下限使用年代不会晚于1905年,因为在这一年绘制的地图上码头已改建到现今长江路以北,并采用木构栈桥的方式向江中伸展。

小码头区域考古中,出土遗物十分丰富,尤以各式瓷类为大宗,仅是瓷类遗物标本就有100余件,瓷片数以千计。其中,瓷的类别几乎一应俱全,见有青花瓷、五彩瓷、彩绘瓷、龙泉瓷、冬青瓷、白瓷、霁兰瓷、霁红瓷、仿钧瓷,甚至还出土了有异域风情的外国瓷等。同时还出土了一定数量的纪年瓷器。如器底署有"大清康熙年制""大清乾隆年制""大清嘉庆年制""大清道光年制""大清同治年制"等,款识书体篆、楷皆有。还有一些瓷器底部印有"官窑内造"字样的印记,显示其身份更为名贵。这次出土的大宗清代瓷器遗物,为研究清代瓷器提供了一批有价值的实物标本。

此外,考古中还出土了相当数量的铜、铁器物。仅是清代铜钱即出土了100余枚,钱文年代包括顺治、康熙、雍正、乾隆、嘉庆、道光、咸丰、同治及光绪等;同时,还出土了从日本进口的"宽永"钱,这佐证了小码头的外贸足迹;另外,还出土了各种铁制品,在码头遗迹的淤泥层或石台缝隙里,发现有多件昔日船工撑船用的竹篙铁脚以及实用工具砍刀、凿子等。(图2-2-20、2-2-21)

图2-2-20　出土烟袋嘴(清代)　　　　图2-2-21　出土撑船竹篙铁脚(清代)

## (三) 文化价值

西津渡救生、义渡码头的发现具有很高的文化价值,其突出表现在两个方面。

一是独特性。即在历史上主要是作为江上救生的专用码头而设置,160余年前清代画家周镐的画作就是以此为标题(《江上救生》)。这种专门用于救生活动的码头遗迹,迄今在我国考古发现中应是仅见的一例,它的发现填补了这一领域文化遗产的空白。而它在后期又曾兼为义渡码头,这种双重身份更增加了它的文化特色和珍贵价值。

二是系统性。过去,人们只能见到京口救生会及义渡局的办公旧址,现今通过考古又发现了地下的文化遗产——早晚不同时期的码头、历代通向码头的道路以及码头旁的楼宇式待渡亭等遗迹。因此,在小码头区域内的地上、地下存在系统、紧密的文化链,既有救

图 2-2-22　救生、义渡码头遗迹展示窗口

生会和义渡局,又有办公旧址、道路及救生、义渡码头等遗迹,形成一个不可分割的文化共同体,必须予以完整地保护和利用,使之珠联璧合、相得益彰。

而在小码头考古结束后,有关方面考古遗迹采取了相应的保护措施,即在码头、道路及待渡亭遗迹的上方建有两处展示窗,供人们参观、欣赏。(图2-2-22)

### 三、宗教遗迹

西津渡位于长江南岸,由于江面宽阔,潮流汹涌,古代渡江人对江险始终怀有畏惧之心,而人们希望通过求神、拜佛得到精神上的慰藉和安抚。故唐宋以降,各种宗教文化云集于此,神庙、佛寺、道观林立其间,成为历代渡口的一大特色。

**(一)神庙**

**下元水府庙**　俗称龙王庙,旧在金山。五代乾贞二年(928年),封金山下元水府镇江王。[1]元丰初,迁至"江之南岸,州之西津",即西津渡北侧玉山上下。事由:是时"佛印禅师了元来主是山,见祠附禅林,民间祈祷病涉,又多割牲享祭,深叹其非。便以故事请于州,州请于朝廷,始度地于江之南岸,州之西津,而得寺之吉土,治庙迁神。层峦崇山,千嶂所环,腹背荆吴,襟喉江海,当水陆要津,而舟车辐辏其下,壮神之居"。庙从金山移建于西津渡玉山。数十年后,"建炎,庙焚,大帅刘光世重创。绍兴丁卯(1147年),都统制王胜重修"。其规模扩大,"垣塸百堵,庙屋庑门凡四十余间,若画若塑,威仪队仗,杂然并陈"。[2](图2-2-23、2-2-24)

---

〔1〕[北宋]欧阳修:《新五代史》卷六十一"吴世家第一",《二十五史》第 6 册,中州古籍出版社,1996 年。

〔2〕[元]俞希鲁:《至顺镇江志》卷八,江苏古籍出版社,1990 年,第 337 – 338 页。

图 2-2-23　玉山顶上龙王庙
（见清代周镐《京江二十四景》）

图 2-2-24　考古人员在玉山北侧勘探

南宋著名诗人陆游曾于乾道六年
（1170年）六月入蜀经镇江。在渡江前，
"以一豨（猪）、壶酒，谒英灵助顺王祠，所
谓下元水府也"。[1]而古代历朝，每年都
遣派有司前来祭祀下元水府神，宋代"国家
岁时遣中使到山（即玉山），陈设醮筵，投金
龙玉简"。[2]明代"洪武初，诏封（下元水
府）神为顺济王，有司岁以十月十五日致
祭"。[3]清代亦复如此，"乾隆四十七年
（1782年），敕封金山灵区安澜恒佑宏仁广
济至德尊神，额曰'德佑安澜'，春秋有司致祭"。[4]（图2-2-25）

图 2-2-25　玉山龙王庙旧址外景

**天妃庙**　在江口土山（今云台山）龙津之西侧，旧在潮闸（京口闸）之西，宋淳祐间贡士
翁戴翼迁创于此，太学博士李丑父为记。其文曰："妃为莆明神，庙于京口之湄，且十余年，迁
于江口土山龙津之西侧。""壬子岁（1252年），正殿庙门西偏集福堂落成，守僧与祀飨者，皆有
所止。仆时与寓目焉。献殿前措，夹殿旁翼，缭以周垣，规制略定，营缮以次。越七年……献

〔1〕　［宋］陆游：《入蜀记》卷一，上海远东出版社，1996年。
〔2〕　［元］俞希鲁：《至顺镇江志》卷八，江苏古籍出版社，1990年，第337－338页。
〔3〕　［明］张莱：《京口三山志》卷一，横山草堂刻本，宣统三年（1911年）。
〔4〕　［清］杨履泰，等：《光绪丹徒县志》卷五"庙祠"，光绪五年（1879年）刻本。

殿两庑,工师奏功,绘事告备。东庑魁星有祠,青衣师、朱衣吏左右焉。西则奉龙王,而灵威、嘉佑朱侯兄弟缀位焉。"至顺三年(1332年),僧德焕募众重修,德焕号无文,金山僧。[1]

**关王庙** 又称关帝庙,祀三国关羽。在江口坊竖土山(今云台山)之侧,元代大德三年(1299年)县尉孙琳鼎建。天历元年(1328年),封显灵义勇武安英济王。[2]

**(二)佛寺**

**观音庵** 又称观音洞,在银山普陀岩下。宋时建,清代复兴。[3]

**玉山报恩寺** 在江口坊,其旧址为南宋浮玉亭。浮玉亭,为"宋郡守程迈立,绍兴间每肄习水军,麾节临阅于此"。[4]及至元代至大三年(1310年),时为江浙行省平章政事齐国公的勃罗铁木儿,在浮玉亭旧址上创建了玉山报恩寺。[5]而明弘治中,"郡守王存忠重修,上有水府殿、观音殿、观澜亭;旁有藏经阁、钓鳌亭"。后,"寺圮,崇祯昭阳(1643年)李长科悯风涛溺人,山下建避风馆。僧长镜主之,楼阁宏敞,往来江上者得憩息待渡"。[6]而避风馆不只是一处"憩息待渡"之所,它同时仍然是一座寺院。这在近期的考古中得到印证:在出土文物里,发现有多例釉书"供奉避风禅林"瓷碗底,显示当时避风馆又称"避风禅林",具有寺院兼待渡处的双重功能。(图2-2-26、2-2-27)清代,康熙皇帝赐额改名超岸寺,"康熙三十八年(1699年),赐今额,并谕金山寺、避风馆二处一切丁银杂派豁免"。[7]及至咸丰癸丑(1858年),毁于兵火,殿宇荡然。不久,僧德参、圆觉先后"劝募十方,竭力经营,建筑始克,恢复旧观。"[8]而经考古探明,在玉山大码头湮没之后,超岸寺重建时则向西扩展30余米。

图2-2-26　超岸寺后侧明清僧房考古现场

图2-2-27　出土书有"避风禅林"的青花碗底(清代)

〔1〕〔2〕　[元]俞希鲁:《至顺镇江志》卷八,江苏古籍出版社,1990年,第334-339页。
〔3〕〔7〕　[清]杨履泰,等:《光绪丹徒县志》卷六"寺观",光绪五年(1879年)刻本。
〔4〕　[元]俞希鲁:《至顺镇江志》卷十三,江苏古籍出版社,1990年,第517页。
〔5〕　[元]俞希鲁:《至顺镇江志》卷九,江苏古籍出版社,1990年,第378页。
〔6〕　[清]朱霖增纂:《乾隆镇江府志》卷二十"寺观",乾隆十五年(1750年)增刻本。
〔8〕　[清]李恩绶撰,李丙荣续辑:《丹徒县志摭余》卷二"寺观",民国七年(1918年)刊本。

2009 年,在西津渡北区僧房遗址考古中,发现明清两代叠加的一处僧房遗迹,并出土了屋顶吻兽、超岸寺界碑等遗物。(图 2-2-28)

**般若禅院** 亦名金山下院,在竖土山(即云台山)巅。元代至大四年(1311 年),奉敕撤去山顶基督教十字寺,又"仿京刹梵相,朱金绀碧,一新清洪,付金山住持佛海应声长老,锡名'金山寺般若禅院'"。[1]至今,在云台山顶地面上还存有两件元代大型石柱础,即是元代寺院的遗物。(图 2-2-29)

图 2-2-28 出土僧房之屋顶吻兽(明代)

图 2-2-29 云台山顶的大型石柱础

**(三)道观**

**玉皇殿** 在云台山东南(今镇江博物馆内)。"旧为真武殿,唐贞观中创。宋高宗南渡改为拱真庵,后圮。明万历初,全真董长清募造山门,有五岳楼,两翼有三官殿、北极殿、章台、正殿,规模广大,更名玉皇殿。其旁有大石山房、吐故纳云阁、春波阁。"清咸丰间,全毁于战火。[2]它的雄姿被有幸保存在画家周镐的《京江二十四景》之中,依稀可见在云台山坡上的玉皇殿,建筑鳞次栉比,宏伟壮观。[3](图2-2-30)

**云台仙院** 在银山巅。传说宋代张(紫阳)真人命道士某来镇建三官殿,谓之

图 2-2-30 清代周镐笔下的玉皇殿
(旧址在今镇江博物馆内)

---

〔1〕 [元]俞希鲁:《至顺镇江志》卷九,江苏古籍出版社,1990 年,第 386 页。
〔2〕 [清]杨履泰,等:《光绪丹徒县志》卷六"寺观",光绪五年(1879 年)刻本。
〔3〕 [清]周镐:《京江二十四景》之《江上救生》,作于道光二十二年(1842 年),现藏镇江博物馆。

"南云台"。清咸丰间毁,同治初有道士结茅。[1]

**凌江阁**　在城西西津坊,本银山庵旧址。"清乾隆三十五年(1770年)真州吴尊野葺,延崇福观道士严长春居之。旧有萧爽阁,后圮。道士募建楼三楹,左有小阁榜曰'西津第一观',楼前曰'众香院'。"[2]

**都天行宫**　在大码头(今小码头街中段西侧)。清咸丰间毁,后复建,前后两进。[3]

**紫阳洞**　在云台山下,传为宋代张紫阳真人修道处。真人名张伯端,号紫阳,为宋代道教金丹派南宗祖师。此洞名闻遐迩,《正德丹徒县志》记载:"岁庚辰(1520年)闰八月十八日,皇上尝幸。"[4]文中所称的"皇上",即正德皇帝朱厚照,他也是明代痴迷道教的君主之一。此后,明代嘉靖年间,日本禅宗高僧策彦周良曾两次率日本国使团访华,皆途经镇江,回国后撰写了日记体《入明记》一书。其中,即记有当时亲眼目睹紫阳洞的情景:"归路山侧有石洞,洞口揭'紫阳洞'三大字,洞里按紫阳君像,像前有香灯之设。"[5]

2002年,为配合西津渡小码头街13号旧房修缮工程而进行考古,在其房屋后身近岩壁处,发现明清紫阳洞遗迹。虽然洞顶早年大半倒塌,但洞内遗迹基本保存,包括张真人像台、砖石供台、石凿平台、烧香池等,以及明清有多期入洞的台阶及道路遗存,并出土了石雕兽面纹三足炉、祭兰釉瓷炉(残)、红陶供碗等一批祭器。(图2-2-31、2-2-32)

图2-2-31　云台山下紫阳洞残迹

图2-2-32　紫阳洞内出土的石香炉

**铁柱宫**　在城西西津坊紫阳洞前,明崇祯十年(1637年)建,康熙二十年(1681年)重修。此宫是由寓居镇江的江西人兴建,供奉道教净明派祖师许逊。后毁于清代道

〔1〕〔2〕〔3〕　[清]杨履泰,等:《光绪丹徒县志》卷六"寺观",光绪五年(1879年)刻本。
〔4〕　[明]杨琬,等:《正德丹徒县志》卷一"山",正德十六年(1521年)刻本。
〔5〕　[日本]策彦周良:《入明记》,转引自夏应元(东京大学客座教授)寄赠《入明记》中旅镇部分复印件。

（光）咸（丰）年间战火。[1] 同是在 2002 年西津渡考古中，亦发现铁柱宫历代建筑遗迹，有明末始建的房屋墙基及大型砖砌承柱礅墩、各期纵横交错的地下排水设施、早晚两期临街砖石挡土墙遗迹等。还出土有清康熙青花观音尊、明天启及清康熙仿"大明成化年制"青花瓷杯残件以及道士娱乐生活的围棋子、骨牌等。（图 2-2-33、2-2-34、2-2-35）

图 2-2-33　云台山下紫阳洞、铁柱宫遗址远眺

图 2-2-34　考古揭示铁柱宫屋基遗迹

### （四）基督教教堂

元代基督徒（也里可温）除了在城内建有三座十字寺外，另在属于金山寺领地的银山之巅建有两座十字寺，"至元十六年（1279 年），镇江路副达鲁花赤马薛里吉思占此山东、西二顶，建十字寺（即基督教堂），一曰'云山寺'，一曰'聚明山寺'。"[2] 而两寺只存在了 30 余年，及至大四年（1311 年）便改为金山下院。

但当朝廷下令撤去十字寺改建佛寺的同时，还是保留了银山西坡也里可温义阡（墓园）。《元史》：皇庆二年（1313 年），"敕镇江路建银山寺，勿徙寺旁茔塚"。[3] 而近现代在云台山西南坡有一地名称"外国坟"（今冰仓巷），应即是元代也里可温义阡之所在。

图 2-2-35　铁柱宫考古出土的
清康熙年间青花瓶

〔1〕　[清]杨履泰，等：《光绪丹徒县志》卷六"寺观"，光绪五年（1879 年）刻本。

〔2〕　[元]俞希鲁：《至顺镇江志》卷九，江苏古籍出版社，1990 年，第 387 页。

〔3〕　[明]宋濂，等：《元史》卷二十四，中华书局，1976 年，第 558 页。

# 第三节　金　山

金山,有金山寺,为历史悠久的文化名山。原位于古代京江之中流,至清代晚期因江沙淤涨,遂与南岸连成陆地。今地处内江西南一侧,为国家级风景名胜区、全国重点寺庙之一。(图2-3-1)

图2-3-2　金山全景(杨再年提供)

## 一、西浮玉

### (一)山名沿革

金山,在江中去城七里,其山名在古代多有称谓。仅略举几例,加以考述:

**浮玉**　金山始名。见《道藏经》:"金山始名'浮玉',言自玉京诸峰浮而至者。"[1]所谓"玉京",传说为天帝居住的山峰。而宋人周必大在《记镇江府金山》一文中写道:"此山大江环绕,每风涛四起,势欲飞动,故南朝谓之'浮玉山'。"[2]

**氏父山**　唐《元和郡县图志》:"氏父山在县西北十里,晋破苻坚,获氏贼,置此山

---

〔1〕 [明]陈耀文:《天中记》卷七,台湾商务印书馆,1986年,第319页。
〔2〕 [宋]周必大:《文忠集》卷一百八十三,台湾商务印书馆,1986年,第1149－1163页。

下,因以为名。"[1]符坚,氏人,主前秦,后南犯东晋,败于淝水之战。故金山又名获符山。[2]

**伏牛山**  南朝《南徐州记》:"蒜山北江中有伏牛山。"[3]而《嘉定镇江志》亦考之:"《唐志》润州贡伏牛山铜器,今金山正在蒜山北江中。"[4]

**泽心山**  因泽心寺名之。"金山寺,旧名泽心,东晋建。"[5]

**金山**  《元丰九域志》:"《寺记》云:唐时有头陀挂锡于此,因为头陀岩,后断手以建伽蓝,忽一日于江际获金数镒,寻以表闻,因赐名金山。"[6]

**龙游山**  "宋祥符五年(1012年),改山名曰'龙游',天禧五年(1021年)复名山曰'金',而以龙游名寺"。[7]

此山原为长江之孤峰,巉岩屹立,孤峙江心。旧志称:"高一百九十尺(合今60余米),广六百二十步(合今500余米)。"[8]

### (二)地理形势及景观布局

古时金山的地理形势及景观布局,见于志载的有:

山之巅,曰"妙高峰",一名"金鳌峰"。

日照岩,在山东北,下有朝阳洞,一名观音洞。

头陀岩,在山西北,下有裴公洞,以唐裴头陀得名。(近代被讹称为"法海洞"。)

妙空岩,在朝阳洞右。有宣德八年(1433年)工部侍郎周忱撰《妙空岩记》。

龙洞,即白龙洞,在山东北。传说是神话《白蛇传》中白素贞逃遁杭州去会见许仙的洞口。(图2-3-2)

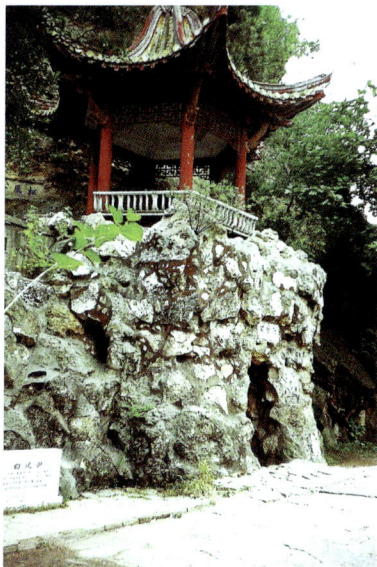

图 2-3-2  白龙洞外景(杨再年提供)

石牌山,又名云根岛,一称三岛,位于金山之西。世传上有郭璞墓。

龙门,一名龙涡,在石簰山前,其下为中泠泉。[9]

---

〔1〕 〔唐〕李吉甫:《元和郡县图志》卷二十五,《中国古代地理总志丛刊》,中华书局,1983年,第591页。

〔2〕〔5〕 〔明〕张莱:《京口三山志》卷一,明正德七年(1512)刻本,第3、10页。

〔3〕 〔南朝〕山谦之:《南徐州记》,转引自〔宋〕卢宪《嘉定镇江志》卷六"山水",丹徒朱氏金陵复刻包氏本,宣统二年(1910年)。

〔4〕 〔宋〕卢宪:《嘉定镇江志》卷六"山水",丹徒朱氏金陵复刻包氏本,宣统二年(1910年)。

〔6〕 〔宋〕王存,等:《元丰九域志》附录之《新定九域志》卷五,中华书局,1984年,第618页。

〔7〕 〔元〕俞希鲁:《至顺镇江志》卷九,江苏古籍出版社,1990年,第368页。

〔8〕 〔清〕杨履泰,等:《光绪丹徒县志》卷二"山",光绪五年(1879)刻本,第8页。

〔9〕 〔清〕杨棨:《京口山水志》卷二"丹徒·山",道光二十四年(1844年)刻本,第3页。

### （三）咏唱名篇

古代金山，景色奇丽，誉称"江中浮玉"。千余年间，引多少诗人为之咏唱，成为千古流传之名篇。仅试录几首：

一点青山翠色危，云岩不掩与星期。

海门烟树潮归后，江面山楼月照时。

独鹤唳空秋露下，高僧入定夜猿知。

萧疏水木清钟梵，颢气寒光动石池。

（［唐］刘沧《宿题金山寺》）[1]

一宿金山寺，超然离世群。僧归夜船月，龙出晓堂云。

树色中流见，钟声两岸闻。翻思在朝市，终日醉醺醺。

（［唐］张祜《题润州金山寺》）[2]

灵山一峰秀，岌然殊众山。盘根大江底，插影浮云间。

雷霆常间作，风雨时往还。象外悬清影，千载长跻攀。

（［唐］韩垂《题金山》）[3]

荻花芦叶正珊珊，山在长江寺在山。

门迳但从船出入，僧房多住水中间。

江空落日斜犹照，夜半秋潮去复还。

吟兴未阑天欲曙，一行斜雁起苍湾。

（［宋］柴望《金山寺》）[4]

早别金山恰晓钟，离帆分破一江风。

瓜洲渡口波声远，后夜相思明月中。

京口瓜洲一水间，秋风重约到金山。

江山自为离人好，不为离人数往还。

（［宋］陈东《与士繇游金山翌日分袂二绝》）[5]

自古称浮玉，更名为得金。一山藏寺腹，双塔立江心。

淮浙中流断，风烟四岸侵。梦回禅榻悄，月午听龙吟。

（［宋］赵汝鐩《金山》）[6]

---

〔1〕　［清］彭定求：《全唐诗》卷五百八十六，中华书局，1960年，第6800页。

〔2〕　［清］彭定求：《全唐诗》卷五百一十，中华书局，1960年，第5818页。

〔3〕　［清］彭定求：《全唐诗》卷七百五十七，中华书局，1960年，第8612页。

〔4〕　［宋］柴望：《秋堂集》卷一之《金山寺》，《文渊阁四库全书》（电子版）文207，上海人民出版社，1999年。

〔5〕　［宋］陈东：《少阳集》卷五之《与士繇游金山翌日分袂二绝》，《文渊阁四库全书》（电子版）文207，上海人民出版社，1999年。

〔6〕　［宋］赵汝鐩：《野谷诗稿》卷四之《金山》，《文渊阁四库全书》（电子版）文207，上海人民出版社，1999年。

南徐好，浮玉旧花宫。啄破琉璃闲世界，化城楼阁在虚空。香雾锁重重。

天共水，高下混相通。云外月轮波底见，倚栏人在一光中。此景与谁同？

（［宋］仲殊《定风波·金山寺化城阁》）[1]

而在众多诗人中，康熙皇帝对于金山有着别样的深情，他曾赋诗《金山（并序）》：

金山在大江中，南眺润州，北临瓜步，登陟其上，纵目千里，浃浃乎大观也。朕率扈从诸臣，历览诸胜，江山之奇，未有逾于此者。

一览江天胜，东南势尽收。帆樯来极浦，台榭起中流。

路出丹崖上，烟同碧汉浮。登临豁心目，浩荡俯沧洲。[2]

康熙作为一位盛世之君，历遍神州山河，可是当他"率扈从诸臣"登上金山之顶时，竟发出"历览诸胜，江山之奇，未有逾于此者"的感慨，可见江中金山的风景确实具有独特的神韵。

## 二、金山寺

金山有寺，始自六朝。原名"泽心寺"，或曰始于东晋，元代虞集《万佛阁记》云："山有佛祠，始建于晋明帝时。"[3]南朝梁代，"天监四年（505 年），武帝临泽心寺，设水陆会"。[4]

宋真宗曾因梦游金山，遂于祥符五年（1012 年）改山名曰"龙游"；天禧五年（1021年）复名"金山"，而以龙游名寺，称龙游禅寺。政和四年（1114 年），改为神霄玉清万寿宫。南渡后，仍为寺。[5]清康熙二十五年（1686 年），赐额"江天寺"。而《京口山水志》又写道："唐宋至今，诗人则通谓之'金山寺'。"[6]

金山寺自晋代始建，历史上曾经历有五次大的火灾与重建。第一次，北宋"庆历八年（1042 年）毁，明年复建"。第二次，"南渡后，厄于火，淳熙中寺僧蕴衷重修"。第三次，明"正统中寺毁，巡抚周忱命都纲弘霍重建"。第四次，清"顺治间圮，释行海重建"。[7]第五次，民国三十七年（1948 年）大火，300 余间建筑化为灰烬。50 年代开始，经过数次修建，已经恢复多座建筑。[8]

金山寺，位于金山西麓，大门迎江之上流，面向朝西。主要建筑有殿、台、塔、堂、楼、阁、亭等。现将有关志书[9]记载的史料综合起来，并对其存废、演变的情况做一简要介绍：

---

〔1〕 ［宋］卢宪：《嘉定镇江志》卷二十一"文事"，丹徒朱氏金陵复刻包氏本，宣统二年（1910 年）。

〔2〕 ［清］卢见曾：《金山志》卷首，光绪二十六年（1900 年）刻本。

〔3〕〔4〕〔5〕 ［元］俞希鲁：《至顺镇江志》卷九，江苏古籍出版社，1990 年，第 368－372 页。

〔6〕 ［清］杨棨：《京口山水志》卷二"丹徒·山"，道光二十四年（1844 年）刻本，第 9 页。

〔7〕 ［清］曾燠：《续金山志》卷一，道光四年（1824 年）刻本，第 6－7 页。

〔8〕 镇江市地方志编纂委员会：《镇江市志》，上海社会科学院出版社，1993 年，第 1549 页。

〔9〕 有关金山寺历代建筑的史料，分别见于元代《至顺镇江志》卷九"僧寺"、清代《金山志》卷一、《京口山水志》卷二"丹徒·山"、《续金山志》卷四，笔者将其综合、摘要引用。

## （一）殿宇

殿宇依山而建，自西向东，在其主轴线上依次排列：

**天王殿**　在大雄殿之前。明正统间重建，清顺治间圮，僧行海重建。

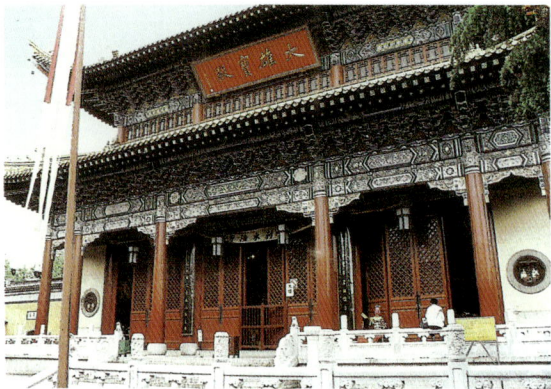

图 2-3-3　金山寺大雄宝殿（杨再年提供）

**大雄殿**　即江天寺大殿。始建于晋，历经多次劫难，其遭遇与寺的毁、建相同。1990 年，复建完成大雄宝殿。（图 2-3-3）

**祖师殿**　在大雄殿西，一名西方殿。内祀开山僧及诸禅祖。明成化间住持安溥重建。后移弥勒像于殿内。

**伽蓝殿**　在大雄殿东北，旧名水府殿。明正统丁卯（1447 年）重建。

**藏经殿**　越毗卢阁后。宋真宗赐《大藏经》建；明正统亦赐《大藏经》同置殿内；清康熙二十二年（1683 年）又赐道、释全藏二部藏于殿内。乾隆七年（1742 年）殿毁，十五年（1750 年）重建，改名文殊殿。

**三官殿**　在藏经殿西。乾隆七年毁，十五年重建，改名无量殿。

**观音殿**　即大悲殿，在寺后半山，金鳌门右。明永乐八年（1410 年），太监郑和创建；清同治年间再建，改称观音阁。现为"金山四宝（周鼎、东汉铜鼓、东坡玉带和文徵明《金山图》）"陈列室。（图 2-3-4）

**关帝殿**　在峰顶之南，江天阁下，明释定澄建。

## （二）台

台有妙高台和楞伽台：

**妙高台**　在山顶，北宋元祐初主僧了元立。有王安国"妙高台"三字石刻，明代郡守林鹗将其移至留云亭。（图 2-3-5）

图 2-3-4　观音阁

**楞伽台**　在妙高台侧，下有室曰"楞伽"，乾道戊子（1168 年）主僧宝印建，因苏东坡曾写《楞严经》于此，故名。

## （三）塔

塔有荐慈塔、多宝塔和慈寿塔：

**荐慈塔**　有二，在山之北端，南北相向而立。北宋元符末（1100 年），丞相曾布于金山建塔报亲，遂请于朝赐额"荐慈"。在日本画家雪舟（1420—1506 年）的《唐土胜景图》中，即绘有荐慈双塔，耸立于金山之巅，是时为明成化四年（1468 年）。后双塔倾圮。

慈寿塔　在荐慈双塔倒塌以后，僧明了于明隆庆三年（1569 年）重建一塔，改名慈寿塔。现塔为清代光绪年间修建。（图 2-3-6）

### （四）堂

堂有水陆堂、大彻堂、三禁堂、悟心堂、永安堂等：

水陆堂　又称水陆道场或水月道场，在方丈院内。传梁天监间建。"所谓水陆者，因梁武帝梦一神僧告曰：'六道四生，受苦无量，何不作水陆（大斋）普济群灵？'帝因志公之劝，搜寻贝叶，早夜披览；及详阿难遇面然鬼王建立平等斛食之意，用制仪文，遂于润州（今镇江）金山寺修设。帝躬临地席，命僧祐禅师宣文。"[1] 后倾圮。宋皇祐初，僧瑞新建。元至大、延祐间，三奉敕建水陆大会。（图 2-3-7）

大彻堂　在大雄殿右，昔名古晓堂。宋释克勤一夜悟十八僧，遂更名"大彻"。

三禁堂　在大彻堂右，宋释宝印建。

悟心堂　在妙高台下，宋释佛印建。明景泰间重修。

永安堂　在大殿之南，明宣德间僧道澜建。

### （五）楼

楼有海岳楼、待月楼、水月楼、黄鹤楼、观涛楼、善财楼等：

海岳楼　在永安堂右，明正德十五年（1520 年）寺僧惠銮建。

待月楼　在永安堂左，明嘉靖间寺僧圆济建。取唐代许浑"待月"诗意。

水月楼　在金山码头之右，明隆庆间释虚舟建，一称水月山房。

图 2-3-6　慈寿塔远眺

图 2-3-7　金山寺水月道场

---

〔1〕［宋］宗鉴：《释门正统》卷四，商务印书馆，民国十二至十四年（1923—1925 年）。

黄鹤楼　在观音殿后偏右，即郭公祠旧址，一称纯阳阁。

观涛楼　在黄鹤楼左，乾隆二十一年(1756年)御题楼额。

善财楼　在妙高台右，明释适中建。

## （六）阁

阁有毗卢阁、灵观阁、万寿阁、化城阁、七峰阁等：

毗卢阁　在大雄殿后，一名金鳌阁。明永乐间释道渊建。

灵观阁　在山之东南。明弘治乙卯(1495年)，僧定清重建。嘉靖中改名江天阁，俗称财神殿。

万寿阁　又名万佛阁，旧在江天寺右。元至治辛酉(1321年)释应深建。

化城阁　在山之西部。王安石、僧仲殊皆有诗。

七峰阁　在金鳌岭上。传南宋秦桧建。清末毁于火，后重建为亭，称七峰亭。(图2-3-8)

慈云阁　在妙高台左。旧名德云楼，又名东坡阁。有苏东坡玉带藏阁中。清乾隆七年(1742年)毁，玉带尚存；十六年(1751年)重建。

留玉阁　在妙高台左，供奉东坡、佛印铜像。有明周廷鑨题《留玉阁》诗石刻。清乾隆七年(1742年)毁，十六年(1751年)重建为亭。2010年，西津渡考古中出土的明代《留玉阁》诗石，当是后来从金山移至西津渡口的。(图2-3-9)

无边阁　在大彻堂后，盖谓"风月无边"也。宋释景元自号"布袋"，尝驻锡于此，或因呼为布袋亭。久圮。

梵音阁　在江天阁下，明释虚谷建。

图2-3-8　七峰亭(七峰阁旧址)，位于金鳌岭上

图2-3-9　留玉阁

## （七）亭

亭有留云亭、吞海亭、回澜亭、观澜亭、烟雨奇观亭等：

留云亭　在山巅之北，宋元旧亭之一。明景泰七年(1456年)重建。

吞海亭　在山巅之北，宋元旧亭之一。明宣德中僧道全重建。

回澜亭　在藏经阁右，宋元旧亭之一。明太监郑和重建，有记。

观澜亭　在中泠泉北临江处，宋元旧亭之一。宋宝祐四年(1256年)主僧永茂重建。

烟雨奇观亭　宋元旧亭之一。旧在山麓滨江，宋淳熙间释蕴衷建。明弘治间郡守郑杰移建于山巅之北。

江淮一览亭　在南塔左，宋元旧亭之一。又称江山一览亭。

空碧亭　在山巅，昔在荐慈塔右。明成化间释安普等移建于此。

## 三、文化遗存

金山，不但拥有千年不衰、积淀深厚的佛寺文化，而且还拥有中泠泉、郭璞墓、水府庙、三公祠、行宫、码头、廊与城、文宗阁等文化遗存，它们都是金山历史文化遗产的重要组成部分。

### (一)中泠泉

中泠泉在金山西北、石牌山东之江心中。宋代《润州类集》云："江水至金山分为三瀶。"[1]中泠泉地处三零(泠)之中段，又称南零，泉眼藏于江水底下岩石中，取之须"掣瓶、操舟"，甚难。但此泉在唐代评价甚高，名士刘伯刍"谓水之宜茶者有七等，以扬子江南零水第一"，故世人称之为"天下第一泉"。[2]《太平广记》曾记载一则李德裕辨水的故事："李德裕居廊庙(朝廷)，日有亲知奉使京口。李曰：'还日，金山下扬子江中零水，与取一壶来。'其人举棹，日醉而忘之。泛舟止石城下，方忆，乃汲一瓶于江中。归京献之。李公饮后叹讶非常曰：'江表水味，有异于顷岁矣！此水颇似建业石城下水。'其人谢过，不隐也。"[3]清代道光年间，中泠泉与金山一同因淤涨登陆上岸，泉眼一度迷失。直到同治辛未(1871年)，重新发现泉眼，由常镇道观察沈秉成"作记勒石，建亭覆之"。后于光绪年间，知府王仁堪"命工石驳四周，勒其崖曰：'天下第一泉'"。[4](图2-3-10)

### (二)郭璞墓

郭璞墓《金山志》记曰："郭公墓，在山之西石牌山，相传郭璞

图2-3-10　中泠泉

---

〔1〕 [宋]卢宪：《嘉定镇江志》卷六"山川"，丹徒朱氏金陵复刻包氏本，宣统二年(1910年)。

〔2〕 [唐]张又新：《煎茶水记》，《文渊阁四库全书》(电子版)文206，上海人民出版社，1999年。

〔3〕 [宋]李昉，等编：《太平广记》卷三百九十九"零水"，中华书局，1961年，第3201页。

〔4〕 高觐昌，等：《续丹徒县志》卷四"河渠志·泉"，民国十九年(1930)刻本，第8页。

葬此。有石碣，虽江水汛溢不没。"[1]明易恒有《过郭璞墓》诗："人传郭璞墓，千古在中流。江涨还留石，山回不碍舟。"[2]

**（三）水府庙**

水府庙下元水府庙，俗称龙王庙，在天王殿右。[3]五代初，"杨氏据江左，封为下元水府昭信泰江王，采石中水府定江王，金山下水府镇江王"。"祥符初，赐下水府庙曰'显济'。"[4]元丰初，佛印禅师了元来主是山，见祠附禅林，民间祈祷病涉，又多割牲享祭，深叹其非，便以故事请于州，州请于朝廷，始度地于江之南岸，州之西津（玉山）。[5]

**（四）三忠祠**

三忠祠在天王殿左。初为表忠祠，又名靳王庙，专祀宋韩靳王世忠（1089—1151年）。"以韩尝舣舟山下，用铁绠，设伏兵，败金人于此。"后增祀南宋勇将魏胜（1120—1164年）以及抗金名将文天祥（1236—1282年）。庙名亦改称三忠祠。[6]

**（五）行宫**

行宫位于金山西南隅，临江，为清代康熙、乾隆两代皇帝的行宫。志载，康熙皇帝"自甲子（1684年）南巡，山中建有行宫，先后驻跸者六"。乾隆皇帝，"自乾隆辛未（1751年）至甲辰（1784年）亦六次临幸"。[7]

**（六）文宗阁**

文宗阁位于妙高台南麓。清乾隆年间建。初藏《钦定古今图书集成》5020册。乾隆五十五年（1790年）藏《四库全书》一部，计36547册。道光二十二年（1842年），藏书被英军毁大部，咸丰三年（1853年）书与阁俱毁于战事。[8]（图2-3-11）

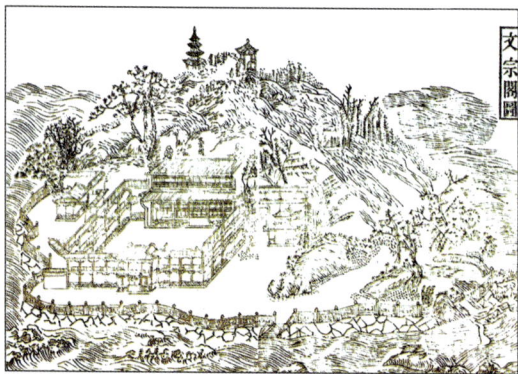

图2-3-11　文宗阁图（录自《两淮盐法志》）

〔1〕〔2〕　［清］刘名芳：《金山志》卷三"建置·墓"，民国二十五年（1936年）刻本。

〔3〕〔6〕〔7〕　［清］卢见曾：《金山志》卷一，光绪二十七年（1901年）刻本。

〔4〕　［宋］卢宪：《嘉定镇江志》卷七"祠庙"，丹徒朱氏金陵复刻包氏本，宣统二年（1910年）。

〔5〕　［元］俞希鲁：《至顺镇江志》卷八，江苏古籍出版社，1990年，第337页。

〔8〕　镇江市地方志编纂委员会：《镇江市志》，上海社会科学院出版社，1993年，第616页。

## （七）廊与城

回廊,环绕金山之四围,应是唐代已经设置。唐代窦庠诗曰"曲槛回轩深且邃"[1],宋代苏舜钦亦赞道"修廊转峻阁"[2]。至明末,"杨文骢监军京口,以金山踞大江中,控制南北,请筑城以资守御,遂改廊为城"。[3]清康熙二十三年(1684年)又去城为廊;咸丰三年(1853年)廊毁于战火。[4]

## （八）御码头

御码头位于朝阳洞北。有13级台阶,作半月式,两侧护有石栏,左右原为钟鼓楼。清咸丰年间被毁。传康熙、乾隆二帝南巡游金山时都由此登岸,故名"御码头"。[5]

〔1〕 [唐]窦庠:《金山行》,《全唐诗》卷二百七十一,中华书局,1960年,第3044页。

〔2〕 [宋]苏舜钦:《苏舜钦集》卷四,上海古籍出版社,2011年,第45页。

〔3〕 [清]曾燠:《续金山志》卷一,道光四年(1824年)刻本,第6－7页。

〔4〕 [清]杨履泰,等:《光绪丹徒县志》卷二,光绪五年(1879年)刻本。

〔5〕 镇江市地方志编纂委员会:《镇江市志》,上海社会科学院出版社,1993年,第617页。

# 第四节　焦　山

## 一、东浮玉

### （一）地理特征

焦山，位于长江之中，去城东约九里，与南岸象山夹江对峙。山高海拔约 71 米，周长 2000 余米。其山名之由来，据宋代《舆地纪胜》载："唐《图经》云：'后汉焦先尝隐此山，因以为名。'"[1] 而又以山分东、西两峰，状如雄狮盘踞，故名双峰山、狮子山（狮岩）。古代亦名浮玉山，与金山同名，两山东西距离约 15 里，故以"东浮玉"及"西浮玉"来加以区别。而此山寺庙楼阁皆掩映于山荫云林之中，故有"焦山山裹寺"之谚，与"金山寺裹山"相映成趣。[2]（图 2-4-1）

图 2-4-1　焦山远眺（杨再年提供）

### （二）名胜古迹

焦山古来就以景色之壮美及人文胜迹而著称。北宋高僧了元曾写有《焦山十六题诗》，主要介绍有海门、焦仙岭、三诏洞、羲之岩、青玉坞、碧桃湾、钻丹石、善财亭、别峰

---

〔1〕 ［宋］王象之：《舆地纪胜》卷七，清道光岑氏刊本。
〔2〕 镇江市地方志编纂委员会：《镇江市志》第 23 卷，上海社会科学院出版社，1993 年。

庵、明应殿、宝莲阁、御制宝幢等16处名胜古迹。[1]

**海门** 汉唐时期,焦山地处长江入海口,其西北侧并列有两座小岛,分称松寥山和夷山,亦谓之双峰,统曰海门山,又名海门关,或称海门国。唐代李白曾为之咏唱:"石壁望松寥,宛然在碧霄。安得五彩虹,驾天作长桥。仙人如爱我,举手来相招。"[2]北宋了元亦以《海门国》为题:"二山对峙敞高扉,江海滔滔向此归。谁谓鱼龙无困惑,须知天地设枢机。百川赴似群蛮贡,万派奔如列郡围。况是华严真净界,古今旌表镇巍巍。"现今二山因长江淤涨而登陆,与焦山已连成一片。(图2-4-2)

图2-4-2 松寥山今貌

**焦仙岭** 在焦山之巅,又称礼斗坛,其下南麓有烧丹井,传为汉焦光炼丹处。了元有《焦仙岭》诗:"后汉道将沦,先生此炼真。不为人主用,甘作玉皇臣。礼斗坛犹在,烧丹井尚新。秋风松上鹤,还是白云身。"今地面上已不存坛、井遗迹。

**三诏洞** 位于山之西南麓,"深广几二寻(八尺为一寻),相传汉焦光隐此,朝廷三下诏,征之不起,故名"。[3]了元《三诏洞》诗:"畴昔先生此掩关,紫泥三到石房间。若教便逐蒲轮起,安得清风镇海山。"今三诏洞尚在,内有焦光塑像。(图2-4-3)

图2-4-3 三诏洞外景(潘美云摄)

**羲之岩** 又称瘗鹤岩,即镌刻《瘗鹤铭》处,位于山之西北麓。了元有《羲之崖》诗:"朱方瘗鹤右军奇,入石三分记岁时。龙跃蛇奔此岩下,等闲雷雨恐飞驰。"唐宋之际,瘗鹤铭石刻坠于江中,后人只收集到部分残石。

**观音崖** 在山之西畔。北宋米芾有《观音岩》诗:"岩多阴雾龙藏角,虹挂苍林玉露麇。浊气不侵灵觊下,方坛曾驻紫清飚。"[4]

**碧桃湾** 在山西北隅,古时"林木阴森,人迹罕至"。了元有《碧桃湾》诗:"碧桃枝

〔1〕 [宋]了元:《焦山十六题诗》,转引自[明]张莱《京口三山志》卷一之"焦山焦山寺",明正德七年(1512年)刻本。
〔2〕 [唐]李白:《焦山望寥山》,转引自[清]彭定求《全唐诗》卷一百八十,中华书局,1960年,第1834页。
〔3〕 [明]张莱:《京口三山志》卷一"焦山",明正德七年(1512年)刻本。
〔4〕 [宋]米芾:《观音崖》,转引自[明]张莱《京口三山志》卷一"焦山",明正德七年(1572年)刻本,第37页。

上锁蓬莱,当日仙翁手自栽。方朔不宜容易采,三千年始见花开。"

**青玉坞**　在山之东北隅,旧与碧桃湾俱称幽箐,并有石路通向后山。了元有《青玉坞》诗:"万本琅玕叶叶风,冒霜凌雪转青葱。莫忧四海无时雨,多养龙孙在此中。"

图 2-4-4　别峰庵外观

**海门庵**　在山之东北隅。了元有《海门庵》诗:"九派长江会海门,海门开口等闲吞。汪洋万顷吾庵外,一任鱼虾作水浑。"明成化间,僧宗成重建。[1]

**别峰庵**　在山顶之东北,一名别山庵。了元有《别峰庵》诗:"绝顶无寻处,何人为指南。回头见知识,元在别峰庵。"明万历六年(1578年)重建,清乾隆壬午(1762年)再建。[2](图2-4-4)

**自然庵**　旧在半山观音崖右,叠石为墙。了元有《自然庵》诗:"叠石为庵本自然,此庵成就在先天。庵中人与庵同老,不似蓬莱有坏年。"明弘治间,移建于山下东南隅文殊阁西,乾隆壬午(1762年)重建。[3]

**宝莲阁**　在山之东北隅。了元有《宝莲阁》诗:"巍阁思惟大海时,宝莲花座妙难齐。凌波自有天公护,不比凡葩在淤泥。"明正统间,僧弘衍重建。[4]

**善财亭**　在山畔西南观音阁后。了元有《善财亭》诗:"亲见文殊七宝童,悟心初在觉城东。象王回顾无人会,方入华严境界中。"

**明应英济公祠**　即焦光祠,旧在定慧寺东,名明应殿。"宋朝祥符中,感真宗(赵恒)梦,始封明应公,又亲制词以告,刻石祠内。"[5]了元有《御制宝幢》诗:"龙凤文章莹玉镌,援扶沉溺圣明天。山人亦乐为公相,长作舟航济巨川。"明正德壬申(1512年),僧妙宁在定慧寺西建汉隐庵,后改称海西庵;清顺治十年(1653年),僧兴上移建焦公祠于海西庵内。[6](图2-4-5)

图 2-4-5　焦公祠外景

〔1〕〔2〕〔3〕〔6〕　[清]吴云:《焦山志》卷一,同治十三年(1874年)刊本。
〔4〕　[明]张莱:《京口三山志》卷一之"焦山焦山寺",明正德七年(1512年)刻本。
〔5〕　[宋]卢宪:《嘉定镇江志》卷七"祠庙",丹徒朱氏金陵复刻包氏本,宣统二年(1910年)。

而宋《嘉定镇江志》亦记载："山有朝宗亭、飞仙亭、宝莲阁,江山伟观,盖其胜概与金山敌,故金山面东为亭曰'吞海',焦山面西为亭曰'吸江'。"[1]（图2-4-6)

图2-4-6 ［清］周镐《狮岩消夏》

此外,志载还有:

**宝墨亭** 位于山之东南隅海云庵内。南宋郡守赵潜在焦山建亭,"以覆陀罗尼经石幢,石幢旧在郡治(北固山)"。[2]元《至顺镇江志》记有事迹:"府治西圃有陀罗尼经石幢,唐云阳野叟王奂之集晋王羲之书,奂之自题其端云'集宗祖晋右军书'。欧阳修《集古录》曰:'陀罗尼经幢在润州宝墨亭中'。宋咸淳八年(1272年),郡守赵潜移置焦山",并建亭保存,亦名之"宝墨"。[3]清乾隆壬午(1762年)重建,仍以康熙间郡守钱升题书的"宝墨亭"为额。[4]

**镇寺塔** 在焦山之巅。"寺旧无浮图,大德二年(1298年),江浙金省周文英渡江,阻风不能济,遂许建塔于寺……及九年而后成。"[5]后废,即"吸江亭其遗址也"。[6]

**壮观亭** 在山西南。"明天顺间,郡守姚堂建,取李白'登高壮观天地间'之句。乾隆间改建。"[7]后废。

---

〔1〕 ［宋］卢宪:《嘉定镇江志》卷七"祠庙",丹徒朱氏金陵复刻包氏本,宣统二年(1910年)。
〔2〕 ［明］张莱:《京口三山志》卷一之"焦山焦山寺",明正德七年(1512年)刻本。
〔3〕 ［元］俞希鲁:《至顺镇江志》卷二十一,江苏古籍出版社,1990年,第883页。
〔4〕〔6〕〔7〕 ［清］吴云:《焦山志》卷一,同治十三年(1874年)刊本。
〔5〕 ［元］俞希鲁:《至顺镇江志》卷九,江苏古籍出版社,1990年,第378页。

**行宫** 位于焦山南面。乾隆二十五年(1760年),依海云堂旧址建造行宫,建筑除殿堂、寝宫、朝房外,尚建有镜江楼、罨画窗、竹楼等。次年,乾隆皇帝第三次南巡时曾在此小憩;直至乾隆四十九年(1784年)第六次南巡时始驻焦山。后废。1994年焦山公园在自然庵旧址建屋数间,标名"乾隆行宫"。[1]

## 二、定慧寺

### (一)历史沿革

定慧寺,旧名普济寺,在焦山南侧。明《京口三山志》载:"旧名普济寺,创自东汉兴平间,至唐僧法宝重建。宋名普济庵,元祐初僧了元居之,寻复名普济寺。景定癸亥(1263年),寺毁,主僧德瞋复建。元易今额('焦山寺')。"明代亦"拓旧规增创,而梵宇之盛,遂与金山抗矣"。[2](图2-4-7)

### (二)历代建筑

寺院的历代建筑,志载主要有:

图2-4-7 焦山定慧寺俯瞰(杨再年提供)

〔1〕 茗山:《焦山志》,方志出版社,1999年,第52页。
〔2〕 [明]张莱:《京口三山志》卷一之"焦山焦山寺",明正德七年(1512年)刻本。

山门　在定慧寺前之右，康熙己丑（1709 年）释行载依海不扬波亭旧址建造。[1]（图2-4-8）

天王殿　在山南大雄殿前。明正统间，僧弘衍重建。咸丰年间毁。[2]

大雄殿　在天王殿后。"始建于唐，宋了元、元闻叟、国朝（明代）觉初心、弘衍修建不一。"[3]清康熙二十一年（1682 年），邑人高拱斗重修。[3]此殿系焦山仅存的明代古建筑。（图2-4-9）

图 2-4-8　焦山定慧寺旧山门远眺

藏经阁　在大雄殿后。旧为藏经殿，"明正统十二年（1447 年）敕赐大藏全部，巡抚周忱建殿藏之。康熙二十八年（1689 年）僧兴上改建为阁。咸丰年间阁毁"。[5]

海云堂　在大雄殿之左，初为寺之方丈。了元有《海云堂》诗："菩萨住此国，方能招善财。佛从花上涌，莲向海中开。焕丽超千古，清香散九垓。祖师传五叶，何必问西来。"清乾隆三十年（1765 年），方丈移建于大雄殿右原玉峰庵旧址。[6]其时，海云堂旧址被改建为乾隆行宫。

海云楼　在海云堂后。明正统间僧弘衍重建。[7]后废。

图 2-4-9　定慧寺大雄宝殿（明代建筑）

千佛阁　在大雄殿之左。明景泰间，僧弘衍建。后废。[8]

## 三、文化遗存

焦山的文化遗存，当以古代碑刻最富特色，焦山也被誉称"书法之山"。其碑刻统属"焦山碑林"，并分为摩崖石刻和碑林陈列两大部分：

---

〔1〕　[清]吴云：《焦山志》卷一，同治十三年（1874 年）刊本。

〔2〕〔3〕〔7〕〔8〕　[明]张莱：《京口三山志》卷一之"焦山焦山寺"，明正德七年（1512 年）刻本。

〔3〕〔5〕〔6〕　[清]吴云：《焦山志》卷一，同治十三年（1874 年）刊本。

图 2-4-10　焦山摩崖石刻片段（潘美云摄）

## （一）《瘗鹤铭》

在焦山摩崖石刻中，最为著称的当是六朝《瘗鹤铭》。"此铭初刻崖上……不知何时轰裂没于江，非穷冬水涸不能至其处。"[1]其坠落年代志载不详，但据北宋《润州类集》"焦山瘗鹤铭后有（王）瓒诗"，而王瓒"自称谪丹阳功曹掾，又称司兵参军，乃唐时官称。京口自天宝称丹阳郡，则瓒唐人明矣"。[2]可知，瘗鹤铭在唐代天宝年间仍然保持在崖壁之上。其坠落时间上限大约在唐代后期，下限当不晚于宋初，因在景德年间已见有关于残石的记事。[3]（图 2-4-10）

之后，大约在庆历年间或稍前，北宋文学家欧阳修曾造访过《瘗鹤铭》石刻，他在《集古录》中记道：《瘗鹤铭》"刻于焦山之足，常为江水所没。好事者伺水落时，模而传之，往往只得其数字，云'鹤寿不知其几（纪）'而已。世以其难得，尤以为奇"。[4]

庆历八年（1048年），润州太守钱彦远"得逸少《瘗鹤铭》于焦山之下"。[5]瘗鹤铭残石遂再现于世。此后，直至清代康熙五十一年（1712年），闲居在镇江的前苏州知府陈鹏年"适雨雪稀少，水落石露，异乎常时。乃命工人是相是伐，巉岩寻丈，力难全舁，是割是剔，不遗余力，以求遗文出之重渊，跻之重冈，乃得七十余字，质体完固，精彩飞奕，岿然焕然，如还旧观"，并又"建立亭宇，修筑墙垣"予以保护。[6]（图 2-4-11）

关于《瘗鹤铭》书家作者，最

图 2-4-11　《瘗鹤铭》残石展示（潘美云摄）

---

〔1〕［清］杨履泰，等：《光绪丹徒县志》卷九，光绪五年（1879年）刻本，第9页。

〔2〕［宋］卢宪：《嘉定镇江志》卷十六，丹徒朱氏金陵复刻包氏本，宣统二年（1910年）。

〔3〕［元］俞希鲁：《至顺镇江志》卷二十一，江苏古籍出版社，1990年，第879页。

〔4〕［宋］欧阳修：《集古录》卷十，《钦定四库全书》第681册，上海古籍出版社，1987年。

〔5〕［宋］苏舜钦：《丹阳子高得逸少瘗鹤铭诗》，《苏学士集》卷八，上海古籍出版社，2011年，第89页。

〔6〕［清］吴云：《焦山志》卷一，同治十三年（1874年）刊本。

早见载于唐代孙处玄编撰的《润州图经》:"《瘗鹤铭》为王羲之书,字亦奇放。"[1]而自宋代开始,有人对"王羲之书"表示质疑,并认为可能是南朝陶弘景,抑或唐代顾况等,不一而足。但多为臆测,证据欠缺,不足为训。[2]

《瘗鹤铭》文本主要见有"残石本""别刻本""金山本"三大系列,而前两种始见于宋代,唯独"金山本"早至唐代即已传世。(图2-4-12)现将其考订本示录于后:

"瘗鹤铭

鹤寿不知其纪也。壬辰岁得于华亭,甲午岁化于朱方。天其未遂吾翔寥廓耶,奚夺余仙鹤之遽也。乃裹以玄黄之币,藏乎兹山之下。仙家无隐晦之志,我等故立石旌事,篆铭不朽,词曰:

相此胎禽,浮丘之真。山阴降迹,华表留名,西法竹里,宰耳岁辰。真惟仿佛,事亦微冥。鸣语解化,浮丘去莘,左取曹国,右割荆门。后荡洪流,前固重扃。余欲无言,尔也何明。宜直示之,惟将进宁。爰集真侣,瘗尔作铭。

丹阳仙尉、江阴真宰立石。"[3]

图 2-4-12　清代书法家汪士铉书
唐人金山本《瘗鹤铭》

2002年,在焦山碑刻博物馆扩建之际,又为《瘗鹤铭》石刻建立专馆。至此,摩崖石刻瘗鹤铭有了更好的归宿,成为碑林陈列中的"国宝级"展品,为国内外学人观瞻、研究提供了优良条件。

**(二)摩崖石刻**

焦山西麓全为陡岩峭壁,其间有自六朝、唐、宋、元、明、清至民国历代名人诗文的摩崖石刻,为江南有名的"书法山"。

除了《瘗鹤铭》外,摩崖石刻还包括自六朝至民国的作品80余方。其中,尤以唐刻《金刚经偈句》、宋刻米芾题《辛未孟夏观山樵书》、陆游《踏雪观瘗鹤铭》、吴琚《春游焦山诗》等[4]属上品,弥足珍贵。

唐刻《金刚经偈句》"一切有为法,如梦幻泡影,如露亦如电,应作如是观。唐僧贞

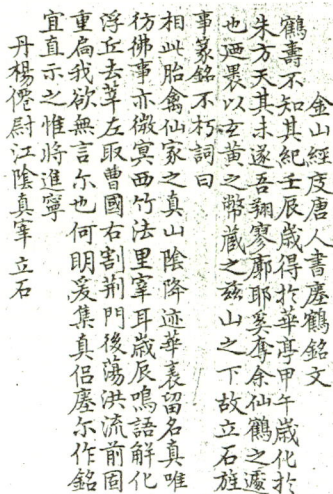

〔1〕 [唐]孙处玄:《润州图经》佚文,转引自[宋]欧阳修《集古录》卷十,《钦定四库全书》第681册,上海古籍出版社,1987年。

〔2〕 刘建国、潘美云:《瘗鹤铭石刻考证》之"前言",江苏人民出版社,2006年。

〔3〕 刘建国、潘美云:《瘗鹤铭石刻考证》,江苏人民出版社,2006年,第36页。

〔4〕 以下所录摩崖石刻文字,转引自袁道俊:《焦山石刻研究》,江苏美术出版社,1996年,第49—51页。

观书。《焦山志》载："罗汉崖有唐人刻金刚经四句偈于石壁。"[1]

米芾题《辛未孟夏观山樵书》："仲宣、法芝、米芾,元祐辛未孟夏,观山樵书。"作者米芾(1051—1107年),初名黻,字元章,号海岳。世居太原,迁襄阳,后定居润州。擅书画,与苏轼、黄庭坚、蔡襄合称"北宋四大家"。

陆游《踏雪观瘗鹤铭》："陆务观、何德器、张玉仲、韩无咎,隆兴甲申闰月廿九日,踏雪观瘗鹤铭,置酒上方,烽火未息,望风樯战舰在烟霭间,慨然尽醉,薄晚,泛舟自甘露寺

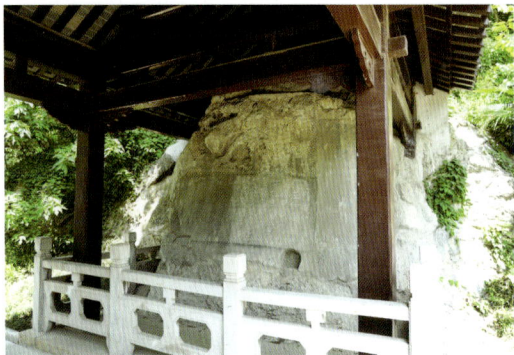

图 2-4-13　宋代陆游碑刻外观

以归。明年二月壬辰,圜禅师刻之石,务观书。"作者陆游(1125—1210年),字务观,号放翁,山阴人。隆兴二年(1164年),时任通判镇江,于闰十一月二十九日偕韩无吉(无咎)、何玉器、张玉仲,踏雪慨然书此。陆游书法存世极少,此石当为古代短篇散文之妙品。(图2-4-13)

吴琚《春游焦山诗》："昔爱山樵书,今踏山樵路。江边春事动,梅柳皆可赋。荦确石径微,白浪洒衣履。临渊鱼龙惊,扪涯猿鸟惧。古刻难细读,断缺苍藓护。岁月岂易考,书法但增慕。摩挲发三叹,欲去还小住。习气未扫除,齿发恨迟暮。华亭鹤自归,长江只东注。寂寥千古意,落日起烟雾。"吴琚,南宋著名书法家。字居文,号云壑,开封人。工诗词,尤精翰墨,得米芾笔墨神韵。镇江北固山上的"天下第一江山"五字乃吴琚所书。

### (三) 焦山碑林

焦山收藏并陈列碑刻,大约始于宋代建宝墨亭。北宋太守钱彦远曾集"梁唐诸贤四石刻共作一亭,以'宝墨'名之"。[2]该亭位于北固山州衙之后,南宋咸淳八年(1272年)郡守赵潚将府治西圃掘地所得陀罗尼经幢移置焦山,"与华阳真逸书也隐而显离而合,于是古润二宝俱萃焦山下",亦建亭名曰"宝墨"。[3]

明代将宝墨亭旧址予以扩建,称之"宝墨轩",藏碑更为丰富。后屡遭战火,只剩断壁残垣。1960年,镇江市政府为抢救文化遗产,将鹤林寺"古墨林"全部碑刻和东郊大港华阳观唐代《魏法师碑》以及散落于市郊的碑石集中移至焦山,在宝墨轩、香林庵、石壁庵、槐阴精舍旧址新建焦山碑林。又将举世闻名的《瘗鹤铭》从焦山定慧寺迁入宝墨

〔1〕 [清]吴云:《焦山志》卷一,同治十三年(1874年)刊本。

〔2〕 [宋]苏舜钦:《丹阳子高得遗少瘗鹤铭诗》,《苏学士集》卷八,上海古籍出版社,2011年,第89页。

〔3〕 [元]俞希鲁:《至顺镇江志》卷二十一,江苏古籍出版社,1990年,第883-884页。

轩内，并专门立亭庇护。1988年，焦山碑林被列为全国重点文物保护单位。2002年又进行大规模的维修和扩建，现碑林占地7000余平方米，展馆庭院错落，回廊曲径，幽静雅致，荫浓生香，尽显江南古典园林的诗意和韵味。碑林展出历代碑刻400余方，一部分为记录历史史料的记事碑刻、墓志等，其中珍品有被清代金石学家叶昌炽称为"初唐妙品"的反映初唐政治及道教面貌的《魏法师碑》、宋代墓志《宋故光禄卿致仕章公墓志铭及盖》、记录焦山珍贵历史资料的《焦山禅寺重建圆悟接待庵记》和《新置焦山玉峰庵救生红船捡埋枯骨碑记》等等。其余大多为历代文人抒情言志、相互唱和的诗作，如明《杨一清游焦山七律诗并跋》《杨继盛椒山诗》《申时行父子游鹤林寺诗》《阮大铖游焦山诗并识》《顾贞观等游焦山诗》《曾燠、石韫玉游焦山诗》《潘奕隽、宋鸣琦游焦山诗》《齐彦槐焦山唱和诗》以及宋、元、明、清四朝74位名人为苏轼、文同所绘风竹题跋的全套《澄鉴堂石刻》，还有"宋四家"之一的米芾所临《兰亭序》等。作者包括宋代米芾、张即之，元代赵孟頫，明代文徵明、杨一清、杨继盛、阮大铖、米万钟、申时行，清代顾贞观、高士奇、乾隆皇帝、王士禛、程康庄、钱泳、王文治，民国郑孝胥、吴佩孚等历代名家，书体真、草、篆、隶、行诸体皆备，书风各异，美不胜收，熠熠生辉。此外，在碑林内还见有乾隆皇帝御碑亭，这是焦山现存的八方御碑中最大的一座，刻有乾隆第五次南巡时写的《游焦山诗》。（图2-4-14）

图2-4-14　清乾隆御碑

当然，镇馆之宝要数被历代书家尊称为"大字之祖"、在中国书法史上具有坐标意义的《瘗鹤铭》了，焦山碑刻博物馆特意为石刻建有单独陈列馆，更好地供海内外书友们学习、欣赏。[1]

千余年间，文化精英们的呕心沥血、留书献宝，造就了这座巍峨的书法名山，令无数追慕者络绎不绝、流连忘返。这一情境如同宋代书法家吴琚《游焦山诗》中的名句——"岁月岂易考，书法但增慕"，被镌刻在焦山摩崖上，印在游人的心田里。

**（四）古炮台**

焦山，"东延瀚海，西通大江，南抱京口（镇江），北依维扬（扬州）"，一派"海吞吴地尽，山控楚地遥"的气势。焦山自古就是军事重地，发生于此的战役有南宋韩世忠抗

---

〔1〕　潘美云：《岁月岂易考　书法但增慕——记镇江焦山碑林》，《中国书画》，2013年第6期。

图 2-4-15　古炮台炮位遗迹

金、张世杰抗元、明代抗倭、郑成功抗清、清代抗英等数十次之多。（图 2-4-15）

焦山古炮台，主要是指东炮台，位于焦山东麓，建于清同治十三年（1874 年）。当时，"日本开衅台湾，海防骤警。两江总督李宗羲命彭玉麟于山之东麓督造暗炮台一座"。为建造炮台，"填鼍龙塘，平柳淤，迁玉峰、海门、友竹、碧山、云声等庵。炮台面向东南，整体呈扇形，用三合土分层夯筑，形成八座并联，暗堡，置炮八尊"。[1]"炮台后面筑营墙、兵房、子药库，前营门临下码头，后营门对松寥山。"[2]抗日战争时，炮台为日军破坏，现存遗址，为江苏省文物保护单位。

---

〔1〕　茗山：《焦山志》，方志出版社，1999 年，第 204 页。

〔2〕　[清]李恩绶撰，李丙荣续辑：《丹徒县志摭余》卷三"武备"，民国七年（1918 年）刊本。

南山风景区北大门外观

# 第三章　葱葱南山

南山——镇江南郊诸山的统称。自古以来，南山以其秀美和幽静，引来众多高僧结茅、建寺，山谷里钟声相闻；多少名士驻足、隐居，溪水畔琴音缭绕。这里曾是戴颙、米芾的"梦中情人"，今天更是城市人的"心灵港湾"。

# 第一节 黄鹤山

黄鹤山，位于城西南约1.5公里，海拔82米，周长近3公里。北临南山路，东接黄鹤山路，西靠南徐路，南横南徐大道，为今南山风景区伸向北部的区域。（图3-1-1）

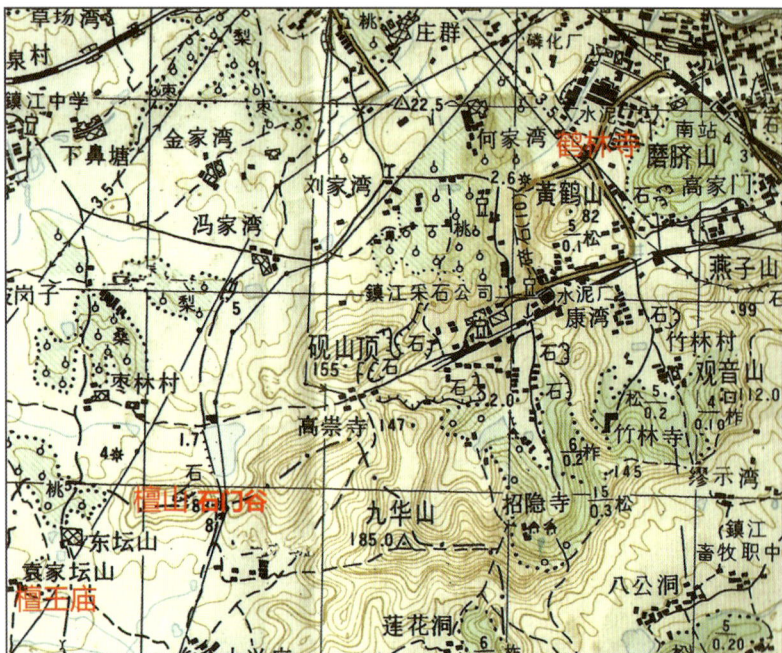

图3-1-1 南山风景区平面图(截自1970年镇江市地图)

山名，据传缘于南朝宋高祖刘裕。《太平寰宇记》记曰："宋高祖丹徒人，潜龙时游竹林寺，每息于此山，常有黄鹤飞舞，因名黄鹤山。"[1]所谓"潜龙"是指刘裕尚未做皇帝之时。

山又称黄鹄山，见于《南史·戴颙传》："戴颙，字仲若，谯郡铚人

---

〔1〕［宋〕乐史：《太平寰宇记》卷八十九，中华书局，2007年，第1761–1762页。

也。父逡,兄勃,并隐遁有高名。"善琴书,精音律,朝廷多次征召皆不就。"衡阳王义季镇京口,长史张邵与颙姻通,迎来止黄鹄山。山北有竹林精舍,林涧甚美。"[1]其实,黄鹄与黄鹤为一鸟二名,如唐诗中写"黄鹤楼",又称"黄鹄楼"亦然。

此山亦因戴颙的关系,曾被南朝皇帝尊称为戴公山。当年,宋高祖刘裕对戴颙十分爱慕,"每欲见之,尝谓黄门侍郎张敷曰:'吾东巡之日,当晏戴公山也。'"[2]言及日后有机会东巡途经京口时,定要在戴公山(黄鹤山)上宴请戴颙。

黄鹤山上下,历史遗迹斑斓,其中,影响较大的有鹤林寺、米公祠及米芾墓、濂溪周先生祠、杨一清别墅及十三松等。

## 一、鹤林寺

### (一)寺名沿革

鹤林寺,旧名竹林寺,在黄鹤山北,晋大兴间建。[3]唐代尝名幽栖寺。唐开元间,始为禅寺,又名"古竹院",僧玄素尝主焉。宋高祖微时,尝游京口竹林寺。宋高祖即位后改名"鹤林"。

### (二)开元中兴和唐末浩劫

玄素(668—752年),俗姓马,润州延陵人,唐代禅宗牛头宗的代表人物之一。原主江宁幽栖寺,"道业既高,人希瞻礼"。时润州刺史韦铣慕请至京口鹤林寺主持,随之"四部归诚,充塞寺宇",大批佛教徒追随其间。而由玄素主持受戒的弟子有诸多高官,如"吏部侍郎齐澣、广州都督梁卿、润州刺史徐峤、京兆韦昭理、给事中韩赏、御史中丞李丹、礼部崔令钦,并道流人望,莫盛于此"。天宝十一载(752年),玄素"无疾而化,春秋八十有五",并"奉全身建塔于黄鹤山西所住之地"。[4]玄素对于鹤林寺的中兴起到了十分重要的作用。

唐代诗人喜爱鹤林寺,并留有多篇佳作。其中,如李嘉祐《奉陪韦润州游鹤林寺》:"野寺江城近,双旌五马过。禅心超忍辱,梵语问多罗。松竹闲僧老,云烟晚日和。寒塘归路转,清磬隔微波。"[5]又,方干《游竹林寺》:"得路到深寺,幽虚曾识名。藓浓阴砌古,烟起暮香生。曙月落松翠,石泉流梵声。闻僧说真理,烦恼自然轻。"[6]还有,崔涂《秋宿鹤林寺》:"步步入林中,山穷意未穷。偏逢僧话久,转与鹤栖同。烛焰风销尽,兰条露湿空。又须从此别,江上正秋鸿。"[7]

---

〔1〕〔2〕 [唐]李延寿:《南史》卷七十五"戴颙传",中华书局,1975年,第1866页。

〔3〕 [清]杨棨:《京口山水志》卷六"丹徒诸山",道光二十四年(1844年)刻本。

〔4〕 [宋]赞宁:《宋高僧传》卷九,中华书局,1987年,第202-203页。

〔5〕 [唐]李嘉祐:《奉陪韦润州游鹤林寺》,《全唐诗》卷二百六,国际文化出版公司,1994年。

〔6〕 [唐]方干:《游竹林寺》,《全唐诗》卷六百四十九,国际文化出版公司,1994年。

〔7〕 [唐]崔涂:《秋宿鹤林寺》,《全唐诗》卷六百七十九,国际文化出版公司,1994年。

唐末光启三年(887年),镇海军"薛朗、刘浩作乱,寺烬"。[1]唐代鹤林寺被毁于这场浩劫。

**(三) 宋代重建**

进入北宋之后,鹤林寺又得以恢复旧观。有苏轼《游鹤林、招隐二首》诗为证:

> 郊原雨初霁,春物有馀妍。
> 古寺满修竹,深林闻杜鹃。
> 睡馀柳花堕,目眩山樱然。
> 西窗有病客,危坐看香烟。

> 行歌白云岭,坐咏修竹林。
> 风轻花自落,日薄山半阴。
> 涧草谁复识,闻香香难寻。
> 时见城市人,幽居惜未深。[2]

宋绍兴中,"鹤林寺重建,改名报恩光孝禅寺。咸淳间,僧庆清重修"。其兴建过程及规模,在《重修报恩光孝禅寺》碑记中记述翔实:"咸淳丙寅(1266年),古镜师庆清自当涂隐静山来居之,其始至也。事废不举,地芜不芟,栋挠梁柱,垣断级堕。乃铢积颗聚,以事营缮,勿勤檀施。甫期年,葺三门经藏佛殿及诸像设,费甚夥,众以为难,师曰未也。明年,寝堂、丈室、祠宇、寮院、轩槛、栏楯、器具、床座,莫不毕葺。又明年,为库为庑,为庖为湢,为圃为庐,为垣为逶迆,百役踵兴,惟善法堂大役也……未一年而堂成。郡牧总卿赵公嘉其志,特书'天雨宝华'四大字。于是楼阁殿庑,空翔地涌,耽耽奕奕,殆无遗功矣。"[3]碑记反映出南宋鹤林寺经过数年修建,其屋宇齐备,规模宏大,显然是一座大型寺院。(图3-1-2)

**(四) 明代舍官捐资**

明永乐中,寺毁于大火,僧得月就古竹院稍葺治之。弘治中,了心始建殿宇。但唐宋寺址仍大部荒废。万历间,郡守钟庚阳招僧德乘居之,并于丁丑年(1577年)策划复建,甲午年(1594年)大功告成。丹徒知县马邦良撰写《重修鹤林寺记》,亦记有多位地方官吏解囊捐资的事迹,如"五台陆公光祖捐俸金一十二两,而古竹院旧址复;仍捐金二十两,合余(马邦良)助俸资拾两,而莲池、书屋并复;得府县捐俸资,而池上□亭建;金坛于公业助资,而古竹院祠堂建;王公肯堂捐资,而米公祠重建;于公玉立捐资,而玄素法堂建;郡守吴公撝谦捐俸金□法□禅师塔铭于石,而碑亭建;嘉禾钱君与映捐资助,

---

〔1〕[清]杨履泰,等:《光绪丹徒县志》卷六"寺观",光绪五年(1879年)刻本。

〔2〕[宋]苏轼:《苏轼诗集》,中华书避,1982年,第547-548页。

〔3〕[元]俞希鲁:《至顺镇江志》卷九,江苏古籍出版社,1990年,第376页。

图 3-1-2　鹤林寺特写（[清]周镐《鹤林古木》局部）

而香花桥建；兼以僧明贤辈以募缘助，而天王殿建，方丈、廊厨、静室次第建"。[1]碑文反映出以吏部尚书陆光祖为首的多位官员捐金复寺，并在重建天王殿及方丈、法堂、僧寮、古竹院等佛寺建筑的同时，还复建了纪念米芾、周敦颐的米公祠、莲池、书屋等遗迹。

**（五）清代重修及衰败**

清康熙乙巳（1665 年），僧净能、无怠重修寺，有夹山丈室、杜鹃楼（以殿七七重阳开杜鹃花得名）、古墨林，又有密严室、米公伽蓝殿、天王殿，前有寄奴泉（相传宋高祖微时凿），又有白莲池，寺外有十三松。[2]

鹤林寺在清代咸丰间，"寺宇尽毁，碑板全失。同治初，僧锦峰结茅数椽，来守荒址"。后，"光绪二十二年（1896 年）僧福登募建"。[3]

现今鹤林寺遗址范围内，尚存清末复建的大殿及杜鹃楼残屋。考古人员准备开展对鹤林寺整个遗址的考古探查，据称将选择重点遗迹予以发掘、展示，这为地下文化遗产的保护提供了一次机遇。

---

〔1〕　[清]马邦良：《重修鹤林寺记》石碑，现藏焦山碑刻博物馆。
〔2〕　[清]杨履泰，等：《光绪丹徒县志》卷六"寺观"，光绪五年（1879 年）刻本。
〔3〕　[清]李恩绶撰，李丙荣续辑：《丹徒县志摭余》卷二"寺观"，民国七年（1918 年）刊本。

## 二、米公祠及米芾墓

### （一）米公祠

米芾深爱鹤林寺的"松石沉秀"，遂在寺旁筑有一处别墅，时称"鹤林精舍"。当年米公还特意题写"城市山林"四字，表示对

图3-1-3 ［宋］米芾书《城市山林》石刻

城市近旁这座山林的钟情。（图3-1-3）据传，米芾身前曾发过誓言："来生为寺伽蓝，永护名胜。"后人在寺之东侧建有米公祠，明代米万钟书有《米公祠碑》。志载，直至清道光年间，祠还存于"寺之左隅"。[1]后，祠宇毁于咸丰战火。

### （二）米芾墓

米芾的父母葬于黄鹤山。其"父左武卫将军，赠中散大夫。母阎氏赠丹阳县太君；既卒，始葬润州黄鹤山"。[2]而米芾于大观元年（1107年）病逝于知淮阳军任上，后三年入葬。据宋《嘉定镇江志》载，"礼部郎中米芾墓在黄鹤山"。[3]明代重修，立有米万钟书"米元章墓记"碑，记述米墓位于"鹤林寺西南百余步"。[4]清代乾隆年间丹徒诗人余京曾拜谒米墓，并写有《米南宫墓》诗："山荒樵径十三松，米老孤坟此地逢。断陇牛羊青草卧，残碑风雨绿苔封。像栖破屋春浇酒，魂傍空门夜听钟。我欲挹君供片石，壶中无复九华峰。"[5]记述当时墓地及米公祠，皆已破落衰败的景象。

关于米芾墓地的具体位置，宋代史料中还见有葬于长山和五洲山两说。前者见蔡肇撰《故南宫舍人米公墓志》："以大观三年（1109年）六月某日葬丹徒长山下。"[6]后者见程俱《题米元章墓》：米元章死后，"舁归，葬丹徒五洲山之原，遵治命也"。[7]但此两处所谓墓址，皆未见遗迹传世。

黄鹤山下墓园在"文革"中遭到破坏，20世纪80年代，又在黄鹤山北坡择址重建。（图3-1-4）

图3-1-4 新建米芾墓

---

〔1〕〔6〕 ［清］杨棨：《京口山水志》卷六"丹徒诸山"，道光二十四年（1844年）刻本。

〔2〕〔4〕 ［清］杨履泰，等：《光绪丹徒县志》卷八"陵墓"，光绪五年（1879年）刻本。

〔3〕 ［宋］卢宪：《嘉定镇江志》卷十一"陵墓"，丹徒朱氏金陵复刻包氏本，宣统二年（1910年）。

〔5〕 ［清］余京：《米南宫墓》，转引自［清］蒋宗海等《嘉庆丹徒县志》卷四十，嘉庆十年（1805年）刻本。

〔7〕 曾枣庄、刘琳主编：《全宋文》第155册，上海辞书出版社，2006年，第352页。

### 三、濂溪周先生祠及濂溪书院

#### （一）濂溪读书爱莲池畔

濂溪周先生,即宋代著名哲学家、理学派开山鼻祖周敦颐(1017—1073 年),道州(今湖南道县)濂溪人,世称濂溪先生。《宋史》评价:"两汉而下,儒学几至大坏。千有余载,至宋中叶,周敦颐出于舂陵,乃得圣贤不传之学,作《太极图说》《通书》,推明阴阳五行之理,明于天而性于人者,了若指掌。""嘉定十三年(1220 年),赐谥曰'元公',淳祐元年(1241 年),封汝南伯,从祀孔子庙庭。"[1]将周敦颐创立理学学派提到了极高的地位。(图 3-1-5)

图 3-1-5 《周濂溪集》书影
(《丛书集成》初编 1890—1892)

#### （二）濂溪周先生祠、濂溪书院沿革及概貌

濂溪先生,"少失父奉母,依舅父郑龙图(郑向)居润"。[2]舅父郑向,曾"出为两浙转运副使,疏润州蒜山漕河直抵于江,人以为便"。[3]"郑之故里在润之黄鹤山,先生随侍居于精舍。时天圣九年(1031 年),先生年十有五。母卒,遂葬于润。"[4]其后,敦颐"读书(鹤林)寺中,旁凿莲池。后人即其地建祠,祀之。又辟书院,居四方之学者"。[5]

濂溪周先生祠及濂溪书院,均在鹤林寺西。宋宝祐癸丑(1253 年),郡守徐栗建,"以奉元公,以处四方之士。堂三:曰晞贤,曰立善,曰养心。斋二:曰正道,曰和德。亭二:曰爱莲,曰光风霁月"。元代,祠及书院被"鹤林寺僧撤毁,并有其地"。[6]至明代,恢复濂溪祠,并享有官府春、秋两季致祭。此外,"知县庞时雍,增修石莲池,并光霁亭"。[7]

### 四、杨一清别墅、十三松及杨一清墓

#### （一）杨一清别墅

杨一清(1454—1530 年),字应宁,号邃庵,别号石淙,生于云南安宁,长于湖南巴陵,老于江南镇江,因此晚年自号"三南居士"。杨一清一生为官 50 余年,官至华盖殿大学士、内阁首辅,为明代中叶著名的政治家。《明史》有传:"少能文,以奇童荐为翰林秀才。宪宗命内阁择师教之。年十四举乡试,登成化八年(1472 年)进士。父丧,葬丹

---

〔1〕〔2〕〔7〕 [清]杨履泰,等:《光绪丹徒县志》卷五"庙祠",光绪五年(1879 年)刻本。
〔3〕 [元]脱脱,等:《宋史》卷三百一,中华书局,1977 年,第 9998 页。
〔4〕〔5〕〔6〕 [元]俞希鲁:《至顺镇江志》卷十一,江苏古籍出版社,1990 年。

徒，遂家焉。"[1]晚年退居镇江，在黄鹤山下筑有别墅，号鸿鹤山庄。杨一清诗："鸿鹤冥冥事已遥，清溪曲曲下通潮。镜中白发谁能变？江上青山可待招。兴到登临随短屐，客来倾倒醉长飘。郡城相望无多路，也得幽栖远市朝。"[2]

## （二）十三松

杨一清十分重视自然遗产的保护，他赎买古树的故事至今脍炙人口，传为佳话。志载，当年在鹤林寺前长有十三棵古松，"樵人将折为薪，杨文襄一清捐金赎之。并作《十三松记》"。后人纪念杨一清，亦称十三松为"太傅松"。[3]（图3-1-6）

图3-1-6　画家笔下的"太傅松"（[清]周镐《鹤林古木》)

## （三）杨一清墓

杨一清及其父母的墓地，都在黄鹤山西侧芦湾村。岗坡上两条墓道并行，道旁残存有几件石人、石兽，岗顶左右耸立两座高大封土墩。该墓于1987年由镇江市政府公布为市级文物保护单位。[4]（图3-1-7）

图3-1-7　杨一清墓址远眺（芦湾村马山西麓）

〔1〕[清]张廷玉，等：《明史》卷一百九十八，中华书局，1974年，第5225页。
〔2〕[明]杨一清：《鸿鹤山庄》，转引自[清]蒋宗海等《嘉庆丹徒县志》卷三十九，嘉庆十年(1805年)刻本。
〔3〕[清]杨履泰，等：《光绪丹徒县志》卷九"古迹"，光绪五年(1879年)刻本。
〔4〕镇江市文物管理委员会：《镇江文物事业(1984—1992年)》续表10,1993年，内部资料。

## 五、古墨林

古墨林,是鹤林寺收藏历代墨宝碑刻的处所。志载,清康熙乙巳(1665 年),在重修鹤林寺的建筑中就有"古墨林",其始筑年代当不会晚于明代。

### (一)古墨林珍贵碑铭

古墨林内,"壁间石刻甚多,有宋高宗书《藉田诏》、苏轼书所作《鹤林招隐诗》《呈刁景纯诗》、米芾书"城市山林"四字、绍兴二十六年(1156 年)僧法永书《黑漆光菩萨赞》、嘉定甲申(1224 年)八月岳珂题《古竹院僧房诗》、绍定元年(1228 年)冯多福《次韵诗》、淳祐乙巳(1245 年)三月王埜《鹤林寺二绝句》、景定五年(1264 年)陈均《二绝句》、明董其昌书元素禅师《简友诗》,并在屋中;此外,有唐李华《故径山大师碑铭》"。[1]以上所记述的碑目中,内容以宋代碑刻为主,并以苏轼、米芾等诗碑为贵;而年代最早的要数唐李华《故径山大师碑铭》。

### (二)迁碑焦山碑林

清咸丰年间寺毁之后,寺僧曾"稍拾旧碣嵌于壁,然石无二三也"。20 世纪中叶,鹤林寺改建为镇江市陶瓷厂,遗存碑刻迁至焦山碑林收藏。[2]

---

〔1〕 [清]杨履泰,等:《光绪丹徒县志》卷六"寺观",光绪五年(1879 年)刻本。
〔2〕 镇江市地方志编纂委员会:《镇江市志》,上海社会科学院出版社,1993 年,第 625 页。

# 第二节　招隐山

招隐山,原名兽窟山,始见于唐《元和郡县图志》:"兽窟山,一名招隐山,在县西南九里,即隐士戴颙之所居也。"[1]

招隐山是南山风景区的主要山体,在自然形态上显示其平面略呈 U 形,作双臂抱合状,面向北方。整个山体地跨南北逾 2 公里,东西约 4 公里。而此山区的各部分亦另有山名:

南顶,居南段东西向山脊中心,冠名兽窟山,顶面较宽,其北坡呈垅状,伸入 U 形山谷中,坡上分布有招隐寺、昭明读书台、虎跑泉等。

西南顶,即自南顶沿山脊向西最高处,称小九华山,海拔为 185 米;又,山体折向北,即 U 形山体的"西臂"段,延伸至西北端名岘山顶,海拔为 155 米。此间,古时建有岘山寺、地藏寺等僧寺。

东南顶,即自南顶沿山脊向东,高起处名夹山,海拔 145 米。又,山体转折向北,即 U 形山体的"东臂"段,其东南坡分布有竹林寺、林公泉等。

而招隐山南坡延伸有分支,为回龙山、白龙山,分布有八公洞和莲花洞。

招隐山区的人文历史丰富且深厚,主要可分寺院、名洞、亭台及古泉四类。清代画家张夕庵、周镐、左清晏等都有招隐山写生的画作传世。其中,尤以周镐对招隐山情有独钟,在《京江二十四景》中即有七幅,分别题为《招隐听鹂》《竹林听泉》《岘山策蹇》《九华层云》《兽窟危亭》《八公早梅》《龙洞吟秋》。(图 3-2-1)[2] 它们绘成于道光二十

图 3-2-1　[清]周镐《招隐听鹂》

〔1〕 [唐]李吉甫:《元和郡县图志》卷二十五,《中国古代地理总志丛刊》,中华书局,1983 年,第 591 页。
〔2〕 [清]周镐:《京江二十四景》册页,现藏于镇江博物馆。

二年(1842年),不久南山的名胜遭到战火浩劫,几乎荡然无存。而画家的作品保存了南山历史上一段美好的记忆,弥足珍贵。

## 一、寺院

山中古寺,影响较大者有招隐寺、竹林寺、地藏寺、岘山庵等。

**招隐寺** 寺在招隐山。"刘宋景平元年(423年),昙度禅师所创,即戴颙隐居之地。"[1]又称"戴颙居之,后其女舍宅为寺"。[2]

唐代招隐寺为江南名刹,景色秀美,引多少诗人为之陶醉、吟唱。骆宾王诗云:"共寻招隐寺,初识戴颙家。还依旧泉壑,应改昔云霞。绿竹寒天笋,红蕉腊月花。金绳倘留客,为系日光斜。"[3]李正封写道:"竹柏风雨过,萧疏台殿凉。石渠写奔溜,金刹照颓阳。鹤飞岩烟碧,鹿鸣涧草香。山僧引清梵,幡盖绕回廊。"[4]张祜有《题招隐寺》:"千年戴颙宅,佛庙此崇修。古井人名在,清泉鹿迹幽。竹光寒闭院,山影夜藏楼。未得高僧旨,烟霞空暂游。"[5](图3-2-2)

唐末薛朗、刘浩作乱,招隐寺与鹤林寺"同毁于兵"。"寺旧基原在虎、鹿两泉间,即赵宋丰有孚、有章墓处。"[6]五代之后,寺"再造,因移于旧址西偏也。自宋迄明,几经兴废"。[7]清咸丰中寺毁于战火;"同治初,僧慧传结茅故址,以待兴复旧观"。[8]

图3-2-2 招隐石牌坊

〔1〕[清]朱霖增纂:《乾隆镇江府志》卷二十"寺观",乾隆十五年(1750年)增刻本。

〔2〕[元]俞希鲁:《招隐禅寺修造记》,转引自[清]缪潜《招隐山志》卷十"艺文六",昭明读书台雕刻,宣统辛亥(1911年)开雕,乙丑(1925年)版成。

〔3〕[唐]骆宾王:《陪润州薛司空丹徒桂明府游招隐寺》,《全唐诗》卷七十八,国际文化出版公司,1994年,第244页。

〔4〕[唐]李正封:《夏游招隐寺暴雨晚晴》,《全唐诗》卷三百四十七,国际文化出版公司,1994年,第1118页。

〔5〕[唐]张祜:《题招隐寺》,《全唐诗》卷五百一十,国际文化出版公司,1994年,第1685页。

〔6〕[清]缪潜:《招隐山志》卷首"例言",昭明读书台雕版,宣统辛亥(1911年)开雕,乙丑(1925年)版成。

〔7〕[清]缪潜:《招隐山志》卷二"建置",昭明读书台雕版,宣统辛亥(1911年)开雕,乙丑(1925年)版成。

〔8〕[清]杨履泰,等:《光绪丹徒县志》卷六"寺观",光绪五年(1879年)刻本。

清末寺毁之前，据志载其主要建筑有：招隐石坊，在山下，明万历甲寅（1614年）赵昌期立；清道光庚子（1840年）僧真如重建。天王殿，在大雄殿前。大雄殿，在天王殿后。禅堂，在大雄殿后。藏经楼，在禅堂上。云水堂，在大雄殿前左序。客堂，在大雄殿前右序。斋堂，在大雄殿左序。祖堂，在大雄殿右序。丈室，在藏经楼左。法堂，在藏经楼右。[1]

而在周镐及左清晏的画笔下，我们可以看到当年招隐寺的全景：山下是山涧、石桥、招隐坊，山上为寺院建筑群及昭明太子读书台，东侧是戴颙听鹂山房，在东南上方为石砌围栏的虎跑泉……

**竹林寺**　一名夹山禅院，位于夹山北坡。"寺建自东晋法安大师，颓废年久。""明崇祯中，僧林皋构草庐，独居二年，创成名蓝，名以'竹林'。"寺成，规模宏大，"上有洛浦基、狮子崖、夹源井、放生池、百尺松、林公泉、普同塔、如来祖师塔（内有祖堂）、绀锤室、卧佛楼、一佛居"。[2]王士祯有记："自招隐（寺）至竹林（寺），山路迂曲，长松如画，修竹数万竿。清风拂颊，上捎云日。与昆仑小憩绀锤室，听中上人谈林公开山旧事。"[3]他还有一首《竹林寺》诗，悠悠然吟唱寺间景色："超超夹山道，幽幽竹林寺。林公辟山处，泉涧饶古意。钟磬闻诸天，花药覆平地。森梢万竿竹，烟景满空翠。慈乌识禅心，清猿起愁思。"[4]（图3-2-3）

图3-2-3　竹林寺山门外景

及至清代，康熙皇帝在己卯（1699年）南巡时，曾"御书寺额，御制《竹林寺诗》勒石寺中"。"雍正癸丑（1733年），重建竹林寺，凡殿宇二百五十九楹。"之后，咸丰六年（1856年）毁于战火，同治年间僧旭雯重修。[5]抗日战争中，竹林寺又遭严重破坏。

清代周镐的《竹林听泉》画重现了竹林寺昔日的胜景：画面的下方露出山门一角，通过一段之字形道路到达天王殿前，而中轴线上的大殿前后共有四进，两侧拥有众多的殿宇、僧舍；最南端当是祖师堂和林公泉，整个寺院被茂密的松、竹包围。（图3-2-4）

---

〔1〕　[清]缪潜：《招隐山志》卷二"建置"，昭明读书台雕版，宣统辛亥（1911年）开雕，乙丑（1925年）版成。
〔2〕〔5〕　[清]杨履泰，等：《光绪丹徒县志》卷六"寺观"，光绪五年（1879年）刻本。
〔3〕〔4〕　[清]杨棨：《京口山水志》卷六"丹徒山"，道光二十四年（1844年）刻本。

图3-2-4 ［清］周镐《竹林听泉》

**地藏寺** 在小九华山西麓。"明万历二十年（1592年）周栋建。山麓有钟楼，上方有灵官殿、藏经楼、九间楼、地藏殿；左有三官殿、观音阁、水明楼、真武殿、万竹堂、冬青阁；右有广化城，壁上有笪重光诗刻及'妙莲城'三字；旁有吉祥阁、翠微精舍。"[1]京口诗人笪重光（1623—1692年）题有《宿小九华僧舍》诗："策杖登临思渺然，凭虚跌坐有青莲。千峰远抱金陵气，万井低浮铁瓮烟。瑟瑟秋风闻雁度，迢迢江水想龙眠。南徐到处多名胜，此地应通兜率天。"[2]

而周镐所绘《九华层云》，再现了咸丰年间毁于战火之前地藏寺的雄姿：寺院仿佛腾驾在浮云之上，最下端为钟楼，上方依次排列有灵官殿、藏经楼、九间楼、地藏殿。而灵官殿建在高台之上，门外的台阶陡直高大；最上端则是地藏殿，规模居众殿之首。在中轴线的两旁还布满了楼阁、屋宇，另见有几重盘山道路从不同方向与寺院连接。（图3-2-5）

**岘山庵** 在岘山顶，位于"西乡通衢"的山阞一侧。志载，此通衢石路为明代和尚古道率僧众创筑，翻越岘山顶，沟通城市与西乡的往来。而自古道始，坚持为路人做善事，即"庵僧募缘，夏施茶，冬施汤，夜施灯，雨施杖，乡人颇赖之"。此庵"咸丰间毁"。[3]

---

〔1〕〔3〕 ［清］杨履泰，等：《光绪丹徒县志》卷六"寺观"，光绪五年（1879年）刻本。

〔2〕 ［清］杨棨：《京口山水志》卷六"丹徒山"，道光二十四年（1844年）刻本。

图 3-2-5 ［清］周镐《九华层云》

　　周镐又绘有《岘山策蹇》,画中依山所建的岘山庵夹道而立,一条迂回曲折的石路通向庵前,画面上行旅骑众正向山顶结伴攀登。(图 3-2-6)

图 3-2-6 ［清］周镐《岘山策蹇》

## 二、洞窟

　　招隐山多有洞窟,流传着许多人文遗迹和历史故事。

　　**狮子窟**　又名招隐洞,在招隐山上。《招隐山志》载:"一名兽窟山,本招隐山东峰,山未开时群兽所居,故统名'兽窟'。清顺治间,僧别开一院,于是山分为二,而以兽窟之名专属此;又谓狮子先搏此窟,因名狮子窟。"清时"窟内奉观音像,门外镌石刻观音、达摩祖师像各一"。[1]狮子窟外还建置多座殿堂,有韦驮殿、文殊殿、观音殿、留余山居、种竹堂、拜经台,鸟外亭在狮子窟山绝顶。[2]

周镐亦绘有《兽窟危亭》,画面上为狮子窟外景,位于兽窟山顶南侧,见有所属庵院的山门、殿堂、楼阁、长廊;而顶部有亭,名鸟外亭,因年久待修,故周镐称其为危亭。此处所绘古建筑,皆在咸丰年间毁于战火。(图3-2-7)

图3-2-7　[清]周镐《兽窟危亭》

**八公洞**　又称八公崖,在招隐山支脉回龙山北。清康熙三十八年(1699年)皇帝赐"八公洞"额。[3]关于洞名的由来,志书的记载有两说:

一是"借淮南八公故事以名洞"。[4]淮南八公为道教神迹仙话中的八位仙人。相传西汉时,淮南王刘安编《淮南子》,有八位作者,分别为苏飞、目尚、左吴、田由、雷被、毛被、伍被、晋昌,后人将他们衍化为八位仙人,称"淮南八公"。

二是因"梁武帝太子读书于招隐寺,有八内监(俗呼内监为公)随之。太子殁,八人皆焚修于此,故名"。[5]

此处"林壑静邃,缘谷口入,溪涓流不深,亦不竭。溪左右为僧庵"。[6]僧庵共有十座,即平等寺、翠淙庵、深云庵、大林庵、紫竹庵、半壑庵、化城庵、潮音庵、远尘庵、汉隐庵(庵有绿盖楼)[7],毁于咸丰年间。

周镐绘有《八公早梅》画,画中山口处应是八公洞门楼,内里山间云雾缭绕,庵堂、殿宇半遮半现;门外溪水、石桥、小路,早春的梅花正在绽放,等待文人、墨客前来踏赏。(图3-2-8)

〔1〕〔2〕　[清]缪潜:《招隐山志》卷一"形胜",昭明读书台雕版,宣统辛亥(1911年)开雕,乙丑(1925年)版成。
〔3〕〔4〕〔7〕　[清]杨棨:《京口山水志》卷六"丹徒山",道光二十四年(1844年)刻本。
〔5〕　[清]杨履泰,等:《光绪丹徒县志》卷二"山",光绪五年(1879年)刻本。
〔6〕　[清]朱霖增纂:《乾隆镇江府志》卷二"山川上",乾隆十五年(1750年)增刻本。

**莲花洞** 又称白龙洞,在招隐山南白龙冈。志载:"由八公崖左通一径里许,曰'九儿湾',四山环合,石壁崭然,其山曰'白龙冈'。万历间,楚僧奇然结茅其上,入一洞得龙骨数石,始知有龙潜此中,蜕骨而去,因名曰白龙洞。洞前一石屏蔽状,若莲萼,又曰'莲花洞'。"[1]

图3-2-8 [清]周镐《八公早梅》

1981年,考古工作者在莲花洞进行考古,发现一枚智人的白齿化石。莲花洞人属于旧石器时代晚期,距今约2万年。[2]

在周镐的《京江二十四景》中有《龙洞吟秋》画,所绘即是莲花洞,画面上岩洞之中置有石桌、石凳,洞口竖立着状若莲萼的石屏,一位道士似乎正在向小童讲述莲花洞的历史故事。(图3-2-9)

图3-2-9 [清]周镐《龙洞吟秋》

---

〔1〕 [清]朱霖增纂:《乾隆镇江府志》卷二"山川上",乾隆十五年(1750年)增刻本。
〔2〕 李文明,等:《江苏丹徒莲花洞动物群》,《人类学学报》,1982年第2期。

## 三、亭台馆阁

招隐山古代曾建有多座亭台楼阁,其中著名者如昭明太子读书台、增华阁、玉蕊亭、玉蕊仙踪堂及听鹂山馆等,惜皆毁于咸丰战火。

**昭明太子读书台** 南朝梁昭明太子,名萧统(501—531年),梁武帝长子,字德施,南朝梁文学家。萧统与京口的关系,不仅因其祖居地位于京口附近,而且他本人的行踪及读书、选文活动亦与京口有着密切关系。(图3-2-10)

宋《太平寰宇记》云:"昭明太子曾游此山读书,因名招隐山。今石案古迹犹存。"[1]其读书处,"在狮子窟前,后改建藏经楼后"。[2]元《至顺镇江志》亦有记载:"禅隐寺,在招隐山,即宋戴颙隐居之地,梁昭明太子读书之所。石案、古迹犹存,又有古井,亦昭明太子所开云。"[3]据传,昭明太子所开凿的水井至今犹存,位于虎跑泉下方,四周围以石栏杆,泉水从石龙头中流出。(图3-2-11)

在读书台侧,昭明太子选文其中,编《文选》。[4]宋人陈景沂记曰:"(招隐寺)方丈有阁,号'招华',梁昭明选文于中。"[5]僧梅庄诗云:"松叶遥联竹外家,书楼犹掩旧增华。石床风定茶烟冷,不敢和云扫落花。"[6]咸丰之后同治光绪年间,陈浏重建。[7](图3-2-12)

**玉蕊亭** 在增华阁西侧。宋人陈景沂记曰:"(增华)阁之右有亭,名'玉蕊',巍扁其上,亭之下有玉蕊二株对峙……如古君子气象焉。"[8]唐代李德裕有《招隐山观玉蕊树》

图3-2-10 昭明太子读书台

图3-2-11 昭明井

---

〔1〕[宋]乐史:《太平寰宇记》卷八十九"润州",中华书局,2007年,第1762页。

〔2〕〔7〕[清]缪潜:《招隐山志》卷二"建置",昭明读书台雕版,宣统辛亥(1911年)开雕,乙丑(1925年)版成。

〔3〕〔6〕[元]俞希鲁:《至顺镇江志》卷九,江苏古籍出版社,1990年,第377页。

〔4〕[清]杨履泰,等:《光绪丹徒县志》卷七"宫室",光绪五年(1879年)刻本。

〔5〕〔8〕曾枣庄、刘琳主编:《全宋文》第343册,上海辞书出版社,2006年,第293页。

诗："玉蕊天中树，金闺昔共窥。落英闲舞雪，密叶乍低帷。旧赏烟霄远，新欢岁月移。今来想颜色，还似忆琼枝。"[1]此亭原在虎跑泉西侧，后迁至山腰现址。（图3-2-13）

图3-2-12　增华阁

图3-2-13　玉蕊亭

图3-2-14　听鹂山房

**玉蕊仙踪堂**　在虎跑、鹿跑两泉间。"明万历己亥（1599年），郡守许国诚择寺西山麓稍高敞者，建堂四丈余，堂之左右别为东西厢，缭以垣墙。堂前远眺大江……山中第一胜概。"[2]

**戴颙听鹂处**　南朝戴颙（378—441年），字仲若，谯郡铚（今安徽宿县）人。善鼓琴，作新声，号为清旷。工画佛、铸像，后隐居京口兽窟山，山因之又名招隐山。志载："戴颙宅，在寺西，即旧寺故址。戴仲若听鹂处，亦在寺西。""清同治间，冯子材在大雄殿东建听鹂山馆。"[3]（图3-2-14）

## 四、名泉

招隐山多自然泉水，其中历史久远且成为名胜者主要有虎跑泉、鹿跑泉、真珠泉、林公泉等。

**虎跑泉**　在招隐寺东。宋《嘉定镇江志》载："在山之东南，高五丈许，深广才数尺，旱雨常二尺水。相去鹿跑泉二十余丈。"[4]清末民初《招隐山志》云："在寺左，与鹿跑泉相望，夹寺于中。今寺移建，泉在寺东南。唐学士蒋防有碑记，今佚。旧有亭，今圮。

---

〔1〕［唐]李德裕：《招隐山观玉蕊树戏书即事奉寄江西沈大夫阁老》，《全唐诗》卷四百七十五，国际文化出版公司，1994年，第1566页。

〔2〕〔3〕［清]缪潜：《招隐山志》卷二"建置"，昭明读书台雕版，宣统辛亥（1911年）开雕，乙丑（1925年）版成。

〔4〕［宋]卢宪：《嘉定镇江志》卷六"山川"，丹徒朱氏金陵复刻包氏本，宣统二年（1910年）。

惟泉上镌'虎跑泉'三字碑刻尚存。"[1]（图3-2-15）

**鹿跑泉** 去虎跑泉20余丈，在听鹂山房之东。"唐学士蒋防有碑铭，今佚。旧有亭，今圮。惟'鹿跑泉'碑三字尚存泉上，佚书者姓名。"[2]鹿跑泉与虎跑泉齐名，亦以条石砌为方池，四周设有栏杆。（图3-2-16）

图 3-2-15　虎跑泉

图 3-2-16　鹿跑泉

**真珠泉** 又称珍珠泉，位于招隐山西北坡下，是古代镇江市河的水源之一。宋《嘉定镇江志》载："真珠泉，在寺之西北山下，去寺一里，源发于西南山，圆溅若贯珠。苏轼《同柳子玉游鹤林、招隐，醉归，呈景纯》诗：'岩头匹练兼天净，泉底真珠溅客忙。'"[3]明《招隐山志》载："宋李迪构及泉亭于上，今圮。"[4]20世纪50年代，在此兴建珍珠水库，泉址被淹没于库底，现今已辟建为珍珠湖景区。

**林公泉** 位于夹山山麓，是明崇祯年间林皋禅师所凿，故名。泉名石额为清代陆润庠所书。石砌方池，泉水清澈。清代诗人王士祯有《林皋和尚塔院观林公泉》："祖堂白云里，岧嵽俯林樾。昔人不可见，岩桂花犹发。惟有林公泉，涓涓漾明月。"[5]（图3-2-17）

图 3-2-17　林公泉

---

〔1〕〔2〕〔3〕〔4〕　〔清〕缪潜：《招隐山志》卷二"建置"，昭明读书台雕版，宣统辛亥（1911年）开雕，乙丑（1925年）版成。

〔5〕　〔清〕王士祯著，王云五编：《渔洋山人精华录》卷一，商务印书馆，1937年，第13页。

## 五、古墓

招隐山的名人古墓,志载主要有宋元时期的丰有孚、丰有章、黄伯思、罗璧等人墓葬。

**丰有孚、丰有章墓** 《招隐山志》载:"宋虞部丰有孚、驾部丰有章墓俱(招隐)寺旧址。"[1]宋《京口耆旧传》记曰:"丰有孚,字宝臣;弟有章,字汉臣。丹徒人。兄弟相勉以学。有孚以学究出身,历知处州青田、温州乐青、江宁府溧阳县,终虞部员外郎。治家有法,居官廉平可纪。有章擢皇祐元年(1049年)进士第,终驾部郎中。"[2]

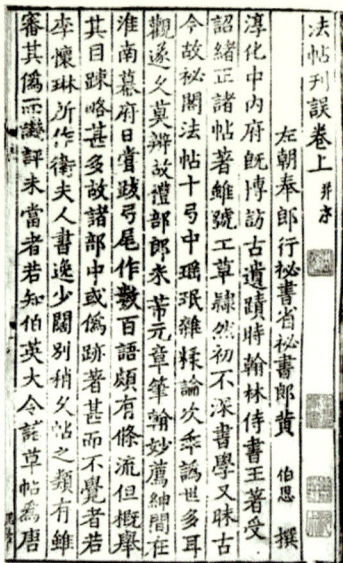

图3-2-18 [宋]黄伯思《法帖刊误》书影

**黄伯思墓** 《招隐山志》载:"宋秘书郎黄伯思墓在山麓,观文殿大学士李纲铭。"[3]李纲撰《故秘书省秘书郎黄公墓志铭》记曰:"葬公于镇江府丹徒县招隐山之麓。"[4]黄伯思(1079—1118年),《宋史》有传,北宋晚期重要的文学家、书法家,字长睿,别字霄宾,号云林子,邵武人。元符三年(1100年)中进士,官累迁秘书郎。政和八年(1118年)病故。主要著作有《东观余论》《博古图说》《法帖刊误》等。[5](图3-2-18)

**罗璧墓** 《至顺镇江志》载:"都水监罗璧墓,在招隐山下。"[6]罗璧(1244—1309年),字仲玉,镇江人。《元史》有传:"父大义为宋将。长从朱祀孙入蜀,为副总管。从祀孙降蒙古,授管军千户,从张弘穗攻宋。后镇金山。至元十九年(1282年),奉命督造海船六十艘,与朱清、张瑄从海道运粮至京师,授海道运粮万户。二十四年(1287年),乃颜叛,运粮至辽阳以供军饷。累官海北海南宣慰使都元帅。大德三年(1299年),除饶州路总管,改广东道宣慰使都元帅。除都水监,浚通州(今河北通县)阜通河,岁增漕运粮六十余万石。奉令括两淮屯田,得疾卒于镇江。"[7]

〔1〕〔2〕 [宋]刘宰:《京口耆旧传》卷一,《钦定四库全书》第451册,上海古籍出版社,1987年。
〔3〕 [清]缪潜:《招隐山志》卷二"建置",昭明读书台雕版,宣统辛亥(1911年)开雕,乙丑(1925年)版成。
〔4〕 曾枣庄、刘琳主编:《全宋文》第172册,上海辞书出版社,2006年,第280页。
〔5〕 [元]脱脱,等:《宋史》卷四百四十三,中华书局,1977年,第13105–13106页。
〔6〕 [元]俞希鲁:《至顺镇江志》卷十二,江苏古籍出版社,1990年,第500页。
〔7〕 [明]宋濂,等:《元史》卷一百六十六,中华书局,1976年,第3894–3895页。

# 第三节　檀　山

檀山,宋《嘉定镇江志》云:"檀山,在城西南,岘山之北。"[1]地处岘山(小九华山)西北侧,今团山路以南、檀山路以东以及九华山路以西。地图上显示:山顶海拔 83 米,南北宽约 0.35 公里、东西长约 0.5 公里。(此山近代亦被讹称为"蛋山"。)

檀山之下,古代的行政村建置见有檀山里和石门里,隶属义里乡,且沿革久远。据元代志书称:"义里乡,今散为村者五十九,惟石门、檀山、黄山、高资、唐家尚袭故名。"[2]至近现代,周边以檀山命名的自然村即有东檀山、袁家檀山、张檀山、朱檀山、钱檀山及邓檀山等多座。

檀山及其周边有众多人文遗迹,如檀王庙、苏舜钦墓、苏舜元墓、邓润甫墓、周孚墓等。

## 一、檀道济与檀王庙

### (一) 檀道济生平

檀道济(?—436 年),《南史》有传。[3]祖籍高平金乡(今山东金乡县),世居京口。他与王羲之的岳丈郗鉴(京口城的初建者、北府兵的创始人)同乡,其先祖极有可能是跟随郗鉴一道过江,侨居京口。父母早逝,他与姐、兄相依为命。长大后,兄弟三人一道加入北府兵,跟随刘裕南征北战。

东晋元兴二年(403 年)桓玄称帝,"百姓厌之,思归一统"。刘裕看清局势,致力于平定桓玄之乱的大业。次年二月,以游猎为名,收集部众,联合了 27 人率众起义,而檀道济、檀韶、檀祗三兄弟都在其列。他们攻入京城(铁瓮城),很快又攻下广陵(今扬州),直取首都建康(今南京)。京口起义,为刘裕日后建立刘宋王朝奠定了基础。

义熙十二年(416 年),刘裕率军伐魏,"道济为前锋,所至望风降服"。一路打到洛阳,俘获 4000 余人,军中议论应将俘虏全部杀掉。道济力排众议,提出"伐罪吊人,正在今日",宣布将其全部释放,"于是,中原感悦,归者甚众"。

刘裕代晋建宋后,道济升为丹阳尹(首都行政长官)、护军将军,出为镇北将军,南兖州刺史。元嘉八年(431 年),道济又领兵北伐,与魏军 30 余战多捷,直抵历城,但因粮草不继而退兵。这时,军中有人投敌,密告宋军粮罄。军中人心惶乱,而道济沉着施计,"夜唱筹量沙,以所余少米散其上。及旦,魏军谓资粮有余,故不复追"。此举"空粮计",实与诸葛亮的"空城计"有异曲同工之妙。

---

〔1〕 [宋]卢宪:《嘉定镇江志》卷六"山川",丹徒朱氏金陵复刻包氏本,宣统二年(1910 年)。
〔2〕 [元]俞希鲁:《至顺镇江志》卷二,江苏古籍出版社,1990 年,第 21 页。
〔3〕 [唐]李延寿:《南史》卷十五,中华书局,1975 年,第 444 – 447 页。

图 3-3-1 传说中的檀道济铜像
（袁家檀山出土）

道济因功进位司空，镇守寿阳。由于威名甚高，左右心腹并经百战，诸子又有才气，使得"朝廷疑畏之"。元嘉十三年(436年)春，宋文帝弟彭城王刘义康矫诏杀死道济父子等八人。被杀时，道济"愤怒气盛，乃脱帻投地，曰：'乃坏汝万里长城'。魏人闻之，皆曰：'道济已死，吴子辈不足复惮'。"元嘉二十七年(450年)，魏军南下攻至瓜步，宋文帝登石头城远望，忧愁万分，叹道："若道济在，岂至此！"这是他自毁"长城"的报应。（图3-3-1）

**（二）檀王庙古今**

檀道济死后，归葬京口。人们为了纪念檀道济，将他居住地的山岗称檀山，并在山下建有檀王庙，又称檀道济庙。《嘉庆丹徒县志》"山水"条目下，记有"檀山，在岘山之北，有檀道济庙"[1]；而另在"庙祠"条目下则有"檀王庙，在檀山，明嘉靖二年(1523年)修"。[2]

如今，檀王庙究竟在何处呢？笔者曾于2007年夏进行过走访，得知此庙在袁家檀山。残庙位于村之西侧，见有房屋前后两进，中间有一庭院。院内左侧是一棵苍老遒劲的蜡梅，右边是一株参天葱绿的银杏。地上堆放着大大小小的石础、磉墩、门护石以及残断石碑。经仔细观察，一块残石为《立议单》碑，立于清乾隆十三年(1748年)，碑文中记有"（檀山)村檀王庙至（自）宋朝以来"的文字，表明此庙的历史可追溯到南朝刘宋时期。另一块碑名为《义学碑记》，立于清同治十二年(1873年)，内又称檀王庙为"檀山寺"。（图3-3-2）

图 3-3-2 檀王庙旧址远眺

该处房屋的主人，是一位清癯精神的老者，年少出家，法名心田，来到檀王庙已60多年。他讲述，庙的房子前后三进，有20多间。在后殿里供奉着檀王像，每年正月初一、十九，附近的村民都来烧香、看戏，如同过节一般。20世纪50年代庙内办有村学，可惜"文革"期间，檀王庙的房子大半被拆掉了。据心田介绍，院内堆放的石础、磉墩、断碑都是从废墟中收集起来的，那株老蜡梅已有400多年树龄了。檀王庙原是建

---

〔1〕[清]蒋宗海，等：《嘉庆丹徒县志》卷二"山水"，嘉庆十年(1805年)刻本。
〔2〕[清]蒋宗海，等：《嘉庆丹徒县志》卷五"庙祠"，嘉庆十年(1805年)刻本。

在另一处檀山村的,可是因为地势低凹,常遭水淹,后来在明朝才迁建到袁檀山村。心田的话印证了志书中"明嘉靖二年(1523年)修建"的记载。(图3-3-3)

檀王庙的上房供奉着一幅檀道济画像,两边悬挂对联,上联是"唱筹量沙算道济",下联为"摇扇空城数孔明"。案几上还陈列着据说是从庙后废墟里挖出来的几尊小型铜像,有文官、武将、菩萨、儿童几种。

图3-3-3　心田老人与蜡梅树

镇江古代名人志士的祠庙数以百计,但至今还保留有遗存的极为罕见。而作为残存的檀山庙遗迹,堪称古代纪念性祠庙的孤品,急需予以抢救、保护。古人是如何保护和利用檀山庙的? 我们可从两块残存的石碑中得到启示和借鉴。其中,《义学碑记》记载:"旧有寺焉,为四村十会公所也。自昔来立义学,各出修金,公延名师……"由此可知,清代檀山庙是属于四村十会的民众所有。它除了祭祀之外,还兼有两项功能:一是四村十会议事、活动的场所;二是办义学,教育村民子弟。为了维持檀王庙祭祀、村会活动、办学的经费所需,四村民众先后捐赠数十亩田地,以租佃收租、放债收入为基金,庙产由村民集体管理。(图3-3-4)如此代代相传,这一模式一直延续到20世纪50年代,檀王庙内依然香火不断,书声琅琅。

图3-3-4　清乾隆十三年《立议单碑》墨拓

在那次走访后不久,闻讯袁家檀山村已被万科房地产划入开发范围。当时很希望能在现代化小区建设过程中,将这一有纪念意义的祠庙遗存妥加保护,并修复利用,成为檀山下一处特色景观。

心田老人已于 2009 年病逝,檀王庙的房屋也在开发中被拆除,现在仅存有蜡梅和银杏,被孤立地圈在一堵短墙里。

## 二、名人墓葬

### (一)苏舜钦墓

据欧阳修撰《湖州长史苏君墓志铭》云:"以嘉祐元年(1056 年)十月某日,葬君于润州丹徒县义里乡檀山里石门村。"[1]《光绪丹徒县志》亦称:"湖州长史苏舜钦墓,在檀山下之石门邨。"[2]

苏舜钦(1008—1048 年),字子美,开封人。"状貌奇伟,慷慨有大志。少好古,工为文章。所至皆有善政。官于京师,位虽卑,数上疏论朝廷大事,敢道人之所难言。范文正公荐君,召试,得集贤校理。"因支持范仲淹的庆历革新,为守旧派所恨,御史中丞王拱辰劾其"用市故纸钱会客",因而被罢职闲居苏州。后复起为湖州长史,但不久于"庆历八年(1048 年)十二月某日,以疾卒于苏州"。[3](图 3-3-5)

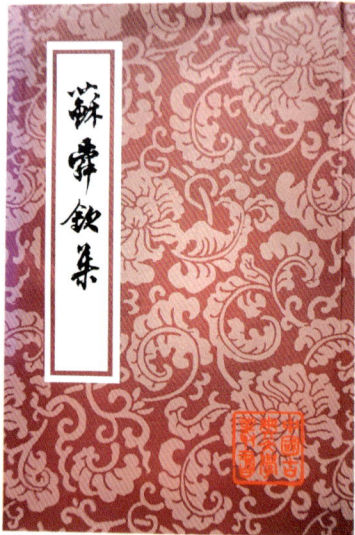

苏舜钦为北宋文坛著名诗人,与梅尧臣齐名,人称"梅苏"。有《苏学士文集》诗文集 16 卷。他写有一首《览照》诗:"铁面苍髯目有棱,世间儿女见须惊。心曾许国终平虏,命未逢时合退耕。不称好文亲翰墨,自嗟多病足风情。一生肝胆如星斗,嗟尔顽铜岂见明。"[4]诗人以"览照"为题,总结自己坎坷的一生:曾经许国平虏志,可惜命运不逢时。其悲壮之情,溢于言表!

图 3-3-5　[宋]苏舜钦《苏舜钦集》书影

### (二)苏舜元墓

苏舜元(1006—1054 年),字才翁,苏舜钦之兄。"为人精悍任气节,为歌诗亦豪健,

---

〔1〕〔3〕　[宋]苏舜钦著,沈文倬点校:《苏舜钦集》附录《湖州长史苏君墓志铭》,中华书局,1961 年,第267 页。

〔2〕　[清]杨履泰,等:《光绪丹徒县志》卷八"陵墓",光绪五年(1879 年)刻本。

〔4〕　[宋]苏舜钦:《苏舜钦集》卷七,上海古籍出版社,2011 年,第 79 页。

尤善草书,官至尚书度支员外郎、三司度支判官。"[1]"至和元年(1054 年)五月初二日,终于京师之祖第。"[2]志载苏舜元葬于镇江,但其具体墓址却是一宗历史悬案。史料的记载亦莫衷一是:

一是《苏舜元墓志》。志为蔡襄所撰,但因撰写时尚未得知苏舜元具体的葬期及墓址,故只是以"某年某月某日葬丹阳某乡"表示。[3]而此处所谓"丹阳",以宋例,其文前不见加润州者,丹阳即意同润州(镇江)。[4]

二是宋、元、明志书。如宋《嘉定镇江志》云:"京西转运使苏舜元墓,在五老山。"[5]元《至顺镇江志》亦云:"京西转运使苏舜元墓,在五老山。"[6]明《正德丹徒县志》,所记与上引宋元志书相同。[7]但查遍镇江历代志书,未见有关于五老山的记载。

三是清代志书。如《光绪丹徒县志》云:"宋京口转运使苏舜元墓,在五洲山下。"[8]又,在《京口山水志》"五洲山"条下:"京口转运使苏舜元墓,在山下。"[9]上述两志的记文较为晚出,且官职"京西转运使"皆错写为"京口转运使"。

而笔者以为,苏舜元墓址可能即在檀山附近。其理由有二:

首先,苏舜元和苏舜钦是兄弟二人。弟逝于庆历八年(1048 年),兄终于至和元年(1054 年),两人前后相隔六年。但苏舜钦逝世几年后仍未能入土,在其兄舜元去世两年后才得以下葬。究其原委,似乎可以从《苏舜元墓志》内寻出一点线索,即志载"才翁之殁汴,无资产以为生,诸孤就养江南,居润州侍柩以行"。[10]兄家已"居润州侍柩",这也为安葬苏舜钦于润州提供了方便条件。因此,可以想见兄弟俩人的墓地应相去不远。

还有一个重要线索,即是南宋周孚的一首诗,题为《清明日,余与诸友游招隐山寺,酌酒宋氏园亭,谒苏才翁墓而归》:"小雨冥冥欲作泥,晨光不负老人期。绿荫苍藓初分坐,白石清泉共赋诗。酌醴焚鱼漫今日,卖刀买犊定何时?伤心紫阁飞扬志,千载茫茫只断碑。"[11]诗题反映,周孚郊游的重心是三点一线,即招隐山寺—宋氏园亭—苏才翁墓,寺在山上,园亭及墓在山下,而檀山就在招隐山西侧,苏才翁墓当是

〔1〕 [元]脱脱,等:《宋史》卷四百四十二,中华书局,1977 年,第 13081 页。

〔2〕〔3〕 [宋]蔡襄著,陈庆元等校注:《蔡襄全集》,福建人民出版社,1999 年,第 759 页。

〔4〕 宋代行政区划的名称规定,州一级实行"州""郡"名并用。以北宋官修《元丰九域志》为例:"望,润州,丹阳郡,镇江军节度。"因此,宋时润州与丹阳郡并称,丹阳亦简称丹阳。

〔5〕 [宋]卢宪:《嘉定镇江志》卷十一"陵墓",丹徒朱氏金陵复刻包氏本,宣统二年(1910 年)。

〔6〕 [元]俞希鲁:《至顺镇江志》卷十二,江苏古籍出版社,1990 年。

〔7〕 [明]杨琬,等:《正德丹徒县志》卷四"陵墓",正德十六年(1521 年)刻本。

〔8〕 [清]杨履泰,等:《光绪丹徒县志》卷八"陵墓",光绪五年(1879 年)刻本。

〔9〕 [清]杨棨:《京口山水志》卷六"丹徒山",道光二十四年(1844 年)刻本。

〔10〕 [宋]蔡襄著,陈庆元等校注:《蔡襄全集》,福建人民出版社,1999 年。

〔11〕 [宋]周孚:《蠹斋铅刀编》卷之《清明日,余与诸友游招隐山寺,酌酒宋氏园亭,谒苏才翁墓而归》,《文渊阁四库全书》(电子版)文 207,上海人民出版社,1999 年。

图 3-3-6 九华山路上峡谷石壁远眺

与檀山相近。南宋周孚所谒才翁墓自当可信，至于相距甚远的五洲山，那只能是一种讹传。（图 3-3-6）

**（三）邓润甫墓**

宋《嘉定镇江志》载："尚书左丞谥'安惠'，邓润甫墓，在下鼻塘。"[1]《京口山水志》"檀山"条目下有："尚书左丞邓润甫墓，在山下之下鼻塘。"[2]

邓润甫（1027—1094 年），"字温伯，又字圣求，建昌人……第进士，为上饶尉、武昌令。举贤良方正，召试不应。熙宁中，王安石以润甫为编修中书条例、检正中书户房事。神宗览其文，除集贤校理、直舍人院，改知谏院、知制诰"。[3]邓润甫积极支持、参与王安石变法，并曾以李觏学说辅佐王安石推行新法，颇有建树。

邓润甫在王安石去世后，仍努力继承变法思想。"哲宗立，惟润甫在院，一夕草制二十有二。进承旨，修撰《神宗实录》。以母丧去，终制，为吏部尚书。""绍圣初，哲宗亲政，润甫首陈武王能广文王之声，成王能嗣文、武之道，以开绍述。遂拜尚书左丞。"[4]润甫以武王、成王的范例，进言哲宗"以开绍述"，即继承熙宁朝的措施，使王安石的变法稍有延续。

**（四）周孚墓**

宋《嘉定镇江志》载："蠹斋先生真州教授周孚墓，在檀山。"[5]《京口山水志》"檀山"条目下有："蠹斋先生真州教授周孚墓，在山下。"[6]

周孚（1135—1177 年），字信道。《京口耆旧传》述及："世济北将家，避乱南徙丹徒。七岁通《春秋左氏传》。既长，喜读书，过目辄成诵。时有邓氏张书肆，孚日往游焉，因得尽阅天下书。""擢乾道丙戌（1166 年）进士第，为真州教授。"[7]"为诗初学陈师道，进而学黄庭坚，俱能得其遗矩……孚诗不事雕绘。词旨清拔，近于自然。著有《蠹斋铅刀编》三十二卷。"[8]在此录一首他写的《郊行》诗，读者可以从中大致窥见其为人和文风："江北江南岁已霜，老筇无伴自徜徉。冥冥小雨朝犹剧，寂寂残花晚更香。自古隙驹如岁月，只今乌狗是文章。虚名满世知何益？付于群儿自较量。"[9]

---

〔1〕〔5〕 ［宋］卢宪：《嘉定镇江志》卷十一"陵墓"，丹徒朱氏金陵复刻包氏本，宣统二年（1910 年）。

〔2〕〔6〕 ［清］杨棨：《京口山水志》卷六"丹徒山"，道光二十四年（1844 年）刻本。

〔3〕〔4〕 ［元］脱脱，等：《宋史》卷三百四十三，中华书局，1977 年，第 10911 – 10912 页。

〔7〕 ［宋］刘宰：《京口耆旧传》卷三"周孚传"，《钦定四库全书》第 453 册，上海古籍出版社，1987 年。

〔8〕 ［宋］周孚：《蠹斋铅刀编》原序（陈珙），《文渊阁四库全书》（电子版）文 207，上海人民出版社，1999 年。

〔9〕 ［宋］周孚：《蠹斋铅刀编》卷二之《郊行》，《文渊阁四库全书》（电子版）文 207，上海人民出版社，1999 年。

2010 年，宋元粮仓遗址"兵临城下"

# 第四章　命运之虞

镇江市区内的古城、京江及南山,是极其丰富的文化遗产,尤其是其地下埋藏着原真、完整的历代城市遗迹。但是,在当前城市建设的大潮中,它们的命运着实堪忧。如何在严峻的形势下扭转乾坤,真正抢救与保护这些珍贵的历史遗迹,是当代镇江人应该、也必须解答的一道难题。

# 第一节　地下名城

## 一、开篇领先

对于镇江城区下面埋藏着"地下名城",可能有不少镇江人感到有些茫然。其实,如果上溯 30 年,那就连考古人也从来没有想过马路底下还有文化遗存,因为传统的考古亦称为"田野考古",其考古的对象主要分布在山野、郊外。

### (一) 80 年代发现花山湾古城

就考古人来说,初识镇江名城地下的宝库应始于 1984 年。那一年发生了两件事情:

首先,在拓宽中山路挖掘排水管道沟时,从大市口到中山桥长达数百米、深 4 米的工程沟壁上,发现自下而上叠加着唐、宋、元、明、清的历代地层、道路,同时还出土了唐代石人、银高足杯、银锭、铜官窑花鸟纹三足盘等珍贵文物标本。考古人就是在这一条"城市拉练"的口子中,第一次窥见名城地下保存着的历代城市遗迹。

无独有偶,还是这一年,考古人又在中房花山湾小区建设工地上发现花山湾古城遗迹(图 4-1-1),并且在市领导的大力支持下,使原

图 4-1-1　1984 年,花山湾发现古城遗迹

定在城垣上兴建的五幢楼房得以停建,有效地保护了古城风貌。今天,当我们走在古城公园的东城垣上,深感正是当年市政府的明智、果断的决策,才为今天的古城公园提供了原真的文化景观。

20世纪90年代初,以发现与保护名城地下文化遗产为宗旨的镇江城市考古开始启动运作,并得到长足的发展。

先是1991年,南京大学蒋赞初教授来镇江与笔者商谈并落实对镇江六朝古城的考古合作,很快便得到国家文物局的批准和资助经费,于是由南大历史系与镇江博物馆组建的联合考古队开始对铁瓮城西垣、北垣进行考古勘探和试掘,并取得重要收获,即初步确认了铁瓮城遗址的性质、范围及修筑年代。这一阶段与南大的合作,无疑对后来镇江的城市考古起到了推动作用。

1992年,笔者与几位年轻同志一道,尝试在城市建设中"见缝插针",开展考古工作。开始时,建设方不愿配合,难度较大,可是大家齐心协力,努力克服困难,先后在古运河整治工地、五条街地下商场工地、大市口华联商厦工地等处进行考古。尤其是我们得到退休考古学者刘兴先生的全力支持,他与我们一道吃苦,还将自家的客厅作为考古"工作站",帮助我们渡过难关。(图4-1-2)而在此时以及后来的十余年间,南大蒋赞初教授、南京博物院梁白泉院长和东南大学潘谷西教授三位著名专家(因其常联手现身于文保一线,素有"三剑客"之称)关心镇江城市考古工作,几乎每年来镇指导、考察,给予我们极大的支持和鼓励!(图4-1-3)

图4-1-2　刘兴先生在古城
考古所整理资料

图4-1-3　三位专家在古城考古所参观
(右一:蒋赞初;左一、二:潘谷西、梁白泉)

1993年初,姜启才副市长主持召开镇江市文物工作会议(这是镇江市第一次文物工作会议,也是迄今20余年来唯一的一次)。会议的主题是如何在城市建设中加强地上、地下的文物的保护。出席会议的有200多人,其中文化系统只占一小半,大半是规划、建设及开发界人士。会上还安排了"五大块"考古试点,即选择城区内东、南、西、北、中五处开发工地,以此来考查城区范围地下是否普遍存在文化遗存。经探查、发掘,发现它们的地下都普遍叠压有 4~6 米厚的文化堆积，早期地层的年代多为六朝，这就为此后全面开展镇江城市考古提供了重要依据。（图 4-1-4）

**（二）90 年代成立古城考古所**

1993 年春天，笔者当选为镇江市人大代表，并又被选为市人大常委会委员，会间又与其他 14 名代表联名提出关于《切实加强文物保护，促进名城建设》的议案。这一议案受到大会主席团的重视，大会还做出了关于《切实加强文物保护，促进名城建设》议案的决议，交由市政府负责办理。嗣后，市人大副主任姜启才为加强城市考古的组织和队伍建设，在文化系统中进行深入的调研和协调，促进相关方面取得共识，遂于 9 月份正式成立"镇江古城考古所"，走改革之路，实行"经费自筹，工作自主"，笔者亦受命担任第一任所长。

考古所没有房子，就租借会莲庵街一处民房开始运作。（图 4-1-5）考古人员较少，除了编制内三位以外，又招聘、培养了多名技工。我们的工作受市文物管理委员会的委托，依照《文物保护法》的相关规定，在拟建的开发工地上实施考古勘探，为地下文化遗产的保护提供信息和依据。（图 4-1-6）

市建委及规划局分别与文化局联合发出通知，给城市考古"保驾护航"，要求各开发、建设单位在施工之前，必须依法履行考古勘探程序，如有重要发现，要保障考古发掘工作的顺利进行。

图 4-1-4　1993 年初,镇江市文物工作会议会场（王重迁摄）

图 4-1-5　古城考古所租用会莲庵街民房办公

图 4-1-6　年轻技工"挑灯夜战"

### （三）走在全国城市考古前列

镇江城市考古在各方面的支持下不断发展，成绩斐然，得到文博界及社会的高度评价。

1995 年，由镇江古城考古所、《南方文物》编辑部等单位联合举办"镇江城市考古学术座谈会"，来自全国 30 多位专家学者莅临会议，通过参观、座谈，肯定了镇江城市考古的创业和成就。

1995 年《南方文物》第四期及 1996 年第一期，出版镇江城市考古专号，着重介绍镇江城市考古及相关研究文章，此举在全国学术界尚属首创。（图 4-1-7）

1996 年，在镇江召开江苏省历史文化名城考古工作会议，与会者有省内历史文化名城代表以及来自国家文物局、社科院考古研究所、南京大学、南京博物院等单位的专家学者共 30 余人，会议总结并推广了镇江的城市考古经验。（图 4-1-8 至 4-1-11）

图 4-1-7　1995 年，《南方文物》出版镇江城市考古专号

图 4-1-8　1996 年，江苏省历史文化名城考古工作座谈会在镇江召开

图 4-1-9　市建委领导龚建平介绍建设中加强文物保护的经验

图 4-1-10　考古专家张忠培发言

图 4-1-11　考古专家刘庆柱发言

同年,举办了镇江城市考古成果展,接待了省内外的文博考古学者以及成千上万的家乡观众。(图4-1-12、4-1-13)

图4-1-12  1996年,举办镇江城市考古成果展

图4-1-13  南京市文物局领导参观、交流

1999年,扬州市电视台特意到镇江拍摄了《走出扬州》系列片中的一集,专门介绍镇江城市考古的经验。(图4-1-14)

2000年8月,在北京召开的"中国文化遗产保护和城市发展"国际会议上,国家文物局张文彬局长在主旨报告中,表彰了镇江的城市考古工作:"中国在城市建设过程中取得的考古学研究和文物保护的成果十分丰富,北京、广州、成都、镇江、扬州、开封等城市在这方面成绩很大。"

对于镇江城市考古,原中国社科院考古研究所所长刘庆柱给予了高度评价:"镇江考古所的同志们在工作条件、自然环境

图4-1-14  1999年,《走出扬州》摄制组采访镇江市领导

条件极其困难的情况下,为我国考古学界的学科导向上起了很好的表率作用,推动了城市考古学的健康发展,丰富了其方法和理论。"

20世纪90年代,镇江城市考古的开篇令人瞩目,走在了全国历史文化名城的前列。

## 二、矛盾深化

随着城市建设的加速和扩大,城建项目与地下重要文化遗存间的矛盾日益深化,最典型的莫过于铁瓮城保护的"持久战"。

**第一阶段**  1993年,市人大常委会审议城市总体规划。笔者在参加审议中发现大西路的东延规划路线要横穿铁瓮城,这将对古城造成严重的破坏。规划部门提出理由:"文物部门依据近两年考古成果,所划定的保护范围是城的北半部。因此,规划的路线合理合法,除非考古能提供新的证据。"考古人必须做出回答。

1994 年春,考古人利用青云门鼓楼岗修路的机会,进行小规模的抢救性发掘,并在探方内发现了六朝至唐宋的城垣夯土,残高约 3～5 米。铁瓮城南垣的发现,有力地证明了古城遗迹保存的完整性。

但是,建设部门并未理会这一发现,依旧开始实施筑路工程。新建的道路从东西两侧分头向铁瓮城逼近。路临城下,形势严峻。

**第二阶段** 1995 年春,笔者及十多位代表在市人代会上联名提出《保护、规划、开发铁瓮城》议案。该议案被列为当年提交的三大议案之一。同时,成立了由市人大、市政府领导以及文博、建设、规划等方面的专家组成的"铁瓮城保护规划课题组",重点研究铁瓮城的保护和大西路东延路线问题。经过多次讨论,形成两种针锋相对的观点:一种意见坚持道路要穿城而过,方法最好是地面铺筑,成本最低,也可以实行空中高架或地下隧道的方案;而另一种意见则认为铁瓮城是名城的根,有着极其重要的历史、文化价值,所谓穿城而过的三种方案都会破坏铁瓮城的完整性,筑路必须实施绕城方案。激烈的争论整整持续了两年。在 1998 年一次市人大常委会上,人大领导经过权衡再三,提出:"对待历史文化遗产须持慎重态度,还是不要匆忙作出决定为好。"这一问题又被暂时性地搁置起来了。

而矛盾并没有真正得到解决。其时,建设部门仍然在紧锣密鼓,准备按原方案实施筑路。此事传到当年铁瓮城考古领队、南京大学蒋赞初教授那里,他认为事态紧急,随即联系南京博物院院长梁白泉、东南大学教授潘谷西、省社科院历史所所长许辉等六位知名专家学者,联名写信给镇江市领导,呼吁完整保护铁瓮城,绝不能让道路穿城而过,"否则将是对铁瓮城的毁灭性破坏"。

2000 年,江苏省政府将镇江铁瓮城公布为省级文物保护单位,铁瓮城的保护进入了一个新的历史时期。

**第三阶段** 2003 年春,新任市委书记史和平决心要解决这一老大难问题,提出"路要筑,城要保"。他委托市政协主席周大平,通过其领导的名城保护、规划、咨询专家组来调研、讨论这一课题。8 月 15 日,专家咨询组全体会议上,大多数成员支持绕城筑路的方案,并建议尽快对铁瓮城南垣进行考古勘探,为绕城路线的设计提供科学依据。

通过三个月的考古勘探,考古人员探明了铁瓮城南垣走向,并在城垣与门墩的交接处挖掘一小型探方(3 米×4 米),揭示出城门西南转角近 2 米高的砖墙遗迹。

11 月的一天,市委书记史和平来到考古现场调研。他看到探方内的城垣遗迹后,兴奋地说道:"来到镇江几年了,光是听人说'镇江三国名城',今天才是看到真正的三国城。"经过讨论,他当即向陪同的规划、建设部门负责人指示:"一、依照考古确定的南垣走向线的外侧设计绕城道路;二、在铁瓮城城垣遗迹的外侧砌造仿古保护墙,既保护遗迹,又美化景观;三、对新发现的城门遗迹要扩大考古,今后要实施保护性展示,建铁瓮城博物馆。"

2004 年 1—10 月,铁瓮城南门遗址西南部分实施考古发掘(300 平方米),并且取得重大收获。其间,史和平书记又两次来到考古现场看望大家,表示祝贺,同时他还强调:"尽管绕城筑路增加的困难很多,但是再大的困难我们来克服,铁瓮城一定要完好保护!"

不久,史和平书记调离了镇江。

时间又过去了将近十年。可是由于种种原因,绕城而过的道路迄今未见动工,而全面揭示南门遗址的考古也未能继续,至于保护性的仿古城墙、铁瓮城博物馆等都还只是良好的愿望。另外,让人担忧的是:绕城道路的修筑为何迟迟不见落实? 那曾经被否定了的三种穿城筑路方案,是否又会"死灰复燃"?!

### 三、噩梦开始

进入新世纪的第二个十年,镇江的城市建设快马加鞭,老城区的更新改造如火如荼,无论是从规模、速度还是方式上看,城市建设都发生了很大的变化。古城的文化遗产(尤其是地下文化遗产)保护工作则面临着空前、全面的挑战,形势极其严峻。而所谓震惊世人的宋元粮仓事件,成了噩梦的开始,也给镇江造成了极大的负面影响。

**(一)宋元粮仓事件**

2009 年,镇江发生了宋元粮仓被毁事件,宛如投下的一颗"震撼弹",将镇江人从梦中惊醒。事件发生后,在全国上下成为热议的话题,但其焦点又往往集中在少数人身上。虽然事情已经过去了几年,但这一事件远不是人们想象的那么简单,应该客观、认真地对其加以分析和反思。

笔者认为,此事的发生和演变有着多方面、深层次的复杂因素,并且,围绕此事存在多重错误方,若是以时间顺序来看,大致有以下几个方面:

1. 国家文物局。因为国家文物局早在 2006 年就将大运河列为国家重点文物保护单位,并且制定了《大运河文化遗产保护规划》,但是由于官僚作风,调研草率,在规划中只是重点保护了以明清运河为主的水道,而对于埋在地下的唐代入江水道(即京口港,今中华路地下)、唐宋穿城运河(从拖板桥至南水关)、宋代大型组合船闸(包括京口闸、腰闸、下闸、中闸及上闸)以及南宋国家粮仓(转般仓)、大军仓、明清京口驿等一大批重要文化遗产弃之不顾,这种"疏忽"应视为规划者对文化遗产保护缺乏责任心的表现,使宋元粮仓等重要文化遗产在国家级保护规划中严重缺失。

2. 市政府及规划部门。这个项目要整体开挖 10 米多深建"地下城"(安排纵横道路、车库、商店等,的确极大地方便了住户),其结果是地下的文化遗存要被"一锅端",什么也不剩下。市政府及规划部门明明知道这一情况,却还是让该项目落户到古运河口文化遗产的"白金地带",这就已经预判了这一区域文化遗产的"死刑"。

3. 建设方。平心而论,建设方的城投老总在宋元粮仓问题上可以说是功过兼之。

功主要在前期:建设方在施工前主动依法委托考古,并安排经费、时间、场地,事前还搬走了地面上如山的建筑垃圾,甚至配合考古人员用机械将1米深的明清地层先行挖去(否则,就考古队几十个工人,怎么可能一下子揭示出上万平方米的宋元粮仓遗迹),这都为考古工作的开展提供了极大的方便。但问题出在后期,也就是粮仓遗迹的保护上:国家文物局已

图 4-1-15　宋代转般仓遗迹被拆毁的乱砖

考虑到该处建设"地下城"的实际情况,同意采取变通的保护方法,即将两座粮仓遗迹先行切割(包括台基夯土)成若干单元,然后分别编号、包装,妥移他处保存;待"地下城"建好后,再搬回原来的位置整体复原,这就要求建设方必须严格按照规定予以实施。可是,不久后,当国家文物局派员来镇检查时,看到的只是胡乱捡拾的一堆乱砖,粮仓遗迹已遭到毁灭性破坏。这种自作聪明、弄虚作假、亵渎文物的做法,理当受到社会的谴责和应有的处罚。(图 4-1-15)

4. 省、市文物部门。既然粮仓遗迹保护的重要环节是在切割保存和整体复原,那么省、市文物部门就应该派驻专门人员进行全程监管,而不是官僚作风,听之任之。

5. 镇江新闻媒体。非常遗憾的是,在宋元粮仓事件的整个过程中,听不到也看不到本地媒体相关讨论或批判的内容。人们不禁要问,在保护文化遗产的大是大非面前,镇江的媒体到哪里去了?

6. 中央工作组。在宋元粮仓事件的后期,中央派驻了工作组。但给人的印象是雷声大,雨点小,对事件未能做深入的调查研究,也就难以总结出全面、深刻的教训,最后还是大事化小,敷衍了事。

宋元粮仓事件之后,从表面上看镇江有关方面吸取了教训,重视了地下文化遗产的保护,并且好像再也没有听到破坏文化遗产的事件发生。果真如此吗?其实不然!有不少人从宋元粮仓事件中总结了反面经验,他们想方设法限制考古,就在建筑垃圾堆积如山的时候,要求考古进场,提出"时间不要超过两三个月,最好只打孔、不发掘,至于考古费用好商量。"一句话,希望考古做做样子、走过场。而在送走了考古人员以后,连忙将工地砌上围墙,不让外人出入,关起门来大开挖。

**(三)新建假古董北固楼**

北固山是镇江文化遗产的宝库,并且有着考古保护的传统:最早要数60年代的铁塔塔基发掘,继之是90年代开始在前峰(鼓楼岗)的铁瓮城考古;而2000年在市园林局长赵顺凌的支持下,对后峰中腰平台进行考古试掘,发现唐代甘露寺殿址遗迹;之后,2005年又

在时任局长孙乾贵的支持和资助下,对北固山下及中峰实施考古勘探,发现唐代官舍、宋代水井以及明代大佛殿等遗迹,同时又探明北固山顶部蕴藏着历代建筑的遗迹。

但令人愕然的是,现任市园林局长为了新建北固楼,竟然冒天下之大不韪,无视《文物保护法》,不履行法定考古程序,在山顶大肆开挖基坑,致使地下历代北固楼(多景楼)遗存毁于一旦(图4-1-16、4-1-17、4-1-18)。

在此,我们要质问有关部门:市规划局为什么不依法规划,把好北固山文物保护的第一关?市园林局作为政府部门,为什么知法犯法,从文化遗产的保护者变身为粗暴的破坏者?而市文广新局(兼"市文物局")为何不主动执法,履行法定的考古勘探和保护古遗址的职责?正是这一连串相关部门的失职,意味着文化遗产保护一道又一道防线的丧失。

图 4-1-16　原北固山顶多景楼,现已被拆毁

图 4-1-17　2011年,北固山后峰在建北固楼

图 4-1-18　2011年,北固山下大开挖的现场

若是将此事件与三年前的宋元粮仓遭破坏的事件相比,可以发现,二者相同的是对文化遗产的破坏,而不同的是宋元粮仓遗址在建设施工前还履行了法定的考古程序,只是在考古发现后未能很好地依法予以保护,而现在新建北固楼的相关方则是不申报法定的考古程序,施工现场实施全封闭,不让外人进入,采取瞒天过海、暗度陈仓的伎俩,使得社会大众完全被蒙在鼓里,行径更为"高明"和恶劣。

### (三)"拆掉一个旧镇江"

发生在镇江的一幕幕悲剧,究其根源都与膨胀的利益驱动和"破旧立新"的思潮有关。

曾记否,在十几年前修编城市规划时,曾提出在外围建新城,给老城区"松绑",减少人口密度,多搞绿化、景观,保留名城历史风貌。确实,之后镇江外围的新城如雨后春笋,向外一圈一圈辐射,规模比老城区不知大了多少倍。可是没过多久,建设大军又杀回老城区:先是在大市口周边安营扎寨,地下建商场,地上建高楼;很快,这一态势由城东向城西铺开,波及江边也

图 4-1-19  2014 年春,中山东路大开挖现场

就发生了宋元粮仓事件。老城区重新成为各种利益的聚焦点,利益大于一切,"松绑"之说早就抛到九霄云外。(图 4-1-19)

这一切还跟一些人奉行"破旧立新"的思潮有关。大家可能还记得,在前几年镇江大街上出现过醒目的标语,上面写着"拆掉一个旧镇江,建设一个新镇江"。

拆掉一个旧镇江,首先是要拆掉地面上的老街小巷、低房旧屋,取而代之的是高楼大厦、现代小区,老城的风土人情早已经异化,历史文化风貌逐渐在褪色。

拆掉一个旧镇江,还包括"地下的名城"。事实上,这句口号已经演变成"挖掉一个古镇江,建设一个新镇江"的实际行动。有些人一味追求"新"字,忘记镇江是座历史文化名城,甚至错误地认为地上、地下的文化遗产阻碍了城市建设。在这些人的心目中,历史文化没有什么用("如果需要可以造假古董嘛"),一心要将老城区改造成现代化的新城区。

拆掉一个旧镇江,甚至连非物质文化遗产——历史古地名也不放过。近些年来,最突出的事例当数将内江改名"金山湖"。内江古名"京江",自汉代以降已经流传两千余年,至今尚有内江与之对应。不知出于何种心理,硬是要将江改称为湖,让"江河交汇处"变为"湖河交汇处","江中三山"变为"湖中三山"? 这不但有悖情理,而且也不合常识。镇江的"破旧立新"破到这个程度,真让人感到悲哀。

如此下去,不用多少时间,古城文化遗产的宝库(包括"地下名城")将丧失殆尽,历史文化名城将徒有虚名,名存而实亡。到那时,只能眼睁睁地看着扬州、苏州等兄弟城市,在他们守住的文化宝库里,可以一代一代打开遗迹瑰宝,为名城不断增添新的文化特色、景观。到那时,当后人追索镇江的文化宝库时,他们会大声责问:你们有什么权利将原本属于子孙后代的文化瑰宝全都败光?

# 第二节　他山之石

镇江是全国百座国家历史文化名城之一。其中,有不少名城通过多年的努力,在考察和保护古代城市遗址方面取得了骄人的业绩;而欧洲城市考古及其遗迹的展示更是走在了世界的前列。"他山之石,可以攻玉。"仅试举几例,供镇江人学习和借鉴。

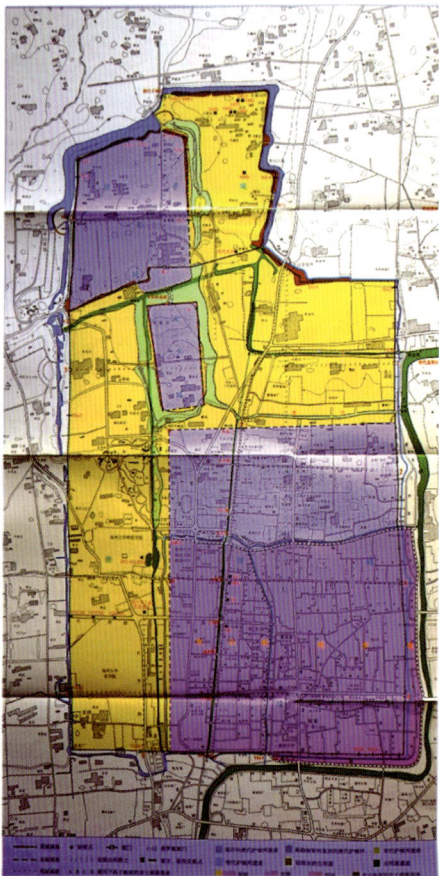

图 4-2-1　扬州唐代城址平面图(录自《扬州城》)

## 一、扬州保护唐宋城

扬州是国家历史文化名城。春秋时吴王夫差始筑邗城,历代相继修筑,隋唐时已扩建至蜀岗下的平原上,成为仅次于京城的繁华商业城市。汉代以来城池位置变化不大,并呈叠加式发展,众多地上、地下文物遗存基本上保存完好。1996 年,扬州城遗址(隋至宋)被国务院公布为全国重点文物保护单位,扬州也成为我国唯一将整个古城公布为全国重点文物保护单位的城市。2010年 10 月,扬州城考古遗址公园入选第一批国家考古遗址公园名单。

扬州城考古遗址位于今扬州老城区及西北郊,为隋、唐、宋时期扬州城池遗址,历代城址相互叠压,隋、唐、宋城遗址保存相对较好。1987 年以来,经过科学、系统的考古勘探和发掘,基本查清了隋、唐、宋扬州城遗址的规模、布局、建城年代及其沿革关系。(图 4-2-1)

唐代扬州城由子城和罗城两部分组成。子城位于蜀冈之上,为唐代官府衙署区。它是利用隋江都宫城修筑而成,平面呈不规整的多边形,局部城垣保存高度约 10 米。城垣为土筑,城门及城墙转角处有包砖,城外有城壕。子城四面各开一门,城内设十字大街贯通城门,东西大街长 1860 米、宽 11 米,南北大街长 1400 米、宽 10 米。子城南门,史称"中书门",一门三道,是唯一与罗城相通的城门。

罗城建在蜀冈之下,为商业、手工业和居民区,唐代中期扩建,平面呈长方形,南北长

4200 米,东西宽 3100 米,城墙厚约 9 米。从地形地貌和城壕等迹象分析,罗城可能有 12 座城门,南城门 3 座,东、西城门各 4 座,北城门 1 座。城内设有南北向主干道 6 条,东西向主干道 14 条,道路宽 5 ~ 10 米。官河由南向北穿城而过,直达子城东南与浊河交汇。唐代二十四桥中的广济桥、新桥、开明桥、通泗桥等均设在官河之上。(图 4-2-2)

图 4-2-2　扬州唐城遗迹远眺

此外,在唐城范围内宋代还建有三座城池,即宋大城、宝祐城、夹城。宋大城即州城,沿袭了五代周小城。城周长 10110 米,东、南二面至古运河,北至潮河,西与明代旧城墙一致,今西北角地面仍保存夯土城墙。呈长方形,城内开十字大街,与四城门相通。在南北两城门西侧各设一水门,市河从南而北贯穿而过。宝祐城筑于宋宝祐年间,周长 5000 米,利用唐子城西半部、截去东半部修筑而成,面积约为子城的一半。夹城筑于南宋绍兴年间,连接大城与宝祐城,周长 2700 米。(图 4-2-3、4-2-4)

图 4-2-3　扬州唐宋城东门遗址公园外观

1996 年,国务院公布了第四批国家重点文物保护单位,其中扬州城遗址在列:"扬州城遗址,年代:隋—宋,地址:江苏省扬州市。"而它的保护范围包括整个唐代城址,即城垣周长约 40 华里,面积逾 16 平方公里,并且都被叠压在现代城区的下面。

扬州人将文化遗产当块宝,利用考古遗迹大做文章。先后建有唐城遗址博物馆(在蜀冈,唐代子城遗址)、扬州唐城南门遗址保护展示馆(广陵区南通西路附近)、宋大城遗址博物馆(邗江区长春路附近)、宋夹城考古遗址公园(长春路 48 号)、唐宋城东门遗址公园(泰州路)、扬州城北门

图 4-2-4　扬州唐宋城东门遗迹

图 4-2-5　1999 年,笔者一行参观扬州宋大城遗迹

遗址(漕河路凤凰桥街交叉口)、南门遗址公园(南门遗址广场)等。这许多城址遗迹被考古人一一发掘出来,又得到政府的精心保护和特色展示,成为扬州旅游文化中的重要组成部分。

在 1999 年,笔者曾经陪同市规划设计院耿金文院长去扬州参观宋大城考古遗迹,并见到扬州考古队队长蒋忠义及成员李久海、顾风、张兆维等。(图 4-2-5)

时隔十余年,笔者又去扬州走访考古界老朋友,向他们了解扬州城市考古及文化遗产的保护情况:

先是见到扬州市文物考古研究所现任所长束家平先生,他正忙于处理隋炀帝陵考古结束后的各项事宜,但仍在百忙中抽出时间予以接待。他谈到这些年扬州保护名城的几个重点:一是对老城区唐宋城址的保护"严防死守",在 40 多华里范围内严格审批建设项目,这两年老城区很少有新的开发项目,尽量让市井街区保留着老扬州的"面孔";二是扬州棚户区的改造坚持修旧如旧,仍然保留原有的街巷格局,不搞高楼大厦;三是加强城市考古,几年前即成立扬州市文物考古所(图 4-2-6),现有正式编制 13 人,聘用技术工人及保安 10 余人,

图 4-2-6　扬州市文物考古研究所大门

他们成为保护古城地下文化遗产的前哨和中坚力量。

在扬州,笔者还见到了扬州市文物考古研究所前任李久海所长、文管办樊主任。李久海所长向笔者介绍了扬州文保形势变化的历程:"扬州的城市考古,在上世纪 90 年代正处于低潮,有关方面认为我们拖了城市建设的后腿,开发界不支持我们进场考古,局面难以打开。你还记得,也就在那个时候,我们特意到你们镇江取经。同行的有扬州电视台摄制组,他们在拍《走出扬州》十集专题片,其中有一集就是《镇江城市考古》。我们走访了你们镇江古城考古所以及几处考古工地,还专访了兼管建设与文化的张克敏副市长。后来,专题片在扬州播放时反响十分热烈。而那时候,我们扬州的王副市长,

加上文化局一班人，统一认识，齐心协力抓文保，要求开发商依法履行考古，城市考古很快打开了局面。此后，又陆续对考古中揭示的唐城、宋大城城门遗迹采取展示式保护，开放参观。扬州人发现，考古遗迹是城市的宝，是名城的亮点，应该做好这篇大文章。观念一改变，各方面也就更加重视了。不久，市里又批准成立扬州市文物考古研究所（又挂"扬州市文物考古队"的牌子），并很快落实了人员、经费。从此，扬州名城保护和城市考古的道路便越走越宽。"

扬州还有一处佛教文化博物馆，这里原是扬州名刹天宁寺所在，早前曾作为扬州市博物馆馆址，后因落实宗教政策而移建他处，在此则成立扬州佛教文化博物馆，并由市文化局负责陈列、展示。（图4-2-7）这使笔者想起镇江类似的事情，原超岸寺旧址曾经成为镇江革命历史博物馆馆址，而与扬州几乎同时，革命历史博物馆被撤销，要求成立镇江佛教文化博物馆。好几年过去了，镇江佛教文化博物馆的影子不知在何处。

对比扬州城市考古取得的成绩，笔者为镇江感到难过：为什么我们总是要重演"墙内开花墙外香"的悲情剧呢？15年前扬州向镇江学习，现在镇江却落后得太多。试问，我们什么时候才能迷途知返，迎头赶上？

图4-2-7 扬州佛教文化博物馆外景

## 二、苏州新设姑苏区

苏州为国家历史文化名城。春秋吴王阖闾元年（前514年）始建都城（姑苏城），至今已有2500余年历史。

2012年，苏州市为了加强苏州中心城市首位度和辐射能力，理顺苏州古城保护和太湖整体保护开发的机制，经国务院及省政府批准，于9月1日宣布合并位于古城区的沧浪、平江、金阊三区为姑苏区；同时，省政府批复同意建立"苏州国家历史文化古城保护区"，明确保护区的管理范围与姑苏区的行政区划范围相一致，并且保护区管委会与姑苏区政府将合署办公，实行两块牌子一套班子，管委会的主要职责是负责古城保护方面的工作。虽然自1982年苏州成为首批国家历史文化名城之后，历届政府也都做了大量工作，但由于受行政区划体制等因素制约，古城规模化成片保护格局未能得到充分实现，原有三个区（沧浪区、平江区、金阊区）难以形成合力。今后的"姑苏区"（亦即"苏州国家历史文化古城保护区"），将会对历史街区以及古民居、古城墙、古典园林等历史遗存和古城风貌加以统筹保护。该区作为苏州城市"一核四城"发展格局重要组成部

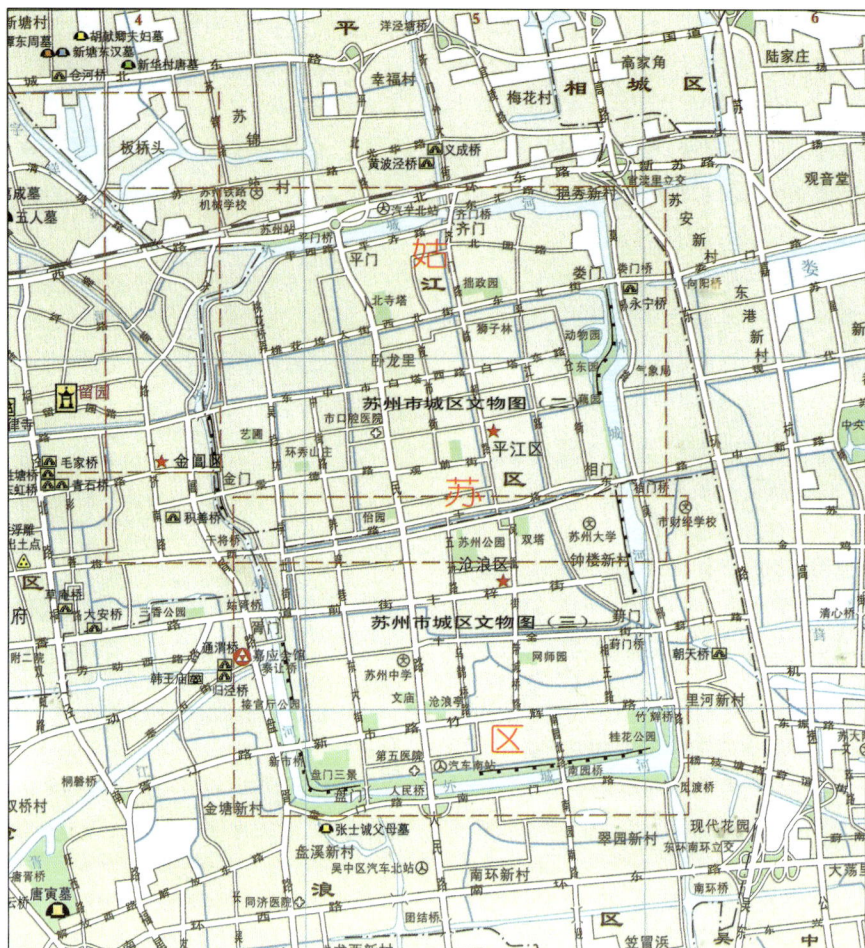

图 4-2-8　姑苏区地图（录自《中国文物地图集》）

分的"一核"，今后将建设成为"历史文化保护示范区、高端服务经济集聚区、文旅融合发展创新区、和谐社会建设样板区"，使姑苏区成为文化高地、旅游高地、科教高地和商贸商务高地。（图 4-2-8、4-2-9）

　　姑苏区地处苏州市中心，区域面积 86 平方公里，人口 76.23 万。其境内分布有历代古城。公元前 514 年，吴王阖闾筑吴国都城——姑苏城，亦称阖闾大城。其城"南北长十二里，

图 4-2-9　苏州市姑苏区、苏州市国家名城保护区办公大门

东西九里"，为夯土版筑，仅在水陆城门处加用石材、木料。春秋阖闾大城一度雄踞东南。

后梁龙德二年(922 年)，吴越国钱镠设苏州为"中吴府"，并大兴土木，修整城池。新筑砖城高二丈四尺，厚二丈五尺，坚固雄伟。

宋代时期，苏州经济发展迅速，城市地位显著提高，所谓"上有天堂，下有苏杭"，就是这一太平盛世的写照。其间又升苏州为平江府，并两次大修平江府城。后于南宋绍定二年(1229 年)，由郡守李寿朋主持镌刻《平江图》碑。从留存至今的《平江图》可以看到平江府城的形制：城垣有二重，子城略偏于大城东南。城门开启五个，西有阊门，南是盘门，北为齐门，东则分置娄、葑两门，皆为水陆两门并列。但后来苏州城在元兵平定江南时(1279 年)遭到重创，直至元至正十一年(1351年)又重新修筑。新城周围 45 里，城高三丈二尺，开濠倍加深广。古城墙除保留宋代五门外，重新辟修闭塞的胥门。(图 4-2-10、4-2-11)

明洪武元年(1368 年)，古城墙又一次被大规模修筑，沿宋元旧制，开启阊、胥、盘、葑、齐、娄六门。当时，各门皆有吊桥以通出入，都建有城楼及瓮城。入清后，古城墙

图 4-2-10　玄妙观外景

图 4-2-11　苏州盘门远眺

又多次修葺。康熙元年(1662 年)，巡抚都御史韩世琦改筑城垣，城周 45 里，高二丈八尺，宽一丈八尺，女墙高六尺，城墙周长恢复旧制，瓮城保存完整。

苏州古城，是古代江南的大城市之一，亦是中国最早的城市之一。自春秋吴王阖闾建城至今，2500 多年城址未变，为世所罕见。苏州古城先后作为春秋吴国、三国东吴(前期)、元代农民政权周等建立的都城。如果与宋《平江图》(中国现存最早的城市平面图)相对照，总体框架、骨干水系、路桥名胜基本一致，这在世界上也是十分罕见的。至今，城内保存了众多的历史古迹和人文景观，著名的有苏州园林(拙政园、沧浪亭等)、观前街、太湖、金鸡湖、苏州博物馆、忠王府、七里山塘等。

图 4-2-12 苏州市考古所工作站

而这一切，无论是古城、古街，还是地上、地下，都将受到新成立的"姑苏区"（即"苏州国家历史文化古城保护区"）统一的科学管理和精心保护。为了更好地探查和保护名城地下文化遗产，前些年苏州市又成立了考古所。（图 4-2-12）可以想见，苏州市的文化遗产保护将达到一个新的水平，进而引领我国历史文化名城保护的时代潮流！

### 三、罗马考古代代传

罗马，意大利首都，古代罗马帝国的政治、文化中心，是世界上保存历史遗迹最为丰富的城市之一，亦是名城考古及保护、利用的成功范例。罗马古城遗迹分布图见图 4-2-13。

罗马古城地处意大利台伯河下游平原，公元前 7 世纪建立城市，成立城邦制罗马

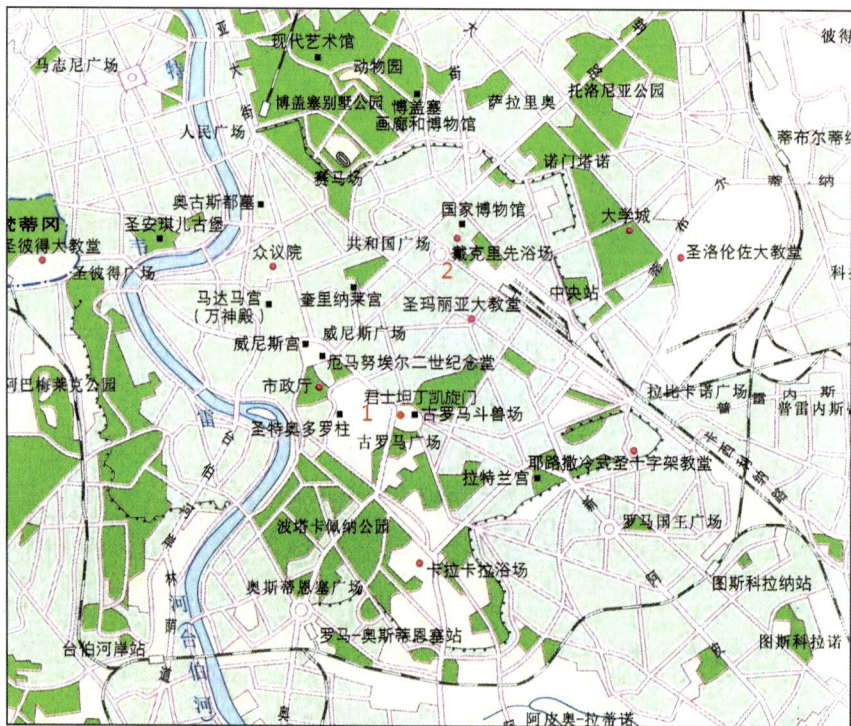

图 4-2-13 罗马古城遗迹分布图

国。在之后近千年间，罗马城市由小到大，尤其是在罗马共和国及罗马帝国时期最为繁盛，人口超过百万，成为当时世界最大的都城。罗马古城范围内包括七个山丘，史称"七丘之城"。始建于公元前6世纪至公元前5世纪，周长最大时约20公里。我们从地图上可以看到，城墙跨河依山曲折起伏，整体呈不规则状，平面像一只蹲伏的雄狮。（图4-2-14）

古城中心最重要的地段是罗马广场，它位居帕拉蒂诺、卡皮托利诺和埃斯奎利诺三丘之间的谷地，建成以后即为居民往来集会的中心。到罗马共和国末年，广场四周已遍布神庙、会堂、元老院议事堂和凯旋门、纪念柱等。至罗马帝国时期，各朝皇帝还不断在罗马广场北面和东面建造以帝王为名的广场，其中最大的是皇帝图拉真的广场，该广场由市场、会堂、图书馆、纪念柱和神庙组成，气象雄伟，建筑精美，代表罗马建筑的最高水平。

在罗马广场中心耸立着君士坦丁凯旋门，是公元312年为了纪念君士坦丁大帝在米尔维安桥战役中击败马克森提乌斯而建的。（图4-2-15）它气势雄伟，顶上的巨型雕像是描述君士坦丁与马克森提乌斯战斗的情景。据说1500年之后，拿破仑见到这座建筑十分欣赏，才下令在法国巴黎修建了著名的凯旋门。

而在广场西南则是举世闻名的斗兽场，建于弗拉维王朝时期的公元72至82年，是古罗马文明的象征，世

图 4-2-14 罗马古城南垣一瞥

图 4-2-15 君士坦丁凯旋门雄姿（潘美云摄）

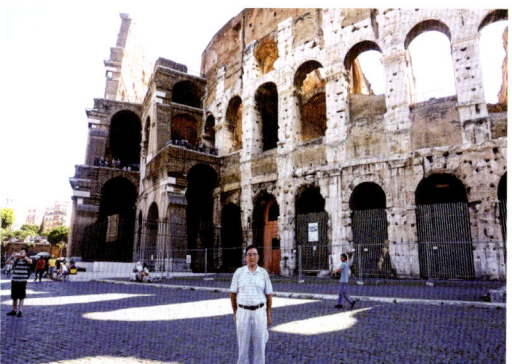

图 4-2-16 笔者与古罗马斗兽场遗迹合影（潘美云摄）

界七大奇迹之一。(图4-2-16)建筑采取圆形剧场的形式,占地约2万平方米,最大直径为188米,围墙高57米,可以容纳约9万名观众。下面一圈有80个拱门,是供观众快速散场用的;而上面的拱形门洞里,每个里面放置着一尊雕像。斗兽场内,表演区地底下隐藏着很多洞口和管道,可以用于储存道具和牲畜。斗兽场甚至可以利用输水道引水,公元248年斗兽场就曾这样将水引入表演区形成一个湖,表演海战的场面,以此来庆祝罗马建城1000年。

公元476年罗马帝国灭亡,随之罗马城也开始衰落。包括罗马广场在内的建筑遗存遭到长期的破坏,并被遗忘了几个世纪。文艺复兴时期,罗马教皇国的统治者开始关注罗马城内的古遗迹和著名建筑。1462年,教皇庇护二世下令:"任何人不能随便破坏

古建筑遗址,否则被判处监禁或不许入教。"由此,开始了意大利城市文化遗迹保护的历史时期。1821年正式确定文化遗产是本地历史文化不可分割的组成部分,并且开始考古发掘和加以保护。200多年持续的考古,使得整个罗马古城成为一座庞大的露天博物馆。图4-2-17所示为罗马广场西侧废墟遗迹远眺。

图4-2-17　罗马广场西侧废墟遗迹远眺(潘美云摄)

直到今天,古罗马广场考古仍然在继续着。笔者有幸目睹了广场西南侧的考古现场:这是一处大型殿堂式建筑遗址,正在发掘的当是帝国时期原大厅中的三堵高墙,周围搭建有一排施工的脚手架。工地上见有数十位考古人员,分别在挖掘、吊土、淘洗、取物,或是铲探地层、测量、绘图,一派井然有序的景象。(图4-2-18)工地外侧有告示,介绍此处考古的目的、程序及阶段性收获,欢迎公众了解和监督,体现了一种考古服务大众、大众参与考古的新理念。(图4-2-19)

图4-2-18　罗马广场正在进行的考古一角

图4-2-19　考古工地外侧公示栏

我们既为古罗马文化遗存的璀璨、伟大而震惊、叹服，又对罗马人那种尊重历史、珍爱遗产的精神敬佩不已。其中，又以共和国广场最为典型，留下的印象至为深刻。

罗马著名的共和国广场因纪念1885年意大利从王制改为共和制而命名，紧邻罗马市内的交通枢纽中央火车站。两座扇形的古建筑环抱着一座古老的雕塑喷泉，广场边的安杰利圣母堂是罗马很有

图4-2-20　共和国广场东侧景观(潘美云摄)

特色的教堂建筑，是电影《罗马假日》里女主角安妮公主从皇宫溜出来后，与记者乔第一次相遇的地方。(图4-2-20)

此处原是戴克里先浴场遗址的一部分。戴克里先(245—312年)，罗马帝国皇帝，他建立了四帝共治制，使其成为罗马帝国后期的主要政体。这里有以戴克里先命名的古罗马最大的浴场，建成于公元298—306年之间，占地14公顷，中央的大堂长280米，宽160米，可同时容纳3000人。其时浴场除了可供洗浴之外，更多的是用作社交、娱乐的场所，内有歌剧院等。公元536年，浴场被毁，变成了废墟。(图4-2-21)

文艺复兴时期，浴场废墟获得了新生。在1563年，米开朗琪罗受当时教皇的委托，将原浴场的大厅改建为安杰利圣母堂(意为"天使的圣母玛利亚教堂")及修道院(又名米开朗琪罗长廊)。(图4-2-22、4-2-23)米开朗琪罗出于对古罗马遗址的保护，不但在外观上保留了浴场废墟的原貌，而且在内部也尽可能保留了古罗马浴室巨大的穹顶、石柱、浮雕，

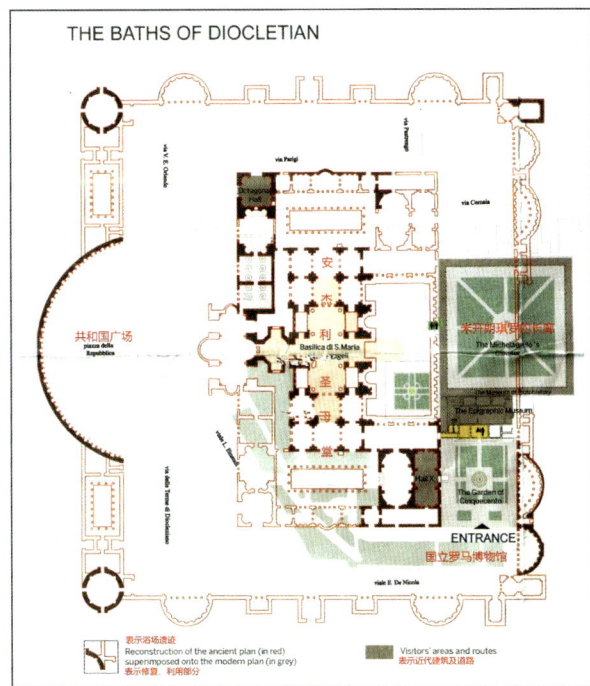

图4-2-21　戴克里先浴场遗迹示意图

图 4-2-22 安杰利圣母堂(外景)

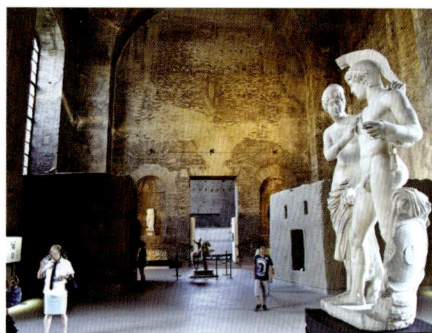

图 4-2-23 米开朗琪罗长廊陈列(潘美云摄)

只是适当增添了一些米开朗琪罗所作的壁画、神龛和宗教装饰。这是 450 年前艺术大师设计的一件超凡杰作,堪称保护和利用文化遗产的光辉典范。

1889 年,罗马又在由米开朗琪罗在戴克里先浴场中修复的一所遗迹内建立了国立罗马博物馆。罗马博物馆位于浴场遗址的东南侧,主要收藏在罗马发现的古代雕像、浮雕、镶嵌画以及后来在罗马市区、近郊出土的文物,另外还展出出土的公元 2 至 3 世纪的石棺和建筑浮雕等。

放眼共和国广场上的建筑,无论是中世纪修建的教堂、修道院,还是近代建立的罗马博物馆,建设者无不是以极其虔诚、珍爱之心,最大限度地保护和利用着戴克里先浴场废墟,其遗迹之真、面积之大,超乎人们的想象。依我们中国人看来,在这"寸土寸金"的城市中心的广场上,如此保护已是尽心尽力,完全可以画上句号了。但罗马人不这样想,他们要的是对 13 公顷遗址全面、完整的保护(包括地上、地下所有遗存),将其遗迹平面图予以公示,供子孙后代"永保用"。这就是罗马人对待文化遗产的态度。(图 4-2-24)

图 4-2-24 古代建筑残迹保存在现代大厦面前

应该说,在对待文化遗产上,我们与罗马人相比差距太大,无论是观念还是实际做法。罗马人已经把对文化遗产的保护融入血液中,成了习惯,成了规范,代代相传。罗马人珍爱、善待文化遗产,而文化遗产又以特殊的回馈报答着他们!

# 第三节　拯救之路

当下镇江古城文化遗产的保护形势十分严峻,走到了十字路口:一条路是在古城范围内继续大建设、大开挖,那么地下的历代名城很快就会千疮百孔、破坏殆尽,千古名城的文化宝库就要毁在我们这一代人手里;另一条路则是虚心向先进的兄弟城市学习,重拾对古城文化遗产的敬畏和热爱之心,采取战略,调整布局,将古城作为"特区"保护和利用起来,使之成为名城未来可持续发展的特别资源以及独具特色的魅力所在。

## 一、设立朱方区

综观镇江市区的文化遗产,主要集中分布于三个区域,即镇江古代城市区(简称古城区)、三山风景区和南山风景区。而在地理上它们彼此毗连,古城居中,南拥群山,北临长江,实为名城包罗万象的文化宝库。

但是,如何才能更好地保护它们呢? 他山之石,可以攻玉。2012 年,苏州市将原在古城范围内的沧浪、平江、金阊三个区合并新设为姑苏区,又名"苏州国家历史文化古城保护区",并且保护区管委会与姑苏区政府合署办公,实行两块牌子一套班子,管委会的主要职责就是负责古城保护方面的工作。苏州的经验值得我们镇江学习和借鉴。因此,笔者建议:以京口、润州两区的部分区域新设朱方区,其范围包括古城区、三山风景区和南山风景区,主要职责就是负责文化遗产的保护和利用。该区可下设三个分区,即古城保护区、京江风景区和南山风景区。(图 4-3-1)

### (一)古城保护区

该区保护的主要对象是从早至晚、自下而上逐层堆积而形成的镇江古代城市遗址。而每个时期的城市规模与其城池的大小有着一定的关系,但前者比之后者有着相当的扩大圈,至明清时期所扩的比例更大。镇江城市始兴于三国,迨发展至唐代则规模空前,并忝在中国古代大城市之列。以城池为例,唐代润州有子城、夹城和罗城:子城(铁瓮城旧址)被重复包在夹城和罗城之中;夹城分东夹城和西夹城,西夹城亦被包在后来的罗城之中,只有东夹城的大半凸出于罗城之东;晚唐周宝修筑的润州罗城,东至宝塔山下,南越虎头山,西至山巷一线,北沿西夹城北垣与西端京口闸相近。

及至两宋时期,镇江城市又有了新的发展,一方面是南宋史弥坚修筑罗城,其城垣走向大半依唐代罗城旧址加筑,而变化的重点是北垣向北扩展,东段从铁瓮城北上北固山中峰、后峰,又西折沿江向西伸展,再向南与唐代罗城西垣相接。另一方面,在罗城西侧(今鱼巷至银山门一带)江口镇发展成繁华的商贸口岸,常有海运船只停靠于此,税收占镇江府总收入的 64%,连镇上 7000 余居民的户口也与"在城户籍"等同,这表明江口镇虽然地处罗城之外,但无疑是宋代镇江城市的有机组成部分。加之,西津渡既是长江

图 4-3-1　建议设立朱方区示意图

的重要渡口,亦是城市的对外"门户",又与江口镇连成一片,当是唐宋时城市的西端坐标。

明清时期,尽管镇江城池的规模比唐宋城小了很多,但城外的商业活动频繁,并有着众多的居民、商家,设有不少与城内一样"坊"的建置。其中,城西有大围、大云、小云、银山、西津、簿湾、岳祠七坊,城南有虎踞、鸿鹤二坊,城北有大一都,反映出明清的城市范围大致与唐宋时期相仿,这表明唐代开始形成的润州(镇江)城市格局一直保持了千年之久。

因此,建议古城保护区的范围为:西至和平路、中山西路、黄山路一线,东至古城路、学府路、塔山路一线,北部、南部则分别与京江风景区及南山风景区毗邻。

考虑到北固山既是三国京城(铁瓮城),又是千年衙城的所在,具有历代古城的"龙头"地位,故应将其归属于古城保护区。

**(二) 京江风景区**

京江风景区亦称三山风景区。但相比而言,冠名"京江"则更能突出江的风貌和文化特色。

同时,由于西津渡是渡江设施,故应将云台山划归京江风景区,组成一个新的三山(金山、焦山、云台山)格局。

**(三) 南山风景区**

传统历史上的南山,通常是以黄鹤山和招隐山为主;而檀山不但在地理上与之相连,而且有着较高的历史文化价值,故檀山应包含在南山风景区的保护范围内。

如果能够在近期实现朱方区的设立,对于名城历史文化的保护,乃至为城市的未来保留一份特殊资源和文化特色,都有着不可取代的意义。尤其对于镇江人来说,这是一次最后的机会,如果等"地下的名城"被全部挖掉了,那便永远没有再生的可能,留给后人的只能是对我们这代人无尽的责难和埋怨!

## 二、规划与措施

**(一) 制定近、远期保护规划**

首先,制定《镇江历史文化名城保护规划》(即《镇江朱方区历史文化保护规划》),包含三个分区规划:《古城保护区历史文化保护规划》《京江风景区历史文化保护规划》《南山风景区历史文化保护规划》。其保护的对象为地上、地下物质文化遗产以及非物质文化遗产,而地下文化遗产应该是重中之重。本着国家关于"保护为主、抢救第一、合理利用"的方针政策,同时结合自然遗产的保护,制定近、远期保护规划:

1. 近期规划(10 年)。大致包含三个方面:一是加强调查研究,通过考古勘探和试掘,尽快摸清"家底",绘出历代城市遗迹分布图,为更好地保护和利用提供科学依据;二是结合考古成果及史料记载,先期列出一批考古及保护重点,如铁瓮城、西津渡、朱方门内外、十里文化长街、鹤林寺遗址等;三是以上保护的重点或是急需抢救的项目,在规划中优先予以安排。

2. 远期规划(50 年)。一方面对一些重点项目,定出分期分批完善"考古、保护、利用"全面实施的要求和时间表;另一方面,从宏观上提出镇江名城与世界遗产的规范接轨,即达到"原真性、可读性、持续性"的远景目标。

**(二) 保护文物,严肃执法**

这就要求政府的有关部门要以身作则,身体力行,层层把关,疏而不漏。特别要防止"法人犯法",谨防少数人打着"弘扬历史文化"的招牌,"挂羊头,卖狗肉",再去重演"新建假古董,破坏真文物"的丑剧,对这种恶行一定要绳之以法,对有关失职人员应当追究责任。

**(三) "要动土,先考古"**

既然在我们名城的地下埋藏着无比珍贵的文化宝库,而且只有通过考古才能实现科学的记录、价值的评估以及处置的依据,那么,在今后制定的措施中就要有一条刚性规定:在名城保护的范围内,不论是建设工程,还是开沟挖坑,都必须做到"要动土,先考古"。当然,这对考古工作者而言责任十分重大。只有"守土有责",做好每一个考古项目，不受权钱的干扰和诱惑，认真摸清地下的"家底"，写出经得住历史检验的考古报告，才是一名真正的文物卫士。

**（四）文保要在阳光下运作**

文保工作是为人民服务的，当然需要对社会负责。工作须透明、公开，杜绝暗箱操作，防止以权谋私、权钱交易的腐败发生；建立专家咨询组织，提供办事的科学依据；欢迎市民参与和监督，定期向社会公布情况。

**（五）媒体监督要切中要害**

在当年宋元粮仓被毁事件中，镇江媒体保持了沉默，这给社会留下了相当不好的印象（当然，就媒体人而言，可能还有着难言的苦衷）。但回顾30年来，曾为保护文化遗产击鼓而呼的记者也有不少，他们都是城市考古人的好朋友，文化遗产保护的有心人。其中，有一位摄影记者，名字叫王呈，他有两张照片曾对文保工作产生过较大的影响：一张发表在2009年6月12日的《镇江日报》上，标题为《铁瓮城南门遗址现状堪忧》，发表时王呈写道"2004年考古发掘的铁瓮城南门遗址保护棚已倒塌，遗址上杂草丛生，城门墙和夯土墙随时有坍塌的危险，希望有关部门能妥善保护"。不久，倒塌两年多的保护棚便被有关部门重新加以修复。另一

图4-3-2 《铁瓮城南门遗址现状堪忧》（王呈摄，发表于《镇江日报》2009.6.12)

张发表在2014年8月14日的《京江晚报》上，王呈附文报道"中山路地下商业街施工现场有座古桥被挖坏……"。很快，文物部门通过调查核实，确认是宋代嘉定桥遗址，并进而落实保护措施。据此，笔者相信今后的镇江媒体一定会在文化遗产的保护上，更加有心、积极，发挥好舆论监督的作用。（图4-3-2、4-3-3、4-3-4)

图4-3-3 《中山路地下商业街施工现场有座古桥被挖坏》（王呈摄，发表于《京江晚报》2014.8.14)

图4-3-4 王呈在嘉定桥遗址现场（右：王呈；左：考古人员霍强；中：笔者)

## 三、重点项目例举

如果结合考古发现、历史记载以及在名城中的文化地位等诸多因素考虑,可以列出几处重要的文化遗产或是群体,作为名城保护与利用规划的优先项目。

### (一)新北固山公园

铁瓮城古来就是北固山的一部分(南峰,又称前峰),只是后来被人为地隔开,而新的北固山公园应该将这两者统一起来。若是如此,则北固山公园不但在范围上有大的拓展(南北长度增至 1 公里),在内涵上也将更具特色。

公园要突出历史上的三个人以及相关遗址:三国孙权及其铁瓮城(前峰)遗址,唐代李德裕及其甘露寺(后峰)、官邸(中峰)遗址,宋代米芾及其海岳庵(山下)遗址。

就近期而言,需要做的事情有:安排铁瓮城南门考古,筹建保护城门遗迹的仿古城楼;围绕一周建保护城垣的仿古城墙;在东吴路上建连接中、前峰的城门式通道,从此北固山就连成一个整体。

稍远一点,规划应该安排:后峰腰台唐代甘露寺殿址的勘探、试掘;中峰唐代官邸遗址的勘探、试掘;山下北侧宋代海岳庵遗址的勘探、试掘;山顶北固楼(多景楼)等残存遗迹的勘探、试掘;前峰烈士陵园的搬迁;等等。(图 4-3-5)

另外,据说在最近有关方面出台的实施方案中,拟复建万岁楼、千秋桥、光风霁月亭等历史性建筑。需提醒的是,在建之前必须要对这几处遗址依法进行考古,不要重蹈新建北固楼的覆辙,去犯破坏真文物、建假古董的错误。

### (二)西津渡遗址公园

2008 年至今,西津渡考古取得重大收获,尤其是在大码头区域发现唐代以降完整的渡口遗址,是我国大型渡口考古的重要成果。它的价值,集中体现在"两个完整"上:一是在时间上跨越唐、宋、元、明、清,一以贯之,没有中断;二是在空间上渡口呈半岛形态,历代官署、码头、石岸等遗迹基本保存完好,叠加、演变清晰可鉴。但是,迄今为止,市文物部门关于古渡遗址的保护规划迟迟未见出台,而要填埋考古遗迹、只保码头局部的传言又不绝于耳,西津渡遗址面临严峻的考验。

此前,已有众多专家学者建议,应全面、完整地保护西津古渡,建设"西津渡遗址公园"。(图 4-3-6)其要点如下:

1. 建西津渡遗址公园,包括古渡及周边水域,面积约 10 公顷(1 公顷渡口遗迹,9 公顷水域);

2. 在码头遗迹(以图 4-3-6 中的"1"表示)上部仿建明代"江南伟观楼",下面为码头遗迹保护厅,上面为陈列展室;

3. 在渡口南岸及官署遗迹(以图 4-3-6 中的"2"表示)上部仿建古代官署建筑,内里为保护厅,外面为并列式官署景观(可分别署为"监渡""税务""驿站""迎宾馆");

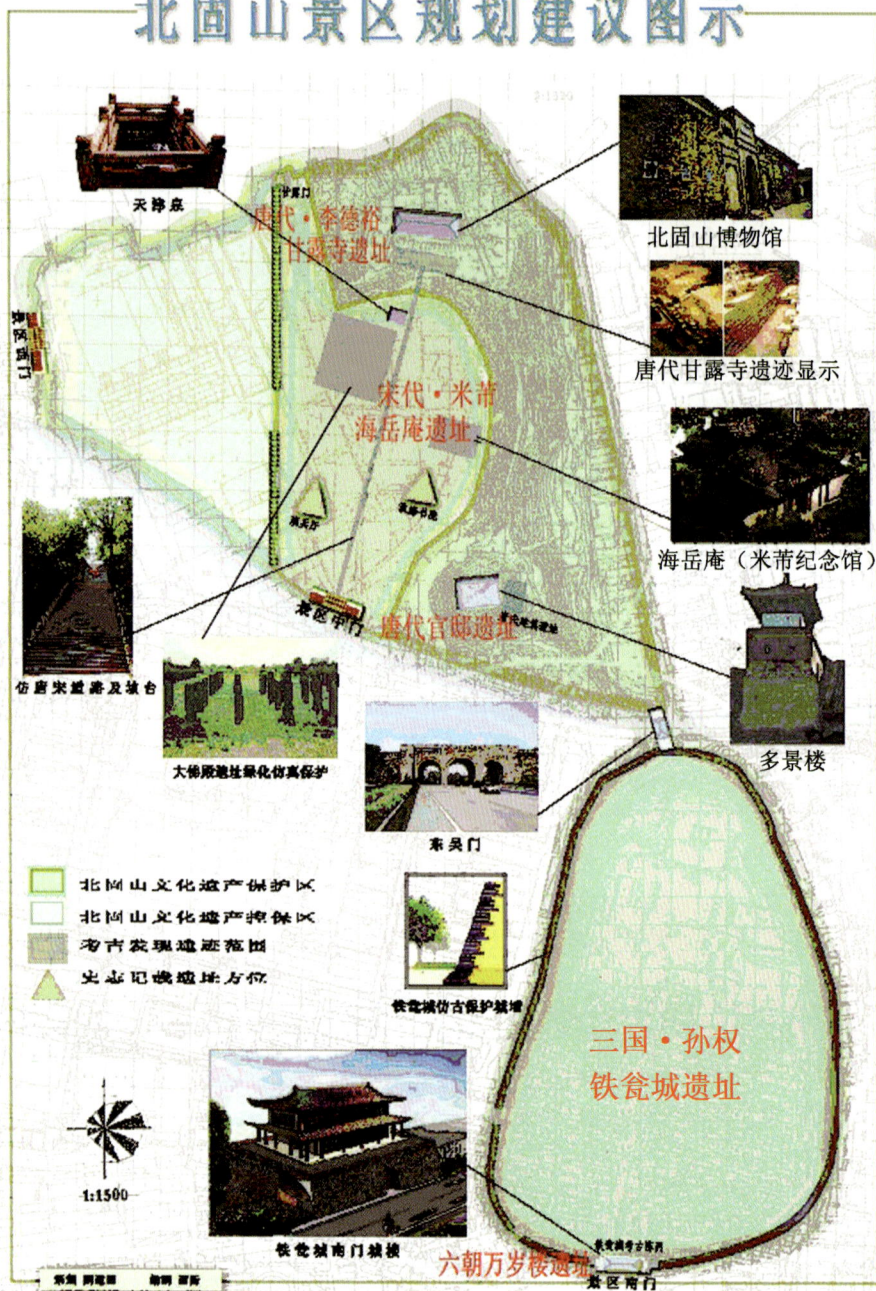

图 4-3-5　北固山规划建议图示(此图为萧桁绘制)

4. 在渡口北岸遗迹(以图 4-3-6 中的"3"表示)上部建保护厅,并在外侧建仿古石岸及临水仿古街;

5. 成立西津渡博物馆,负责西津渡遗址的考古、保护及展示。

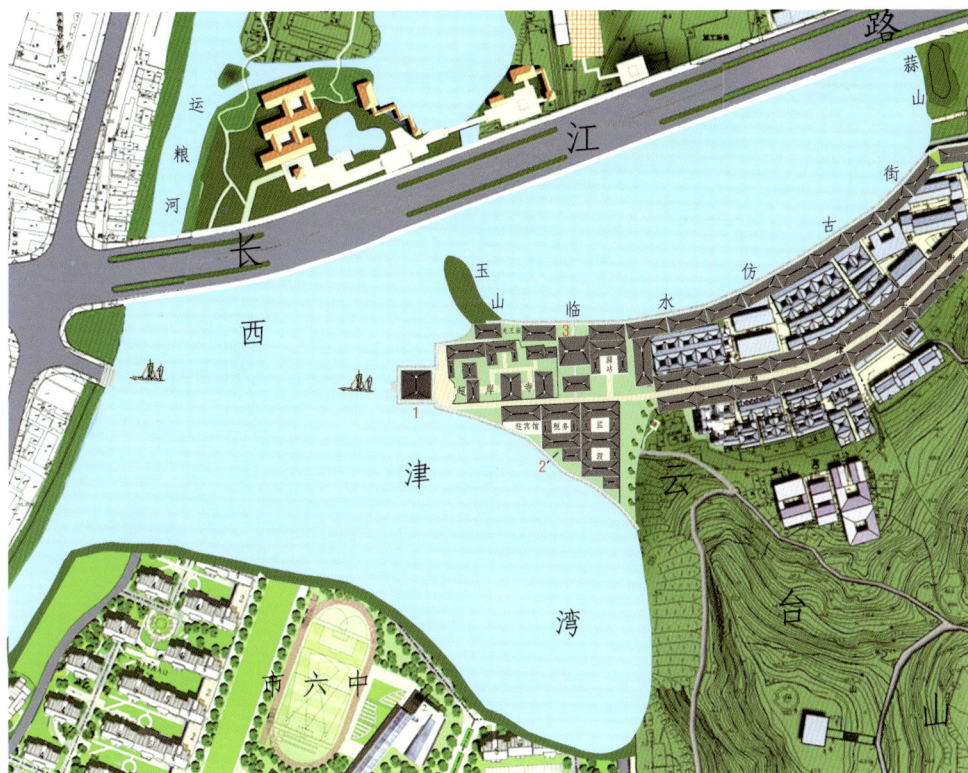

图 4-3-6　建议西津渡遗址公园规划示意图(此图为丁超绘制)

## (三) 朱方门遗址公园

最近,梦溪园的二期修复工程已经开始实施,这是镇江文化建设中的一件大事。但是,梦溪园周边分布着一批重要的文化遗址:沈括梦溪园南侧是苏颂宅(至正东路),东侧是刁约藏春坞(中营东西两侧),北侧是唐代东夹城南门—朱方门遗址(东门坡顶),朱方门东北侧是宋、元镇江府学所在(东门坡与中营之间,北抵中山东路);而梦溪园西侧隔梦溪园巷是寿丘山及南麓区域,其北部为南朝刘裕居址,唐宋改延庆寺和普照寺,南部为宋元龙华会,明清改建丹徒县学(整个范围即今江苏大学梦溪校区)。以上,梦溪园及其周边的遗址有着重要的文化价值,堪称镇江城内的一处"聚宝盆",建议规划设立朱方门遗址公园,予以统一保护和利用。(图 4-3-7)

图 4-3-7　朱方门遗址公园规划示意图（建议）

### （四）十里文化长街

大西路历史悠久，早在三国时期就成为从铁瓮城西门通向城市西部地区的主要干道。2013 年 6 月，在大西路山巷广场南侧，考古勘探发现唐代朝京门遗址，这是近期城市考古取得的又一重要收获，亟待有关方面实施考古发掘，制定保护规划。笔者由此联想到大西路古街及其地上、地下众多历史遗迹的保护和利用问题。笔者认为，应该以大西路为主体，建设一条"十里文化长街"，即向西延伸到伯先路、京畿路，向东包括万古一人路、铁瓮城路（规划绕铁瓮城南缘的道路）及花山路。（图 4-3-8、4-3-9）

图 4-3-8　十里文化长街示意图(西段)

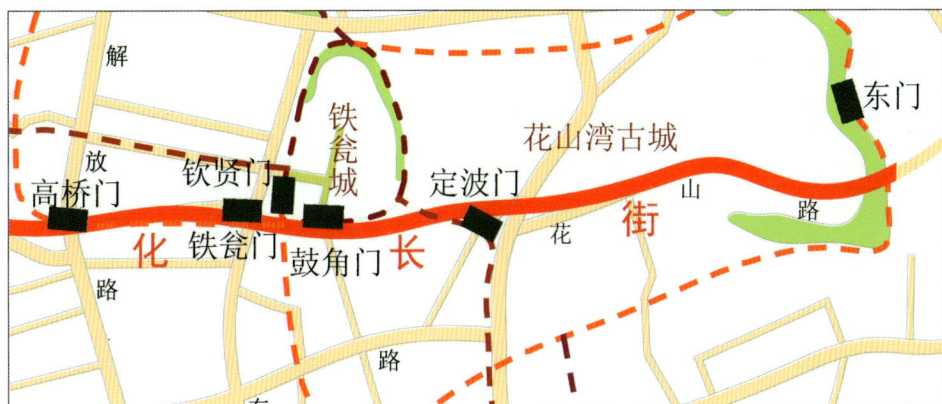

图 4-3-9　十里文化长街示意图(东段)

　　而在这条十里文化长街上,除了绵延不断的近代租界建筑、民国遗迹、百年名店等文化景观之外,又在沿线地下分布着古代八道城垣和十座城门,长街如同一条时光隧道,几乎穿过(或者侧过)镇江历史上的所有古城,包括三国铁瓮城、六朝京口城、唐代东西夹城、罗城、南宋罗城、明清府城以及太平天国新城。

　　既然这条十里长街能够集展示文化、保护遗产、观光慢行的多重功能于一身,而且在多年城市化的建设中还有幸被保留了基本面貌,真可谓是天赐良机,机不可失,那么当务之急就是要集思广益,做好长街的建设与保护规划。笔者建议:

　　1. 短期规划(5～10 年),制定《十里文化长街保护办法》,在维持地面上基本面貌的同时,将现今京畿路及伯先路的整修模式(即恢复和突出原有道路在历史上的风貌与文化特色),向大西路及其以东部分逐步、审慎地予以推行、实施;而地下文化遗产,在开展调查、勘探摸清"家底"的同时,选择西段朝京门遗址、中段铁瓮城南门遗址以及东段花山湾古城东门遗址进行抢救性考古发掘，并在其上建具有保护作用的仿古城楼（风格可以分别为唐代、六朝及宋代），底层为发掘的城门遗迹，楼上陈列出土文物及其模型、图片。

2. 长期规划（10～50 年），继续发掘、保护和利用一批重要的文化遗存（如明清金银门、宋代丹阳馆、米芾宅园等），更好地将地上、地下的文化遗存结合起来，形成具有镇江名城特色的文化旅游品牌。

可以预见，如果我们能够真正保护好、建设好这道十里文化长街，那将会在我国乃至世界的城市之林中亮起一道独特的风景线，从而独领风骚！

**（五）宗教遗址考古**

宗教文化是名城的特色文化之一。古代镇江宗教呈多元态势，佛、道、祆、景教各领风骚。其中，尤以佛寺为盛，城外金山、焦山、鹤林寺，市内延庆、甘露、青苔寺，皆是历史上的江南名刹。而寺院遗址，则是蕴藏着宗教建筑、艺术的文化宝库，通过科学考古可以还原历史，揭示精华。这方面日本奈良古都的多座寺院考古，其僧人的配合以及考古的细致，给人留下了深刻的印象，值得镇江宗教、园林和考古界共同借鉴。

回顾镇江过去，也有值得称许的地方：2000 年，时任园林局长赵顺凌先生支持对北固山后峰唐代甘露寺的考古，考古人员发现并试掘了唐、宋大殿基址遗迹；2005 年，考古人员又在时任园林局长孙乾贵先生的大力支持下，实施对北固山下明代接引佛殿（俗称大佛殿）的探查和试掘，并发现一组佛事遗物。以上两次考古，虽然规模很小，又属勘探性质，但为了解北固山宗教文化的演变及分布提供了重要信息和实物资料。

当然，镇江多年来也失去了很多机遇，留下了不少遗憾：几次南山景区的建设，都未能安排对宗教遗址的探查、考古；而金山、焦山多次寺庙殿宇的修复乃至重建中，皆没有利用考古来揭示古刹历史和佛教文化。

最近，据说由市交通投资开发公司负责鹤林景区建设项目，其李总不但十分重视鹤林寺遗址的勘探、考古，而且提供经费、场地和时间，全力支持考古工作。期待这次考古不负众望，取得全面、突出的收获，为镇江宗教考古掀开新的篇章。

**（六）"京江"地名文化**

三年前，一些决策者硬是将"内江"起名为"金山湖"，这完全是一次错误的决定，也是"镇江无文化"的一种具体表现。

有关论据，笔者已经在本书第二章中做了充分阐述，此处不再赘述。在此，只想请大家再欣赏一下图 2-1-15 所示的京江区域平面图，从图中我们可以清楚地看到此水究竟是什么形态，是江是湖一目了然。

而所谓"金山湖"之名，并不能算是镇江的创意，亦不是镇江独有。只要上网查一下，可以发现冠名"金山湖"的城市有许多，如山西省忻州、湖南省邵阳、河北石家庄、江西省进贤、广州市番禺、广东省惠州等，都有"金山湖"景点。镇江扎堆其中，名字的优势何在？反之，"京江"之名，世上唯一，不但历史悠久，而且水流犹存。所以，镇江人没有舍"江"为"湖"的道理。

因此，希望有关方面尊重历史，切实保护地名文化遗产，尽快将"金山湖"改名为"京江"。同时，为了弘扬"京江"文化，还应该调整一些不太恰当的地名。如，应将"长江路"名与"京江路"名予以对换，使长江路面临外江，京江路傍依内江，更加符合历史地理的特征。另，宜将内江（京江）西端所称的"江海之门"改名"京江门"，东端的焦南闸宜改名"望海门"，南岸的"春江潮广场"改称"京江潮广场"，"三山风景区"改名为"京江风景区"。

以上所举的重点保护项目，乃至于整个"地下名城"的保护，皆面临着命运之虞的险恶。而其深层次的原因，便是"价值"与"利益"的博弈：一方面是名城文化遗产的价值无法估量，另一方面是现实的利益又高于一切。恳望这座城市的决策者们能真正痛下"壮士断腕"的决心，向扬州、苏州学习，敢于牺牲一些"政绩"和利益，做守望"天下第一江山"的带头人，带领全市人民打一场名城文化遗产保卫战。这就是笔者以及家乡父老的"镇江梦"，期待有一天梦想成真！

# 附　录

## 一、关于保护、规划、开发铁瓮城的议案

刘建国　镇江古城考古所
马安平　镇江痔科医院
徐炳芳　江苏省冶金经济管理学校
韦开荣　江苏省镇江中学
马宝琅　市伊斯兰教协会
刘建中　润州区教育督导室
童永春　八一四队
高一峰　市第一人民医院
陈宝霞　市中医院
任一鸣　市教育局教研室
李奕仁　中国农科院蚕业研究所
本　安　金山寺
陈万祥　市蔬菜研究所
沈伯素　市人大

铁瓮城是三国孙权于建安十三年(208年)"自吴(今苏州)迁京",在北固山峰建筑。《舆地志》载,铁瓮城"周回六百三十步(约合1公里),开南、西二门,内外皆固以砖甓"。以此城为主的京口古城考古被列入国家文物考古的重点项目,自1991年起,由南大历史系考古专业与我市合作,开展考古调查和发掘工作。1991年、1992年两年重点对铁瓮城北垣、西垣进行发掘,发现早期夯土高达10米,蔚为壮观,夯土外侧还砌筑护城砖墙,其夯土及绳纹砖等特征具汉魏时期作风,可以确认即三国铁瓮城遗迹。1994年初,我们又在鼓楼岗顶南侧进行考古发掘,亦发现早期城垣夯土以及南唐时期的砖砌建筑遗迹(《铁瓮城考古发掘纪要》附后)。自此,铁瓮城的范围已完全考定:平面略呈瓮形,周长近1000米,这与史籍记载"周回六百三十步"相一致。铁瓮城的价值和意义在于:

铁瓮城是三国东吴第一城,它比同时期东吴修造的南京石头城、湖北吴王城(即武昌城)要早,并且是其中保存遗迹最为完好的一座,在全国六朝城址遗存中具有十分重

要的地位。

铁瓮城是镇江城市史上可以确定的最早城池，并且一度是三国东吴孙权的政治中心以及五代后吴让皇帝杨溥的丹阳宫所在，而且还是晋唐以降两千年间镇江历代州府的治所。铁瓮城内埋藏着极为重要、丰富的文化遗存，无疑是镇江历史文化名城内涵中"含金量"最高、最值得保护的一座遗址。

铁瓮城天赐造化，迄今为止在其范围内未曾有大的破坏和改观，古城风貌犹存，这在镇江市区内是一块难得的历史文化"净土"，为今后铁瓮城的保护和旅游开发创造了得天独厚的条件。

但是，1994年初就听说拟建的万古一人巷至环城路的一条道路，要穿铁瓮城而过，并且是以"开发带路"，大半个铁瓮城将会被改造得面目全非。对此，我们曾于1994年3月市人大十届二次会议期间，联名11位代表提出规划和建设铁瓮城文物、旅游保护区的议案。遗憾的是此事尚未引起有关方面重视，据了解穿城筑路之举仍在计划之中，铁瓮城即将面临遭受破坏的危险。特此建议：

第一，立即以法定形式确定铁瓮城的保护范围，使原定穿城道路绕至铁瓮城外。

第二，近期内，规划部门和文物考古部门应尽快协同拟出《铁瓮城文物、旅游保护区规划》。

第三，铁瓮城范围内的任何施工建设（包括建房、挖沟等），必须事先经文物勘探及考古发掘后，由文管会审批。

第四，铁瓮城应尽快设立管理机构。建议可由烈士陵园增挂"铁瓮城保管所"的牌子，对处在铁瓮城区的历史遗迹和革命遗迹加以统管，将古代文明和现代文明一起抓。

第五，创造条件，开发、利用铁瓮城这一宝贵的文物、旅游资源，使之成为21世纪镇江吸引世界的独具魅力的要素之一。

1995 年 4 月 21 日

【附】

镇江市人民代表大会常务委员会

关于《保护、规划、开发铁瓮城议案》的决议

（1995 年 4 月 25 日市十届人大常委会第十六次会议通过）

根据镇江市第十届人民代表大会第三次会议主席团决定，市十届人大常委会第十六次会议，对刘建国等14位代表提出的《保护、规划、开发铁瓮城议案》进行了审议。会议认为，铁瓮城在我市历史文化遗产中占有特殊重要的地位，要抓紧制定保护、开发、利用的整体规划和分期实施计划，坚持城市建设和文物保护相统一的原则，切实加强对城内埋藏文物的保护。会议决定将此项议案交市人民政府办理，要求在今年12月的市十届人大常委会第二十次会议上报告办理情况。

# 二、寄语镇江城市考古

镇江古城考古所建国先生：

您好！

接到您寄来的《铁瓮城》影集，深表谢意！先生在镇江古城开展的田野考古工作取得了突出成绩，学界赞声不绝。更为重要的是，您为现在城市之中开展古城址考古工作树立了一个榜样和学习的楷模。欣闻您近来正在撰写《镇江铁瓮城考古勘探、试掘报告》，我期待大作早日面世并得以拜读。

承组织和诸位同仁的信任，让我负责考古所的工作，我深感责任重大，当尽力尽职尽责地工作，争取不辜负诸位厚望。

城址考古是考古学的重要内容，它能保存的历史信息不是墓葬和"珍贵文物"所能相比的。但目前考古学的取向上仍普遍存在着以"精美文物"为本位的情况，因而导致轻城址、重墓葬，这种现象不利于学科的健康发展。镇江考古所的同志们在工作条件、自然环境条件极其困难的情况下，为我国考古学界的学科导向起了很好的表率作用，推动了城市考古学的健康发展，丰富了其方法和理论。

年终工作较多，不便打扰。以后来京请到考古所来。

即颂

研安

刘庆柱

1998.12.2

【作者：刘庆柱，时任中国社科院考古研究所所长、研究员，现任中国社科院学部委员。】

# 三、重任在肩　继往开来

## ——致镇江古城考古所所长的信

积华所长：

你好！

首先，祝贺你担任古城考古所所长一职，这标志着镇江城市考古事业后继有人。对此，我由衷地感到欣慰！

在昨天局领导主持的研讨城市考古的会议上，你再三向我表示："希望今后要多加指点。"指点不敢当，但我愿意就镇江城市考古的有关问题谈点自己的想法，供你参考：

一、做城市考古工作，你遇到了最好的时机。一方面，国家文物局重视城市考古，并且不久前在成都召开了城市考古工作座谈会（我有幸作为镇江的代表参加此会）。另一方面，我市文化局领导也正在将城市考古视为特色，作为一项重要的工作来抓。国家重视，领导重视，这是开展工作非常有利的条件。我很羡慕你，并希望你不要辜负这一大好机遇。

二、请时刻牢记城市考古的首要任务，即依法履行对城市建设工地的考古勘探、发掘、调查及保护名城地下的文化遗产。而这些要求，在 1997 年市文化局与规划局联合出台的《关于加强我市城市规划实施中考古勘探工作的通知》内规定得十分明确、具体。因此，抓好城市建设中的考古勘探，是我们城市考古的基础性工作，只有将这项工作做好了，才能使城市考古真正成为"历史文化名城保护的科学根据和必要手段"。

三、镇江的城市考古还有一个如何继承和创新的问题。至于继承什么、创新什么，现在就去谈得很具体，我觉得为时尚早。这要等你真正吃过"梨子"以后，再谈不迟。因为只有当你正式践行"自筹自支"的办所机制去找米下锅的时候，同时又在城市建设中履行考古勘探的职责以后，经过一个阶段的摸爬滚打，品尝了个中酸甜苦辣，到了那个时候再谈城市考古的继承和创新问题，就会更加实在、准确。

四、我作为古城考古所的名誉所长，也不能只图虚名，今后仍要做一些力所能及的事情。想来大致有三个方面：一是选择一些适当的课题（如唐代甘露寺遗址等），做一点专题性考古；二是整理过去城市考古的资料，编写考古报告；三是关注镇江城市考古，促进其健康、持续地发展。

希望一年后的今天，大家能欢聚一堂，共同分享城市考古的收获和成果，再深入研讨城市考古的继承和创新。

预祝你在2001年的城市考古中事业有成！

刘建国

2000 年 12 月 23 日

【王积华,在任镇江古城考古所所长几年后,应聘至浙江宁波市工作,现任宁波市文物考古所所长。】

# 四、抢救、保护唐代清风门遗址的建议

## ——致省文化厅文物处的信

省文化厅文物处:

3月初,我们在镇江市区发现唐代东夹城清风门及瓮城遗迹,现将有关情况反映如下:

### 一、发现经过

3月3日,我接到友人王克飞的电话,说是在中山东路与城隍庙街交角西北嘉源工地上,看到有古代城垣夯土及砖墙迹象。我旋即与他一起奔赴现场。在工地范围内已经下挖3米深的施工坑(坑口平面近梯形,东西长60余米,南北宽18~30米)仔细考察,发现坑内显露有唐代东夹城夯土及城门包砖墙、城门外的瓮城夯土及包砖墙以及通向城门的宋代砖路等多处遗迹,但遗憾的是在施工开挖中大多遭到不同程度的破坏。据现场施工人员称,此处工地将在两天后全面浇灌混凝土基础,如果那样,则唐代城门遗迹将面临更大的破坏。我当即将此事向市文管办反映,随后王玉国主任通知博物馆考古所进场实施抢救性发掘。

### 二、发现前的考古工作

该工地发现的唐代清风门遗迹,实际上在几年前已被附近的三次考古合围锁定:1998年在该工地北侧约80米一建筑工地发现唐代东夹城夯土及包砖墙遗迹,2000年在该工地南侧约10米外的中山东路上发现唐代夹城下的唐代砖砌涵洞遗迹,以上两处证实唐代夹城为南北走向,傍沿城隍庙街西侧;另外,1999年又在该工地西侧约50米处发现宋代嘉定桥遗迹,并清理出桥面下东向的宋代砖路,砖路与夹城相交处,当是唐代东夹城清风门所在,具体位置即被锁定在现今嘉源工地。但因本人任考古所所长期间,该处工地拆迁、开发事宜尚未落实,考古勘探工作也无法安排,因此,我在工作移交时特别提出,希望后任重视清风门考古。

而近日据有关同志介绍,该工地已于2002年5月经由文管办安排实施考古勘探,即在工地上打了一些探孔,开挖一口探方(5米×5米),但当时相关人员工作比较草率,认为地下没有什么重要遗迹,便同意开发公司进行施工,而且在施工过程中也未派人员进行跟踪监理。

### 三、建议

第一,至今在工地上可以看到,瓮城西垣夯土及两侧包砖墙大半已被揭露,唐宋道路也进行了局部清理,城门南侧包砖墙角也有所显露。此处唐代城门、瓮城以及城下涵洞等遗迹地下保存部分基本完整,布局集中,且成一体。它的发现极为难得,具有很高的历史和考古价值,理应得到进一步的考古和更好的保护。

第二,建议省处立即通知镇江有关方面,让施工单位立即停工作业(我在工地上看见施工仍在进行),保证抢救性考古及保护工作的落实。

第三,建议省处领导能尽快率专家组进行现场考察和指导。

此致

敬礼

镇江　刘建国
2003 年 3 月 17 日

# 五、建议在东吴路与北固山相交处修建连接前、中峰的城门景观

## ——致市委史和平书记的信

史书记：

据悉，东吴路扩建工程已经开始实施，它的完成将会为改善我市城市形象、加快旅游业的发展创造新的条件。

借此良好契机，我们特向市委建议：在东吴路扩建工程中，安排修建一条连接北固山前、中峰的城门景观，上可通行北固山游客，下可贯通车辆、行人。其理由如下：

第一，它的修建正是对此处原有历史景观的恢复。志载，在北固山前、中峰之间古代有长埂相连，南宋嘉定中太守史弥坚即循长埂修建罗城，并于此修建跨鳌门；至太平天国年间，太平军亦循长埂修建新城，后在此建有中埂门，俗称卡子门。

第二，它的修建将使北固山前峰与中、后峰连成一体，即位于前峰的原三国城（铁瓮城）融入统一的北固山景区，让历史的三国文化与传说的三国文化有机地结合起来。

第三，它的修建将填补名城镇江现实中缺少城门景观的空白。城门是古代城市的标志和象征，如果能有一座城门耸立在与长江路相通的十余里大道上，将为名城增添历史文化的氛围。

而此处的古代城门，旧有"跨鳌门""中埂门""卡子门"等称谓，但考虑到它最为接近三国铁瓮城，似命名"铁瓮门"为佳。

以上建议，恳请得到您的支持！

此致

敬礼

建议人：

刘建国　市古城考古所名誉所长、研究员

伏镇钧　市民盟名誉主委

祝　诚　镇江高等专科学校原校长、教授

袁林涛　镇江市建筑设计院高级工程师

王　骧　江苏大学人文学院退休副教授

杨瑞彬　市历史文化名城研究会顾问

笪远毅　江苏大学人文学院院长

王才林　镇江工业民用建筑设计院高级工程师
蔡兴民　市园林局工程师
严其林　镇江高等专科学校副教授

2003 年 4 月 14 日

# 六、大江风貌名城魂
## ——为城北内江水域正名

前几年，曾有人建议将城北内江水域起名"北湖"，近日又传有关部门正广泛征集湖名，似有以湖命名之意。听到这样的消息，笔者忧虑重重，窃以为该水域的重新定性（由江改湖）是件大事，关乎名城的历史与未来。为此，笔者特撰写本文，阐述其历史及相关问题，以期引起有关方面的重视和讨论。

### 一、大江风貌势犹存

20世纪90年代，镇江市区内江港口淤涨严重，大型船只的进出亦有困难，市里作出迁港的决策，在市西新建龙门港，同时，拟将这一临水地带打造成"镇江的外滩"，水域上下建成旅游景区。人们热情关注这一景区的打造。而有些学者仅依据该水域似呈闭合的形态，便建议将它命名为北湖景区，笔者对此持相左意见，认为不宜将内江改称为湖，其理由有以下三点：

第一，江床形态依旧。19世纪以来，由于长江主泓道的北移，形成北坍南淤的态势，江中西侧的征润州日益向东扩展，并逐渐包围了镇江港。但近百年来，镇江人采取了坚持不懈的疏浚对策，实施"焦南道""中口袋"等多种方案，开挖了数以千万计的土方，才使得这一片水域未被淤没，而能够珍贵地保存下来。至今，尽管港口已经撤离，但昔日内江的形态未有大的变化。该水域的主体仍是处在沙洲与南岸相夹之中，西侧有开挖的水道通向外江，从西端水口至焦山东侧，内江长约10公里、宽约0.2～1公里。而现今的水域仍然保持着V形带状的江貌，依旧承袭着昔日内江的特征。

第二，江岸景物如故。古来多少与江有关的景观至今尚存：金山的宝塔、焦山的六朝柏日夜沐浴着不倦的江风，横接南北的西津古渡守望在江侧的云台山下，满眼风光北固楼屹立在江畔的峭壁之上，古运河水从平政桥下热情地拥抱江的浪花……而恍如昨天的繁忙港口，更是定格在一件件遗存之上：昔日一座座码头栈桥，仍然排列在临江一线；而渡江专用的八号码头，不但留有栈桥遗迹，而且连候船大厅以及附近的渡江旅社等都依然存在，眼前仿佛又出现成千上万过江旅客奔跑的身影。回眸望去，千余年来历史的记忆被深深地印刻在了江岸之间。

第三，江韵名城之魂。近些年来，镇江这座名城的特色常被概括为八个大字，即"城市山林，大江风貌"。历史上镇江从来就是一座临江城市，长江、运河十字水道在这里交汇，滔滔江水赋予了镇江江城的个性、江城的文化、江城的风采。既然镇江城北水域仍然保持着江的遗风、江的韵律，它自当就是名城大江风貌的"形象大使"。

古人曾有过这样的例子，即在汉、唐首都长安（今西安）近旁，有一处天然池沼，风景秀美。汉武帝曾在此造宜春苑,并以池水曲折而将池沼命名为"曲江",隋代帝王却又将此改名为芙蓉池;至唐玄宗时,仍旧复名曲江,成为"都中第一胜景"。从中我们可以看到,汉武帝、唐玄宗相沿要将一曲折的池沼命名为曲江,看重的就是江的气势。与之对比,我们还有什么理由非要将江的遗迹改名为湖?试想,如果我们真的将这水域改称为湖,那么,金山、焦山则置身于湖中,江中浮玉变成了湖中浮玉,而长江第一渡——西津古渡将被介绍为横渡"北湖",千年古运河的入江口变成了入湖口,江岸成了湖岸……这一切使得江城的历史被模糊了,江城的文脉被割断了。

古往今来,"正名份"是件大事,名不正则言不顺。内江姓江不姓湖,它的江的性质、江的名字应与名城共存留。

## 二、江名曾因斯城生

滔滔大江,自西向东奔腾数千里,行进到镇江之时受到金山和云台山的夹道欢迎,长江弯腰答谢,绕向东南,奔赴大海。古人对这段让长江折腰的镇江江面情有独钟,特意为它起过两个独有的名字:

最早的名字称"北江"。传世最早的地理书《禹贡》,曾将整个长江分为三大段,各有一个名称:"岷江为大江,至九江为中江,至徐陵为北江"(《汉书·地理志》注)。《荆州记》亦云:"(长江)东北至南徐州,名为北江,南入海。"徐陵曾是古代镇江的别称,南徐州亦治于京口,它们皆是指现今镇江城区范围。可见,北江的地理位置十分明确,即是特现今镇江城市北侧的内江水域。

而历史给予镇江人特别的厚爱,又曾将长江的部分冠名权赠予斯城,使之享有以城名江的殊荣。三国时期,北固山南峰建铁瓮城,正名京城,后又称京口城,城外之江面则被称为京江。如,唐代徐坚的《初学记》记曰:"长江有别名,则有京江,在南徐州,《禹贡》所谓北江也,在今润州";北宋乐史的《太平寰宇记》亦称为"京江水"。即使在当今的《辞源》《辞海》两书中,都专列有内容相似的"京江"条目:"京江,即长江流经江苏镇江市北的一段。因镇江古名京口而得名。"

千余年来,人们只要提到京江,都会知道这是一个出美女的地方:典故源自唐代著名诗人杜牧的《杜秋娘诗》,他在诗中赞美道:"京江水清滑,生女白如脂。"京江,又曾寄托了多少游子的思念,晚唐诗人许浑在《思归》一诗中写道:"于嗟楼下水,几日到京江?"京江不但成为镇江北江的又一个江名,而且它在千余年间还是镇江名城的代称。见于著录的如清代著名的《京江七子诗钞》《京江耆旧集》《京江节孝祠汇编》《京江张氏家乘》以及镇江的报纸《京江晚报》、特色食品京江饣齐等,无不反映这一以水代城的现象。

此外,古来长江中淤沙沉积,又被冲刷成大小沙洲。六朝时,京口江面上就出现有新洲、获洲、瓜洲等。唐时,瓜洲已与北岸连成一片,新洲、获洲也无从考认。后来,江中又淤积成征润州、裕课洲等,遂将江水一分为二。北侧水面较宽,称为外江;南侧水面稍窄,称为内江。

历史上对镇江城北水域所起的江名各具特色,它们都应该有存在并传世的价值。笔者以为,如果加以区别,可将京江列为正名,如称之为"京江水域""京江景区"等;北江可列为通用名,如称谓"南山北江";而内江则为俗名,如以内江与外江并称。

### 三、京江路与京江潮广场

镇江城区北侧的沿江大道,现名长江路。探究它的历史,其沿革和名称皆变化较大:

清代以前,它的前身是一道防洪大埝。《丹徒县志》载:"江口旧筑埽埝一道,由北固山下江滩向西至小码头止,长三里许,以拦江潮之冲,后经兵燹,埽埝坍没过半。"现在的大埝街就是人们利用大埝的一段建成的。

鸦片战争以后,镇江辟为商埠,列强势力伸入大江南北。其中英国在镇江设有领事署,租用沿江大片土地,强行建造租界,成为"国中之国"。租界内开筑三条东西向马路,最北面临江,从小码头至平政桥,称为"江边大马路"。

在 20 世纪 30 年代,镇江因是江苏省会,道路建设多有实施。其中所建造的江边马路分东西两段,以平政桥为界:桥西至小码头称江边马路;平政桥以东至北固山下,称苏北路,俗称江边口。至 50 年代,又将这东西两段统称为苏北路。

21 世纪之初,此路又被重新加以改造,其道路规模更是气势恢宏,原有的苏北路被改名为长江路。

路在长江边,起名"长江路",应该说路名还是有其合理性。只是,它仍存在一个问题,那就是缺少特色。因为,在现实生活中,不少长江沿岸的城市都有以长江命名的路名,如四川重庆、湖北武汉、安徽芜湖等城市,它们临江都有同名的"长江路"。可见,如果镇江同是起名"长江路",这就与许多城市路名雷同,不利于塑造名城自己的个性。

既然"京江"一名在万里长江上是独有的"知识产权",是别人抢不走的金字招牌,何况此路正是伸展于古代京江之滨,我们以京江来命名这条江边大道不是再适合不过了吗? 如是,则"京江路"将会在长江百城中独树一帜,凸现出镇江历史文化的特色。

此外,前几年在原长江路北侧还新建一座大型临水广场,这成为眺望江景、举办大型文化活动的最佳场所。这一广场被命名为春江潮广场,笔者以为值得商榷。因为"春江"一名,衍生于唐诗"春江花月夜"。春江潮属于泛指,它与镇江缺乏特定的联系。如果从名城的历史和特色去考察,笔者认为当以"京江潮广场"为宜。

古代京江潮是一大自然奇观,它因京江而得名。考之,唐代以前,镇江近长江入海口,向东为喇叭形海湾,焦山即位于海口位置,旁有松、寥两座小山,被称为海门。古代这一特殊的地理形势与现今浙江海宁附近的地理环境相似,都是海潮奇观的摇篮。六朝人曾记载:"京江,《禹贡》北流也。阔漫三十里,有大涛,声势骇状。"(《南徐州记》)。及至唐代,京江潮仍然存在,《元和郡县图志》记载:"春秋朔望有奔涛"(朔为夏历每月初一,望为每月十五日)。奔涛者,海潮袭来,潮头壁立,汹涌澎湃之状也。

而京江的潮水,更激起了千古多少文人墨客的豪情:李嘉祐的"北固潮声满",贾岛的"潮平京口斜",刘长卿的"潮吞海门石"……汇集起来,则成了一幅京江潮的壮丽画卷。今天,虽然自然界的京江潮已成历史,但精神层面的京江潮却永远是镇江人奋发向上的一种象征。因此,以"京江潮广场"名取代"春江潮广场",更能体现镇江的历史文化和精神风貌,更能激励镇江人民开拓创新、争做时代弄潮儿的凌云壮志。

镇江人得天独厚,名城因江而生。京江是自然与人文结合的重要遗存,而京江与京江潮的名称则是历史上重要的非物质文化遗产。我们要重视对京江文化的保护和利用,这对于张扬名城的个性、展示名城的风采有着十分突出的意义。

【此文发表于《镇江日报》2009 年 6 月 22 日之《文化周刊》;后又刊载于《镇江市历史文化名城研究论文集》第十一集,2010 年。】

# 七、建议将三座遗址公园建设列为我市十二五规划项目

市委、市政府：

　　在镇江这座历史名城的地下,保存着历代城市的重要遗迹,蕴藏着丰富的文化遗产。其中,经过考古及史料确认的三处遗址,即铁瓮城遗址、西津渡遗址和京口港遗址,它们分别代表着名城历史上城、渡、港的三大特色,具有重要的历史、文化及旅游开发价值。因此,应该而且有条件建成三座富有历史文化特色的遗址公园,并特此建议将其列为我市十二五规划项目。现陈述理由如下：

## 一、铁瓮城遗址

### （一）文化价值

　　镇江铁瓮城遗址于1991年被考古发现,经过逾20年的勘探、发掘,现已探明该城坐落在北固山南峰,依山而筑,平面略近椭圆形,周长千余米,占地约0.1平方公里。铁瓮城是我国南方古城因地制宜的典范,在三国孙吴都城中属年代最早、遗迹保存最为完整的一座,具有极高的历史、文化及旅游开发价值。（其考古研究成果：《镇江铁瓮城南门遗址发掘报告》,发表于《考古学报》2010年第4期;《江苏镇江市铁瓮城遗址发掘简报》,发表于《考古》2010年第5期。）

### （二）规划建议

1. 完整保护铁瓮城遗址,建铁瓮城遗址公园;
2. 在铁瓮城四周砌仿真保护墙（仿出土六朝城墙）,既是保护,又是景观;
3. 在铁瓮城南门遗址上建仿六朝城楼,下部为保护厅,上部为陈列展室;
4. 建连接铁瓮城与北固山的城门式桥（城门取名"东吴门"）;
5. 城内以绿化为主,有计划地开展重点考古;
6. 成立铁瓮城博物馆,负责铁瓮城遗址的考古、保护与展示。

## 二、西津渡遗址

### （一）文化价值

　　西津渡位于长江下游南岸,镇江市区西侧云台山下。此渡在唐代已闻名于世,至清代后期因发生"北坍南涨"的自然灾害,北岸瓜洲渡被江涛卷走,南岸西津渡被涨淤湮没。2008—2010年,在新河路南、西、北三区进行考古勘探、发掘,发现了一座完整的千年古渡遗址,揭示出历代渡口石岸、码头、官署及寺院等重要遗迹。其渡口范围东宽西窄,逐步扩大,清代渡口的东段宽近100米,东西长约140米。西津渡是我国古代东部南北陆路交通干道跨越长江的主要渡口,在交通史及船渡史上都有着重要的地位,它填补了我国大型渡口（船渡）考古的空白。（其考古研究成果：《江苏镇江市西津渡遗址发掘简报》《探析西津渡历史文脉及文化价值》,一并发表于《东南文化》2011年第1期。）

### （二）规划建议

1. 建西津渡遗址公园,包括古渡及周边水域,面积约 0.12 平方公里;

2. 在码头遗迹(以图 4-3-6 中的"1"表示)上部仿建明代"江南伟观楼",下面为码头遗迹保护厅,上面为陈列展室;

3. 在渡口南岸及官署遗迹(以图 4-3-6 中的"2"表示)上部仿建古代官署建筑,内里为保护厅,外面为并列式官署景观(可分别署为"监渡""税务""驿站""迎宾馆");

4. 在渡口北岸遗迹(以图 4-3-6 中的"3"表示)上部建保护厅,并在外侧建仿古石岸及临水仿古街;

5. 成立西津渡博物馆,负责西津渡遗址的考古、保护及展示。

## 三、京口港遗址

### （一）文化价值

京口港是古代江南运河的主要入江口。《丹徒县志》载:"京口港在城西北江口京口闸下"。元代《至顺镇江志》记载:"京口闸,在城西北京口港口,距江一里许,莫究其所始。唐撤闸置堰。开元中,徙漕路由此。"[1]原闸址位于今中华路鱼巷口附近。京口闸(俗称大闸,区别于平政桥南侧的小京口闸),自唐代开始即在江口河道上设置。而至民国年间江口河段被逐渐填平,1929 年在原河道线路上筑成马路,取名中华路。京口港是古代长江与运河交汇的重要节点,大运河文化遗产的精华部分,同时亦是古代运河的标志性设施,具有极高的历史文化价值。

### （二）规划建议

1. 保护中华路至江边区域(以中华路心为中轴线,宽约 150 米,长约 930 米,面积约 0.14 平方公里),建京口港遗址公园;

2. 开展京口闸、古河道及太平天国新城等重点考古;

3. 成立京口港博物馆,负责京口港遗址的考古、保护及展示。

## 四、结语

遗址公园是我国近些年来兴起的、富于创造性的文化工程,它以原真的文化遗产为核心,集考古、保护、利用于一体,使之形成独特魅力的文化景观。

而我市铁瓮城、西津渡及京口港这三座遗址,是镇江历史中城、渡、港三大要素的重要体现,名城文化遗产序列中的重中之重。尤其值得欣慰的是,它们在城市建设的大潮中仍被完整地保存了下来。但当前,这三座遗址既面临着空前的发展机遇,又潜伏着严峻的挑战,今后对它们的任何贻误或忽视,都将会给名城造成无法弥补的损失。因此,如何将它们保护好、利用好,是我们迫切需要思考的事情。建设三座各具特色的遗址公

---

〔1〕 [元]俞希鲁:《至顺镇江志》卷二,江苏古籍出版社,1990 年,第 50 页。

园,无疑对名城未来的发展和竞争都有着十分重要的意义。

目前,省内外许多城市都在着力于建设遗址公园,如南京的明代宝船场遗址公园、报恩寺遗址公园,扬州的唐城遗址公园,常州的淹城遗址公园,无锡鸿山遗址公园、阖闾城遗址公园,苏州也在考古中筹建木渎古城遗址公园(木渎古城遗址占地约27平方公里)……遗址公园正在以其自身的独特魅力,成为不可取代的文化载体,荣登城市文化竞争中新的制高点。反观我市这三座遗址,虽然公园建成后的体量并不大(每座面积约0.1~0.14平方公里),但它们都是全国罕见、各具特色的,有着很高的文化价值和强劲的文化优势。

机不可失,时不我待。希望市委、市政府能采纳我们的建议,将三座遗址公园的实施列为我市十二五规划项目,给镇江未来的发展增添可持续的活力,在名城文化建设上绘出浓墨重彩的一笔。

建议人(共50名):

| | |
|---|---|
| 市人大常委会原常委、镇江博物馆研究馆员 | 刘建国 |
| 市历史文化名城研究会副会长、江苏大学文学院原院长 | 笪远毅 |
| 江苏省政协委员、市图书馆研究馆员 | 徐 苏 |
| 江苏省民间文艺家协会顾问、市民间文化艺术馆研究馆员 | 康新民 |
| 市历史文化名城研究会顾问、市文管办离休干部 | 杨瑞彬 |
| 市历史文化名城研究会顾问、武汉大学教授 | 杨宝成 |
| 市历史文化名城研究会顾问、市文化局原副局长 | 刘 昆 |
| 市历史文化名城研究会顾问、市文管办原主任 | 杨 奎 |
| 市委宣传部原副部长 | 时 强 |
| 市地方志办公室原主任 | 陆朝洪 |
| 市地矿局原局长、高级工程师 | 邵国平 |
| 市港务管理局原局长、《镇江交通史》主编 | 张 立 |
| 市水利学会理事长、市水利局原副局长 | 马万顺 |
| 丹阳市历史文化名城研究会副会长、文化局原副局长 | 杨再年 |
| 市民族宗教局副局长 | 张大华 |
| 市地震局原副局长、高级工程师 | 吕宝森 |
| 市园林局原副局长、高级工程师 | 石 炜 |
| 市园林局原副局长、高级工程师 | 蔡兴民 |
| 市园林局高级工程师 | 朱兴嘉 |
| 市园林局高级工程师 | 童文经 |
| 市旅游局培训中心主任、经济师 | 李 臻 |
| 市地震局高级工程师 | 许 林 |

| | |
|---|---|
| 市文广新局创作中心主任、研究馆员 | 吴林森 |
| 镇江日报社摄影部原主任、主任记者 | 陈大经 |
| 镇江日报社主任记者 | 戴钟尧 |
| 市生产力促进中心副研究馆员 | 蒋立群 |
| 市文管办副研究馆员 | 王重迁 |
| 市教育科学研究所副所长 | 裴 伟 |
| 江苏大学文学院教授 | 李金坤 |
| 江苏大学艺术学院副院长、教授 | 吴晓峰 |
| 江苏大学艺术学院教授 | 何志国 |
| 江苏大学艺术学院副教授 | 郑为人 |
| 江苏大学副教授 | 周润生 |
| 镇江高等专科学校旅游系原主任、教授 | 高曾伟 |
| 镇江高等专科学校教授 | 乔长富 |
| 镇江高等专科学校《镇江高专学报》副主编、教授 | 易向阳 |
| 镇江高等专科学校旅游系主任、教授 | 陈启跃 |
| 镇江高等专科学校教授 | 姚翔芳 |
| 镇江高等专科学校教授 | 蒋纯利 |
| 镇江高等专科学校副教授 | 严其林 |
| 镇江高等专科学校副教授 | 孙润祥 |
| 市建设学校高级工程师 | 李厚豪 |
| 镇江德龙港务公司工程师 | 王礼刚 |
| 镇江市图书馆副研究馆员 | 郭绍全 |
| 镇江市图书馆副研究馆员 | 殷爱玲 |
| 镇江市图书馆馆员 | 郑 勇 |
| 镇江博物馆副研究馆员、离休干部 | 殷光中 |
| 镇江博物馆副研究馆员 | 徐铁成 |
| 镇江博物馆副研究馆员 | 刘丽文 |
| 镇江博物馆副研究馆员 | 霍 强 |

2011 年 4 月 15 日

# 八、为什么将内江改名为金山湖?

## ——问责市地名委员会

市地名委员会:

关于你们会将城区北部内江水域定名为"金山湖"的做法,是一项错误的决定,有失对地名文化遗产保护的职责。其错误主要表现为以下几个方面:

第一,在我国地名文化遗产中,京江有着十分显要的地位。"京江"的起源是镇江三国时期称"京城",与其他以城名江者(如扬子江、广陵江、丹徒江、浔阳江等)相比,是迄今仍然同时保存有地名语词与地理实体的唯一范例。尤其是百余年间,上天又将长江划出一片专有水域——内江,特意送给镇江人;而镇江人也特别争气,硬是发扬愚公移山的精神,数十年挖淤不止,奇迹般地保住了这段江域。"天赐"属于自然遗产,"人为"则是文化遗产。"天赐"加"人为"形成与"京江"相对应的地理实体,为保护与利用这一重要的地名文化遗产提供了极佳的条件。但令人不可思议的是,你们竟然会反其道而行之,将内江水域的江名改为湖名,这是对地名文化遗产保护的严重失职。

第二,据称,此次将江名改为湖名有一个突出理由,即认为内江已接近闭合的湖泊形态。但事实上并非如此,我们从地图上可以清楚地看到,今日之内江依旧保持着江的面貌:其西段是宽长的引航道,有水闸与外江相通;东段是焦山与象山之间的夹江,有焦南闸与外江相连;中段的口面看似宽广,其实大多是滩涂、湿地,在卫星地图上显示的只是一条窄长的江道。这里明明是一道呈 V 字形的江床,可是,你们竟不进行深入调查研究,就想当然地弃"江"为"湖",是极其不负责任的行为。

第三,你们将内江定名为金山湖,不仅文理欠通(怎么可以用金山去统领相互呈并列关系的北固山与焦山呢),而且更为严重的是将置沿江文化景观于不伦不类的尴尬境地:试问,平政桥下是江南运河的入江口还是入湖口? 西津渡及八号码头是渡江遗迹还是渡湖所在? 金、焦、北固是江中之山还是湖中之山? 世界闻名的江河交汇处是不是要被改称为湖河交汇处? ……可见,起名"金山湖"将会带来多么严重的后果,会使一座历史上滨江的名城变成滨湖之城,让名城大江风貌的历史与文化就此被掩埋在所谓的"金山湖"中。

第四,我们不妨举出一件可资对比的事例,即看一看仅一江之隔的扬州是怎样保护地名文化遗产的。扬州在汉代有"曲江观涛"的历史记载,曲江是汉时长江临近扬州段的别称。而如今这一观涛地点已与长江相距数十里远,地上也只有几口农民的养鱼塘。可是,扬州人为了纪念曲江,特意将这一区域建设成以曲江命名的公园,让曲江这一地名文化遗产重新焕发青春。两相比较,扬州是将已失去地理实体的地域恢复江名,建曲江公园,而镇江却要弃江改湖,割断历史。为什么两座兄弟城市在地名文化遗产保护上差距竟是如此之大呢?

综上所举,你们将内江水域定名为"金山湖"是一项错误的决定,应该予以改正为是。

市民  刘建国

2011 年 6 月 14 日

# 九、关于规划建设"京江风景名胜区"的建议

市委、市政府：

　　我们在 4 月份曾提出《关于将三座遗址公园建设列为我市十二五规划项目的建议》，今天想再就"三山风景名胜区"的改名、扩建问题向市里献言。由于这两者之间有着密切的关系，故希望市领导能一并予以调研、论证。现谨将此项建议陈述如下：

　　镇江"三山风景名胜区"，是 2004 年经国务院批准的第五批国家重点风景名胜区。后在 2008 年编制完成《三山风景名胜区总体规划》，"范围东起焦南坝，西至滨湖路（规划道路），南起长江路，经过和平路、云台山路、京畿路、迎江路、长江路、东吴路、第一楼街、万古一人路、滨江旅游专线至滨江大道，北至内江岸线北侧 200 至 400 米进深的陆域范围、长江防洪堤，总面积 17.23 平方公里"。规划确定"主体以内江为核心，形成南北两大景观带，由金山、焦山、北固山三个独立景域构成，并含有云台山、象山及湿地等过渡景域，沿长江一字排开"。景观分属"六大景区，即金山、焦山、北固山、云台山、江心岛、征润洲景区"。

　　这一规划拓展了原风景名胜区的范围及内涵，在很大程度上整合了区域内的文化及自然资源，为提升与展示其特色和价值提供了较好的基础。但是，在规划中也明显地存在若干不足之处。为此我们就名胜风景区的名称、景区结构与内容设置以及科学有效的管理等方面，提出对规划的修改意见：

## 一、改名"京江风景名胜区"

　　"江以城名，城以江兴。"三国时期，北固山建铁瓮城，其正式的名称为京城，后亦称京口城。而北侧流经斯城的长江，因之又别名"京江"。在今新版《辞海》中载有关于它的条目，内容为："京江今长江流经江苏镇江市北的一段，因镇江古名京、京城、京口而得名。"

　　地名文化包括两个层面：一是地名语词文化，二是地名实体文化。而许多古地名早已有名无实，原先与它们对应的地理实体已是面目全非。而唯独京江得到上天的恩赐，在百余年间特意为它量身订造出一片水域——内江，即镇江城北江中涨出一条沙洲来，将长江一分为二，北侧为外江，南侧为内江。其实，内江的存在不仅是天赐，同时也靠人为，正是镇江人在数十年间挖淤不止，才保住了这片宝贵的水域。过去没有内江的时候，京江难以与长江争名。自从有了内江后情况就不一样了，因为内江既在地理上属于京江的一部分，又在行政上归镇江市管辖，这种能够完整地同时保存城与水域的地理实体，应该是长江地名文化遗产中的奇葩，具有十分重要的文化价值。为了更好地保护这一地名文化遗产，理当将城区北部的内江水域定名为"京江"。京江既是镇江人的专利，更是镇江人的骄傲。

同时，京江与镇江名城有着十分密切的关系。在经过近两千年的历史演绎以及江、城之间的互动后，镇江形成了深厚的江城文化积淀，且比较集中地分布在京江南岸沿金山—云台山—北固山—焦山一线的带状圈内。其中，主要的文化及自然景观有城、渡、港、山、寺五大类：

1. 城　首推当数铁瓮城，它位于江边北固山南峰，是三国孙吴第一座都城，也是镇江市区迄今考古发现最早的城址。因此，无论是在三国文化还是名城历史中，铁瓮城都有着十分重要的地位。其次，还有六朝京口城、唐代夹城、唐宋罗城以及太平天国新城等，它们的北垣都大致分布在长江路、东吴路一线。

2. 渡　近期在云台山下超岸寺附近，考古发现古代西津渡遗址。这是一座长江千年古渡，其使用年代从中唐一直延续至晚清，保存有历代渡口的石岸、码头（俗称大码头）、官署以及寺院等重要遗迹，填补了我国古代大型渡口（船渡）的考古空白。此渡在晚清时被江淤湮没，后借用东侧救生码头（俗称小码头），并扩建为义渡码头。此后，又将渡江码头东移至今平政桥附近，直到20世纪末才搬迁至龙门港。而在内江中最后的一处渡江点即八号码头，包括候船室、栈桥及渡船等。此处渡口遗迹理应得到很好的保护，因为它们是镇江渡江遗迹的绝代版本。

3. 港　镇江城区的古代港口主要有京口港、新港及甘露港，均是江南运河入江口，自西向东分布。最西为京口港，隋代开凿，是漕船入江北上的主要通道。其历代港口、京口闸、河岸上的繁华街道等重要遗迹，都被埋藏在现今中华路一线地下。居中为新港，为北宋天圣年间开挖，位于现存古运河口平政桥一带。甘露港在最东，遗迹已被掩埋于地下，方位在北固山下西侧。

4. 山　山包括四座，它们自西向东呈弧状分布，分别是金山、云台山、北固山及焦山。焦山、金山古代如浮玉镶嵌在江波之中，现今分别位于京江的东西两端；而云台山、北固山，古往今来一直屹立在江之南岸。

5. 寺　古刹包括四座，有金山江天禅寺、西津渡超岸寺、北固山甘露寺、焦山定慧寺。

以上极其丰富的文化遗产，都是历史上京江与名城互动的产物，并且集中分布在沿江岸一线，形成了一道独具特色的京江文化带。既然京江是风景名胜区的主轴，京江文化又是它的母体文化，那么将"三山风景名胜区"改名为"京江风景名胜区"，应是理所当然、实至名归。

## 二、调整景区结构与主要设置

规划建设京江风景名胜区，应以京江为文化轴心，形象而完整地展现历史名城的大江风貌；应整合相关文化及自然资源，融城、渡、港、山、寺于一体；应保护与建设三大遗址公园（铁瓮城遗址公园、西津渡遗址公园及京口港遗址公园），形成独具魅力的江城文化景观。

全区水域以京江为主体,包括"四湾一道",即金山湾、西津湾、北固湾、焦山湾及引航道;同时,在京江东西两头还各自设有大门,即西侧引航道上"京江门"(水闸),东侧焦山东南"焦南闸"。

京江风景名胜区下辖六个景区:

**(一)金山景区**

景区位于京江西侧,区内分布有一园、一寺、一湾、一湖。

1. 金山公园

2. 江天禅寺

3. 金山湾(金山在历史上是江中之岛,故应将金山北侧水域的湖名改为江湾之名)

4. 塔影湖

**(二)西津渡景区**

景区位于京江南岸西侧,区内分布有二园、一街、一寺、一湾。

1. 西津渡遗址公园　近期,考古发现千年古渡遗址,包括玉山大码头、历代渡口官署、石岸、寺院等重要遗迹。这一发现填补了我国大型渡口考古的空白,具有极高的文化及旅游价值。亟待将西津渡遗址开发、建设成一座独具古渡特色的遗址公园。

2. 西津渡历史街区　包括西津渡古街、蒜山游园、小码头遗址及元代石塔(全国重点文保单位)等。

3. 超岸寺

4. 云台山公园(指伯先公园以外的云台山部分)

5. 西津湾　开辟西津渡考古遗址周边水域,复原古渡的意境和景观。

**(三)北固山景区**

景区位于京江南岸东侧,区内分布有二园、一湾。

1. 北固山公园

2. 铁瓮城遗址公园　近些年来,考古发现三国孙权始筑的铁瓮城遗址,揭示出城垣、城门、官署、道路、壕沟等历代遗迹。它是三国孙吴都城中年代最早、保存最为完整的一座。亟待将铁瓮城遗址开发、建设成一座独领"孙吴王城,千年衙城"风骚的遗址公园。

3. 北固湾

**(四)焦山景区**

景区位于京江东侧,区内分布有二园、一寺、一馆、一湾。

1. 焦山公园

2. 象山公园

3. 定慧寺

4. 焦山碑刻博物馆(其碑林为全国重点文物保护单位)

5. 焦山湾　包括京江东端通江的"焦南闸"。

**（五）滨江景区**

景区位于京江南侧,区内分布有三园、一道。

1. 京江门公园　在京江西段,包括"京江门"水闸及引航道两岸区域。

2. 京口港遗址公园　在今中华路一线,为唐代以降京口港遗址,亦是古代江南运河主要入江口,其地下埋藏有历代大京口闸、河道、街岸及太平天国新城等重要遗迹。亟待将京口港遗址开发、建设成一座名城港口、江河交汇的遗址公园。

3. 江滨公园　包括京江南岸一线其他景区之外的绿化地带。

4. 引航道　这是镇江人在 20 世纪 70 年代开挖的一条通江河道。

**（六）江心景区**

景区位于京江及其北侧,区内分布有三园、一江。

1. 江心岛公园

2. 征润洲公园

3. 江滩湿地公园

4. 京江

## 三、实施科学有效的管理

回顾过去,我市的景区建设及旅游发展取得了长足进步,但也毋庸讳言,这与时代的需要以及与先进城市相比仍然存在较大的差距。而京江风景名胜区的规划、建设和管理,是一项极其复杂的系统工程,对于名城未来的发展及城市品位的提升关系十分重大,理当成为我市实施十二五规划中的一台重头戏。这就必须要高瞻远瞩,精于谋划,集社会上下之智力,努力实现这一宏伟目标。我们建议:

**（一）统一认识　加强领导**

统一认识,就是要重视京江风景名胜区的重要性、多元性和整合性,用科学发展观来统领、研究、实施经修订的总体规划,齐心协力地做好这件大事,杜绝把部门的利益凌驾于全局之上。

加强领导,就是要超乎常规,市里应成立高规格的专门班子(类似于"新区"的规格和等级),明确分工,一抓到底。

**（二）抓住重点　保护利用**

在京江风景名胜区的建设中,有两大重点必须抓好:一是要注重展现江的形象和江的气质,充分体现名城"大江风貌"的特色;二是要重视保护文化遗产,包括物质与非物质文化遗产,尤其要将三座遗址(铁瓮城、西津渡及京口港)建设成全国一流的遗址公园和文化景观。

**（三）改革机构　严格管理**

建议设置以下主要机构:京江风景名胜区管委会(直属市委、市政府),下设景区建设部、文化遗产部、旅游企划部、服务监管部、金山景区、西津渡景区、北固山景区、焦山景区、滨江景区、江心景区等。对各项工作统一管理,严格要求。对机构人员实行绩效考核,赏罚分明。

**（四）制定法规　社会监督**

尽快制定《京江风景名胜区管理条例》,使景区建设与管理步入法制化轨道。加强社会监督,营造各界人士参与、检查、评议、监管的良好氛围。

建议人(共计40名):

| | |
|---|---|
| 市人大常委会原常委、镇江博物馆研究馆员 | 刘建国 |
| 市历史文化名城研究会副会长、江苏大学文学院原院长 | 笪远毅 |
| 市历史文化名城研究会副会长、市规划局原局长 | 方开鸿 |
| 江苏省政协委员、市图书馆研究馆员 | 徐　苏 |
| 江苏省民间文艺家协会顾问、市民间文化艺术馆研究馆员 | 康新民 |
| 市历史文化名城研究会顾问、市文管办离休干部 | 杨瑞彬 |
| 市历史文化名城研究会顾问、武汉大学教授 | 杨宝成 |
| 市历史文化名城研究会顾问、市文化局原副局长 | 刘　昆 |
| 市历史文化名城研究会顾问、市文管办原主任 | 杨　奎 |
| 市委宣传部原副部长 | 时　强 |
| 市地方志办公室原主任 | 陆朝洪 |
| 市地矿局原局长、高级工程师 | 邵国平 |
| 市港务管理局原局长、《镇江交通史》主编 | 张　立 |
| 市水利学会理事长、市水利局原副局长 | 马万顺 |
| 丹阳市历史文化名城研究会副会长、文化局原副局长 | 杨再年 |
| 市民族宗教局副局长 | 张大华 |
| 市地震局原副局长、高级工程师 | 吕宝森 |
| 市园林局原副局长、高级工程师 | 石　炜 |
| 市园林局原副局长、高级工程师 | 蔡兴民 |
| 市地震局高级工程师 | 许　林 |
| 镇江日报社摄影部原主任、主任记者 | 陈大经 |
| 镇江日报社主任记者 | 戴钟尧 |
| 市生产力促进中心副研究馆员 | 蒋立群 |
| 市文管办副研究馆员 | 王重迁 |
| 市教育科学研究所副所长 | 裴　伟 |
| 江苏大学文学院教授 | 李金坤 |
| 江苏大学艺术学院副院长、教授 | 吴晓峰 |

| | |
|---|---|
| 江苏大学艺术学院教授 | 何志国 |
| 江苏大学艺术学院副教授 | 郑为人 |
| 镇江高等专科学校教授 | 乔长富 |
| 镇江高等专科学校《镇江高专学报》副主编、教授 | 易向阳 |
| 镇江高等专科学校副教授 | 孙润祥 |
| 《镇江交通史》副主编、文史学者 | 石受禄 |
| 市建设学校高级工程师 | 李厚豪 |
| 镇江市图书馆副研究馆员 | 郭绍全 |
| 镇江市图书馆副研究馆员 | 彭荷成 |
| 镇江市图书馆副研究馆员 | 殷爱玲 |
| 镇江博物馆副研究馆员、离休干部 | 殷光中 |
| 镇江博物馆副研究馆员 | 刘丽文 |
| 镇江博物馆副研究馆员 | 霍　强 |

2011 年 6 月 26 日

# 十、名城镇江地上文物保护之断想

镇江,被国务院颁布作为第二批国家历史文化名城已有 26 个年头了。回顾地面上不可移动的文物,许多被定为国家、省、市文物保护单位(简称"文保单位"),或是立为城建规划控制保护单位(简称"控保单位"),名城文物保护工作可圈可点,成绩斐然。可是,近些年来不断出现拆除、破坏不可移动文物的事例,而且呈愈演愈烈之势,不免让人为之潸然,忧心忡忡。

在我的记忆中,这些例子已经可以排成长队:市三中扩建时在规划局的批准下,拆除了镇江清代旗营仅存的一处建筑群,即西府街旗人武官住宅及西关帝庙建筑等(控保单位);建怡海家园的开发公司拆除了清代著名学者陈庆年故居(文保单位);京口区政府为建第一楼街步行街拆除了城内古润清真寺及其石刻(文保单位),还有清代文学家鲍皋故居、著名史学家柳诒徵旧居(天井内有六朝古井一口,弥足珍贵)以及柳氏宗祠等,均为控保单位;镇江博物馆扩建时拆除了清代浸礼会教堂旧址及碑刻(文保单位),其中碑刻是镇江教案的重要佐证资料;镇江冶金学校为了盖新楼拆除了民国江苏省参议会旧址(文保单位);大市口建城市客厅时将东侧近代四箴里住宅群以及大爸爸巷陈公馆住宅楼等拆除(控保单位);市教育部门将中山桥西侧的圣公会教堂拆除;五条街菜场扩建改造中拆除了陶家花园及其建筑群;市劳动人事部门为建新楼将唯一的一座清嘉庆间"吴氏贞节牌坊"迁移到大楼过道旁,令人无法观瞻保护;老北门处古代定波门瓮城遗址被考古发现(文保单位),现被开发公司地下车库占用,无法对外展示,也不能得到有效保护;解放路拓宽时拆除了蔡氏宗祠、爱新觉罗宗亲的祖屋、日本教会在镇江办的布道所等(控保单位),又将南府巷口发现的石牌坊就地掩埋;大运河整治办公室将河滨公园内民国时期建的抗日战争胜利纪念塔(后改为中苏友好纪念塔)拆毁,文物部门得讯后前往制止未奏效,残留石碑也不知去向……

从以上所列举的事例来看(还不包括地下文化遗产),真是触目惊心,值得好好反思、扪心自问:我们对得起历史文化名城这一称号吗?我们又为子孙后代保护了多少文物?我们作为居住在这里的镇江人,有责任、有义务保护名城文物,并使之永久地传承下去。窃以为,历史文化名城除了要研究名胜风景、文献资料之外,还要把研究的重点放在地上、地下的文物上,并将研究的成果落实到保护和利用的行动之中。特别是城市的规划部门、建设部门的责任重于泰山。皮之不存,毛将焉附?可是有的部门和单位为了局部利益,不顾名城中文物保护的大利益,不顾国家相关法令、法规,先斩后奏,破坏文物,这些行为直接危害了国家利益和人民利益,有损于我们政府的形象。这里,我联想到我国著名作家、文保勇士冯骥才先生,他在为古建保护专家阮仪三《护城纪实》一书所作的序言中写道:"在当前城市文化保卫战中,实际上建筑界的知识分子站在最前沿。他们是城市规划和建筑设计的实施者,又是决策的参谋,城市的历史文化遗存也在他们的手中。然而趋炎附势而升官发财,还是坚持知识的良心,这是一个重要的选择,但选择是需要付出代价的。"而在阮仪三的书中,特别提到香港著名建筑师陈藉刚出于良知和责任,毅然退出有害于福州历史街区"三坊七巷"的设计项目。这种理念和精神,难道不值得我们以及所有规划师、建筑师们深思和学习吗?

历史文化名城——镇江,是生我养我的可爱家乡,而我又为之从事文保工作20余载,因此有着深深的祈求和心愿,特向政府及有关部门建言如下:

1. 市文物局每年应向社会公布一次全市地上、地下文化遗产的保护情况。

2. 市文物局每年应组织人大代表、政协委员及相关专家对本市文保单位、控保单位及城市考古进行视察,听取意见,集思广益。

3. 市文心讲堂应邀请名城保护规划方面的专家,如阮仪三、冯骥才等人来作报告或讲座,让我市历史文化名城保护工作的水平得以提高。

4. 对历史文化名城的文物保护规划,规划局与文物局要编制详规,对其确定的方案不可朝令夕改。若在规划建设之中,遇文物保护之事,必须依法办事,事先召开听证会,让市民在规划、管理这座城市中成为真正的主人。

2012 年 12 月 26 日于兰本斗室

(作者:王重迁,镇江市文物管理委员会办公室副研究员)

# 十一、买椟毁真珠　醉心假古董
## ——评新建北固楼、云台阁

　　北固山、云台山顶建高大楼宇一事，省级媒体曾经刊登题为《谁在给镇江扣"帽子"》的新闻报道，反映镇江市民对在北固山、云台山这种小体量的山头上盖"大帽子"式建筑深表反感：有的从美感的视角对"小头戴大帽子"的形象给予批评；亦有的从山顶建筑的安全出发提出担忧；同时，南大姚远博士针对云台山上曾有考古发现一事郑重指出："按照国家有关文化保护的法律法规，如果真的发现了遗迹，那就应该对遗迹本身进行保护，而不是在遗迹出现的地方进行复建。"

　　笔者从事镇江城市考古数十年，一直致力于文化遗产的保护工作。但非常遗憾的是，近些年来镇江屡屡发生破坏文化遗产的事例，尤其是近期北固山、云台山顶建楼毁坏文化遗存的事件更令人痛心和忧虑。因此，特撰文对这种倒行逆施所产生的原因及其严重后果予以剖析和评判。

### 一、古楼遗迹化乌有

　　北固楼历史悠久，建于北固山后峰之上，是古代"万里长江三大名楼"之一，与洞庭湖畔的"岳阳楼"、武汉市的"黄鹤楼"齐名。《南史·萧正义传》载："初，京城（今镇江）之西有别岭入江，高数十丈，三面临水，号曰北固。蔡谟起楼其上，以置军实。"说明北固建楼很早，可以追溯到东晋咸康年间蔡谟领南徐州刺史之时。之后，南朝梁武帝于大同十年（544年）三月，"幸京口城北固楼，改名北顾"。及至唐代，润州刺史李德裕又重建北固楼，诗人张祜曾写有《题润州李尚书北固新楼》："蹑石攀云一径危，粉廊朱槛眺江湄。青山半在潮来处，碧海先看月满时。"南宋时期，著名诗人辛弃疾曾任镇江知府，他在《南乡子·登京口北固亭有怀》中写道："何处望神州？满眼风光北固楼。"而其时，志载又在山顶建有多景楼，并逐渐取代北固楼而传世。至清代晚期，多景楼圮于兵火，后在光绪年间于原址重建，楼上三面有廊，可供游人凭栏远眺江景。（但不幸的是，该楼已在此次建新楼时被拆毁。）

　　虽然清光绪之前千余年间的北固楼和多景楼在地面上已不见踪影，可是它们历代的建筑遗迹仍然被依次叠压保存在地下。这个答案之所以能够如此肯定，是因为它被十余年间北固山考古的实践所充分证明。

　　北固山是镇江城市考古的重点，考古人员曾对其前、中、后三峰进行过考古工作：首先，1991至2005年在北固山前峰（鼓楼岗）实施铁瓮城考古，发现三国时期四周城垣以及城内外建筑遗迹，证明此城确系孙权所筑，成为我国三国考古的一项重大收获；继之，2000年在时任市园林局长赵顺凌的大力支持下，开镇江园林范围内考古的先河，通过对北固山后峰中腰平台的考古试掘，发现唐代甘露寺殿址遗迹；之后，2005年又在时任市园林局长孙乾贵的支持和资助下,于北固山中峰发现唐代官舍遗迹,在山下揭示宋代水井以及明代大佛殿等遗迹,又在北固山顶打了几个探孔,探明山的顶部有着 3～4 米厚的文化地层,蕴藏着历代建筑遗迹。以上北固山中、后峰的两次考古,均属于勘探、试掘性质,主要是为了探查地下的文化资源,有待适当时机实施考古发掘,届时六朝以降的北固楼(及多景楼)以及山下米芾的海岳庵等诸多遗迹,都将能够展现于世人面前。

但令人愕然的是,现任市园林局领导反其道而行之:不是去谋划将前峰考古发现的铁瓮城,如何尽快地统一于北固山景区的开发和旅游之中,也不是在前任的基础上对北固山文化资源做进一步考古探查和发掘,制定出保护和利用北固山文化遗产的全面规划,而竟冒天下之大不韪,在山上山下大兴土木,到处开挖,不履行法定的考古程序,恣意破坏地下文化遗产,致使千年名楼的文化遗存毁于一旦,造成了极其严重的后果。

## 二、云台山头遗产悲

无独有偶,在镇江市城区西侧的云台山上亦同样演绎着建新楼破坏文化遗产的悲剧。

云台山,位于长江南岸,海拔 67.8 米。初名蒜山,早在六朝时期已负盛名。史载东晋末年,刘裕在此大战孙恩,创造了历史上著名的以少胜多的战例。而北宋时期,为纪念林希、杨杰两位颇具政绩的太守,在山上建有名闻遐迩的二翁亭。元代,此山改名银山,又称云台山,并在山上建有基督教堂,后又改建为佛教寺院。及至明清,山上寺观香火不绝。

1998 年,考古人员曾在云台山顶进行过考古试掘,于北、西两侧各发掘一条探沟,发现史前以降多个文化地层及历代夯土遗迹,出土有良渚文化灰陶豆、杯及周代素面陶鬲等残件,还有较多六朝至明清的陶瓷遗物。在地面调查时发现两个大型的建筑石础,显示其元代风格。这次考古试掘尽管面积较小,但反映出云台山顶是一处史前及商周时期的遗址,其地势之高在长江下游的古遗址中十分罕见。再者,历代遗存非常丰富,其厚达 3 米的文化地层宛如云台山文化的"编年史"。

云台山顶是一座文化宝库,需要全面、细致的考古探查,为更好地保护和利用做好准备。但令人震惊的是,镇江市城投集团在未履行法定的考古程序的情况下,悍然大开大挖,将山顶文化遗存"一锅端",建起一座大型的混凝土建筑——云台阁;不仅如此,他们还破坏山体,炸山开道,以便让小轿车直通云台阁。这是公然对文化遗产和自然遗产的粗暴亵渎。

在此,我们要质问有关部门:镇江市规划局为什么不依法规划,把好北固山、云台山文保的第一关?市园林局、城投集团为什么知法犯法,从文化遗产理应的保护者变身为粗暴的破坏者?而市文广新局(兼"市文物局")为何不执法,不履行在建设施工前法定的考古勘探和保护古遗址的职责?可以说,正是一连串相关部门的失职,才导致文化遗产保护丧失一道又一道防线。

若是将此与两年前的宋元粮仓遭破坏的事件相比,可以发现,二者相同的是对文化遗产的破坏,而不同的是宋元粮仓遗址在建设施工前还履行了法定的考古程序,只是在考古发现后未能很好地依法予以保护,而现在的相关方则是施工前不申报法定的考古程序,施工中现场实施全封闭,不让外人进入,使得社会大众完全被蒙在鼓中。反观他们的破坏行为,完全是瞒天过海,悄然行动,比之两年前的手法更为"高明"和恶劣。

### 三、"买椟毁珠"新寓言

一方面是对原真文化遗产的漠视和无情,而另一方面却是对制造假古董的醉心痴迷,这就是当前有些人对待真假文化截然相反的态度。这使我们想起古代《韩非子》中"买椟还珠"的故事,原意是有人买来珠宝而只留下漂亮的盒子,却舍弃里面真正价值高的珠宝。而在现实社会中,我们看到了"买椟还珠"的升级版——"买椟毁珠":他们买的是现代化的仿古楼,毁掉的却是楼下千余年的文化瑰宝。

人们一定还记得20世纪90年代,镇江曾花巨资造了一座"三国城",结果是无人问津,门可罗雀,只好在前几年将其改建为医院。事实上,就在打造所谓"三国城"之前,考古已经发现真的三国城——铁瓮城。试想,当年如果能将造假城的巨资用来保护和利用真的三国城,那么今天的铁瓮城又将是一副什么模样?20年过去了,关于铁瓮城的规划讨论了一次又一次,只听楼梯响,不见下楼人,铁瓮城依旧在风吹、雨打、人为破坏之中。

再举一个例子。两年前,在宋元粮仓考古时还发现了明代建造的京口驿,发掘的探方里显露出驿署大门内外的码头、石狮、道路、前厅等遗迹,考古人正准备对驿署的主体部分实施考古却被强令停止,把地方让给工程施工。但建设方另外的所作所为却令人匪夷所思,即他们早就规划、设计建设一座仿古京口驿建筑。一方面是不要真的京口驿,另一方面又在打造假的京口驿,这同样是演绎了一场"买椟毁珠"的历史话剧。

我们是否应该反思一下,造成这些破坏现象的原因究竟是什么?笔者以为主要有两方面的因素:

一是认识的错误——漠视祖先留下的珍贵遗产,缺少对文化遗产的敬畏之心,无视国家颁布的法律、法规,随意处置他们无权处置的财富(要知道每一代镇江人都不是文化遗产的所有者,只是它们的临时保管人)。颠倒了是非,僭越了权力,这种"买椟毁珠"的行为完全是对名城历史文化的背叛。

二是利益的驱动:当建设的利益与文保的利益发生矛盾的时候,当政绩的需求与保护的义务发生冲突的时候,一些人就会将地下文化遗产视为"拦路虎",为了短期利益不惜牺牲名城的根本。同时,这种利益又往往同个人利益混杂在一起,在他们的眼中,地下文化遗产是"烫手山芋",黏上它既费时费力,又政绩难彰,还缺少可图之利;而对于假古董则捧为"香饽饽",打造它们既省时省力,又政绩彰显,可谓名利双收,真是何乐而不为。这就是造假之风大行其道的真正原因。

当今城市建设大潮中,有多少文化遗产被葬送在名利之下,这不能不成为历史与文化的一种悲哀。我们想问:当有些人在面对这两座以牺牲文化遗产为代价建成的新楼时,是弹冠相庆、骄傲自豪,还是应该吸取教训、改弦更张?

【此文发表于《镇江市历史文化名城研究论文集》第十四期(2013年)。】

# 十二、加强城市考古　保护"地下名城"

## ——致市文物局周文娟局长的信

文娟局长：

您好！

几天前，在名城研究会会场上见到你，本想与你谈谈自己的一些想法，可是后来你匆匆离去，非常遗憾。既然未能有机会晤面，就不妨借助于笔谈吧。主要是想就城市考古方面的问题，谈几点意见和看法：

一、去年5月，在山巷空地上考古发现唐宋朝京门（还京门）遗迹，结构完整，保存良好，是城市考古中的一大收获。加之，此处现在尚未进行建设，正是考古的大好时机。抓紧考古，抓紧制定保护及利用的规划，方能取得文保的主动权。

二、2013年11月10日，《京江晚报》发表刘建国《大西路发现唐代朝京门遗址》以及记者何菁《这条镇江文化长街，好似时光隧道——考古学者刘建国构想献策》两篇文章。重点是建议规划十里文化长街，沿街可以保护和利用八道古城垣和十座古城门，希望局方能牵头予以论证、规划。

三、铁瓮城棚户区改造在即，而铁瓮城遗址的保护则将面临严峻考验。窃以为，文保方必须要有"三个坚持"：一是铁瓮城旨在建设保护性遗址公园，不能本末倒置，变成以旅游开发建设为主；二是万古一人路的东延须坚持绕城（包括万岁楼遗址）而过，决不能破坏古城的完整；三是所有复建项目必须先行考古，比如万岁楼、千秋桥、光风霁月亭等，不要"挂羊头，卖狗肉"，又是建一批假古董。

四、西津渡考古已结束三年。如此重要的考古成果，何以迄今未见制定全面、完整的保护方案？为何允许单独在1/3清代码头上大兴土木，搞旅游开发，却置整个渡口遗址的保护于不顾？关于要建遗迹（包括唐宋官署、宋代码头平台及渡口石岸等）保护棚，喊了一年多了，仍然在风吹雨打时遭破坏？

五、梦溪园的二期修复工程即将展开，听说已安排了考古事宜。但梦溪园考古须完成两项工作：一是要全面勘探，范围应包括东至中营，南至正东路，西至梦溪园巷，北至东门坡中段，要重点了解古代梦溪园、藏春坞、苏颂宅及朱方门遗迹的情况；二是在此基础上，选择重点考古发掘，为将来展示、陈列做准备。考古不是"暗箱操作"，而是要对公众负责，因此所有勘探、发掘资料应公开、透明，并欢迎讨论、监督。

六、在城市建设中的依法考古，是保护地下名城的必要前提。勘探是摸家底，发掘是保重点，但这两项工作都需要走在城市建设的前面。只有主动、超前才能保障重点文化遗存的安全，这就需要有一支"能打仗、打胜仗"的城市考古专业队伍。但事实上，现在从事这方面工作的人员没有几个,而且还不固定,这与实际需要相去甚远,甚至远不如90年代古城考古所的水平,那时有编制人员3名,培养的技工8名,后勤人员4名,共有15人。而现在的城市建设规模和速度比之十余年前不知要大多少倍,如果不尽快落实和稳定城市考古队伍,一切都是空谈。

现在各级都在提倡"问计于民",以上也算是我对文保工作的一点建设性意见吧!希望能得到你的重视和采纳。

　　此致

敬礼

刘建国
2014 年 3 月 18 日